THORN BIRD
素恩

忘掉地平线

by
CHRISTOPH NONN

〔德〕克里斯托弗·诺恩 —— 著

陈晓莉 —— 译

Ein Preuße und sein Jahrhundert

俾斯麦

一 个 普 鲁 士 人 和 他 的 世 纪

BISMARCK

社会科学文献出版社
SOCIAL SCIENCES ACADEMIC PRESS (CHINA)

本书获誉

不同寻常的耳目一新。

——克里斯蒂安·鲁夫（Christian Ruf），《德累斯顿最新消息》，2015 年 9 月 7 日

一部文字优美、带有英式幽默的传记。

——西格弗里德·魏希莱恩（Siegfried Weichlein），《每日镜报》，2015 年 5 月 27 日

克里斯托弗·诺恩……成功地将这个戴着"帝国缔造者"光环的超级英雄变成了一个足智多谋的凡人政治家。

——卡斯滕·尧赫（Karsten Jauch），《图林根汇报》，2015 年 4 月 19 日

一本碰撞思想的好书。

——黑森广播公司，2015 年 3 月 19 日

引经据典，娓娓道来。

——《星期日报》，2015 年 3 月

作者叙述了俾斯麦的生平和思想史，内容详实且通俗易懂。

——米夏埃尔·布拉克曼（Michael Brackmann）、弗兰克·韦伯（Frank Wiebe），《商报》，2015 年 2 月 13 日

数年来最杰出的俾斯麦传记。

——《明镜周刊》，2015 年 3 月 28 日

克里斯托弗·诺恩的这部传记让铁血宰相走下了神坛。

——沃尔夫冈·施耐德，《世界报》，2015 年 3 月

克里斯托弗·诺恩的这本书将视野扩展到了整个欧洲。

——克里斯托弗·雅尔，《新苏黎世报》，2015 年 3 月 28 日

诺恩……能纠正好些关于俾斯麦手腕片面和言过其实的评价。

——乌尔里克·博瑟，北德广播资讯频道，2015 年 3 月 31 日

杜塞尔多夫历史学家克里斯托弗·诺恩所著的俾斯麦传在诸多新近出版物中脱颖而出。

——史蒂芬·内尔克，2015 年 4 月 1 日

克里斯托弗·诺恩……应当被视作从最独特角度审视俾斯麦的作家。

——路易莎·莱辛斯泰特尔（Louisa Reichstetter），《时代周报》

这本传记值得一读的原因在于，作者立场客观冷静，少有发表对俾斯麦倾向性很强的评价，而是将俾斯麦的思想和行动放在欧洲的全景下观察，将他的政策与英国的迪斯雷利、意大利的加富尔的政策进行比较。

——《法兰克福汇报》，2015 年 3 月 31 日

Contents /

帝国的缔造者，现代化的拦路虎和白色革命家，军事家，老百姓，战争发动者，和平主义政治家，民族英雄和天才，德意志邪恶的幽灵和魔鬼……

在过去的一个半世纪里，人们给奥托·冯·俾斯麦（Otto von Bismarck）起的外号能列出一长串来。然而不管他多么地让人捉摸不透，有一点却是毋庸置疑的：他的灵魂是四分五裂的。从政治方面看，德国历史上没有任何一个人比俾斯麦更能引起争议，也没有任何一个历史形象比他更没有定论。在德国，只有一个政治家比他更经常成为被著述的对象——阿道夫·希特勒（Adolf Hitler）。不过与对希特勒众口一词的评价不同，人们对俾斯麦的评价根本无法统一。

只有在评价俾斯麦于政治方面创造的价值时，人们才能达成共识。即便那些顽固不化、轻视个人对历史发展影响力的结构主义史学家们，也把俾斯麦视为一个例外。比如汉斯－乌尔里希·韦勒（Hans-Ulrich Wehler）就认为，俾斯麦是"政治上的一股独特力量"（eine politische Potenz *sui generis*），"连他这个不相信'男人创造历史'的人也不得不承认这一点"。[1] 如果没有俾斯麦，德国历史将从根本上被改写：在叙述历史时，这是一种常见的假设，或者说至少是一种暗示，而绝不只出现在有关"铁血宰相"的传记中。

然而，这种假设或暗示几乎总是存在，而且历史文学作家在这方面表现得更加大胆。纵然他们智力超群，也许也最富有想象力，但是其中对俾斯麦时代最有意思的反事实猜想，却非作家卡尔·阿莫瑞（Carl Amery）的作品莫属。在他的流浪汉小说《在莱尔马克的炮火中》（*An den Feuern der Leyermark*）里，赢得1866年普奥战争的并不是俾斯麦领导下的普鲁士，而是极其出人意料的"候补队员"——巴伐利亚王国。在他风趣的笔下，一名弗兰肯官员在慕尼黑国防部为了破坏巴伐利亚王国的军备部署，在战争准备阶段从美国西部招募了500名暴徒。这些人在普军于克尼格雷茨战役中战胜奥军后，切断了普军的补给线。事实上，普军当时驻扎在波希米亚地区，其补给路线途经易北河畔萨克森的巴特尚道（Bad Schandau）地区。不过这片砂岩质地的山脉还给了卡尔·梅（Karl May）创作狂野西部故事的灵感：装备最先进速射机枪的美洲皮草猎人和印第安人在这里消灭了霍亨索伦王朝的精锐部队。

战败的普鲁士和它突然被边缘化的首相俾斯麦迫于无奈，不得不将正处于暴乱中的莱茵省割让给了一个由巴伐利亚王国领导的南德意志联盟。此外，阿莫瑞还让法国皇帝拿破仑三世（Napoleon III）在维克多·雨果（Victor Hugo）领导的一次人民起义中被赶下台。在他的笔下，疯狂热爱艺术的巴伐利亚国王路德维希二世（Ludwig II）和他的作曲家好友理查德·瓦格纳（Richard Wagner）也没什么好下场——他们被埋在了坍塌的舞台下面。它是路德维希二世用普鲁士的战争赔款在基夫豪塞尔（Kyffhäuser）山中所建，坍塌时台上正进行着瓦格纳著名歌剧《尼伯龙根的指环》的首演。在他的浮想联翩下，巴伐利亚王国、法国和易北河以西的德意志各邦国变成了实行共产主义合作式社会制度的共和国。这些共和国又和瑞士联合起来，最终成立了"中欧联邦"。在阿莫瑞这部反事实文学作品的结尾，"由铁与血凝结成的"德意志帝国被一种实行草根民主制度的反资本主义欧洲联盟形式所取代。而俾斯麦也如卡尔·马克思所说的那样，掉进了历史的粪堆。

《在莱尔马克的炮火中》是一部出色的、充满了奔放想象力的戏谑作品。乍一看上去，这本书关乎纯粹的想象力，然而这种想象力会让读者最大程度地偏离真实的历史发展轨迹。实际上，卡尔·阿莫瑞的这本反事实小说完全是他生活时代的产物，也就是此书的出版年代——20世纪70年代。当时西德的左翼党社会觉醒气氛浓厚，特别在维利·勃兰特（Willy Brandt）执政时期，这种氛围达到了巅峰，阿莫瑞在这种影响下于1967年加入了德国社会民主党（SPD）。此后，他竭力争取实现更多民主，并试图通过实施彻底的社会改革政策摒除资本主义。前途一片大好的勃兰特却在 1974 年辞去了联邦总理职务，幻想破灭的阿莫瑞再次退出了社民党。《在莱尔马克的炮火中》一书出版时，他恰巧正在进行绿党成立大会的准备工作。

他的这本书反映出一种观点，即由俾斯麦完成的德意志帝国建立是灾难性历史进程的开端。在 20 世纪 70 年代，这一观点在史学界和对历史感兴趣的公众中几乎赢得了新的正统地位。它认为，1871 年是一条德意志特色道路的起点。从那以后，德意志民族主义同普鲁士军国主义、工业资本主义、独裁政体一起，构成了一个极具威胁的混合体。俾斯麦经常以戎装和尖顶头盔示人的形象因此也变成了一个令人厌恶的共生标志，仿佛通过这种共生现象他最终无法挽回地诱发了纳粹主义一样。不仅如此，人们还认为这位德意志帝国首任宰相所推行的政策主动将这条德意志特色之路引向了深渊。

埃里希·艾克（Erich Eyck）在第二次世界大战期间于瑞士出版了一本俾斯麦传记，俾斯麦在其中的形象就如这般具有批判性。但是直到 20 世纪 70 年代，这种刻画才在很大程度上抵消了人们以往对俾斯麦的崇拜情绪。汉斯-乌尔里希·韦勒所著的《德意志帝国》（*Das deutsche Kaiserreich*）也表达了同样典型的批判性观点。卡尔·阿莫瑞在《在莱尔马克的炮火中》一书中同样也抓住了这一点，并在此基础上加入了草根民主和反资本主义的弦外之音。他将对 20 世纪 70 年代的乌托邦幻想投射到了过去。历史学者们只是暗示了这样的论点，阿莫瑞却干脆将它挑明：要是让俾斯麦来实现这个乌托邦幻想的话，哪怕没有完全受到阻碍，这个计划也要推迟一百多年。

无论是过去还是现在，许多人都持这一观点。然而，它当然也会被一些人反驳。其中洛塔尔·加尔（Lothar Gall）的观点最具有说服力。他首本关于俾斯麦的著作于 1980 年出版，时至今日它成了堪称最具影响力的德意志帝国首任宰相传记。加尔并没有陷入过去那种对俾斯麦毫无批判意识的个人崇拜，他明确表达了 10 年前就广为流行的批判性观点。他主要强调的是，1871 年的德国统一是一种符合历史潮流的国家建设形式，没有它德国这个现代化国家的出现将无从谈起。同韦勒和阿莫瑞的著作一样，加尔在 1980 年出版的俾斯麦传记也让人联想到了现实的乌托邦，即便被叙述的对象不是老联邦共和国的内部发展，而是有关德国的重新统一。

从那以后，围绕俾斯麦的争论便在这两个极端之间广泛展开。直到今天，对俾斯麦生平的各种描述仍或多或少地被置于一个坐标系中，其参照点正是 20 世纪七八十年代。对于汉斯－乌尔里希·韦勒这样的"历史社会学"拥趸来说，俾斯麦一直都是一个用盎格鲁－撒克逊模式阻碍了德国民主化和现代化进程的人。他认为，作为"波拿巴式"或者"恺撒式"统治艺术大师，俾斯麦为希特勒的登台铺平了道路。因此在德意志民族史中，俾斯麦的形象是负面的，其核心就是纳粹主义。相反，洛塔尔·加尔刻画的俾斯麦形象则自始至终都更加正面，他所使用的关键词非常明确地表达了这一点。他用更加多变的方式将俾斯麦塑造成了德意志帝国的统一者，并将这一形象同现代化理论联系了起来。加尔特别指出，民族国家的建立和国家行为的扩大也是现代性的一部分。

对于当年的这些经典论述，较近出版的俾斯麦传记做了略微的改动，它们的论述更加一针见血，或是变换了感情色彩，它们还经常将这些观点结合在一起表述，但不管怎样其实质都是一种重复。譬如莱纳·施密特（Rainer Schmidt）、西奥·施瓦兹穆勒（Theo Schwarzmüller）和乔纳森·施坦贝格（Jonathan Steinberg）就对加尔"帝国缔造者"和"外交官"的论断做出了正面评价，而作为"历史社会学"代表的他们又对俾斯麦施行的内政政策进行了批判。埃伯哈德·科尔布（Eberhard Kolb）在一段简短的阐述中着重谈到了 1990 年德国的重新统一，他强调德意志帝国的建立是俾斯麦的杰作，同时又对俾斯麦的内政政策进行指责，这两点形成了鲜明对比。相反，约翰内斯·威尔姆斯（Johannes

Willms）却将俾斯麦勾勒成"德意志的恶魔"，奥托·普夫兰策（Otto Pflanze）也在他 1990 年完成的、具有里程碑意义的传记结尾表达出这样一种忧虑：在丧失民主架构的情况下，使得俾斯麦形象更加正面的"德国重新统一"是否就能促进德国传统民族主义的发展呢？

因此，对俾斯麦形象的描绘不单是在已有的轨迹上辗转，它围绕的核心自始至终还是实际上已成为历史的问题。20 世纪七八十年代关于俾斯麦的历史学讨论下意识地引发了一个争论，那就是对外的国家重新统一和对内的民主化谁应该拥有优先权。以现在的观点来看，这与普夫兰策 1990 年表现出的对新纳粹主义的恐惧一样，也是过时的。在政治主流中，德意志联邦共和国统一的意义是毋庸置疑的。对于它在民主架构下内部的继续发展来说，也是如此。即便作者们在历史著述中很少特别提及俾斯麦和希特勒之间的关联性，但在德国人的历史观中被视为反面参照物的、20 世纪七八十年代建立起来的纳粹主义的核心并没有发生过任何改变。

那么俾斯麦这个人和他的政策是不是也被历史化了呢？当然，历史化并不意味着对俾斯麦的研究就要同当前的难点和问题脱节。因为历史编纂这件事——不管是有意识的还是无意识的——总是会涉及当下的情况。那么，围绕俾斯麦和他所处时代而展开的争论能够帮助我们回答哪些今天所遇到的问题呢？

不论在俾斯麦时代还是在 1990 年以后，德国在欧洲扮演的角色显然都是相似的。随着德意志帝国的建立，1871 年的欧洲中部崛起了一支霸权力量。通过重新统一，联邦德国一跃成为欧盟举足轻重的成员国，发展到今天，它的地位更是愈发重要。不管是否受人欢迎，因为重新统一，现如今的德国也跻身政治和经济领域全球玩家（global player）的行列。因此德意志民族国家是如何建立起来的，能否为其他国家所接受，以及俾斯麦为此在国际舞台上发挥了什么作用，诸如此类的问题也许不再能引起人们如此大的兴趣了。俾斯麦时代的普鲁士和德国当时的

005

/ 011

/ 第一章　几个问题 /

/ 012

外交政策放在今天，更像是一份德国对欧洲和世界政治问题的可能性报告。

同样，对俾斯麦内政政策的评价标准也发生了偏移。对于批判俾斯麦的"历史社会学"来说是如此，对于其最具影响力的反对者洛塔尔·加尔来说也是如此。他也会有些怀疑：工业化是不是一定要同民主化同时进行？在如今的"后现代"时期，随着现代化理论逐渐淡出人们的视线，一些本来确凿的事实至少变得可疑了。一方面，自1990年以来，东欧、苏联、中国和阿拉伯世界的变革过程被笼统地归结为民主化浪潮，对此大量的佐证说明，朝气蓬勃的工业发展与政治自由化的融合绝非定律。即使出现了这种融合，也是经历了旷日持久且危机四伏的过程。另一方面，对比的视角为历史科学的研究指明了一个更好的方向，对19世纪欧洲国家的历史研究尤其如此。在这一百年当中，德国的发展显然并没有偏离"标准"，尽管由于很多民族国家走上了特殊的发展道路，这样的标准从未在欧洲出现。

按照撰写俾斯麦传记的传统做法，他通常只被作为德意志民族史的中心来考量，然而由于历史传记的标尺和如今人们求知兴趣的偏移，这种传统从根本上受到了质疑。实际上，俾斯麦的一生首先是普鲁士的，然后才是德国的，除此之外也是欧洲的。在此要消除一种可能存在的误解：俾斯麦根本不是欧洲统一的调解人。他在1876年曾经说过，如果谁认为欧洲是一个具有共同行动能力的统一体，那么他就大错特错了。对于他来说，欧洲只是一个地理概念，除此之外它就是一种"习惯用语"。他认为，使用这一"习惯用语"的主要是那些打着欧洲旗号怂恿他人火中取栗的人。[2] 在俾斯麦充满质疑的目光下，欧洲共同体就像是一个幽灵、一个完全不真实的想象。然而他又是一个欧洲政治家。作为一名普鲁士保守党人，他所推行的政策同欧洲其他保守党人的政策完全相同，与国内持不同政见的政治家相比，他们之间更是有许多共同点。作为一名普鲁士外交官，他与大多数同时代的外交官一样，都在欧洲均

/ 013

势的范畴内运筹帷幄。俾斯麦和他所处时代的普鲁士都是欧洲历史的一部分。这里指的欧洲历史并不只局限于 19 世纪的国际关系史，还包括当时欧洲各国外交政策中日趋重要的内在决定因素。欧洲各个国家中的这种决定因素又互不相同，因此导致了各自完全不同的发展道路。也因为如此，它们还解释了普鲁士、德意志邦联和德意志帝国在 19 世纪下半叶的发展可能性。

从这个意义上说，一部从欧洲角度书写的俾斯麦传记包含了不同发展道路的可能性，这比实际发生的情况更能引起读者的兴趣。此外，在欧洲视角下，各个政治角色也拥有了更广阔的舞台来施展他们的才华。当对现代化理论和类似发展法则的坚信，包括对个体结构性预见的笃信都发生动摇时，这样的做法更容易被理解。随着历史传记概念的回归，即重新允许对各个历史人物的主观能动性抑或"个人力量"进行强化，人们也提高了对国家发展道路的多样性和开放性的认识。因此，作为一种研究工具，反事实思考将对个体行为空间的探究与欧洲范畴内的类比联系了起来。

作为被分析的对象，俾斯麦偶尔也会满怀忧虑地抱怨后世对他的评价："历史学家们大概也只会站在自己的角度看问题。"[3] 显而易见，他的这种观点是正确的。历史表述的主观性的确无法避免，引用史料的篇幅自然也有限度。因此对于一部俾斯麦传记来说，考虑他在各种场合，尤其在当时的来往信函和内部形势判定上的表态是自然而然的事。但是这位首任帝国宰相完全有理由表现出担忧，即便对于臆想常常取代史实这件事他个人并不是完全没有责任。他曾说过一句名言："真正重要的东西总归不会写进档案里。"基于这一点，一些关于他的历史著述在论证核心观点时不考虑引用所有直接的史料证据。有些著作对此做出了明确解释：俾斯麦的表态总是随谈话对象和情境而变化，对他"真实"动机的推测也不可能以史料为依据。还有一些历史作品把俾斯麦同时代人的重要表述作为评判他的依据，用大众心理学的手段将他放在西格蒙

/ *014*

德·弗洛伊德（Sigmund Freud）的躺椅上进行研究。

　　拙著则另辟蹊径。它主要依托的是俾斯麦在日常政治生活中的表态，而并非取材于他后来进行自我塑造的内容和经常被引用的回忆录。这也是拙著两个版本成书的重要基础。对于 1871 年以前的历史，魏玛共和国时期就已出版的"合集"始终让我受益匪浅。对于 1871 年以后的历史，10 年前受奥托·冯·俾斯麦基金会委托出版的"新弗里德里斯鲁版"俾斯麦传记则为本书打下了一个扎实的基础。

　　当然，每个传记作家都能从前人的作品中获益，撰写俾斯麦传记时更是如此。这个帝国宰相散步时踩过的每一块石头和说过的每一句话都被翻来覆去地用过了。即使还能从成堆的档案或屋顶的阁楼中新挖出俾斯麦的信件和其他手稿，对于一部传记来说，它们对基础史料的扩展也不再能起到什么实质性的作用了。

　　有关俾斯麦生平的资料浩如烟海，它们为批判性地探究那些口口相传的传奇故事创造了最理想的先决条件。令人质疑的虚构故事可以通过否定资料来源来对其进行解构。然而仅从冗繁的史料和文献中并不能获得看待俾斯麦的新角度，对此需要提出新的问题。不过，由于 1990 年后的世界格局发生了变化，这些问题的出现变得更加迫切了。

/ 第二章 一位贵族大地主（1815～1849 年）

　　1815 年 4 月 1 日，奥托·爱德华·利奥波德·冯·俾斯麦（Otto Eduard Leopold von Bismarck）出生时，维也纳会议还在激烈的谈判和交锋当中。当高贵的俾斯麦在他父亲的农庄降生时，在离易北河畔申豪森（Schönhausen）几百公里外的维也纳，欧洲各个王朝正周旋于华丽的政治舞台，商讨着重建世界格局的大业。维也纳会议绘制了欧洲大陆的政治新版图，恢复的却是旧秩序。在俾斯麦出生后不久，拿破仑从厄尔巴岛（Elba）逃出来并重新登上了法国的皇位，由于滑铁卢战役的再次惨败，法国恢复了封建统治，其疆域被极大地缩小到了 1789 年时的范围内。列强聚集在维也纳是为了抹去法国大革命以来大约四分之一个世纪的历史痕迹。

　　法国的革命者将国王降格成了签署法律文件的机器，然后又废黜了他并最终把他送上了断头台。启蒙运动使得君主通过君权神授说取得的合法统治地位从理论上受到了质疑。法国大革命草率地结束了君权神授说和王朝体制。同时，旧欧洲维护贵族特权的等级制度也被清除的一干二净。这对于封建君主和贵族来说，是一种前所未有的挑战。法国大革命的激进之处还在于，在废除法国君主政体之前，它就引发了法国与奥地利和普鲁士的军事冲突。在这之后不久，几乎所有的欧洲势力都被卷入其中。为了争夺对欧洲的统治权，它们使这片大陆陷入动荡长达 20 年之久。

　　当风暴停息后的平静到来，也就是俾斯麦降生之年终于来临时，旧势力卷土重来。维也纳会议使俄国、英国、奥地利、法国和普鲁士五国的传统势力重归平衡，即所谓的"欧洲协调"。不仅如此，沙皇还在 1815 年倡议建立了俄奥普"神圣同盟"，3 年后将复辟的法国纳入了进来，神圣同盟也将维持重建的欧洲国家的内部旧秩序作为自己的目标。要实现这一目标，同盟国成员必须相互支持，共同反对"群众的煽动者"、民主主义者，以及所有对君权神授说和"按照神的旨意"建立等级制国家进行批判的人。为此，成员国甚至同意其他成员国对本国进行武装干涉，例如 19 世纪 20 年代的意大利和西班牙市民民族主义革命运动就被神圣同盟所镇压。列强中除了越来越受议会统治的英国拒绝加入这个欧洲保守主义的"自愿联盟"之外，欧洲大陆的各国都争相镇压一切人民主权、民主和民族思想。

然而，就像希腊神话中九头蛇的头不断被砍断又更快地长出来一样，这些思想越是被压制，越是会蔓延得更厉害。反法同盟战争结束之后，法国大革命的回响再次出现。在某些情况下，连拥戴君权神授的对手都不得不咬牙切齿地承认，奉行人民主权原则的革命纲领是有一些优势的。用这一纲领以及由此制订出的民主和民族组织原则来动员群众，效果的确要好得多。

在抗击外敌时尤为有效。通过发布"全民动员令"（levée en masse），革命时期的法国将所有未婚男性征召入伍。与由职业军人和雇佣兵组成的敌方部队相比，通过这种方式组建的军队绝不仅拥有数量上的优势。相较之下，法国义务兵的战斗意志也更加坚定。随后发生的法国革命战争和拿破仑侵略战争都明确表明了"全民皆兵"理念的优越性。直到其他各国也搬抄了这种理念，战争形势才扭转到对法国不利的一面——从 1808 年西班牙和 1813 年蒂罗尔的民族起义开始，到莱比锡大会战为止。

当然，光是引入义务兵役制是不够的，新兵也必须从内心深处认同，为自己的国家而战是值得的。在俾斯麦出生前数年，时任普鲁士首相施泰因和哈登贝格男爵（Freiherren vom Stein und von Hardenberg）推行一系列改革的目的正在于此。作为对 1806/1807 年惨败给拿破仑军队的反应，普鲁士军队在引入义务兵役制以前就取消了殴打等体罚制度，实行论功行赏。当时占人口比例最大的是农民，改革给予了他们获得人身自由的希望。农民因此有机会代替贵族地主前往战场服役。等级制度下的民众也享受到了地方自治应有的权利。

　　然而，施泰因和哈登贝格男爵的改革还是带来了两个问题。一是改革招致了贵族阶级的大力反对，因为他们所处的更高社会地位和经济特权受到了威胁。二是国家对农民群体特别是市民阶层的动员，激发了他们在与自身利益相关的事务中参与决策的愿望。君主因此不得不面对邦议会代表以及宪法提出的各种要求。不仅如此，普鲁士王室和普鲁士王国也越来越陷入到了农民群众、旧贵族以及地位不断上升的市民新阶层之间的斗争当中。

　　对于市民阶层野心的形成，实行君主政体的国家并不是完全没有责任。直到 19 世纪初，包括普鲁士在内的整个欧洲大陆几乎都没有开始工业化。当时的市民阶层也几乎不属于工业资产阶级。除了城市小手工业者以外，市民阶层手中唯一的资本倒不如说是他们受过的教育。一方面，对于接受过教育的市民阶层来说，不断扩大的国家行政管理部门为他们提供了主要工作岗位。另一方面，具有绝对统治权的侯爵越来越重视受过教育的市民的管理才能，以便最有效地管理自己的领地。特别是腓特烈二世（Friedrich II）即位后，普鲁士实行开明的专制主义，国家管理部门在重组时依照的是个人能力而不再是出身，这为市民阶层提供了上升的空间。

/ 019

　　这种发展是以牺牲旧贵族精英的利益为代价的。18 世纪，贵族在军队中的统治地位尚十分稳固，但在欧洲许多国家，他们的利益代表在公职中所占的比例已经逐渐缩小了。法国大革命以及由此促发的管理系统改革再一次加速了这种衰退。贵族们群起而反对的对象显然是已将旧贵族和新兴市民精英融为一体的君主政体。拿破仑借机将近 2000 名平民擢升为贵族阶级。在革命过后的法国，显贵们组成了一个领导层。拥有贵族出身已经不再是进入这个阶层的先决条件。不过，真正的社会威望还是要通过拥有土地来实现，这和大革命前的旧贵族制度相比并没有什么不同。因此，富裕起来的市民用钱购买土地，在其上建造的庄园中模仿贵族生活方式，并尽可能让其子女与贵族的后代通婚。与此同时，农村的旧贵族们也按照资本主义的原则和方式改造自己的农庄。这种新旧势力的相互接近在欧洲其他地方也有所表现。作为对大革命的反应，贵族和市民两个阶层相互融合的努力达到了一个暂时性的高峰。

奥托·冯·俾斯麦正是这种融合的结果。他的父亲来自一个世居勃兰登堡500年的贵族家庭，他的母亲则出身市民阶层，是一名在普鲁士王国中官至政府内务大臣的后代。二人于1806年成婚，正巧是普鲁士大败于拿破仑，施泰因和哈登贝格推行改革的那一年。他们第二个儿子奥托出生时，政治风向发生了剧变，普鲁士转而成为对拿破仑战争的胜利者之一。此后不久，普鲁士国王失去了推行改革的兴趣。调动全国力量的必要性已经退居二线，普鲁士贵族和新兴市民精英之间的对立与矛盾重新凸显。

俾斯麦家族的贵族族谱可以追溯到13世纪。其家族的历史与勃兰登堡–普鲁士历史的联系要比后者与其统治王室的历史联系还要长——霍亨索伦家族直到15世纪初才取得了勃兰登堡边区（Mark Brandenburg）的封地权。奥托·冯·俾斯麦父系的祖先最早是施滕达尔（Stendal）的城市新贵族和富商。霍亨索伦家族在1562年占据这座城邦并将其扩建成边境堡垒后，俾斯麦家族获得了附近易北河畔的申豪森庄园作为补偿。在俾斯麦家族中，先后有十几人担任过勃兰登堡选帝侯和后来普鲁士国王的军官。奥托的一位曾祖父曾在腓特烈二世发起的第一次西里西亚战争中受过致命伤，他的父亲费迪南德和三个叔父曾参加反法同盟战争和拿破仑战争，其中一个叔父于1813年战死沙场。

相比之下，俾斯麦母亲这边的祖辈则大多是学者、司法界人士和大学教授。俾斯麦母亲威廉明妮·鲁伊泽·门肯（Wilhelmine Luise Mencken）在莱比锡的亲戚被称为早期启蒙思想家，他们与克里斯蒂安·沃尔夫（Christian Wolff）以及戈特弗里德·威廉·莱布尼茨（Gottfried Wilhelm Leibniz）都有联系。威廉明妮的祖父在黑尔姆斯特（Helmstedt）的布伦瑞克大学教授法学。她的父亲阿那斯塔休斯·路德维希·门肯（Anastasius Ludwig Mencken）去了柏林，并在那里开始了外交官生涯。在腓特烈二世统治时期，他在 1782 年被任命为内阁秘书，当时只有 30 岁。腓特烈的继任又将他任命为王室内阁大臣。他经常出入于柏林启蒙学派的聚会，并被施泰因男爵尊为榜样。门肯主张改革的态度和一些来自法国大革命的理念让他成了保守主义批评家的活靶子，他被他们诽谤为雅各宾派。因此，他于 1792 年被国王免职。不过国王死后，他又重新回到宫廷就职，直至 1801 年英年早逝。

门肯的女儿威廉明妮·鲁伊泽诞生于 1789 年法国大革命当年。17 岁时，她嫁给了费迪南德·冯·俾斯麦（Ferdinand von Bismarck），这个比她年长一倍多的男人。这样的年龄差距在当时十分常见。不过这也许不是场以爱情为前提的婚姻，在那个年代以及夫妇二人各自的社交圈子中，这样的结合也算不上特别。两个人都比较富裕：俾斯麦家族拥有自己的庄园，威廉明妮·门肯的妈妈也出身富裕的市民家庭，即使后来守寡也仍有能力给威廉明妮一笔数目可观的嫁妆。而且两个家族的联姻让双方都得到了互补。门肯家族实现了与旧普鲁士贵族的通婚，而门肯家族本身与柏林的宫廷圈子来往甚密，新娘威廉明妮的到来似乎也成就了俾斯麦家族贴近王室的愿望。毕竟，国王的子嗣也都是威廉明妮的玩伴，其中的一个成了后来的威廉一世（Wilhelm I），也就是日后被奥托·冯·俾斯麦扶上德意志帝国皇位的那个人。

俾斯麦和母亲的关系很早就破裂了。1847 年，他在给妻子的一封信中写道："我的母亲曾是个开朗活泼、热爱光鲜外表的漂亮女人，但她这个人又不像柏林人说的那么有感情。她想让我学很多东西，并成为她想要让我成为的样子，我时常觉得她的严厉和冷酷像是针对我的。我还是小孩子的时候就恨她，长大后我就用谎言和成绩欺骗她。"在谈到几年前过世的母亲对自己性格方面的影响时，他使用了这样极其坦诚又不留情面的话语，即便出于对死者的尊敬他又写道："母亲对于孩子的价值，直到她死去之后才能被认识到，然而这已经太晚了；哪怕是最平庸的母爱，一旦掺杂了母亲的自私想法，它就是阻挡孩子对母亲所有热爱的巨人。"[1]

在 18、19 世纪之交，比起平庸的母爱威廉明妮要面对更多潜在的危险。在那个新生儿长大前超过半数都会夭折的年代，太过强烈的母爱对于母亲自身的精神健康是有风险的。威廉明妮·冯·俾斯麦一共生了6 个孩子，只有 3 个子女平安长大成人：奥托还有一个比他大 5 岁的哥哥伯恩哈特（Bernhard）和一个比他小 12 岁的妹妹玛薇娜（Malwine）。小儿子也并不是唯一一个总是抱怨母亲冷漠的孩子。当时的其他人也认为威廉明妮"特别严厉"[2]。亲戚们说威廉明妮具有"鱼的天性"，认为"她紧张不安的情绪不但让自己的生活变得艰难，也带给了她丈夫和孩子更多的压力"。她三天两头的闹毛病，在从一名年轻小姐时就与费迪南德·冯·俾斯麦开启的婚姻生活中，她显然过得太不幸福。而且直到去世，她也没能做到至少习惯和熟悉自己的婆家。在俾斯麦成为帝国宰相以后，他的一个堂姐回忆到，即使又过了好几十年，"他母亲仍然是一个与身边的人不太亲近的冷漠女人。我完全回想不起，她对我们中的任何一个人说过什么真心实意的话。而费迪南德叔叔就不一样了！他对我们总是很和气，有时还会和我们开个轻松的玩笑，特别是当奥托和我骑在他膝盖上的时候"[3]。

至于奥托和他父亲费迪南德的关系，尽管也有问题，但明显要交心得多。俾斯麦曾在 1847 年向妻子坦承，他"真的很爱"父亲。尽管他自责自己在母亲和父亲生前，都没有向他们表达过子女对父母应有的感谢之情。不过当俾斯麦把这种疏忽归结于母亲的严厉和冷漠时，并没有因为对父亲缺乏教养的行为而停止忏悔。母亲让他明白了什么是自私，父亲则向他证明了什么是"对我真正的毫无约束和漠不关心，却又充满同情的温柔体贴"。[4]

俾斯麦全家从申豪森搬到位于波美拉尼亚省（Pommern）的克涅普霍弗庄园（Gut Kniephof）时，俾斯麦刚满一岁。费迪南德·冯·俾斯麦从一名去世的亲戚那里继承了这里和其他两处地产，俾斯麦用他极具个人特色的口吻对此评价道："一个冷漠的叔叔加上农场酱汁之后，就变成了一道颇能让人接受的菜肴。"⁵克涅普霍弗是那种易北河东岸典型的农庄：有庄主的房子，周围是雇用的农业工人居住的房舍，有一家烧酒作坊，几座杂用的房子，还有一个漂亮的公园和大片林地，四周围绕的全都是庄稼地。它是普鲁士大地主贵族气派的领地，是属于父亲的世界。对于在这里成长的小俾斯麦来说，它是一片他儿时发现并占为己有的天堂。从克涅普霍弗开始，俾斯麦产生了对乡村生活的热爱，并且一直认为城市的生活比不了乡下。他尤其喜欢庄园里的公园和林地。直到母亲去世好几十年后，他仍旧对母亲曾在他儿时让人砍掉林子里几棵橡树的事耿耿于怀。还有一件事让他永远不能原谅母亲，那就是在他 6 岁时，她就把他从这个天堂送入了地狱——柏林。

对于当时在农村生活的贵族来说，找个家庭教师来教授自己的孩子并不是什么新鲜事。但对出身于市民阶层启蒙思想家家庭的俾斯麦母亲来说，这当然是不可想象的。她的儿子们必须尽早地接受那些崇尚改革时期新普鲁士价值观学校的福泽。她为他们选择了柏林的普拉曼学校。弗里德里希·路德维希·雅恩（Friedrich Ludwig Jahn）在那里教课，他是德国国民体操运动的创始人。奥托·冯·俾斯麦的哥哥伯恩哈特已经住进了普拉曼的学生宿舍。威廉明妮威胁两个儿子说，如果他们的成绩不"出众"，就别回来见父母。因为害怕这种威胁，至少更小的那个保证说要竭尽所能。1822 年 4 月，刚满 7 岁的奥托从普拉曼学校给他母亲寄出了他人生中的第一封信："亲爱的妈妈！我在这儿过得不错，分数已经下来了，希望你能感到高兴。"

不过少年的这个愿望并没有实现。在之后的半个多世纪里，这位当年普拉曼学校的学生在晚饭时总会一遍又一遍痛苦地咒骂："那个爱好文艺的妈妈在教育孩子方面真叫人不舒服，虽然她早就宣布放弃了这种教育，至少在她的感觉中是这样。"对于俾斯麦来说，普拉曼学校就像是"一座监狱","当我从窗户向外望去，看到几头牛正在垄沟上拉着车时，我一定会因为想念克涅普霍弗而痛哭流涕"。根据俾斯麦的回忆，孩子们清早就会"被练习击剑用的钝头剑捅醒，身上因此到处都是瘀青"，这和学校其他学生的回忆没有什么出入。他们不仅经常遭到殴打，并且还吃不饱。但是最让这些年轻的贵族感到痛苦的是那些来自市民阶层，"像蛊惑人心的体操运动员一样痛恨贵族阶级"的教师们。[6]

这些经历恰好也是年轻的俾斯麦无法接受母亲那个城市市民阶层世界的原因。在普拉曼就读 6 年之后，俾斯麦还是被转到了另外一所学校，并和哥哥一起住在父母位于城中的一所住宅内。在文理中学，年轻的俾斯麦充其量算是个平均水平的学生。从他的毕业成绩看，他对自然科学兴趣寥寥。在历史和地理两科上，他的表现也不是特别突出，只有在语言课成绩上他才大放光彩。尤其是法语和英语，他取得了"特别优异"的成绩，教授他的德语老师也评价他，"德语的熟练程度非常令人欣喜"。[7]

1832 年从文理中学毕业后，俾斯麦面临未来人生道路的抉择。作为一名年轻贵族，他有在普鲁士军队中出人头地的机会。不过在这方面，他父亲可不是什么好榜样。费迪南德·冯·俾斯麦仅在 18 世纪 90 年代的反法同盟战争期间短暂地服过兵役。尽管 1806 年和 1813 年的爱国浪潮经过了他的庄园，他却并没有去追随。他的儿子奥托能感受到的对军队的好感就更少了。他对和自己性格相似的父亲坦承，他后来甚至想要彻底逃避在普鲁士军队中应服的一年兵役——借口是"因为右胳膊下被砍过一刀，肌肉缺乏力量，所以抬起来时会感觉疼痛，只是伤口还不够深"[8]。因为没有别的选择，最终他第一次走上了母亲家族的那条路：1832 年的夏季学期，他进入了哥廷根大学（Göttinger Universität）学习法律。母亲不同意他去海德堡大学，因为她害怕奥托在那里养成喝啤酒的习惯，那是她所深恶痛绝的。至少在这方面，儿子没有让她失望：他从哥廷根开始就爱上了葡萄酒和度数更高的烧酒。

后来在他的回忆录——《思考与回忆》（*Gedanken und Erinnerungen*）的开篇就写到，他"从上大学开始就和学生社团扯上了关系"。完全可以想象，他在中学时代就受到了市民阶层和民族主义，以及改革时代和反拿破仑"自由战争"精神的影响，而学生社团也认为自己有责任宣传这种精神。然而，"通过进一步的认识"，俾斯麦却"为他们政治观点的过激感到非常不满，因为他们缺乏理论体系，也不了解当前和过去的生活状况"。学生社团最终在1819年的瓦特堡节上宣扬了太多法国大革命的自由主义理念。当俾斯麦读大学一年级时，代表学生社团运动的黑、红、金三色已经在哈姆巴赫节日庆典上成了全德国自由主义改革运动的标志。俾斯麦读到第三个学期时，法兰克福卫戍大本营被学生社团运动所攻陷，学生们以此为序幕，企图暴力推翻维也纳会议重新建立的旧秩序，然而却无果而终。"他们的这种表现让我感到厌恶，"俾斯麦后来抱怨说，"这种用动乱干涉国家秩序的行为与我受到的普鲁士式教育相违背。"不过，显然更让年轻的俾斯麦厌恶的，是早期学生社团运动改革派的市民阶层行为对贵族旧世界"已有的、历史性的生活状态"毫无尊敬的态度。他在《思考与回忆》中提到，哥廷根的学生社团拒绝"给予他舒适感"，这是他疏远学生社团的首要原因。由于早期学生社团运动要与市民阶层改革运动保持一致，击剑决斗这项在大学生（同乡会）间举行的传统贵族活动被取消了。[9]不管怎样，这个年轻贵族在大学注册后不到两个月就加入了一个以特别无节制进行击剑决斗而著称的同乡会。在接下来的一年时间里，他一共决斗了25次。[10]

/ 025

选择上大学对于俾斯麦来说，是他有意与之前在学校学到的、和他母亲一致的市民阶层价值观划清界限的第一步。下一步则是选择他所修课程的任课讲师了。尽管在学习法学课程之外，他甚至还比较定期地去上历史课，但在他的历史课表中，却没有出现弗里德里希·克里斯托弗·达尔曼（Friedrich Christoph Dahlmann）这位自由主义历史学家的课程。达尔曼作为"哥廷根七君子"（Göttinger Sieben）之一，因为抗议汉诺威王国废除宪法而丢掉了教授头衔，1848年又参与了《保罗教堂宪法》（Paulskirchenverfassung）的起草工作。不论是在哥廷根还是在他三个学期后转去的柏林大学，俾斯麦都没有受到思想和社会革新的影响。菩提树下大街的大教室里面长什么样，俾斯麦肯定都没怎么见过，他在这个普鲁士王国首府的大学时光主要是在莎士比亚和拜伦的作品阅读课，以及赌桌和小酒吧中度过的。当俾斯麦后来和妻子路过柏林大学时，她注意到那里可能是他读书时每天都要待的地方，而俾斯麦只从嘴边挤出了一句话："从没去过。"[11]

在柏林，俾斯麦的父母最终不能放任儿子在放荡的大学生活中学坏。因此费迪南德和威廉明妮对他进行了训诫。奥托曾在1833年写给他一名哥廷根校友的信中说："父母拒绝替我还债，我和长辈间竟发生了如此令人不快的事。"有一次他又起床起得太晚（后来成了伴随他一生的习惯），母亲就要求他向她报告学业的情况。因为在这方面俾斯麦实在没什么可说的，父母最终给了两条路供他选择，要么定下目标努力从大学毕业，要么就去参军自己挣点钱花。[12]

迫于父母的压力，18岁的俾斯麦这才第一次认认真真地考虑关于未来的问题。他梦想着成为一名外交官。而达到这个目标的基本前提是通过第一次和第二次国家司法考试。在一个专门帮助法律专业学生应试的老师指导下，俾斯麦在1835年终于跨过了第一道门槛。然后，他以见习生的身份在柏林的法院消磨了一年。接着他又去了亚琛的地区委员会。

莱茵兰是维也纳会议划分给普鲁士的一块地区。这对于柏林来说并不是什么幸运的事。受天主教影响的莱茵兰人从根本上就质疑普鲁士的官僚主义作风。而俾斯麦也轻蔑地认为对方是"天生的贱民"。[13]因此，他只把亚琛当作是他受训过程中的一个驿站，而且在莱茵兰这个普鲁士王室统治下的"狂野西部"当差，他的见习期可以从三年缩短到两年。

因为从在柏林进行的职业培训开始，他好不容易下定的从事行政管理事业的决心就已经逐渐烟消云散了，在见习期之初俾斯麦就抱怨，"学习这种事我做不来"。这种沿着母亲市民阶层轨迹进行的生活会把他弄得"身心俱疲"。相比之下，从俾斯麦父辈那里留传下来的乡绅贵族生活要有吸引力得多："我还常常抱有用耕地的犁代替手中的笔、用打猎的背包代替公文包的愿望；但这对于我来说仍然是奢望。"顾及到父母的态度，直到他们逝世之后俾斯麦才开始期待这种愿望变为现实。[14]

在亚琛，这种愤懑的情绪足以让才 21 岁的俾斯麦想要寻死，关乎他继续生存的信仰危机逐渐出现了。因为对办公室的工作感到无聊，俾斯麦又重新逃回了小酒吧和赌桌上。除了还未还清的旧债之外，他又开始欠下新债。这期间他曾想到过自杀，甚至都准备好了一根上吊用的绳子。加上他又被卷入了一桩桩风流韵事之中，不仅让他最后散尽家财，也击垮了他的精神支柱。

他到了亚琛才几个星期就给哥哥写信，说自己认识了一名"要多好有多好"的英格兰女人。他说的正是美貌与财富兼备的克利夫兰公爵的侄女。为了给意中人和她的家庭留下好印象，这位年轻的法律见习生不惜一掷千金。不过这家英格兰人后来离开了亚琛，留在当地的俾斯麦在这之后又认识了另一个爱慕对象——她完全没有贵族背景，只是一个嫁给市民阶层的女人与前夫所生的女儿而已。对于俾斯麦这样一个"对公爵侄女这样的女性"感兴趣的人来说，这场艳遇从一开始就已经结束了——因为"要让我和一个不是贵族后代的人结婚，肯定得有些特别重要的理由"[15]。

1837 年夏，俾斯麦又对一个英格兰女人"燃起了爱火"，不仅是因为贵族头衔，经济上的"重要理由"应该也是考虑之一。他对哥哥说，这位名叫伊萨贝拉·罗莱纳 – 史密斯（Isabella Loraine-Smith）的女子不仅"拥有金色的头发和罕见的美貌"，而且还是在英国莱切斯特郡拥有庞大农庄的一名伯爵的千金。和之前的克利夫兰公爵一家一样，她的家族也正在欧洲大陆进行游学旅行（*Grand Tour*），只在亚琛停留几天而已。俾斯麦毫不犹豫地跟随他们踏上了旅途，一路经过威斯巴登、法兰克福和上莱茵地区，最后竟然到达了瑞士。他自以为已经订了婚就可以十拿九稳——然而这个肥皂泡最终也破灭了。至于为什么，他并不太清楚。这个年轻的情人也许只是愚弄了自己一下：在这名英格兰女子留下的日记中，无论如何也找不到她和俾斯麦订婚的内容。事实上，俾斯麦显然也越来越怀疑，伊萨贝拉·罗莱纳 - 史密斯是不是真的符合他择偶的标准。他对居住在波美拉尼亚省的哥哥讲述到，伊萨贝拉的父亲只是个继承了伯爵头衔的牧师，经济收入也将在他死后有所减少。在这些问题面前，要"走入一场令人感到拘束的市民阶层婚姻"也显得有点问题。[16]

这场恋爱悄无声息地结束了，这意味着俾斯麦想要逃离他认为乏味又没有前途的普鲁士政府行政工作，从而投身大不列颠岛有经济保障的贵族地主生活的尝试失败了——而在家乡的这种生活在可以预见的时间内，仿佛已将俾斯麦拒之门外。不仅如此，他还债台高筑，债主要债都要到了亚琛的地区委员会门外。他休假还超出期限好几个月，好在领导比较宽宏大量没有和他计较。1837 年 10 月，领导略带讽刺地劝他"转职到老普鲁士行省的政府部门工作，并回到属于官员的、更紧张的工作节奏上去"[17]。

俾斯麦这个已被排斥在外的体面人很乐于听从这一建议，加上亚琛的债主们甚至把他的衣帽间都搬空抵债了。不过即便如此他也丧失了想要"挑战更有压力职业"的所有动力。他先是返回了克涅普霍弗，然后在父亲的庄园里虚度了好几个星期。为了让父母高兴，俾斯麦到波茨坦当了见习生，然而 3 个月后也半途而废了。当兵的努力也因为体格检查不合格而失败，俾斯麦便波澜不惊地结束了兵役。在离开部队的日子里，他也没有到波茨坦继续接受培训，就这样过着毫无前途可言的生活。

母亲的患病和去世给了俾斯麦逃出眼前生活危机的借口。让儿子像他市民阶层的长辈一样走上公务员的职业道路是威廉明妮一直的愿望。但是她的健康状况明显恶化得很快。1838 年夏，奥托告诉她垂死的母亲，"他对给政府当差的各方面都感到厌恶"。此外他只是略微提了一下，他害怕自己即便在最好的情况下，凭借自己公务员的薪水也还是没法偿还债务。最后，他"非常急切"地请求，无论如何都要允许他回到他喜爱的克涅普霍弗庄园。不管母亲当时是不情愿还是根本无法阻止：看到儿子"认为自己如此不幸"，俾斯麦的父亲"非常感同身受"。最后，费迪南德把波美拉尼亚省的庄园赠予奥托和他的哥哥，自己只保留了申豪森的产业。[18]1839 年初，俾斯麦的母亲去世，关于保险起见让他最好通过政府估价师考试的问题也因此无疾而终了。

他在一个柏林的堂姐面前透露了要"做一名乡村容克地主"的决心。他当时的理由是，一名"管理型公务员"的官僚生活尽管丰富多彩，但同样有消极的一面："普鲁士的公务员就像乐队里的一名成员，不管他是首席小提琴还是只敲三角铁：他不需要总览全局，也不必关心整体效果，他只需照顾好自己的乐章即可，不管演奏得是好还是坏。而我想要的，是编写我认为好的乐章，要么就干脆什么都不做。"如果从未来帝国宰相的视角来看，这不如说是一种对权力不可抑制的渴望。不过，这主要还是体现了他对职业生涯的选择：与其"通过考试、勾兑关系、学习文案、按资排辈和讨好上级"换来在专制主义国家机构由他人决定的工作岗位，不如坚持过"自己独立的生活"。[19]

因为实际上凭借着家族产业，当时的奥托·冯·俾斯麦是有能力做到按照自己的喜好"编写乐章"的，尽管在最初的两年，他还得和哥哥伯恩哈特共同管理在波美拉尼亚的庄园。俾斯麦和哥哥的关系几乎终生都保持着相互交心的程度，在开始从事农业时，他哥哥首先扮演的自然是他导师和朋友的角色。从 1841 年起，俾斯麦开始独自经营克涅普霍弗庄园。1845 年俾斯麦父亲去世之后，他又继承了申豪森的产业。他将所有的精力都投入到管理这些庄园当中，这在他的大学学业和管理机关培训生涯中是未曾有过的。甚至在服兵役期间，他还利用在格赖夫斯瓦尔德（Greifswald）驻扎期间到当地大学里旁听农业课程。父亲曾把农庄记账的工作交给一名雇工负责。奥托作为新主人掌管了克涅普霍弗的产业后，便接手了这项工作。之前奥托和哥哥一同从父亲手中接下波美拉尼亚的农庄时，还同时担负着抵押债务。短短几年，奥托就让农庄摆脱了重负，同时自己的债务也不断减少。

这一成功便是他个人责任心和机敏经济头脑的体现。不过，外部环境也是让他受益的一个原因。因为通过 1807 年推行的农业改革，普鲁士的封建等级制度被瓦解了，从中获益的主要还是贵族大地主中的老一代精英。从那以后，连普通市民阶层都能取得骑士的产业了。不过这场改革的主要胜利者还是世居当地的农庄主们。通过解放农民这种模式获益的是他们，而不是小农场主。为了从封建制度下的劳役中解脱出来，农民必须为自己赎身。同样，他们也得为自己耕种土地的财产权付出代价。一般情况下，这种费用是以向庄园主上缴土地的方式进行支付的。后者取得收益的最大部分，也是来自于对乡镇共有土地的瓜分。除此之外，庄园主们利用国家的信贷支持，之后又从农民手中购入了大量土地。非常值得注意的是，像奥托·冯·俾斯麦和哥哥伯恩哈特从父亲处接下抵押权和债务这种情况，也并不意味着一定是经营不善的结果，相反这往往也是一种企业家的冒险精神和旧贵族向农业资本主义心态的靠拢。

就这样，农业改革在普鲁士农庄规模的不断扩大下开展得如火如荼。土地的面积越大，为提高生产力投入的农业机械设备的价值就越高。因而在最初投入机械作业的农庄中，主要归贵族所有的大型农庄仍然比小型农业企业的数量更多——当时普鲁士的工业发展正处在萌芽状态，机械化生产的大规模应用已经是几十年后的事了。像俾斯麦这样具有创新精神的大地主，还通过其他新手段提高农庄的生产力：放弃传统的农田三年轮作制和土地休耕，加大对肥料的投资，加强绵羊养殖和烈酒酿造等业务，种植油菜籽、苜蓿和马铃薯等高产饲料和经济作物。

1815 年以后，农业生产力的提高促使农产品价格下降。奥托·冯·俾斯麦和哥哥在 19 世纪 30 年代末继承了父亲的庄园，然而从这一时期开始，农产品价格却开始上涨，农业生产者也因此而受益。这主要源于以下两点：一方面，急剧增长的人口起了推动作用。19 世纪中叶，欧洲人口数量已经比世纪初增加了将近一半。在后来德意志帝国的领土上，人口数量的增长尤为迅速，对食物需求的增长十分显著。另一方面，运输业的革命拓宽了销售市场。拿破仑战争在欧洲引发了一场工程热潮，即对已经加固的道路持续不断地进行拓宽。这些大道原本只是为了军事用途而修筑，然而同时也让食品运输在一年四季都变得更为快捷。对运河水系的扩建以及后来建设的铁路网也极大地拓展了原本只局限在本地和本区域的销售市场。1834 年，在普鲁士的促进和推动下，德意志关税同盟宣告成立，商业结算和跨境交通的范围因此得到了进一步扩大。

直到 19 世纪中叶，普鲁士的大地主们仍然享受着这些优惠条件带来的福利。随后由蒸汽轮船带来的运输业革命导致了世界市场的形成，在欧洲的农业产品不得不面对来自海外的竞争时，这种状态才有所改变。不过，从其他方面看，普鲁士的农业改革也恰恰在 19 世纪上半叶为俾斯麦这样的贵族庄园主带来了不少好处。尽管农业改革委员会解除了对庄园雇工的束缚，他们看上去获得了更大的自由。但实际上最终从改革中获益的还是大庄园主。因为他们对雇工的供养义务也因此被大大地解除了。而对于雇工来说，在 1850 年左右的工业化真正来临之前，除了继续在农庄工作，也几乎没有什么更好的出路。此外，庄园主们还将领主裁判权、警察权力和一系列其他具有有效监管力的特权握在了自己手中。

也就是说，改革基本没有触及普鲁士大地主强大的政治和社会地位，他们仍旧像小国王一样统治着自己的领地。然而守旧的"容克地主们"并不接受改革带来的广泛经济结构调整，尽管其目的是实现农业资本主义的现代化。在这种陈腐思想的左右下，时代的发展也与他们失之交臂。这种传统画面在历史编纂中是被长期定格的了，同时代的自由党人也喜欢用这种迂腐的形象来讽刺他们的保守党对手。1834年，在19岁的俾斯麦向一位哥廷根大学校友描绘自己的未来时，他不无戏谑地将这种陈腐形象做了再加工：当他这位朋友10年之后来到克涅普霍弗庄园，将在这里看到一名脑满肠肥的预备役军官——那个人留着小胡子，当他受了妻子的粗暴对待，他便一边怀着对犹太人和法国人正义的憎恶，发出足以让大地颤抖的誓言和咒骂声，一边用最残忍的方式殴打自己的狗和仆人。那个人就是我。那个时候我会穿着皮裤，在什切青的羊毛市场上放声大笑，如果有人称呼我为男爵先生，我就发发善心，把小胡子剃下来、便宜两塔勒给它卖出去；国王过生日，我就把自己灌个烂醉，又是欢呼又是喝彩，此外我常常会激动得不能自已，最后还加上一句："我以名誉担保，这匹马出色得不得了！"[20]

当然，这种学生之间的玩笑话不能当真，更何况俾斯麦当时还受着市民阶层的母亲、学校和大学的强有力影响。1839年，当24岁的俾斯麦全身心地投入一个"乡村容克"的生活，摆脱了母亲的阴影，也不再像大学时代那样浪荡时，他期待的显然不仅仅是做一名容克而已。他还在父亲的几个农庄成功实现了农业资本主义的现代化，有力地反驳了那些仍旧抱残守缺、精神十分匮乏的容克们口中的陈词滥调。然而——在这样的生活中，他也许久没有获得真正的成就感。

在接手克涅普霍弗农庄3年半之后，费迪南德·冯·俾斯麦从小儿子那里收到了一封牢骚满腹的信："我已经无聊到快要上吊自杀了。"俾斯麦还对妹妹的未婚夫说："我相信每一个长大成人的年轻人都会这样做，如果他在农村过着单身生活，并且不得不只和那些由波美拉尼亚的容克地主、庸人市侩以及骑兵军官们组成的众多无趣的小团体打交道的话。"此外，当自己的和接手的农庄在财政问题上开始"逐渐找到原因"之后，他便没了新的挑战。[21]

10 年前他曾对着他那位校友形容自己是"脑满肠肥的预备役军官"，10 年后他又向他做了番自我总结，他认为当时臆想的部分场景至少在客观上已经变成了现实。尽管他努力地想要模仿当时那种戏谑的语气，然而看得出来，他身上萦绕着对"生意"和对人的深深孤独感和无趣感，也许还有性生活方面的挫败感。"那个人，也就是我，坐在克涅普霍弗的地产上"，俾斯麦描述道，"单身，特别孤单，29 岁的身体尽管健康，精神上却好像什么都接受不了。他准时完成我交给的生意，却没有特别的投入感。他在我的人那里以他们的方式找乐子，看着他们欺骗我也不生气。每天上午我都闷闷不乐地坐在桌子边，心情就像是温吞水一般。我和外界的交道，不是跟狗、跟马就是和那些容克地主。和容克们打交道时，我感觉愉快是因为他们尊敬我：我能轻松阅读各类文书，任何时候都穿着得体，还能像庖丁解牛一样把猎到的野味熟练地拆解，骑马时安静又大胆，抽大号雪茄，和来访的客人们在桌旁共饮，冷血却也充满友爱。"[22]

实际上，这位克涅普霍弗的庄园主显然在狩猎和狂欢——这些波美拉尼亚农民眼中的社会娱乐活动中相当放得开。尽管那个"放纵俾斯麦"的形象在后来围绕帝国宰相的神话塑造中被重新修饰了，但它的核心内容是真实的，当时的史料也有记载。俾斯麦曾经想和附近的庄园主千金订立婚约，却因她母亲的坚决反对而落空：因为克涅普霍弗庄园的年轻主人尽管是个贵族，但有鉴于他的生活作风，这场婚约是不能被接受的。自然而然，这样的"骗子"名声也连带着他身边的人越来越不受当地人待见。于是俾斯麦越发地想要找个逃离波美拉尼亚这样促狭之地的出口。1842 年，他花了数月的时间游历英国、法国和意大利。次年，他甚至考虑去印度参加英国殖民地军队。人们也许会天马行空地猜测，如果此事成真，是否不光是欧洲历史，就连地球另一端的历史都有可能被改写。

1844 年，俾斯麦"已经被身边诸事弄得无聊透顶，到了厌倦生命的程度"[23]，他甚至觉得再回到普鲁士政府体制内去仿佛也不是什么太坏的事。在俾斯麦中断国家公职见习期 5 年之后，他曾重新接受培训，没过几个礼拜却又再次中断，因为他"发现里面的人和事还是那么地陈腐，和以前一样没有一丝一毫的改变"[24]。俾斯麦至少原先认为，作为一名庄园主他会过上充实而有希望的另一种生活："当时，这个身份对于我来说还像是美丽云雾笼罩下的远山。"1847 年，他在给他未来的妻子约翰娜·冯·普特卡默（Johanna von Puttkamer）的信中写道："作为一个既要兼顾记账工作，又要懂点化学的真正农场主，我原本觉得自己会很幸福，可是经历了一圈之后，我从这种田园牧歌的错觉中回到了现实。"[25]这个时候的俾斯麦尽管已经努力实现了层次上的超越，然而他也要开始攀登远处的高峰了——走近了看，这些山峰又有些不一样了。

约翰娜·冯·普特卡默在 1844 年就认识了俾斯麦，只不过一开始并没有对他留下深刻印象。她是玛丽·冯·塔登（Marie von Thadden）的朋友，而玛丽又是通过俾斯麦之前的校友莫里茨·冯·布兰肯堡（Moritz von Blanckenburg）介绍认识俾斯麦的。俾斯麦当时爱上的其实是玛丽·冯·塔登。从玛丽后来的信件中看得出来，她对这位来自克涅普霍弗，身材高大，头发黄中带红的庄园主也并不讨厌。只是那个时候，她已经和莫里茨·冯·布兰肯堡订了婚。俾斯麦和约翰娜·冯·普特卡默的首次结识，正是在玛丽和莫里茨二人的婚礼上。

约翰娜、玛丽和莫里茨同属于波美拉尼亚省的一个虔信派教徒团体。准确地说，他们这个团体隶属 19 世纪一个全欧洲范围内的宗教觉醒运动，该运动在新教控制的地区内与近代早期虔信派教徒保持着联系。19 世纪并非只受世俗化大浪潮以及教会对社会和精神生活去约束化的影响。与之相反，努力恢复天主教在欧洲影响力的运动同时也进行得一样如火如荼。

作为法国大革命的结果，在除教皇国之外的欧洲大陆，高级宗教人士对世俗的统治已经结束。大革命也导致了对教会财产的一再剥夺。在1815 年反法同盟取得胜利之后，情况也基本没有发生变化——在被普鲁士击败的莱茵兰地区即是如此。不过与此同时，在普鲁士国王主导，以及大量私人投资者的参与下，中世纪结束时停建的科隆大教堂又重新开工。在整个欧洲，团体和个人的虔诚祷告活动空前高涨。那时的天主教徒已不像几个世纪以前那样热衷朝圣旅行和展览受欢迎的圣物。对圣母和圣人显灵的兴趣在法国大革命和第一次世界大战期间迅速高涨。同时，对于注重内在信仰的新教教义的推崇达到了一个新的顶点。两个基督教教派很快成立了不计其数的教会协会。其中规模最大的协会成员数量应该大大超过了 19 世纪末最有影响力的政治党派的党员数量。

一方面，欧洲国家纷纷做出将教会和国家分离的尝试。另一方面，这些尝试又总是会引发最为激烈的内部矛盾。一方面，19 世纪的犹太人解放运动使基督教在欧洲国家的影响力进一步受到了质疑。另一方面，在欧洲社会中，力图使犹太少数民族皈依基督教的教会组织如雨后春笋般大量涌现。[26]

19 世纪 40 年代，俾斯麦在波美拉尼亚省接触的那些虔信派教徒们，就对投身此类传教的尝试乐此不疲。玛丽的父亲曾经是这个圈子的中心人物，为了延续宗教改革之后的传统，他特别强调个人与神之间的联系。不过，这个圈子的成员却对由启蒙运动发展而来、强调理性的个人主义持否定态度。相反他们特别注重宗教仪式感。在现实世界中，受虔信派思想鼓舞的封建王朝"神圣同盟"与受启蒙运动影响的政治潮流相对抗；同样，在精神世界里，塔登家族所在的圈子也积极抵御启蒙运动所带来的影响。

俾斯麦对这种传教热情则不屑一顾。他成长在一个受宗教影响不是很强的家庭中，学生时代的老师们也大多具有启蒙思想倾向。作为新教徒受过坚信礼后，他从内心就没把教会当成一回事——至少，他绝不去教堂祷告。在还是青少年的时候，俾斯麦就已经完全不相信祷告了。在大学期间，俾斯麦就因为在宗教问题上"极度无信仰"而非常出名。[27]他的朋友莫里茨和其未婚妻玛丽曾试图劝他加入教会，他马上就表示了怀疑和抗拒。要不是看在和莫里茨的友谊，以及自己对玛丽暗生情愫的份上，他可能早就和他们断了联系。俾斯麦在这一时期的宗教信仰是一种模糊的自然神论，它也是许多启蒙思想家所拥护的。他把神想象成一个坐在安乐椅上的超自然力量，它创造了世界和人类之后就不再关心了，也就不可能和其中的个体再有什么联系。

不过，1847年初在和哥哥回顾往事时，俾斯麦也曾坦承，"发生在内心和外界的种种事情"使他渐渐改变了对宗教的看法，这种改观还在一定程度上帮助他最终克服了内心的迷失和空虚。[28]而这种内心的火焰在他挚爱的父亲于1845年末与世长辞之时，可能就已经燃烧了起来。费迪南德·冯·俾斯麦在74岁的高龄去世并非突然。奥托也告诉妹妹玛薇娜，父亲的死肯定不算是悲剧。不过和英年早逝的母亲相比，他却难以接受父亲的离世，毕竟母亲的死对于他来说更像是一种解脱。听到父亲健康状况恶化的消息后，俾斯麦便放下克涅普霍弗庄园的一切事务，急忙去了申豪森。因为农庄离了俾斯麦根本不行，哥哥伯恩哈特一再催促他赶紧返回波美拉尼亚。尽管如此，奥托还是留在申豪森照顾了父亲8个星期，直至老人撒手人寰。

根本性的转变发生在第二年。玛丽与莫里茨结婚后，俾斯麦与玛丽的来往慢慢减少了，与莫里茨探讨宗教问题的书信往来也逐渐停止了。俾斯麦父亲去世后，这对新婚夫妇开始了新生活，还邀请俾斯麦夏天一道去哈茨山（Harz）旅行。同行的年轻人当中也有约翰娜。显然通过这次出游，俾斯麦第一次对她另眼相待。至少在这之后，俾斯麦积极回应了莫里茨想要恢复书信来往的建议，并借此非常坦诚地试探追求约翰娜的可能性。

他明白，他之前表达的无信仰言论不仅会让约翰娜感到不快，更会在她虔信派父母的面前惹出乱子。俾斯麦曾在 1846 年底向约翰娜的父亲写了一封提亲信，因此可以推断，他在宗教信仰方面的真正转变正是从那个时候开始的。一个月前，朋友莫里茨的妻子玛丽在布兰肯堡的卡尔德敏庄园（Gut Cardemin）去世，年仅 24 岁。与父亲意料之中的故去相比，玛丽的死给俾斯麦的内心带来了新一轮"空虚感"。与此同时，他注意到她虔信派的亲戚们平静地接受了这位年轻女性罹患重症辞世的现实，因为他们拥有异常坚定的信仰，坚信他们会在彼岸重逢，这让俾斯麦非常羡慕。[29] 在这样的情况下，俾斯麦的宗教观开始"觉醒"了，他向约翰娜的父亲这样描述道："在听到我们在卡尔德敏的朋友患重病去世的消息后，我第一次怀着虔诚的心祷告，不去理会我内心中理性的挣扎，带着无能为力的切肤之痛流下了眼泪，这是在我童年时期未曾有过的，我感到了生命的力量。虽然上帝并没有回应我当时的祷告，但他也没有将我拒之门外，我仍然可以向他祷告，祈祷自己不再迷茫，在感到不平和之时还能拥有信仰和对生活的勇气，如果不祷告，我再也不可能认识到它们是如此的重要。"[30]

或许是为了满足他身为虔信派教徒未来岳父的期望，这种表述显得有些夸张。不过显而易见的是，1846 年的俾斯麦用宗教赢得了自己的新阵地，他在基督教中找到了真正的"信仰和对生活的勇气"。直至生命的尽头，他每天都坚持祷告和诵经。对于他来说，只有按照基督教教义行事，才有可能是有意义而且成功的。不过，他却从来没有把自己看作是上帝的工具。他同上帝之间一直保持着一种私密的联系：他"觉醒"之后，也就很少去教堂礼拜了。很多虔信派教徒也都这么做。当然，俾斯麦从未真正认同他虔信派朋友对信仰充满感性的表白，他受理性思想影响的怀疑论观点仍旧在这方面过于突出。1847 年夏，在婚礼前几个月，俾斯麦就与约翰娜在关于宗教问题的讨论上频繁通信。

/ 038

在开启生活新篇章后，约翰娜成了俾斯麦坚实婚姻基础不可分割的一部分。"我不知道自己以前是怎么忍受过来的",结婚 4 年后,俾斯麦在 1851 年给夫人的信中写道:"如果我现在还像当时那样生活,没有信仰,没有你,没有孩子们——我就不会知道,为什么我要像忍受一件脏衬衣一样忍受它。"[31] 这样的说法并不是夸大其词。在与他携手走过近半个世纪的妻子故去之后,尽管还拥有对上帝的信仰和生养的 3 个子女,俾斯麦还是开始消沉了。

除了宗教信仰、贵族出身,以及都对诸如莎士比亚和贝多芬这样的流行文化标杆感兴趣之外,这对夫妇起初并没什么共同点。虽然和婆婆不同,她嫁给俾斯麦时已经 23 岁了,但两人仍有 9 岁的年龄差距。达盖尔照相法(Daguerrotypie)发明整 10 年后,两人也有了第一张成像粗糙的照片,从中看得出这是一对差距悬殊的夫妇。新郎身材高大,目光坚定,头发和络腮胡又浓又密,看起来像是一个特别干练的小伙子。在年轻的妻子看来,那个"充满狂野气息"的、"放纵的俾斯麦"[32] 恰恰给她未来的婚姻生活带来了乐趣。而且事实上与他一起生活也的确不无聊。

而约翰娜吸引俾斯麦的地方却不那么容易看得出来。照片上的她还算讨人喜欢,深色的眼睛和头发格外引人注意。而摄影这种不加修饰的现实表现方式却能让人明白,为什么申豪森的农民们会对在婚礼后搬过来的她这样窃窃私语:"身为女性,我们这位新娘可并不算漂亮。"[33] 照片上的她脸较长,鼻子肥大,一对耳朵也同样突出。尽管新娘继承了父母亲留下的产业,在理财方面却并不擅长,而且在俾斯麦看来本该好好利用的时间却被她荒废了。不考虑两人性生活是否和谐(虽然这并非不重要),长远看来,正如俾斯麦曾评价的那样,她最大的吸引力在于,"她是一个好支柱"。[34] 对于一个诸事缠身的男人来说,约翰娜是可以伴随其左右的理想型妻子:她永远在公众面前给予他无条件的支持,同时又卸掉了他平衡家庭生活和私人生活方面的包袱。而且因为终于在宗教和私生活方面没什么可让人说三道四的,站在公众面前的俾斯麦的确前途无量。

奥托和约翰娜·冯·俾斯麦，娘家姓
普特卡默，1849 年

　　他娶约翰娜进门，肯定不是为了进一步走近有影响力的虔信派教
徒圈子。不过对于刚在政界起步的俾斯麦来说，这种靠近的确是非常有
帮助的。和过世的玛丽的父亲一样，他的岳父也是 1847 年成立的普鲁
士联合邦议会的一员。通过这两个人，俾斯麦结识了利奥波德和路德维
希·冯·格拉赫（Leopold und Ludwig von Gerlach）兄弟。在俾斯麦
接下来 15 年飞黄腾达的仕途中，格拉赫兄弟扮演了重要角色。因为他
们是当时正在形成中的、坚定保守主义的党派领袖。作为贵族利益的最
突出、最热心的捍卫者，二人努力同一切普鲁士政治和社会的现代化行
为做斗争。

/ 040

　　和俾斯麦的想法一样，1815 年之后的普鲁士越来越不重视新老两
代相互衔接的问题，旧王朝和贵族阶级再一次与改革时期的现代化政策
渐行渐远。1815 年，国王对颁布宪法的承诺仍没有兑现。在全国范围

内试行国民代表大会的方案也被中止。取而代之成立的，是少数几个省份建立的、显然由旧贵族阶级把持的邦议会。改变农村经济和社会秩序的核心改革议题不是被叫停，就是按照贵族们的要求被重新修改。普鲁士的官僚体系在改革年代本应作为变革的发动机，却自1820年开始蜕变成了控制工具。它不仅对所有市民—自由主义和民主主义反对党运动进行镇压，还参与了德意志邦联和神圣同盟领导的、在国际范围内通缉并剿灭"煽动者"的行动。

不过这并没持续太长时间。对反动和复辟政策的回击越来越多。神圣同盟试图在处于革命中的拉丁美洲西班牙殖民地推行君主专制统治，由于美国和英国的反对而宣告失败。由于俄国与奥地利之间的对抗，这种政策在欧洲大陆上的推行也依旧缺乏执行力。最终，越来越多的国家的事实情况表明，重建专制王朝的行为不可能有长久的出路。1830年发生在法国的一次类似复辟运动引发了一场新的革命，并因此建立了一个"市民王权"（Bürgerkönigtums）。和1789年大革命产生的影响一样，这一次的法国革命也波及了欧洲大部分地区。在德意志邦联中，越来越多的王侯同意颁布宪法。

与之相反，普鲁士和奥地利的君主继续顶住压力，始终没有满足民众对立宪的要求。但是在1840年腓特烈·威廉四世（Friedrich Wilhelm Ⅳ）登上王位后，普鲁士王室便越来越陷入守势了。因为在当时的农村地区，工业化发展已经开始提速。由于工业资产阶级群体的迅速扩大，受过教育的市民阶层新精英势力也得到了壮大。而这还不是最大的问题。因为甚至在贵族阶级内部，要求颁布宪法的呼声也越来越高。来自莱茵兰（Rheinland）和威斯特法伦（Westfalen）两个新省份的呼声尤其高，不仅如此，一些东普鲁士的省份也越来越认为，是到了需要进行下一阶段改革的时候了。在这个问题上，他们将英国和法国的阶级弟兄当作榜样。和这些人一样，他们试图通过政府立宪行为以及同市民阶层的合作来维护自身利益。

君主和依然拥护其领导的保守派贵族们因此越来越陷入了走投无路的境地。1846/1847 年，情况戏剧化地变得尖锐起来。灾难性的歉收动摇了当时仍以农业为基础的欧洲大陆经济。即使自己庄园的经济收益急剧恶化，俾斯麦仍觉得这次危机只是暂时性的。而对于普鲁士那些不太富裕的人来说，这次歉收几乎让他们倾家荡产。1847 年春，俾斯麦在波美拉尼亚省经历了当地因为食品的短缺和价格上涨而引发的骚乱，情形堪比内战："科斯林地区发生了暴动……面包师和屠夫被殴打，粮食商贩的 3 所房子被损毁，门窗玻璃被人们敲打得咣咣作响……在什切青，面包引发了更严重的骚乱；据说密集的枪声持续了两天，还运来了大炮。"[35] 在瑞士，这类因为经济原因引起的暴动往往和政治上的争端有关，并演变成真正的内战，而且以自由党势力的胜利告终。

当经济危机发展到顶峰时，腓特烈·威廉四世第一次召集骑士阶层和各省的城市村镇代表到柏林参加普鲁士联合邦议会。这次会议的真正议题其实是商讨首都至柯尼斯堡（Königsberg）之间的铁路建设项目。为了筹集项目资金，受银行家们的督促，国王希望得到各个阶层对此项目的支持。一部分改革派贵族和市民阶层的代表在会议前就毫不遮掩地表示，他们想要利用这个机会让国王想起 1815 年的立宪承诺仍没有兑现这回事。对于这样的期待，国王在邦议会开幕时就坚持表示反对：他绝不会允许由上帝授予自己统治普鲁士的权力被一部宪法——这区区几张纸——所限制。

/ 042

俾斯麦胸中燃起火焰，预料之中的矛盾正在他心中翻腾。在政治舞台上扮演一个官方角色是他 10 年以来梦寐以求的事情。尽管官僚主义下管理岗位的枯燥工作让他厌恶得不得了，但政治对他的诱惑力也同样大得不得了。在"参与一场坚决有力的政治运动"问题上，他在 1838 年写给堂姐的信中谈道："对于我来说，这是一种至高无上的、足以让我目空一切的吸引力，就像是灯光对于飞蛾一样。"[36] 不过当时他并没有办法实现这种愿望。然而和格拉赫和塔登两个虔信派家庭的往来给了

国王腓特烈·威廉四世，1847 年

他机会。此外，俾斯麦父亲的去世使他得到了申豪森庄园的遗产。当易北河在那里漫过堤岸时，俾斯麦就在马格德堡的地方政府说堤坝管理人渎职的坏话，并自荐去当他的后任。1846 年底，他如愿当上了新的堤坝管理员。虽然这第一个独立的职位还说不上有什么实权，但是俾斯麦借此赢得了公众威望，拥有了权力的敲门砖。

　　俾斯麦真正引起公众注意是在 1846/1847 年，当时他加入了一场关于改革世袭领主裁判权的讨论。在易北河以东的普鲁士，领主裁判权是庄园主们保有的等级特权之一。当这一阶级特性被像路德维希·冯·格拉赫这样重要的保守党人不惜一切代价地维护时，它则被崇尚自由主义的现代化改革者们视为眼中钉、肉中刺。因此，从 19 世纪 40 年代中期开始，关于改革领主裁判权的激烈争论就甚嚣尘上。1846 年底，俾斯麦在波美拉尼亚的一个邻居建议他在克涅普霍弗庄园改革方案上联合署名。鉴于这个邻居更像是一个普鲁士贵族当中的自由派现代化改革者，历史学家们往往很难将俾斯麦对此建议的赞成同他后来的行为结合起来，或者干脆就把这段插曲给忽略掉了。而正是"这段插曲"反映出了基本的原则性问题。因为作为政治家的俾斯麦，他的政治原则和务实的策略在这第一次公开亮相中被展现得淋漓尽致。

这位波美拉尼亚的邻居是一位著名的政治家和出版商，建议与俾斯麦共同签署由他提出的改革计划，主要是为了让俾斯麦参与到这场公开讨论中来。而几天之后，俾斯麦的一篇手记就表达了他对这份计划的真正立场："如果我将推举大批法庭公职人员视为一项重要且值得尊敬的阶级权力，且这样做能在宪法中给予骑士庄园主物质上和更多道德上的权力保障，那么我就会赞同大多数改革计划共同签署人的意见。这也许是难以妥协和无法替代的，而且我心意已决，不会主动放弃。"[37] 显然，他这是在捍卫自己阶层和骑士庄园主的权力及其影响力。而这种灵活策略和政治观自然也成为成事之道，即只有考虑了力量和多数对比，才能

实现自己的利益。格拉赫在国王面前关于维持传统庄园主司法裁判权的辩护并没有奏效，因为普鲁士王室希望取得对庄园主领地内的司法控制权。因此从务实的保守主义角度看，至少要尽可能地在国家法官选举上多替庄园主说话。鉴于贵族阶级内的自由主义思潮有愈演愈烈之势，对本阶层人士的意见摸底便成了重中之重。

1847 年 1 月 7 日，俾斯麦在当地召集了一次会议，并在会上广泛征求意见。大会的反响显然给他留下一种印象，即庄园主们大多不愿意放弃他们在领主裁判权方面拥有的特权——这种印象在上文提及的手记中也有所体现。3 月初，他又在萨克森省议会和马格德堡地区的骑士等级代表会议上发表了讲话。3 月底，俾斯麦终于提出了针对领主裁判权的改革方案。这一方案从形式上顺应了国王和国家官僚体系的意愿，即领主的裁判权应由地区法庭所取代，但同时又规定了法官的人选应由骑士庄园主阶层来确定。尽管像路德维希·冯·格拉赫这样坚定的保守主义和教条主义者对这项提案还有所指摘，然而俾斯麦还是因此赢得了自

己在柏林所代表的阶级同僚的多数支持，不仅如此，他还维护了贵族庄园主们的核心利益。[38]

接受国家制定规则的权力向领主裁判权领域的扩展，但同时又将当时独立实施的骑士庄园主权力正式纳入国家规则体系之中，这是俾斯麦的策略，这与他的基本信念是完全契合的。俾斯麦从来都不是专制统治的拥护者。虽然面对市民阶层和自由主义者的批评，他偶尔会为统治者辩护，因为在他看来，专制统治总比一个自由的，或者说完全民主的政府要好得多——但是他并不认为不受约束的王侯统治就是理想的国家秩序。早在大学期间，俾斯麦就认为普鲁士国王在 1815 年承诺颁布"宪法是不可避免的"。[39] 他有这种想法也是在 1833/1834 年受了母亲和母亲为他挑选的老师的影响。可是即便他 5 年后终于摆脱了这种影响，在他解释为何辞去母亲为他安排的政府管理部门职务时，他对官僚专制主义也是持否定态度的。"相反，在一个拥有自由宪法的国家中，"他向堂姐这样描述自己的想法，"每个有志于为国家效力的人都要毫无保留地尽力捍卫和执行国家的规章制度，而且他们终须承认宪法才是自己行为的唯一准则。"[40]

他所理解的宪法并不是用来实现现代化的工具。相反，它更多的应当被用来扭转专制统治所推进的发展道路，并为以贵族为代表的社会阶层重新参与公共事务的管理而服务。因为俾斯麦始终坚信，普鲁士的强大是贵族大地主的功劳。妻子约翰娜和他一样，也是贵族出身。1847 年，俾斯麦从父亲在申豪森的庄园给她写信说："我还是挺为家中常年笼罩的保守主义传统而感到骄傲的，因为这样的传统，我的父辈们从出生到死去，一代代都住在同一屋檐下，就像这房子和教堂里挂着的画像一样，从身着铠甲的骑士，到三十年战争中蓄着长卷倒三角胡须的骑士……再到在腓特烈大帝伟大战役中梳着辫子的骑士，直到那个被娇宠的小伙子，现如今他已有一个黑发小女孩承欢膝下了。"[41]

最后这段剖白其实是针对自由党人经常刻画的贵族阶级衰败形象的

一种讽刺性影射，在他们眼中，这位黑头发、贵族出身的新娘看上去一定同他自己一样可笑。1849 年，俾斯麦在一次演讲中说，"有事例表明，实行贵族世袭统治的国家尤其容易延续繁荣和权力。""普鲁士的自由之根浸透了贵族的鲜血。"[42] 俾斯麦终生都将贵族的强势地位视为反抗君主专制和民主政治的保证。在他的回忆录中还有这么一段话："我心目中最理想的君主权力，只能在一个独立的、有社会地位的或同业协作性质的地方代表机构监督下，才能实现。"[43]

在写给妻子的信中俾斯麦坦承，为了使这一有监督权力的代表机构为普鲁士贵族阶级的话语权和领导力服务，他在 1847 年春就"热切地希望成为邦议会的一员"。他参与有关世袭裁判权的讨论同样也是出于这一目的。这提升了他在贵族阶级内部的知名度，并建立起了他为其利益不懈代言的好名声。由于他刚刚从克涅普霍弗迁居到申豪森，还不符合进入联合邦议会的条件。然而马格德堡地方委派的一名议员突然患病，当地的骑士阶层便选举俾斯麦成为其在柏林的代表，这多少违背了当时的选举规定。[44] 这样，32 岁的俾斯麦便成了邦议会中最年轻的议员。

而他以议员身份进行的第二次发言就引发了公开骚动。此前在联合邦议会上，遵循自由主义原则的演讲者们将普鲁士 1813 年反拿破仑战争时表现出的激情同改革联系在了一起。此番言论的言下之意是，因此国王还应责无旁贷地向其子民兑现立宪承诺。俾斯麦对此进行反驳，用愤怒的呼喊声打断了他。其他议员立即质疑俾斯麦无权对 1813 年的反法运动指手画脚，因为他并没有亲身经历。带着作为议会发言人招牌式狡黠的讽刺口气，俾斯麦表示同意这种质疑："因为没能获得参与这场运动的机会"，他一直真心地觉得抱歉。不过在他进一步了解了这些人的本性之后，便不再有惋惜之意了："我始终认为，作为斗争对象的奴役行为只存在于国外；但现在我才认识到，它也发生在我们的国家，而且我并不认为有这样的觉悟是件特别值得感激的事情。"[45]

精于辩术的俾斯麦不光对披着爱国主义外衣的立宪要求提出了质疑，

还将它十分微妙地推向了反爱国主义，甚至是叛国行为的一边。对此，议会和之后自由党媒体的反对呼声也很强烈。几乎一夜之间，在议会首次亮相的这个年轻议员就被冠上了"超级保皇派"以及一个无条件践行君主专制主义的追随者的称号。可他却并不是这样的人。实际上，他的基本立场与立宪并不相悖，他反对的是打着1813年反法战争的旗号，企图用民主方式使其立宪要求合法化的行为。在这场由他发言在议会多数派中引发的"空前愤怒风暴"过去之后，俾斯麦这个议会新手相当怀疑自己是不是搞得太过火了。之后的一天，他在给约翰娜的信中表达了悔意，称他在议会上的表态"可能不够明确"。他本来只是想要说明1813年的反法斗争同国王以及立宪问题毫无关系。而现在他不仅同"反对派"为敌，还"让自己不少党内同僚被误解的自尊心受到了伤害"。[46]

尽管当时缺乏经验，俾斯麦还是凭直觉认识到，未来决定普鲁士议会政治发展方向的架构正开始在联合邦议会中形成。在当时的省级议会中几乎还没有出现议会制的党派和党团，在联合邦议会中则有了它们的雏形。导致它们产生意见分歧的正是立宪问题。因为子民通过解放战争赢得了参与决定公共事务的权利，国王就应该要接受一部宪法吗？这最终意味的是对一个人民代表机构获得民主权利的承认。或者说，国王应该坚持君权神授说，从自己的绝对权力出发，在沿用等级制度传统并对其进一步发扬的情况下颁布一部宪法？俾斯麦在联合邦议会中用虽然简短但掷地有声的发言表示了对后者的支持。这样一来，这个擅于演说的年轻议员便引起了试图建立保守派党团那群人的注意。

因此，两天前还为自己在联合邦议会上首次亮相的表现后悔，进而自责不已的俾斯麦，两天后在写给妻子的第二封中，欣喜的心情就已经跃然纸上了。他自信心膨胀地写道："在大多数或者说一些所谓的宫廷党议员，以及多个省的极端保守党人当中，我成功地获得了影响力，我要利用这种影响力尽可能地阻止他们做出什么失控行为和愚蠢举动。"要真的让像格拉赫这样的老牌保守党议员唯这位议会新人马首是瞻，几乎是不可能的事。不过，在这个年轻议会代表"直截了当地表明政治立场"之后，他已然与组建中的保守党党团建立了联系。两周半过后，他在写给约翰娜的信中说，最初的紧张和不安已经烟消云散，因为他正"更加积极地投身其中"，还"结识了很多朋友，当然也树立了不少敌人。后者多在议会之中，前者则多在议会之外"。[47]

以格拉赫兄弟为首的保守党团在联合邦议会总共 600 个席位中仅占了 70 个左右，属于小型少数派，这并不让俾斯麦感到太担心。比起耗费时间的全体会议，党团内部工作和非官方的联络工作——"开会以及除此之外的一切工作、俱乐部活动、晚宴和媒体事务"——对他更有吸引力。在"领主裁判权"问题上，他继续竭力谋求他所代表的贵族阶级的利益，并为此与选民以及柏林各政府大臣和官员保持关系。除此之外，通过最大程度的保护和优待，保守党党团在人数上的缺憾得到了弥补。于是，俾斯麦在 1847 年 6 月写给妻子的信中骄傲地宣称："前天我们到我们的朋友，也就是国王那儿做客，我简直被这些人给宠坏了。"[48]

由于同保守派—国王阵营联系紧密，这个年轻的议员在联合邦议会上首次发表长篇演说时，就明确拒绝了自由党人提出的民主立宪要求。这一次，自由派"反对党"事前作为榜样引用的不再是 1813 年的反法战争，而是 1688 年的英国光荣革命。俾斯麦用傲慢而嘲讽的口气反驳道："如果我在这儿又说了我没亲身经历的事，我一定会道歉"，"当时英国人民面临的状况与现如今的普鲁士人民完全不同；他们之所以能够将王位易主并附加条件，是持续一个世纪革命和内战的结果"。相比之下，"普鲁士君主们实际上拥有的不受约束的王权，是上帝的旨意，并非受之于人民。君主自愿向其人民让渡部分权力：这样的例子在历史上确属罕见"。因此，在没有认真权衡利弊之前，不应该逼迫国王扩大联合邦议会业已保障的共同决议权。[49]

/ 049

即便是这次讲话，俾斯麦在一开始也完全不确信自己的声调语气是否合适。他的话或许会让人觉得"有些激进"，但当他"政界的朋友们对此表示称赞时"，他心中的石头才终于落了地。[50] 他很快掌握了在议会行事的经验。在联合邦议会闭幕之前，他又发表了一次也是最后一次长篇演说，那时他已经不再有这样的烦扰了。在今天看来，演说的题目一定相当令人忧虑——俾斯麦明确反对给予普鲁士境内的犹太人以完全平等的公民权利。

将在旧欧洲大多数国家生活的犹太少数民族的特殊地位从歧视性法规中解放出来，曾是启蒙运动的关切之一。在向实践的转化过程中，这一诉求普遍包含了人民主权原则的革命思想。1776 年美国在殖民地颁布《弗吉尼亚权利法案》（ *Virginia Bill of Rights* ）之后，在欧洲大陆，法国首先于 1791 年颁布宪法，赋予犹太人完全平等的公民权利。在 1830/1831 年的革命浪潮中，比利时和希腊也紧随其后。在欧洲的其他地方，尽管一些歧视犹太人的规定被废除了，然而犹太人依旧没能获得完全平等的公民权利。在大不列颠也是如此。在 1812 年改革期间，普鲁士颁布了"关于犹太人公民权利"的诏书，承认犹太人拥有选举权以及经商和定居的自由。不过对于犹太民族来说，谋得高等社会地位的国家公职的可能性仍然十分渺茫。即便在 1812 年以后，犹太人在普鲁士也依然当不了法官、军官和部级政府官员。此外，在维也纳会议之后，处于复辟阶段的普鲁士王室让这一法令在内容上又打了折扣：由于波森省（Posen）的犹太人居民所占人口比例特别高，该法令在当地不具有法律效力，其他省份的犹太人也被禁止在手工业领域当学徒。

在 1847 年召开的联合邦议会上，自由党人敦促废除所有歧视性规定，全面实现犹太民族的解放。俾斯麦对此表示反对，同时又辩称自己"并不是犹太人的敌人"。这是反犹太主义者"标准剧本"的一句漂亮空话。在俾斯麦于联合邦议会全体大会上发表的"犹太人演说"背后，也有着非常深厚的反犹太主义思想。因此，他不厌其烦地使用"放高利贷的犹太人"这样的陈词滥调，目的就是要为否定犹太人解放运动背书。由于他们的所作所为和"不变通的风俗习惯"，"犹太人"挑起了针对自己族群的仇恨。俾斯麦把这种指摘与他针对"波兰人性格"的全面控诉罗织在了一起：他认为波兹南的波兰犹太人一出生就是罪犯，因而和他们的俄国教友们一样，对这些人的解放运动是尤为危险的。最后，俾斯麦用一句意味深长的说辞结束了他的演讲，30 多年过后，这一观点在柏林的反犹争端中又被海因里希·冯·特赖奇克（Heinrich von Treitschke）几乎原文照搬了过来：如果谁要是认为犹太人在法国和英国不算是什么"问题"的话，那是因为犹太问题在当地"分量不重，因为那里的犹太人数量不如这边多"。[51]

从中体现出了一种连续性特征，实际上它一直延续到了 1879 年的反犹太主义争论，这场争论通常也被看作是现代反犹太主义在德国的开端。当过去历史研究所强调的，传统基督教反犹太教思想与现代反犹太主义之间的距离在当时呈现出更强的局限性时，这一点就更加突出了。新近一项研究表明，德国种族主义的反犹太主义根源来自以赫尔曼·瓦格纳（Hermann Wagener）为首的报社团体，此人是 1848 年创办的保守主义《十字报》（Kreuzzeitung）的出版人，俾斯麦当时也属于这一团体。[52]

所有建立反犹太主义延续性的尝试都已经不仅是原则上有问题了。它用反犹太主义者的"心态"模型假定了稳定的偏见结构。然而由于这些结构体系只是由个别敌视犹太人的表态和行为组成，因此它们根本不能自证来源。具体到俾斯麦的情况，显然这些表态和行为也是与当时的情境极为相关的。因为他在 1847 年担任联合邦议会议员时坚决拒绝给予犹太人全面平等的国民待遇，而在 1869 年出任北德意志邦联首相时则支持了这一提案的实施。

俾斯麦并不是一个偏执的反犹太主义者。另外，他对自己 1847 年曾经嘲讽过的、那些犹太人解放运动支持者们所秉持的"人性模糊而易变的概念"也不能认同，他认为那是一群"废话连篇的人性主义者"在"多愁善感又装腔作势地唠唠叨叨"。他不认同莱辛（Lessing）在《智者纳坦》（*Nathan der Weise*）中做出的论断，并坚信"基督教国家"存在的必要性。当然他自己也清楚，这只涉及"问题的理论层面"。[53] 一个念头启发了对给予犹太人平等国民待遇的要求，它的具体落实却成了在实际矛盾冲突下结成联盟或达成协议的副产品。在法国，对犹太人平等权利的要求是 1789 年犹太少数民族和革命者共同与作为旧制度基石的天主教会对垒的结果。在英国，这一要求在信仰新教的非英国国教教徒、爱尔兰天主教徒和犹太人的共同努力下，于 1858 年随着英国圣公会国家宗教的政教分离（*disestablishment*）而得以实现。在普鲁士，犹太人的平权要求则是作为首相和政治家的俾斯麦在 1869 年对全体自由派犹太人做出的让步，当时他们是俾斯麦在北德意志邦联中的合作伙伴。1847 年，普鲁士的犹太人和自由党人也是同心同德，不过当时的目标却另有所指，即在要求解放犹太人的同时通过人民主权原则立宪。作为保守派议会代表的俾斯麦在 1847 年以"基督教国家"和君权神授说为由对此予以否决，是因为他这样做能最大限度地维护传统贵族精英的利益。为了捍卫贵族地主的领主裁判权和狩猎权，在之后的联合邦议会全体会议上，他已经对他的演说内容有所设计了。

这些讲话依旧惹人恼怒。1847 年 6 月底，国王关闭了联合邦议会，因为自由党人在其中占了多数，这违背了他的意愿。一个月后，俾斯麦与约翰娜成婚。随后这对新婚夫妇开始了长途蜜月旅行。他们经由德累斯顿和布拉格前往维也纳，最终到达了威尼斯。9 月初，这名年轻的邦议会议员在这座建立在潟湖岛上的城市再次面见了普鲁士君主。俾斯麦告诉哥哥，腓特烈·威廉四世再次表现出了他"极度的宽厚和仁慈"，并私下同他就政局进行了长谈。[54] 10 月，这对新婚夫妇回到家乡，在申豪森开始了新生活。作为丈夫的俾斯麦在那里过得很快活。1848 年 1 月，他受国王邀请前往柏林参加晚宴，并坐在路德维希·冯·格拉赫的身边。[55] 不论在私生活上还是仕途上，那时的他看起来都颇为称心如意。

不过，随着 1847/1848 年冬天的结束，俾斯麦的政治蜜月期也暂告一个段落。从 1 月起，意大利各个城市就开始发生骚乱。然而，和前一年爆发的瑞士内战、1846 年克拉科夫地区波兰人起义一样，这些暴乱起先并没有在欧洲其他国家引起多少回响。1848 年 2 月 22 日，巴黎爆发了革命。两天之后，一个法兰西共和国再次宣告成立。当时"巴黎一打喷嚏，欧洲就感冒了"的说法再次得到了证实：像 1789 年和 1830 年一样，这次由法国迸发出的星火再度在欧洲形成了燎原之势。由于当时铁路网的建设尚未超越国境，电报和媒体又受到国家控制和审查，法国首都真实发生的事件的新闻通过邮政马车缓慢地传播开来。2 月底，消息才传到巴登大公国。3 月 1 日，卡尔斯鲁厄（Karlsruhe）的示威游行者们占领了巴登的议会大楼。48 小时后，科隆发生了第一起暴动；3 天以后骚乱蔓延到了柏林。一周过后，也就是 3 月 13 日，维也纳爆发了激烈的巷战。奥地利首相梅特涅公爵（Fürst Metternich），这位 1815 年维也纳会议的东道主和旧秩序复辟运动的设计师，仓皇逃到了城外。

从奥地利传来的消息让普鲁士国王腓特烈·威廉四世坐立不安，他废除了新闻审查制度，并向其臣民做出了立宪承诺。不过距离他在联合邦议会上宣布决不再考虑立宪问题，也就不到一年的时间。国王做出这一声明的第二天早晨，大量群众就聚集到柏林城市宫（Berliner Stadtschloss）前的广场。军队开了进来，人群相互推搡，最终传出了两声枪响。和之前在巴黎与维也纳发生的一样，抗议人群中爆发了骚乱，普鲁士的首都也立起了高高的街垒。在武装市民和军队发生流血冲突之后，腓特烈·威廉四世于 3 月 19 日早晨命令军队撤到城外。国王向他"亲爱的柏林市民们"发出呼吁和求助，之后他居住的柏林宫殿由国民卫队进驻看守。

根据俾斯麦回忆录记载，他立即尝试动员申豪森的乡民们反抗在黑红金三色旗帜下发生的革命。当时的史料也证实，俾斯麦同时宣称"我认为国王在柏林并不自由"。3 月 21 日，俾斯麦前往首都，准备发起一场反革命运动。为了掩人耳目，俾斯麦"觉得剪掉自己的胡须，再戴上一顶佩有彩色帽徽的宽檐帽是个不错的主意"。这样的伪装并不怎么成功；由于在联合邦议会上引发轰动的表现，他的面孔被人熟识到了看一眼就能被揭穿的地步。不过即便如此，他还是从波茨坦顺利地进入了军队大本营。但在那里，俾斯麦这个自称反革命的人第一次感到了令人酸楚的失望：没有国王的命令，波茨坦的上将们并不打算对革命进行反击。几经踌躇之后，他们最终表示，这样的擅自行动总归是要冒风险的，除非把离得最近的什切青和马格德堡军团的指挥官也拉进来。俾斯麦便亲自前往马格德堡，恳求那儿的总司令部同意此事。然而他的愿望再一次地落了空。马格德堡军队的指挥官甚至威胁要以谋反罪将他拘起来。[56]

对俾斯麦谋反罪的指控完全有理有据。国王下令撤军是自愿做出的决定，为的是避免再次发生流血冲突。而且就算当时腓特烈·威廉四世失去自由并受制于革命分子，毕竟他还是一国之王。因此俾斯麦是不是真的相信国王已经失去自由，抑或这只是从他谈话对象那里得出的冷静推测，也就无关紧要了。实际上，国王已不再是贵族利益的代表，俾斯麦对他的忠诚也就随之终止了。他认为国王应该无条件地站在贵族阶级一边：毕竟他也出身贵族，俾斯麦毕生都将贵族视为国家和社会的支柱。如果腓特烈·威廉四世不再履行保护贵族的义务，停止对他忠诚的追随看上去也算合理合法。

在努力促使军队开展反革命行动的过程中，俾斯麦身边的保守主义贵族为此也早就竭力同霍亨索伦家族的其他成员进行接触。但是他们不敢贸然地将自己置于国王的对立面，或者说他们和王储，也就是后来的德国皇帝威廉一世（Wilhelm I）一样，做了革命的逃兵。因此，俾斯麦便率领一些贵族代表向王储夫人进谏。即便后来对此有不同的解读，俾斯麦和这个后来的奥古斯塔王后私下交谈的主要内容和当事人后来的还原还是完全一致的。俾斯麦向其打听王储的住处，希望他下达军队开进柏林镇压革命的指令，而当时执政的威廉四世曾命令军队撤出柏林——

从根本上说，这与发动一场政变没什么两样。奥古斯塔直截了当地拒绝了俾斯麦这个无理要求。她向丈夫解释道，此举是为了避免"他因为这样的反动尝试而名誉受损"——换言之，就是为了保护他不受谋反罪指控。几十年后，俾斯麦报复性地指责说，奥古斯塔当时这样做是为了将她未成年的儿子扶上王位，然后自己好垂帘听政。[57]

在所有通过采取反革命行动将革命扼杀在萌芽之中的尝试均告失败后，俾斯麦接受了已无法避免的现实。1848 年 4 月初，国王再次宣布召开联合邦议会，俾斯麦在全体大会上嘟嘟囔囔地说，"在王室自己往其棺材上填土时"，旧普鲁士就已经被埋葬了。3 天前他曾公开表态，称未来保守党人干脆不要在"尝试镇压革命，或者捍卫微不足道却是我们仅存的地主权力上白费功夫"。事实上，当时的他已经暂时远离了他的大部分政治同僚。为了挽回局面，路德维希·冯·格拉赫为他在联合邦议会全体大会的讲话拟了一个初稿，内容就包括让保守党人明确拒绝国王在 3 月底任命的康普豪森 - 汉泽曼（Camphausen und Hansemann）莱茵兰自由党内阁及其提出的立宪方案。然而俾斯麦直接无视了他政治导师的这份演讲草稿。不仅如此，让格拉赫出离愤怒的是，俾斯麦在全体大会上甚至还称赞说，"唯有"康普豪森 - 汉泽曼内阁"才能让我们从现状中走向有序和合法"[58]。

也许那个时候俾斯麦已经第一次考虑与自由党人暂时结盟了，不到一年前他还嘲讽他们的表态是"莱茵葡萄酒旅行政治下陈腐而矫饰的空话"。[59] 考虑让双方结盟主要出于两个原因。一是俾斯麦希望在温和派自由党人的支持下尽早控制住激进的革命势力和民主党人。不过他考虑暂时与自由党议会多数合作，显然更多的是因为当时并不稳定的国外形势。关于议会召开前的一次非正式会前讨论，他告诉妻子说："吓倒这群人的不是对柏林民众的恐惧，而是对欧洲整体局势的担忧，以至于为了巩固和加强现有内阁统治，他们要避免所有，哪怕只是一小撮反对的声音出现。"在俾斯麦 3 月底写的信件中，也主要讨论了普鲁士同法国开战的可能性。在巴黎再次宣布成立共和国后，这是一场经常被期待与 1789 年法国大革命比肩的战争。到了 4 月初，俾斯麦主要担忧的则是波兰语省份脱离普鲁士的问题，以及就石勒苏益格－荷尔斯泰因（Schleswig-Holstein）问题同丹麦的争议。[60]

然而，当新任财政大臣汉泽曼（Hansemann）在解散前一天的邦议会上提出总值为 4000 万塔勒的追加预算案（其中 1500 万用于可能出现战事的军事动员，2500 万用于"扶持工业发展"）时，俾斯麦的这些忧虑以及因此做好的同自由党人合作的准备便又退居二线了。俾斯麦与自由党人第一次短暂的"调情"就这么结束了。因为他认为，填补追加预算空缺有可能牺牲的是农村大地主阶层的经济利益，首当其冲的便是贵族阶级。在议会全体大会上，俾斯麦解释了自己反对这一提案的原因：他认为财政大臣总是"戴着工业化的有色眼镜"看待问题，"因此我担心在新的借贷出现时，主要负债的是广大农村地区和小城市，从它们那里筹集到的资金又大多流向了工业领域，或用于大城市间的货币周转"[61]。

于是，贵族、农业利益至上的政策占了上风，并将继续下去。1848 年革命导致了对政治的理解从浪漫理想主义转向了更多的对利益的考量，这一点经常被强调。从中可以看出，俾斯麦是保守主义阵营中一类新兴的、有权力意识的"现实主义政治家"代表，而格拉赫兄弟持有的则是旧式的理想主义政治见解。革命有可能引发这样的转变。当然，这并没有夸大其词。毕竟，正是俾斯麦对维护贵族阶级农业利益的努力，才开始让他同以格拉赫兄弟为首的保守党人重新和解。和新生代相比，老一代保守党人的确更不容易接受在议会和选举制度下建立起来的新式政治。不过双方由此产生的政治风格差异与其说是"理想主义"同"现实主义"的对立，不如说更像是精英和平民的处事方法在概念上的不同。

俾斯麦从一开始就是主张建立保守主义大众化机构的第一人。1847 年夏，俾斯麦就曾经为一家杂志社的创刊提出指导意见，他认为其应该

"脱离政府独立运作，其工作方向也应在最大范围内为保守主义党派服务"。此次创刊的组织工作最初由路德维希·冯·格拉赫牵头，其间又转由俾斯麦接手。不管怎样，他在呼吁对"创办中的保守主义杂志"进行经济资助的文件上签了字。1848年年中，在俾斯麦的哥哥和另一位与他年纪相仿的波美拉尼亚虔信派教徒朋友的努力下，《十字报》创刊号得以发行，俾斯麦通过抵押获得了一笔钱，终于解决了杂志创刊头几个月的经济困难。就如何将这份报纸办得更加迎合大众的口味，他还向负责出版的赫尔曼·瓦格纳（Hermann Wagener）连珠炮似地提出各种建议。诸如在报纸上刊登火车时刻表能提高关注度，针对地主和农民读者群得"多发布一些贸易和交易所行情"，对于他们的夫人来说则要多来些促销和个人广告："说出来您一定不相信，现在有多少妇女就盯着报纸上的这些广告看，没有广告的报纸她们也不让丈夫们看。"[62]

当然，当时看报纸的地主要比没有选举权的妇女多，前者被俾斯麦视为保守党的群众基础。当他的一些同僚投身于各种维护君主统治的救国联合会时，他却在1848年夏推动和参与了一个"维护地主利益联合会"的创建工作。为贵族农场主的经济利益呼吁，看起来有利于赢得他们对保守党事务的支持，而在当时他们是倾向于自由党人的。因为为了填补议会通过的追加预算空缺，康普豪森－汉泽曼内阁即便有所顾虑，然而实际上仍打算对农产品加大征税力度。此外，内阁还企图废除贵族地主土地税免缴权，同时剥夺其拥有的其他所有贵族特权。于是在这样的情况下，俾斯麦甚至就能够在他那些波美拉尼亚乡亲当中赢得地主联合会主席的位置，况且1847年初，他还就自由党人提出的领主裁判权改革发表过意见。

1848年8月，该联合会的成立大会在柏林正式召开。来自普鲁士各省的400余人参加了会议。自由党党媒立即报道了此次大会，将其称为"容克议会"，并一针见血地解释道："因为也就只有十几个与会者不是贵族。"不仅如此，这个联合会3/4的成员都属于贵族阶级。因此俾斯麦还要不遗余力地提升自己对于农村地主的吸引力。通过俾斯麦一系列的主动发言，农场主共同的物质利益引起了成立大会的极大重视。

　　农村人口是反革命行动的主力，这一事实并没有被俾斯麦这个积极的反革命分子所忽略。当时普鲁士人口的大多数依然来自农村，他们的生存直接或间接地依赖于农业生产，而贵族阶级又与其有着千丝万缕的联系。由此社会矛盾的出现也是一定的。1848 年春，普鲁士农村也发生了暴动。即使如此，以社会和政治秩序发生根本性变革为指向的革命运动主要还是在城市里才会出现。当申豪森的乡亲们在革命的 3 月"听闻柏林事件的首批消息后表现出难以抑制的愤怒"时，俾斯麦对这些"乡下人"相对保守的态度就明了于心了。也许之后他才想起来，当时附近的农民差一点就要为保护国王而前往柏林与革命者抗争了。1848 年 5 月，他开始考虑如何通过鼓动性宣传来影响自由党人在普鲁士农村的声望。半年之后，守势就已经转化为了攻势：俾斯麦兴奋地注意到，支持国王反对革命的乡村集会开始出现。为了引导公众对抗议将普鲁士的国民议会搬离柏林的民主示威游行进行抵制，他竭力在农村地区发起对此的签名征集活动。他表示，要在政府和媒体中产生影响，就需要"印刷相当多份请愿书，即便每份上的签名为数不多……哪怕只有一个签名，其后的都不印刷上；好手艺得靠吆喝"[63]。

　　彼时彼刻，反革命行动已经进行得如火如荼。1848 年 9 月，自由党内阁被普鲁士国王撤下，取而代之的是由一名贵族上将担任首相的温和保守派政府。从此，整个欧洲的政治风向发生了转变。从那年夏天开始，整个欧洲大陆的保守党人都开始对革命势力进行压制。当年 6 月，本应推动法国革命运动发展的巴黎工人起义失败了。意大利的革命运动被奥地利军队挫败，10 月的一次维也纳民主党人起义过后，保守党人也夺回了首都的占领权。以奥地利为榜样，一个月后，普鲁士国王腓特烈·威廉下令军队重返柏林。民主抗议活动尽管激烈却毫无成效，国民自卫队被迫解散，普鲁士国民议会的召开被推迟，会址也从柏林迁到了勃兰登堡省。

当年年底，俾斯麦在从申豪森写给哥哥的信中说，他"从9月份开始就像个钟摆一样在这里和柏林、波茨坦以及勃兰登堡之间来回摇摆"，不知疲倦地在幕后为保守党事务奔波操劳。虽然他谋得大臣职位的希望暂时渺茫，但他至少骄傲地证明了他"能将一大串开小差的人弃如敝屣"。让他高兴的是，愿意妥协的保守党人越来越少，在一次决定性的反革命行动方针上，国王态度的转变也越来越明显。1848年11月，他对妻子约翰娜说："到今天为止，我在政治方面的追求都特别心想事成。"12月普鲁士国民议会解散，他也表示了同意。同时国王责令颁布一部宪法。虽然这部由君主绝对权力的代表所颁布的宪法并不合法，俾斯麦仍对此表示了赞同。[64]

不过这种赞同并不是无条件的。他认为，"当务之急当然是要抵御无政府主义者的攻击，而不是修缮宪法的漏洞；前者解决了，后者自然很快就能完成"。[65]因此，1849年1月，在强令颁布宪法指定的新议会选举过程中，俾斯麦主要同废除贵族等级制度及其残留封建特权的提案唱反调，除非至少能够保证贵族不为此蒙受经济损失。一年前选举的失败使他失去了进入普鲁士国民议会的机会，如今他得偿所愿，尽管赢得很悬。他之所以能在间接选举程序中获益，是因为选举人当中的一些自由党权贵鉴于他们的革命经验，更愿意将选票投给一个保守党人，而非他的民主党竞选对手。但是民主党人显然得益于"年满24岁的男性均有选举权"的规定，而且每张选票的分量都不轻。相应地，民主党党团的势力变得强大起来，俾斯麦则成了议会里凤毛麟角的保守党党员之一。

然而局面很快便有了变化，国王和保守党人以宪法存在重大缺陷为由对选举权法进行了修改。1849年春，已召开近一年的法兰克福国民议会将腓特烈·威廉四世推上了德意志皇帝的宝座。作为为数不多的反对

/ 060

帝国皇帝加冕以及不承认法兰克福议会通过的宪法为帝国宪法的议员之一，俾斯麦在会上据理力争。他含沙射影地指出，强迫国王接受加冕的民主党人正是通过普选成了普鲁士邦议会的多数，他坚决反对直接平等选举这样的"博彩游戏"，此前对立宪草案的表决也是如此。他说，"如果国民议会对邦国王权和所有其他权力起到的是抵消作用"，那么我们不能允许这样的议会存在。这样的议会强调君主政体和贵族阶级的共同利益同人民代表的诉愿相对立，并通过"国民议会"这一叫法重现了法国大革命时期雅各宾派恐怖统治的画面。俾斯麦以这样一句话结束了他的演讲："法兰克福议会授予的这顶皇冠也许光芒四射，但赋予它光辉真实感的黄金主要是由普鲁士的王冠熔化而来，我不相信以颁布这样一部宪法的形式就可以重铸皇权。"[66]

这在很大程度上与腓特烈·威廉四世对拒绝加冕的内部表态相一致：这种事情他必须和与他同级的其他王侯商议决定，法兰克福议会上通过的宪法简直就是个"套狗颈圈"。于是国王解散了议会，并独断专行地施行了一套新的、不平等的选举办法。这样一来，存续至1918年的普鲁士三级选举制度使民主党议会多数的形成不再成为可能。法兰克福国民议会不复存在了。1849年夏，普鲁士军队在南德意志武装镇压了要求贯彻帝国宪法的民主运动。数千人在冲突中丧生。随着军事镇压的结束，这场不仅发生在普鲁士，更是席卷整个欧洲的革命也就此落幕了。

1849年9月，俾斯麦前往那些一年半前丧生于柏林街垒战的民主革命者的墓地扫墓。除了一如既往的蔑视，他也说不出什么好话来："我甚至连死者也不能原谅，我的内心因为人们对这61座罪犯之墓的盲目崇拜而痛苦万分，这里每一条碑文都在夸耀自己是为了'自由和权利'而献身，这无疑是对上帝和人类的嘲讽。我不得不说，我们每一个人都罪孽深重，只有上帝知道该怎样用诱惑来考验我们，我们的主耶稣也是因为叛徒而丢了性命；当我看到这些人在我的祖国胡作非为，这些杀人犯死后还被柏林人民盲目崇拜时，我就怒从中来。"[67]

他极力与这些"杀人犯"、"叛乱者"和"罪犯"划清界限。所有民主革命者为之奋斗的目标都与他的信念和诉求格格不入。在他们和俾斯麦这个贵族地主之间并不存在什么共同基础。相反，尽管自由党人随着革命的进展同民主党人渐行渐远，却在他们身上找到了共同点。随后双方又重归于好了。要说和俾斯麦这个保守党贵族和地主最契合的，自然还是君主制度本身。尽管如此，在利益诉求和所持观点方面，贵族和大农场主同普鲁士王室仍不尽相同。但是从现在开始，俾斯麦的仕途要依赖普鲁士的君主统治了。当然，普鲁士君主统治的前途同样也要指望俾斯麦了。

历史在卡尔·阿莫瑞的《在莱尔马克的炮火中》一书中被颠覆了。这本书将序幕放在终章，与它颠覆历史的内容在结构上相辅相成。它的序幕同时也是一首纪念在 1848 年柏林街垒战中牺牲的一名年轻造枪工人的挽歌。阿莫瑞重新演绎了 1866/1867 年间的历史，但真正的德国历史并不会像小说中描写的那样，因为这个造枪工人手中的速射枪而被彻底改变。同时，作者想象的民族和解和德法两国统一等异于实际的历史脉络也不会成真。否则，这个建立在民主合作基础上的"中欧联邦"就将让欧洲联盟成立一事整整提前近一百年。

然而，类似的乌托邦理念在当时确已有所传播。比如普鲁士外交家和政治评论家康斯坦丁·弗朗茨（Constantin Frantz）就曾提出建立一个联邦制的"欧洲人民共同体"。又如法国著名作家维克多·雨果（Victor Hugo）曾于 1849 年于巴黎举行的国际和平会议上呼吁建立"欧罗巴合众国"。当时不少革命者都把"欧洲人民之春"[1] 当作自己的信仰。

假如这些想法都成了现实，俾斯麦的政治生涯也许还没来得及真正开始就已经结束了。那么，历史的"另一条发展道路"是否真的有可能实现？自革命者们最终从 1848 年的血雨腥风中落败并相互推卸责任以来，关于这个问题就多有争论。历史学家们对革命失败的原因分歧尚存，争论至今还在以这种形式继续着。革命结束后又引发了一系列新问题，它们同样和革命兴起原因以及当时的时代背景密切相关。

1848/1849 年发生的一系列事件常被看作欧洲革命时代的终结，但是它们看起来往往又像是那个时代的中心。它始于 1789 年法国大革命，且有充分的论据表明，直到俄国十月革命以及第一次世界大战结束、奥匈帝国和德意志帝国完成政权更替后，这个时代方告结束。如此说来，欧洲的革命时代便和常作为"漫长的 19 世纪"（langes 19. Jahrhundert）提及的那段历史相一致了。

就像所有时代都会留下烙印一样，这段历史在叙述中多少也显得有些矫揉造作。但与其他时代建构学说回应者寥寥的局面相比，它显然被长期而广泛地接受。比如历史上将三十年战争结束到 1850 年前后的时期称为"漫长的 18 世纪"（langes 18. Jahrhundert）。按照这种划分，包含 1848/1849 年革命在内的一段时间就不再是迅速发展和现代化的时期，反而仍应处于传统的禁锢之中。因而即使要为这种不甚恰当的历史阶段划分辩护，也得不到多少支持。[2] 相比之下，"漫长的 19 世纪"一说则更令人信服。1848/1849 年是这个革命百年的中心。此外，这一阶段还发生了 1789 年法国大革命、1917/1918 年革命、19 世纪 30 年代初的欧洲革命浪潮和 1871 年巴黎公社运动。

出现这些革命运动的原因是什么？特别是 1848 年欧洲全面动荡的根源何在？在当时的保守党人看来，答案几乎是唯一的：他们认为无论是 1789 年、1917/1918 年还是 1848 年，历次革命都是由叛乱者阴谋策划的。奥托·冯·俾斯麦自然也这样认为。直到 1848 年柏林三月革命爆发近 50 年后，俾斯麦还在回忆录里写道："当时柏林挤满了'密探模样的市民'。"人们读到这一段时，几乎还以为自己正在读伊恩·佛莱明（Ian Fleming）或者弗雷德里克·福赛思（Frederick Forsyth）的小说，仿佛置身于冷战时期的施普雷河边一样。在俾斯麦 1848 年春的书信中，他就已经提到过革命中有"对人民做工作的间谍"存在。市民们经过"培训"，成为"系统地反抗贵族阶级、神职人员和公职人员"的一群人，并且形迹可疑。此外，俾斯麦还抱怨 1848 年 4 月进行的普鲁士国民议会选举是革命党人"密谋的结果"。[3]

不过，与他在欧洲其他国家的保守党同僚相比，俾斯麦还是足够切合实际的。1848 年春他就意识到，自己在与反革命斗争的过程中同样要施以"密谋和诡计"。然而他搞的这些阴谋活动并没有让他在国民议会上谋得一席之地。[4] 在柏林三月革命期间，他手下一名詹姆斯·邦德似的间谍曾秘密策划镇压革命，但也无功而返。

事实上，大多数被保守党人看成是"假革命"的自由党人和民主党人也和他们一样，对革命中发生的一切感到意外。他们并不是革命的始作俑者，相反这些人更像是跳上了行进中的列车，然后控制住前进的方向直至抵达他们的目的地。此外，与保守主义建制派所想象的不一样，1848 年 2 月底爆发的法国二月革命并不是反革命者们为有计划地将战火烧遍欧洲而发出的信号，否则他们早就应该开始为推翻政府而努力了。最终巴黎也没有成为在那个不安定的年代起来抗争的第一个地方。因此，历史学家安德烈亚斯·法尔迈尔（Andreas Fahrmeir）适时地发出了疑问："为什么点燃欧洲革命的星星之火不是 1846 年的波兰克拉科夫起义，也不是 1847 年的瑞士分离主义联盟战争，更不是 1848 年 1 月的那不勒斯革命呢？"[5]1848 年革命不是什么反叛组织秘密策划的结果，而是由于有了 1789 年和 1830 年法国两次爆发革命的历史经验，才使得欧洲革命的"星星之火"在巴黎再次燃起。当时的人们认为，"巴黎一打喷嚏，欧洲就会感冒"，这只不过是一个逻辑自洽的推测罢了。

如果革命者们的国际政治阴谋是保守党人脑中的幻象的话，那么 1848 年这股几乎席卷整个欧洲的革命浪潮又说明了什么？在革命爆发以前和革命期间，欧洲社会多次陷入困境，不论在哪个群体当中，经济方面的需求都成了主要诉求。1848 年 3 月，在封建制度重压下哀叹的农民终于同奴役他们的主子们算了账：他们在西西里岛、黑森的奥登瓦尔德以及加利西亚的城堡宫殿都被付之一炬。手工业者抱怨接不到订单而无法养家糊口。设在法国南部、米兰和维也纳等地、以机器生产代替手工劳动的工厂也与他们形成竞争，并成了"捣毁机器运动"的目标。柏林等城市的底层群众趁着革命期间公共秩序的短暂混乱，像 1846/1847 年一样把食品店和其他商店洗劫一空。如此看来，1848 年发生的一系列事件算不算是一场社会革命呢？无论如何，这一系列革命事件显然体现出了人们对"生存机会不均等"的感知。从这个意义上来说，1848 年 3 月的这场几乎席卷整个欧洲的风暴常常被解读成"相对剥夺"，即"人的愿望和其愿望实现程度的差异"所造成的后果。[6]

因为经历了社会的不平等而试图去颠覆社会秩序，这种行为显而易见又是正确的。这样一来，如果不弄清是哪些特殊经历发挥着作用，1848 年革命是不是一场社会革命这个问题从根本上就变得毫无意义了。通常认为，1846/1847 年的农业歉收以及由此引发的饥荒是爆发 1848 年革命的"序篇"。但欧洲近代史上这最后一次的饥荒和恰好随后爆发的革命运动之间究竟关联几何，在很大程度上尚不明确。"有种观点认为，是经济危机导致局势骤然紧张，以至于随便一个大新闻都可能引发革命。但这种观点的说服力有限，因为与上一年相比，1848 年的经济状况实际上已有明显的改善。"[7]粮食价格也只有前一年的一半而已。同时，"社会经济学界"的代表人物对 1848 年革命原因的阐释，即农业危机使很大程度上还依附于农业的工商业也随之陷入危机，也是站不住脚的。因为在当时基本上还是以农业为主导的世界里，还谈不上工商业对农业有多大依赖性。而在工商业已占统治地位的极个别欧洲国家——如英国和比利时，1848 年时革命呼声反而较小。

有人认为工业化即使不是导致 1848 年革命的决定性因素，也是其中的重要因素之一，该观点在这一背景下看起来也缺少说服力。这一类观点倾向于把政治革命和工业革命按照发生时间的同步性一同进行阐释，再用诱导性的"双重革命"概念加以强调。而且这种观点在当时就已盖棺定论。1845 年，恩格斯曾在其父母位于曼彻斯特的工厂里待过一阵子。那里是英国工业化的发源地，他在目睹"劳动阶层的生活状况"后谈道："要预测将来，在哪儿都不如在英国来得容易，因为这里的社会矛盾是如此的清晰而又尖锐。必须发动革命，想要通过温和的手段来解决问题，为时已晚。"[8]才不到 3 年，革命的确爆发了——几乎在整个欧洲遍地开花——却唯独不在英国。

恩格斯认为，工业化发展造成的社会底层贫困是需要解决的首要问题。英国统计学家托马斯·罗伯特·马尔萨斯（Thomas Robert

Malthus）牧师也认为，食品生产数量的增长赶不上人口增长属于自然规律。后来马尔萨斯的观点被驳斥，恩格斯或许也搞错了。有数据表明，19世纪上半叶欧洲家庭的收支规模实际上很小。不过结合一些零星的历史片段可以看出，这一时期底层人民的实际收入与其说是减少了，不如说是仍保持了原有水平。自19世纪20年代工业化进入发展关键时期以来，他们的收入水平甚至很可能还有所提高。当然即便如此，从个体的、主观的角度看，所谓的"剥夺感"依然可能存在。但1848年时，在那些产业工人已成人口重要组成部分的欧洲国家却并未发生更大规模的骚乱，这点非常值得注意。

和当时像恩格斯这样的思想家相反，后来的历史学家常常认为工业化的市民阶层而非产业工人群体本身，才是1848年革命的驱动力。这种观点也同样经不起推敲。毫无疑问，自工业革命开始以来，从事工商业并赚取收入的市民阶层规模越来越大，19世纪40年代以后的普鲁士也是如此。然而在19世纪上半叶的欧洲各地，"中产阶级"中来自工业领域的人与从事其他行业的受过教育的市民阶层相比仍属少数。甚至在工业革命进行得如火如荼的英国，他们也没能构成社会的经济重心。不论是在英国还是在欧洲其他国家，贵族地主阶级依然掌握着最多的财富。

事实上在欧洲绝大多数国家，留下时代印记的并不是工业化，而是农业的机械化和现代化。它们让马尔萨斯的理论成了一页废纸。从中获益的主要是贵族地主。因此在欧洲大部分国家中，他们成了1789年后土地改革的最大受益者。唯一的例外是工业化进程相对缓慢的法国。因为在法国贵族所拥有的大片土地上，现代耕作技术得到最大程度利用的同时，从中赚得的钱却大部分用在了工矿企业身上。

因此贵族阶级也是1848/1849年革命运动真正的政治重心，不仅体现在"现有秩序的政党"一面，还更多地反映在"推动变革的反对党"一面。比如企图在中东欧地区建立统一的波兰民族国家的革命者们，他们大多数听命于贵族阶级的指挥。奥地利的哈布斯堡皇朝也充分利用了这一点，在乌克兰人占大多数的加利西亚挑起了当地人对波兰贵族的抗争。一场失控的农民起义由此爆发，大量的庄园被烧毁，数千名贵族死于非命。同样，匈牙利的革命运动也是由贵族阶级领导的。甚至在普鲁士，贵族阶级也至少在自由党议会代表中间扮演了重要角色。譬如俾斯麦这样坚定的保守派代表人物，在克制住内心对革命的震惊后，也曾于1848年4月初短暂地考虑过同自由党人展开合作。毕竟推动立宪以及消除君主专制等问题能够引起贵族阶级的兴趣，而他们也像俾斯麦一样，梦想着能重新建立等级制度的代表机构。

然而，革命运动的"进步性"根本不像普遍认为的那样具有重要意义。1848/1849年，不仅在议会内部，就连在城市和农村，"进步"和"保守"动机都被相互混淆了。连贵族和市民们都难以确定革命的方向是该朝着未来的乌托邦前行，还是要以旧时熠熠生辉的理想国图景为目标，就更不用说农民和工匠了。欧洲中部的乡下人所做过的最称得上是"革命"的行为莫过于"盗伐林木"了。他们从森林中获取木柴和建筑材料，或者采摘树叶用作饲料和肥料。究其原因，还是在于他们传统上将森林视作共同财产。直至18世纪末，出于可持续发展以及国有财产管理等目的，欧洲中部各地政府才开始大规模限制并禁止对森林资源的共同开发和利用。因此可以说，广泛出现的"盗伐林木"行为主要还是与对"古老权利"的坚持有关。而手工业者在革命期间提出的要求主要也是再次废除1820年就已在普鲁士实施的自由从业规定。这种要求受"保守"理念的约束也许更为明显，至少在1849年也出台了相应的限制措施。

因此1848/1849年发生上述事件的结果表明，其是否具有"革命"属性从某种意义上说还有待商榷。因为革命不仅要使人们感受到迅速和深刻的变化，同时也要让变革的实施者和支持者向着一个新的彼岸出发。然而在1848年的"革命人士"当中，即使没有过半也有很大一部分人希望回到"过去的好时光"。就这点而言，1848/1849 年的欧洲革命同英国的 1688 年光荣革命、美洲革命以及美国 1776 年发表独立宣言有诸多相似之处：大多数参与者的主要目的都是重新建立传统意义上的自由格局。由此可见，将 17 世纪晚期至 19 世纪中期这段时间统称为"漫长的 18 世纪"并不是完全不恰当。同时也就更好理解，为何俾斯麦和其他欧洲保守派人士得以在同将实现未来乌托邦为主要目的的城市自由派精英的斗争中取得胜利，特别是能够在农村动员起反革命的大规模力量。

多数农民，以及要求取消刚施行不久的自由从业法的手工业者们的保守主义动机，再次加深了我们对工业化与 1848 年革命间是否存在因果关系这个问题的疑问。同时，工业发展是否刺激并引发了革命也值得怀疑。另一种认为 1848/1849 年革命成果是工业化发展先决条件的假设也并不可靠，毕竟实现职业自由才能促进工业化。

如此看来，欧洲大陆在"漫长的 19 世纪"从封建制度的中心向市场资本主义社会的长期转型过程中，1848/1849 年革命更像是一种伴生现象。这同时也解释了为什么这些程度不一的"革命"事件只曾发生在比利牛斯山（Pyrenäen）和维斯瓦河（Weichsel）之间。一方面英国早已将这样的转变过程甩在身后，而在俄国、奥斯曼帝国统治的东南欧和伊比利亚半岛，这样的转变却仍未开始。

资本主义转型同工业化之间并无直接关系，关键在于农业的结构性转变为工商业的工业化发展创造了基本的前提条件。一般来说，在欧洲革命时代发生变革运动的各地，工业化只是恰好在零星的城市中心起步，但同时当地资本主义却已潜移默化地塑造了农业好几十年。凡是在 1848/1849 年间发生较大规模骚乱的地区，几乎都是如此。同样在专制主义重农举措下的法国，18 世纪农业的现代化进程也为 1789 年法国大革命做好了准备。另外，如果沙皇政府没有在 1861 年废除农奴制并推行改革，很难想象 1917 年十月革命还能否发生。

专制主义国家机关的政策成为革命暴动兴起的决定性前提。在这点上，1848/1849 年的局势同 1789 年和 1917 年是相同的。欧洲专制主义下的官僚制度激起社会反抗，不单单是因为实施了像土地改革和从业自由这样的现代化措施，政府职权范围的扩大也同样引发了群众不满。征收税赋、为拿破仑战争后组建的国民军队征兵，以及政府对森林资源的排他性占有——这一切都给 1848 年的人们提供了各种起来反抗并争取"古老权利"的理由。

然而官僚化的政府也不仅是革命爆发的原因，还是革命成功的一个重要前提，它使真正意义上的革命性转变成为可能。因为如果不是官僚制度广受诟病，社会要实现迅速和根本性的变革也就无从谈起。从这一点看，君主专制及其官僚制度便在 1789 年法国大革命中充当了工具，并最终导致了其自身的瓦解。

像俾斯麦这样头脑比较活络的保守党人，虽然对革命和革命党人十分憎恶，但从某种意义上说，他对推翻专制主义国家体制还是有些兴趣。因此 1848 年春，在关于是否应彻底拒绝自由党人提出的立宪要求问题上，俾斯麦第一次同他的领路人——格拉赫兄弟产生分歧便不是偶然了。这样一部宪法对俾斯麦有一定吸引力的原因，在于它能保护国家免受君主专制和官僚主义的损害，而后者是自从他在行政部门受训中断后就深深鄙视的。也正因如此他才会在 1848 年一时违背格拉赫兄弟的意愿，向自由党人频送秋波。

当然这只是个短暂的插曲。1848 年 3 月，由市民阶层自由党人组建的普鲁士内阁提出了一系列经济和税收政策，俾斯麦认为其与贵族大地主的经济利益相悖。不仅如此，他还认为自由党人争取民族自决的想法不过是"令人惋惜至极的、堂吉诃德式的异想天开"。他在 1848 年 4 月底写道："当德意志民族的力量和团结想要首先通过从法国手中夺取阿尔萨斯，并通过将自己的旗帜插上斯特拉斯堡大教堂的方式彰显时，我就应该清楚地认识到这一点。"但他无论如何都不能理解的是，"在几个世纪以来用武力从波兰和意大利手中赢得的土地上，德国正在丧失最后的立足之地，而我们却更愿意为小说中主人公的骑士精神而感到振奋"。如果德国出于"含泪的同情和不切实际的友爱理论"允许波兰建立自己的民族国家，那么唯一的结果便是"给祖国树立一个紧邻自己又不安分的敌人"。[9]相反，自由党人向往的却是实现民族自决原则，并迎来"欧洲人民之春"。他们已经做好准备接纳一个统一的波兰民族国家，而他们自己的目的也是建立统一的德意志帝国。

如果这一愿望在1848年就已经实现的话，那么俾斯麦也就不会被贴上"帝国缔造者"的标签了。退一步讲，就连他能不能获得更大声望都成了问题。我们也可以用反事实思维进行推想，如果没有俾斯麦的存在，那么1848/1849年革命是否就能够成功？但是第二个假设，即俾斯麦在1848年夏以来进行的反革命活动中所发挥的作用，显然是被高估了。而且两个假设的可能性都只是从理论角度出发的。历史学家们无法像自然科学家那样进行试验，便不得不通过比较方式对反事实假设的价值进行测试。而且通过在整个欧洲范围内进行比较，得出的结果也一目了然，那就是1848/1849年的革命不会在任何欧洲国家取得胜利。

成功和失败只是两个相对性的概念。与1789年法国大革命和1917/1918年俄国革命不同，1848年的革命者并没有成功夺取政权。但如果不把革命成果根据其主导力量的目标是否实现的角度进行考量，也无法断定1848/1849年革命就一定是失败的。在1848年春这场席卷整个欧洲的革命运动过程中，自由党人和民主党人处于主导地位，虽然在各个细节上表现不同，但是双方至少在两个问题上达成了一致：一是都想建立民族国家，二是都期待能在国家内部建立强大的人民代表机构。从这两方面来说，他们在整个欧洲都彻底失败了，德意志和意大利的民族国家既没有在欧洲中心这片打满补丁的版图上建立起来，波兰和匈牙利的民族运动也没能取得成功。同时，在1848/1849年，任何欧洲国家都没能建立起一个强大而持久的议会机构。仅就革命浪潮的发端——法国来说，虽然国民议会权倾一时，却在1852年拿破仑三世的政变中被彻底推翻。这便是 1848/1849 年革命与 1789 年法国大革命以及一战结束时革命运动之间的差异：想通过革命方式实现体制的根本转变，在当时的整个欧洲都是不可能的。

当然，也不能说这次革命就完全没有成果：在普鲁士和奥地利还是颁布了宪法；在法国和意大利的部分地区，自由党人和市民阶层得以在政府中任职；而在匈牙利和意大利全境，农奴制终于被废除。然而即便如此，"农民解放"的结果仍旧像过去的普鲁士那样，最后从中获益的还是上层贵族。而且实际上要完成立宪，或是让自由党人担任政府公职都不是非革命不可的事情。例如英国保守党曾于 1846 年主动倡导改革，并以此削弱了宪章运动中的民主力量。在斯堪的纳维亚半岛，政府通过及时改组避免了 1848 年爆发更大规模的暴力冲突。而荷兰国王也通过颁布符合自由党人意愿的宪章，缓和了革命局势。

在普鲁士和奥地利，君主必须先经历痛苦，才能学会如何适时地在民怨和让渡权力之间进行取舍和妥协。如果普鲁士国王腓特烈·威廉四世在 1847 年的联合议会上能退一步，而不是固执地拒绝立宪要求，那么他的人民也许就能免于血流成河的灾难，他自己或许也可以少受些煎熬。1848 年 12 月责成制订的普鲁士宪法以及次年 3 月颁布的奥地利宪法便是吸取了这些经验教训的结果。不过这部普鲁士宪法完全背离了柏林和法兰克福两次国民议会的初衷。当革命败局已定，哈布斯堡皇朝陷入真正的死寂之时，专制统治于 1851 年又一次在奥地利复辟了。

为什么 1848/1849 年革命不能完成以革命方式实现欧洲民主的大业呢？关于革命败因的激烈争论已经延续了一个多世纪。一开始，各路革命者相互推诿失败的责任，20 世纪 60 年代末以来，这种来来回回的踢皮球开始变成从社会历史角度找原因。这成为长期以来阐释这场革命的主要方式，时至今日仍大多如此。对于围绕社会不平等现象进行研究的历史学家来说，用社会矛盾载体之间的冲突来解释革命失败的原因，不管过去还是现在都有着不可抗拒的十足吸引力。照此看来，1848 年 3

/ 073

月革命的目标之所以没有实现，是因为随着革命进程的深入，横亘在起初共同革命各方之间的沟壑也越来越深。城市居民呼吁社会改革，特别是他们认为自身权益应受到更多重视，然而新兴的市民精英却拒绝这样做。再比如工人、手工业者和市民自卫队员这些曾在革命早期的街垒战中并肩抗击旧秩序的人们，在1848年夏天之后，他们在柏林、维也纳和巴黎的暴动中却突然分裂到了不同的战线。此外，城市和农村之间的利益冲突也日益加剧。要求恢复"古老权利"的呼声猛烈碰撞着冲向新的彼岸。1848/1849年革命的活力显然就是被这样的内部矛盾所冲淡了。革命前期统一起来的"推动变革的政党"也分裂成了温和派自由党人、激进派民主党人和社会主义者等不同阵营。[10]

当然，这样的矛盾和冲突绝不仅仅存在于1848/1849年的革命之中。激进派同温和派之间的对立早在1789年法国大革命时就已经存在，而且拥有一定的社会基础。当时矛盾冲突的尖锐程度要甚于1848年时：从1793年开始，法国各派系斗争愈演愈烈，最终发展成一派对另一派成员的大规模处决。而1848年的革命者们并没有让革命成为相互屠杀的工具。同样，一战结束时爆发的中东欧革命也充满了不同利益集团之间的激烈斗争。1917/1918年革命期间，产业工人和市民阶层之间的鸿沟尤其深。而相较之下的1848年革命，由于产业工人的数量还远远形不成规模，类似斗争所发挥的作用非常有限。这样看来，1848年革命受内部矛盾消耗的程度显然并不甚于1789年和1917/1918年革命，只是它仍然失败了。

因此还有一种观点认为，革命者们的不团结并不是导致1848/1849年革命无法成功的主要原因。此观点强调三点因素的作用：1789年的经验教训、欧洲未发生大规模战争以及民族主义作为新要素的出现。[11]正因此1848年革命不会成为1789年革命的翻版，因为对于1789年革命的种种记忆已经在无形中影响了1848年革命者的行为。那场法国"大革命"在1792年向反对革命的欧洲列强发动了战争，将本来支离破碎的革命力量重新凝聚起来并使之极端化。那场革命战争溅出的血迹遍布整个欧洲大陆，以至于几乎没有人再想重蹈覆辙。除此之外，民族主义思想从 1789 年的革命思想以及由其挑起的战争中被唤起，它也在 1848 年革命期间得到了极大的传播和强化，这也给了俾斯麦这样的旧精英势力以利用的机会。

像俾斯麦这样的保守党人和他们的君主必须要吸取 1789 年革命的关键性教训，那就是：长远看来，谁控制了军队，谁就能拥有革命胜利的前景。从这一点来看，俾斯麦已经具备带有鲜明强权色彩的现实主义政治思想，不过他身上也还留有青年人急躁的一面。譬如在 1848 年 3 月，在他听闻柏林动乱后立即动身前去，急于调集军队镇压革命的行为便可证明。实际上，比起他这个出身地方的毛头小伙子，国王和军队的最高指挥官反倒是没有那么担心。他们首先将在街垒战中受挫的军队从柏林撤出，腓特烈·威廉四世很快向温和派自由党人妥协。在这种情况下，俾斯麦也只好暂时顺从了国王的意志。

温和派自由党人的结局也受到了 1789 年法国大革命经验的影响。像在其他欧洲国家的首都一样，他们在 1848 年的柏林也已经做好了同旧政权妥协的准备，以阻止雅各宾派激进主义夺取政权的脚步。左翼民主党人认为，1848 年夏会像 1789 年革命那样，通过发动首都群众来夺取政权，而且形势仍在朝这个方向发展。然而那个夏天，当这些民主运动和起义暴动在巴黎、维也纳、法兰克福和柏林被军队血腥镇压时，革命也出现了转折点：至此封建贵族们的地位更加稳固了，他们不但重新赢得了军队的忠诚，而且还开始在一望无际的乡间田野上建立起他们自己的群众基础。靠着忠心耿耿的军队，他们再次一步步将温和派自由党人从权力中心挤了出去。

通过实行义务兵役制，1789 年的法国大革命创造了一种全新的军队类型。这一创新使得人口短缺的法国在欧洲大陆取得了优势地位，引得其他欧洲国家纷纷效仿。1848 年的革命事件让封建君主对血腥战争的惧怕卷土重来。就连在法兰克福和柏林国民议会上力压众人的自由党人自己，也不愿为了石勒苏益格－荷尔斯泰因而冒险发动一场欧洲大战。而且和 1789 年革命不同，之后发生的革命运动已不再足以挑起战争。战争与革命的关系在 1917/1918 年革命才被反转：战争引发了由军队领导的革命。

而在 1848/1849 年革命期间，军队充当了保守主义重要的权力工具，终结了革命。在腓特烈·威廉四世拒绝法兰克福国民议会建议授予他的皇冠之后，普鲁士军队就被激进派民主党人煽动了起来，为实现法兰克福帝国宪法而起义的人们在巴登和普法尔茨吃了苦头。在意大利，类似的民族主义革命运动也遭到了法国和奥地利军队的镇压。在匈牙利和波兰民族解放运动的革命斗争中，俄国主动地充当了奥地利的刽子手。神圣同盟也于 1849 年再次行动了起来：各国保守势力和君主联合起来，将最后一颗钉子敲入了收殓革命的棺椁中。

各君主国政府表现出来的团结一致让这场革命性的民族解放运动偃旗息鼓。1848 年 3 月曾朝着"人民之春"绽放的革命花朵不到 1850 年就已经凋谢了。俾斯麦估计的没错，德意志和波兰民族主义者的团结坚持不了太久。维克多·雨果在 1849 年提出的以民主方式建立统一欧洲的期待不久也再次被湮没了。它就像在卡尔·阿莫瑞小说中的那首挽歌一样，只能作为另一场革命过程中没能抓住的机会，虚无缥缈地存在下去了。

事实表明，人民的民族主义思想并不是 1848/1849 年革命的推动力量。恰恰相反，对革命力量来说是，民族矛盾反倒是种削弱和分裂。旧势力善于根据"分而治之"的原则对民族对立加以充分利用，但这并没有让人们在民族主义问题上变得迷茫。民族主义的意识形态体系反而在 19 世纪下半叶变得更有吸引力。想要实现自己的目标，民族主义的追随者们必须以革命失败的历史为鉴，不断寻找新的发展道路。

卡尔·马克思在 1848 年曾写道，"一个幽灵，共产主义的幽灵在欧洲游荡。"他所言不虚，然而这个幽灵是否就是马克思所指的共产主义，也许是值得怀疑的。[1] 在俄国十月革命以前，共产主义和社会主义这两个概念大多被当成同义词，1848 年革命之后，对它们的恐惧在欧洲大陆四处蔓延。但对于俾斯麦来说，他最关心的还是自己选举成为普鲁士议员期间与"无政府主义"展开的斗争。[2] 因为不论是在 1848 年革命期间还是之后的 10 年当中，来自共产主义的威胁仍旧只是幻象而已。共产主义其实也并未真正拥有社会和政治权力。而且不论通过正常途径还是采取革命手段，社会主义和共产主义者们就算穷其一生也不可能夺取欧洲任何一个国家的政权。在第一次世界大战之前，也没有一个社会主义政党曾在欧洲国家的议会赢得多数席位。至于共产主义者最终在俄国执掌政权，也只是 30 多年之中无后来者的唯一一例子罢了。

与此相反，民族主义才是真正的推动力量。1848 年革命以来，全欧洲范围内发生的所有武装冲突多多少少都受到了民族主义潮流的影响，或许只有克里米亚战争是唯一的例外。民族主义从根本上改变了欧洲的政治版图：19 世纪 60 年代，统一的意大利建立，德意志帝国在欧洲中部崛起，随后在东南欧地区也建立了新兴的民族国家。民族主义动摇并摧毁了几百年来的封建王朝统治，光是在 19 世纪 60 年代，欧洲中部便有数十个封建领地成了民族主义新秩序的牺牲品。到一战结束时，欧洲大陆上最大的帝国也最终被民族主义荡为寒烟。

/ 078

那么，是什么赋予了民族主义思想爆发性的战斗力？在马克思及其后的社会主义者们看来，民族主义纯粹是一种煽动性的宣传工具。保守派敌人创造民族主义，目的是要颠覆共产主义的生存基础。毫无疑问，民族主义情绪常常成为反对社会主义的工具。一个事物可以被利用，自身也必然得有些吸引力。而民族主义的吸引力就相当巨大，甚至直到一战爆发，绝大多数社会主义者都还屈服于它。同样在 20 世纪末，苏联和南斯拉夫这两个多民族国家的解体也表明，民族主义意识形态的作用再次超越了社会主义。民族主义只是受人为操纵的错误思想这一论断，终被证明不过是失败者可悲的嫉妒心而已。

然而，历史唯物主义者通过广泛实践和更多现实依据认为，民族主义的意识形态下掩盖的，其实是资本家追逐经济利益的勃勃野心。对于资产阶级来说，像德意志帝国和意大利那样建立更大规模的单一市场经济区，确实是有吸引力的。德意志关税同盟就是一个出自资产阶级，又极大地维护了资本家利益的范例。可是既然关税同盟已经在很大程度上实现了资产阶级的经济利益，为什么还要建立一个统一国家呢？即使民族运动早期深受市民阶层的影响，也不能简单地把民族主义同资产阶级画上等号。民族解放运动是首先由受过教育的市民阶层主导，随后才扩大到了社会的各个阶层中间。此外，第一次世界大战和冷战结束时分别爆发的民族解放运动都对统一市场和经济区造成了破坏，若从这个角度看也是解释不通的。

因此对于当时的人们来说，民族主义既不是人为操纵的结果，也不是利益诉求的表达，相反它正是某种对客观事实加以想象后的逻辑产物。1841 年，德国诗人霍夫曼·冯·法勒斯莱本（Hoffmann von Fallersleben）曾在为《德意志之歌》（Deutschlandlied）作词时写到，祖国的疆域"从马斯到默默尔，从埃施到贝尔特"，将所有说德语的地区都勾画进了德意志国家的轮廓。共同的语言以及共同的历史，才是 19 世纪的人们构建民族感情过程中理所当然的先决条件。

/ 079

当然，民族感情也不是完全自发形成的。一方面，早在 19 世纪之前，对共同的历史和语言的概念就已长期存在，但这并不是群体性政治运动用以建立民族国家的理由。另一方面，被德意志民族主义者作为模糊的国家模型所提及的中世纪"帝国"在几个世纪间不断拓展疆域的同时，其摇摆不定的状态却难以符合一个现代化国家所应有的面貌。况且这个国家的君主实际上也通常被称作"罗马皇帝"。然而不管怎样，1871 年最终建立的德意志帝国仍被看作是中世纪帝国的延续。至于在欧洲其他地方，民族历史的构成也采用了这种不同寻常的形式。

不过这种强调历史延续性的国家构想只是人为制造的传统而已，关于共同语言的想法与其说是现实，不如说更像是妄想。19 世纪早期，语言学的同宗性在诸如法国这样的国家并没有得到体现，因为法国闭关统治的历史极为悠久，同时中央权力又相对较强，因而马斯和默默尔之间的德国只存在于虚构的想象中。法国大多数人生活在农村，彼此之间使用方言交流，这种方言连毗邻地区的人都听不懂。如果光是要求整个地区的人都说同一种语言，那么德意志帝国和意大利可能就不会实现统一，对大部分人来说，统一的语言反而是在民族统一之后才出现的。在 19 世纪初，能用所谓的标准德语读书看报的人少之又少，至于在日常交流中使用标准德语的则更是凤毛麟角。是民族国家建立之后实施的义务教育制度改变了这一局面：现在看来具有特色的地域方言，被逐渐从国家公共生活以及市民个人生活中赶了出去。

/ 080

但是为什么民族主义思想所"发明的传统"能被如此多的欧洲人接受？为什么越来越多的人相信民族这个概念，并以此证明自己的存在？最有说服力的答案是，民族作为一种"人为构建的共同体"，有助于填补其他共同体瓦解之后所出现的空白。它在飞速变化的同时向人们传递着一种崭新的、强大的"我们"意识，而旧的团体意识在这样的转变中变得不堪一击。在非常动荡不安的年代，它看上去还能够提供安全和保护。当社会上其他类型的凝聚力网络被撕裂的时候，民族的共同体则提供了一种新式的兄弟情谊以及互助精神。

在过去的一千多年时间里，村民联合会、手工业和商业行会、农庄和教会等机构共同构成了旧欧洲相对坚固的社会基础。然而在 18 世纪后期以后，随着经济和社会的快速转型，这些机构的社会融合能力遭到了大幅削弱和破坏。农业是旧欧洲社会的根本，通过对其资源的优化配置，劳动力得以解放出来并流向城市，同时农村结构的既有平衡也被打破了。等级制度被破坏，农民被解放，原属于地主的农庄也分割成为法律和社会意义上的协会性组织。自由从业制度冲破了传统行会的束缚，同时不断发展的宗教世俗化也使教会逐渐失去了原本的作用。随着工业化的推进，居民迁移的情况迅速增多：18 世纪时，大部分欧洲人还在同一个地方出生和死亡，而到了 19、20 世纪之交，仅德意志帝国就有一半人口不再居住在自己的出生地。

然而光是居民迁居并不足以打破已有的大多数社会网络，毕竟迁居只是现代社会中持续存在的一种伴生现象，而且它不利于建立一个新型的、以全体成员个人层面交往为基础的团体。而像民族这样"人为创造"出来的集体正好填补了这一空白。在一个世界里，当旧的道路失去方向，旧的世界观变得脆弱不堪时，民族主义就为新的世界观的形成提供了新的支点。

然而，俾斯麦同民族主义思想之间的关系却并不是那么容易理解的。由于可参考的资料来源十分缺乏，对于这个问题，历史学家甚至要比当时的俾斯麦自己更伤脑筋。一些资料表明，俾斯麦在大学期间就已经因为与一个同学在德国统一问题上打赌而出了名。对这个事情倒不必完全当真，因为俾斯麦第一次提到这次打赌是在 1871 年，那个时候他已经尽力将自己的形象打造成一个"实现德国统一的首相"了，此外却再无其他来源能对此加以佐证。他早期对民族统一的热情如同民族主义本身一样，更像是种"人为臆造的习惯"。实际上他对这个问题的所有表态都是基于对外部影响的考虑而做出的。因此，想要以此将"真实的"俾斯麦与他长袖善舞的一面区分开来，基本上是不可能的。

那么最后也只能推测，这个日后的帝国缔造者是否会将民族的多元化需求作为其他正在瓦解的社会群体的替代品。一方面，如果考虑他同贵族地主阶级间紧密的社会纽带和他对新教的笃信，那这样的可能性是微乎其微。因为上述两点都会给他提供支点和方向。另一方面，虽然他同虔信派基督教徒彼此接近，他自己却在宗教方面始终是个个人主义者。而他尽管也是贵族的一员，却在某些方面离他的伙伴们远远的。在波美拉尼亚当农场主的日子，他只觉得无趣。他最终出租了他的地产，以便开启对于那个时代来说，既不同寻常又寂寞孤独的职业政治家生涯。也许正是这样相对深层次的疏离感才使得俾斯麦能比普鲁士的其他保守党人更早地向德意志民族运动靠拢。然而从 19 世纪 50 年代他的保守党同僚取得议会多数开始，这样的亲近局面也随之破灭了。

如果俾斯麦再早 20 年对建立德意志民族国家产生好感，那么自然也就难免要对民族主义加以利用。对内可以使其服务于贵族利益，对外则可以实现普鲁士的国家宏图。这样看来，俾斯麦与他大多数同僚的不同之处只是体现在了手段的灵活性上。使用的手段以及设定的目标越长久，两者就越密不可分。谁打出了"民族"这张牌，谁就能改变游戏规则，而规则的改变也会有意无意地再产生反作用。

/ 082

不是仅仅只有俾斯麦和普鲁士保守党派才有这样的经历。在 19 世纪下半叶，民族主义方兴未艾，在欧洲最终几乎没人能逃过它的影响。但它绝不仅仅是德意志帝国建立所产生的结果。它更多的是整个欧洲一系列行动与反制行动相互作用的产物，民族主义思想在这些互动与相互影响的过程中变成了一种集体财富。对于 19 世纪 50 年代的一个保守党人来说，民族运动的信条至少还算是不同寻常，但在接下来的几十年中它则完全变成了一种必然的存在。

因此，1848/1849 年革命对俾斯麦产生了深远的影响。当时他和他保守党同僚们的关系仍然相当融洽，包括在对"德意志统一"问题上的态度也是如此。他于 1849 年春在普鲁士邦议会上宣称，如果德意志的统一必须要靠国王向自由党人的"卑躬屈膝"才能实现的话，对他来说还不如"让普鲁士继续维持原状"。[3] 此外他还认为，普鲁士王国要么作为整体加入德意志民族国家，要么就干脆退出德意志国家。即使当地的人民愿意，他也不可能接受将波兹南或者其他普鲁士领土拱手让给波兰。和最初被自由党人拥护的民族自决原则不同，这已经是对"德意志民族"清楚的重新定义了。因此俾斯麦在 1849 年能接受的德意志民族统一，只能是排除了自由党人思想和权力诉求的民族统一。否则，他在给夫人的信中写到，还不如"一切照旧"呢。[4]

因此，在大臣约瑟夫·玛利亚·冯·拉多维茨（Joseph Maria von Radowitz）建议下，由普鲁士国王腓特烈·威廉四世于 1849/1850 年提出的"小德意志联盟"方案，并没有得到俾斯麦的支持。因为俾斯麦认为，这个方案是君主为了达成同自由党人的合作而提出的，而且自由党人也是这么理解的。即便它可以增强旧势力的权重，但从根本上说，它和腓特烈·威廉四世在 1849 年 4 月拒绝的法兰克福帝国宪法并没有什么两样。德意志统一方案不应通过议会商议决定，而应当通过由各德意志邦国领导者达成的邦联协议来确定。与法兰克福议会被削弱的表决权和议会代表按等级划分的选举权不同，当时的国民议会毕竟还是代表了人民的意志。按照法兰克福国民议会提出的"小德意志"方案，奥地利被排除在外。1849 年夏，当时国民议会 150 个邦成员对这个方案投了赞成票。实际上大多数保守党人对此并不赞同，然而为了不让国王在公开场合难堪，他们克制住了内心的真实想法。虽然俾斯麦对此给《十字报》撰写了两篇尖锐的讽刺文章，但是也只能匿名发表。为了争取时间他就在普鲁士议会上尽量拖延，同时还暗地里在宫廷中与拉多维茨勾心斗角。

1850 年秋，局势急遽地尖锐了起来。按照方案应被排挤在"小德意志联盟"之外的奥地利拉上依然存续的德意志邦联一起反对普鲁士。当黑森 - 卡塞尔（Hessen-Kassel）选帝侯向邦联寻求军事援助，以在革命后恢复专制统治的同时，普鲁士也做好了攻占它的准备。毕竟东西普鲁士之间的交通要道都要途经黑森 - 卡塞尔侯国。1850 年 11 月初，调动了各自军队的普鲁士和哈布斯堡皇朝之间发生了激烈的军事冲突。在普法尔茨进行了第一场小规模战役，奥地利因此损失了 5 枚大炮，而普鲁士只损失了一匹马。

　　一开始，俾斯麦对战争的前景表现出了振奋之情，他在给赫尔曼·瓦格纳的信中写道："普鲁士的每一把剑都被高高举起，在阳光下闪着令人欣喜的光芒。"可是当他的陆军部长告诉他，沙皇认为普鲁士对黑森－卡塞尔侯国的攻击行动有违王侯的合法性原则，进而同奥地利联手之后，他的战争热情瞬间就降了温。此外，对于普鲁士支持荷尔斯泰因德语区人民脱离丹麦的统治，圣彼得堡方面也感到不满。由于英国不愿看到普鲁士出于战略考虑向北海扩张，腓特烈·威廉四世也在荷尔斯泰因问题上失去了英国的支持。为普鲁士当时的政策鼓掌叫好的，只有自由党人。因此不论在内政方面还是外交方面，保守党人都有了反对普鲁士发动战争的充分理由。俾斯麦安抚在柏林忧心忡忡的妻子说："黑森和荷尔斯泰因的事态不值得普鲁士，特别不值得我们的政党去牺牲平民和士兵。"俾斯麦认为，即使"奥地利几近于不合理的庞大"让开战显得完全合情合理，然而针对奥地利和俄国的战争不仅在军事上毫无前途，在内政上还会给自由党人，甚至民主党人做嫁衣："现在发动战争完全就是胡闹，从根本上来说只会造成一种结果，那就是我们的政府所在地再往左挪两英里"。[5]

/ 084

　　这些言论也在宫廷内部得到了肯定。普鲁士国王将拉多维茨解职，并派他的继任者去和奥地利人谈判。在哈布斯堡皇朝领地——波西米亚的奥洛穆茨（Olmütz），普鲁士使节团同意了奥地利人为缓解军事冲突而提出的所有条件：普鲁士放弃"小德意志"方案，将黑森和荷尔斯泰因问题交由德意志邦联解决，并且首先停止调兵。这是彻头彻尾的投降。对于普鲁士议会的自由派反对党来说，"奥洛穆茨耻辱"正是他们所期待的：他们可以借机要求保守派内阁下台。对此，俾斯麦用他1850年12月的议会演说做出了回应，这不仅是他发表过的最长的一次演说，更是最精于修辞的一次演说。

　　"对于一名政治家来说，"他首先辩驳道，"在台上发表振聋发聩的演说很容易；不管他所在阵营能否取得胜利和名誉，就任凭士兵们在雪地里浴血奋战，也很容易；然而再容易不过的，是他如墙头草一般风吹两边倒，不在这个时候去探寻战争的原因，在战争过后还可以振振有词。"俾斯麦认为，能够满足开战前提条件的唯一理由，是"国家利己主义"，也就是国家利益。而政府和国王在走投无路的情况下做出撤军的决定时，本应该考虑这个利益。相反，自由党人追求的只是实现自己党派的政治目标，即将普鲁士军队变成"一支议会军队"。然而，俾斯麦继续说道："普鲁士军队始终都隶属于国王一人，并且通过顺从国王的旨意来寻求尊敬。"这种尊敬不在于"普鲁士在德意志各邦国到处扮演的堂吉诃德式角色……我所寻求的普鲁士的尊敬，在于普鲁士与民主所有屈辱的联系都保持远离"。[6]

俾斯麦的这些话仿佛已经不经意间将他推上了政治家的高度，他所代表的已不再只是保守派贵族的利益了。然而如果真是这样，他的保守党同僚也就根本不会将他的演说稿打印两万份并分发了。实际上，俾斯麦的行为从根本上说，还是一如既往地在指责自由党人和民主党人：他的重点仍在党派政治上。他将国家利益等同于封建统治势力的利益，将君主政体与贵族统治制度相提并论。他成功地捍卫了君主和保守党派的政治利益，也让他自然而然地被推举到了所谓国家利益代表的位子上。

因此，得益于他的保守派老朋友和恩师，同时担任国王副官长的利奥波德·冯·格拉赫向党内同僚的提议，俾斯麦于1851年春成了普鲁士在德意志邦联的代表。然而这一建议在宫廷上下却招致了争议。大多数人认为俾斯麦的行政职务履历有所中断，且缺乏外交经验，加上他在军事方面的训练少得可怜，这些都不利于他得到这个职务。嫉妒他的对手们甚至还污蔑他是"酗酒的学生"和"波美拉尼亚的猪倌儿"。[7]尽管如此，俾斯麦的议会演说还是让他在国王腓特烈·威廉四世那里获得了相当高的声望。国王的支持最终起到了决定性作用。

　　俾斯麦在后来写给妻子的信中说，他在法兰克福出任的普鲁士王国驻德意志邦联议会代表一职，其实还算不上"我们外交界最重要的职位"。几年后他出任德国驻圣彼得堡公使时，薪酬至少是作为法兰克福议会代表的 1.5 倍。他向妻子约翰娜夸张地描述法兰克福议会代表一职的意义，也只是为了打消她的反对念头。从和她的蜜月旅行中看得出来，约翰娜从来都不认为自己是普鲁士人，更别说认同波美拉尼亚了。她非常不情愿离开她的家乡和双亲，并且完全不乐意扮演外交官夫人这一角色。俾斯麦安慰她说，他也不愿意她成为"为别人而活的社交女性"。他同夫人虔信派教徒的责任感机灵地周旋着：他本人并没"主动寻求这一职位，是我的主子想要我去，我必须接受而且没法逃避"。[8]

　　这当然不完全是开玩笑的哄骗。外交官是俾斯麦年少时的梦想，这个梦想现在看来是实现了。即使从担负的使命角度看，议会代表并不是对普鲁士外交事业最举足轻重的职务，但对于刚满 36 岁的俾斯麦来说，这已经是有分量的嘉奖和重要的擢升了。通往更高位置乃至最高级别职务的大门正向他敞开。俾斯麦已经预感到了自己将作为外交大臣回到柏林的那一天。

　　至少对于他的私人生活而言，在法兰克福度过的日子是最幸福的。1851 年夏，搬来法兰克福的约翰娜也不可思议地快速融入了新生活。他们结婚 4 年以来，共同生活的日子加起来也不过几个月而已。因为俾斯麦常常为了议会会议和党内事务前往柏林，在此期间他的妻子要么回到申豪森，要么回到父母在波美拉尼亚的莱茵费尔特庄园（Gut Reinfeld），在其帮助下照料他们 1848 年和 1849 年出生的孩子——玛丽（Marie）和赫伯特（Herbert）。住在法兰克福期间，他们在 1852 年又迎来了次子威廉（Wilhelm）的诞生，此后一家人便长期生活在了一起。担任普鲁士议会代表所赚得的薪金足以支付一套大房子的租金，多请几个佣人也完全没有问题。这比任何时候都更能满足俾斯麦的愿望：

"在陌生的世界里为我的内心找到一个地方，不会因为荒芜的风而冷却，在那里我能感到故乡壁炉里熊熊燃烧的温暖，驱使我在暴风雨雪中拼命前行。"[9]他和全家享受着简单的家庭生活和前往奥登瓦尔特、莱茵河畔以及海德堡远足郊游的美好时光。而且对于一个邦联议会代表来说，每年花3个月的时间休假完全不成问题。

然而不久以后，儿时梦想的法兰克福外交官生涯却完全变成了一场噩梦。在俾斯麦眼里，"那些外交官"很快变得同他鄙视的那些人一样可笑，甚至比他在内政方面的对手更加糟糕："我从不怀疑他们什么都拿清水煮的手艺，但真的面对如此淡而无味，没有半点油星的清汤寡水时，我着实感到震惊……没有人，即使最不怀好意的对民主持怀疑态度的人都不会相信，在外交界竟有如此的精于骗术又装腔作势之举。"俾斯麦认为，最糟糕的要数奥地利人：他们是"戴着善良敦厚面具的阴谋家，不仅谎话连篇、偷窃档案（即使这在他们看起来是最正直不过的事情）、玩弄权术，还私下勾结起来企图在我们做出的工作细节上耍花样"。[10]

尽管如此，作为腓特烈·威廉四世的代言人，俾斯麦仍须坚持贯彻国王与奥地利重修旧好的意愿，为建立一个新的神圣同盟夯实基础。国王说，只有这样，"才能救欧洲和这个让人又爱又恨的德意志祖国于水火之中"。[11]俾斯麦最初也这么想，"我大概已经了解我在其中所肩负的任务了，"他在信中向当时的普鲁士内阁大臣描述维也纳皇宫之行时写道，"以双方内阁的友好程度，再度携手并非没有可能。"[12]然而不久之后，他就断了这个念头。"要是放在4年前，我一定不会坚决地反对奥地利，"他在1855年向柏林报告时说，"而对于当前君主统治下的奥地利，哪怕我只想保留一点对它的偏爱，我身体里流淌的每一滴普鲁士血液都不会答应。"[13]

这期间究竟发生了什么？乍一眼看上去好像是俾斯麦个人的好恶左右了他态度的180度转变。其中尤为明显的，是对他的对手——奥地利派驻邦联的代表图恩伯爵（Graf Thun）的深恶痛绝之情。俾斯麦讽刺图恩是"一个杂糅了各种性格的多面人，有时表现得像一个缺乏教养、随随便便就袒露心声的莽汉，有时又兼具贵族式的高冷和农奴式的狡诈，总是'没有指示'，似乎因为没人买账而非常依赖他身边的人"。当然，个人恩怨显然不是真正改变俾斯麦立场的原因。因为在他看来，这个奥地利代表的同事们也是"完全不能让人信任"。[14]除此之外，他和图恩的两个继任者也相处得不甚愉快。第一个继任者这样形容俾斯麦："他本性傲慢又让人讨厌、狂妄自大又目空一切、没有法规意识、懒惰、基础知识不扎实还不注重学习、精于诡辩和曲解文意、耍得全是肮脏的小把戏"。相比之下，图恩对俾斯麦的评价还算客气："因为他之前完全没有外交方面的经验，也可以说只干过某个公职，因此他对谈判工作没有真正的认识。"[15]

　　实际上，造成普奥两方在德意志邦联会议上沟通困难的主要原因，也许就在于这两位代表职业生涯及由此产生的习惯性差异。奥地利人精通外交手腕，他们无一例外地拥有丰富的使团经验，这是俾斯麦——这个来自普鲁士的新人所完全不具备的。俾斯麦大概也意识到了这一点。因此在法兰克福的头两个月，他跟着一位外交官前辈熟悉业务，"要不是这样，我就会因为对外交惯例的一窍不通而出洋相"。[16]尽管如此，双方的差别还是一眼就看得出来：一方是维也纳经验老到的职业外交官，对于他们来说，法兰克福议会代表这个职位不过是小菜一碟；另一方是来自柏林、干劲十足却什么都不懂的年轻人，他不仅过于活跃，还时常在提问过程中当面挑衅外交老手。很快议会便被这些"重要事务"所充斥：看到奥地利特使与会时挽起了袖口，俾斯麦也询问是否自己也可以拥有同样的权利。当奥地利代表在开会时抽烟时，俾斯麦便质疑这是否是一种"特权"。

　　虽然这看起来非常荒谬，然而这出滑稽戏却暗示出了真正的矛盾核心所在：这关乎普鲁士和奥地利对彼此地位和在德意志邦联所处位置的认识问题。归根结底，双方在这方面的矛盾是不可调和的。俾斯麦希望普鲁士在奥洛穆茨放弃排除奥地利的小德意志方案后，至少应该被维也纳平等看待和承认。奥地利对此予以拒绝，并且坚持其在 1848 年前的德意志邦联就已经取得的传统主导地位。因此从这个角度出发，作为邦联议会普鲁士代表俾斯麦认为奥地利在邦联政策层面上一直没有停止过对普鲁士地位的攻击。"我在这里工作的 7 年中，"1858 年俾斯麦在法兰克福任期几近结束时说，"对于奥地利向普鲁士发出的所有攻击和干涉，包括不断利用邦联抬高自己、削弱普鲁士的行为，我都没有停止过斗争。"[17]

俾斯麦在这期间没有想过让步，在他看来，普奥这两个强国在德意志邦联的冲突已越来越不能避免："由于在地理上被阻隔，我们的政策中并没有德意志的用武之地，而奥地利急切想要利用的，也正是这块地方。按照奥地利提出的要求，双方都没有了空间，久而久之我们会无法忍受。我们相互都需要张嘴呼吸，一个退让了，另一个必定会强硬，到那时我们一定会成为彼此的敌人。"[18] 正如他 1859 年劝告普鲁士外交大臣的那样，对于将被察觉出的利益对立通过谈判解决，俾斯麦也表现出了非常开放的态度，他认为不一定非得要通过"铁与火"（ferro et igni）来解决，此后这句话被一再引用。[19] 在他看来，"铁与火"只有在划定德意志的势力范围时才可以被考虑。出于重建神圣同盟的考虑，俾斯麦在柏林的部分保守党同僚和格拉赫仍然想要普鲁士和奥地利真心保持融洽，俾斯麦却认为，对革命的记忆越淡薄，重新联盟的可能性就越小。1851 年在同路德维希·冯·格拉赫争论时他就说："1848 年革命已经被遗忘了，他们傲慢至极地热衷于自保，相比一起对抗将在这里发生的革命，他们更愿意相信自相残杀。"[20]

显然也是因为如此，俾斯麦并没有将这种个人看法传达给法兰克福议会的奥地利同事。实际上，奥地利人的目的只是恢复到 1848 年以前的状态。通过进一步的观察就会发现，维也纳的政策并不像它表面上看起来的那么具有进攻性。1848 年以后，带着雄心勃勃的计划，年轻的弗朗茨·约瑟夫一世（Franz Joseph）皇帝开始统治哈布斯堡皇朝，在经受住了革命烈火的考验之后，奥地利在政策上的自信得到了加强。通过对法国和英国外交政策的开放，奥地利试图在外交上赢得主动。尽管如此，从另一方面看，哈布斯堡皇朝却长期徘徊在国家破产的边缘。它并不是靠自己的力量击退了革命浪潮，而是依靠了俄国的军事援助。此外，民族主义的影响在奥地利不断扩大，其发展的迅猛程度超过了任何一个欧洲强国。最终导致的结果是，这个多民族帝国的德语区居民只有不到 1/3 愿意接受弗朗茨·约瑟夫的统治。[21]

在这样的形势下，奥地利同德意志邦联的紧密联系看上去是能更好地控制非德意志民族的合适手段。纵然只有部分处于哈布斯堡统治领域的民族加入了德意志邦联，而且说德语的还占大多数。因此维也纳在 1850/1851 年推行的政策就是强迫德意志邦联将整个奥地利纳入其中。这样的"整体加入"可以提高奥地利在邦联的分量。不仅如此，在哈布斯堡皇朝内部，说德语的多数也会对非德意志民族形成强大的制衡力量。这样一来，在需要镇压匈牙利、波兰和其他国家的民族起义时，奥地利君王便可以凭借在德意志邦联内部的影响力调集其他成员国的军事力量，而不用像 1849 年那样只能依赖俄国的军事援助。

然而奥地利"整体加入"德意志邦联的企图并没有成为现实。也是因为普鲁士由于担心奥地利将成为邦联的决定性力量，而最终行使了关键否决权。从这一点上看，普鲁士单方面地认为奥洛穆茨调解是一种"耻辱"则有些缺乏远见：虽然当时的柏林必须要让普鲁士主动放弃"小德意志联盟"方案，然而奥地利想要通过"整体加入"方案夺取新德意志邦联领导权的目标，也同样不会实现。[22] 这导致的结果是，奥地利在法兰克福议会上继续通过走后门的方式谋求实现这个计划。对于奥地利来说，稳固并尽可能地扩大其在邦联的主导地位十分必要。而另一方面，普鲁士的议会代表也要求取得与奥地利同等的权利。

在议会召开期间围绕着装标准和吸烟权进行的明显荒谬的身份争夺行为，只是普奥双方这种不可调和的矛盾的外在表现。这样的小打小闹持续了很多年，令人精疲力竭。奥地利在这些针锋相对中不断地出招接招，其最大的考量只是为了"不断地扩大其君主权力"，俾斯麦之前曾向柏林报告说："一旦奥地利整体加入德意志邦联，那么它会为其在邦联的统治体系建立一个基础，至少关税统一问题会是这个体系的一个'施工工地'。"[23] 在法兰克福议会工作期间，俾斯麦曾参与了许多外交层面的争锋，其中围绕哈布斯堡皇朝加入德意志关税同盟而产生的矛盾和冲突，也许是最重要的。

关税同盟的经济联合在一定程度上比德意志的政治统一要早。到1850 年为止，除了德意志西北部的沿海国和城邦之外，所有后来被纳入德意志帝国版图的邦国都是德意志关税同盟的成员。汉诺威王国、奥尔登堡大公国和绍姆堡 – 利珀小侯国也在 1854 年加入了关税同盟。在此期间奥地利却一直被排除在外。即便拒绝其加入关税同盟的决定并不是在法兰克福议会上做出的，但是通过向柏林发出大量劝阻报告和函件，俾斯麦在幕后对这个决定施加了巨大影响。他还直接参与了阻止奥地利建立可能同德意志邦联关系密切的中欧关税联盟。表面上看起来只是有关经济方面的问题。1853 年，德意志关税同盟最终与哈布斯堡皇朝签订了贸易条约，条约实际上在很大程度上连通了后者通往中欧经济区的道路。普鲁士和其法兰克福议会代表俾斯麦之所以极力阻挠奥地利提出的关税联盟方案，主要是出于政治原因。因为一旦奥地利的提案被通过，就相当于将哈布斯堡皇朝"整体加入"德意志邦联的计划重新提上议事日程。

如果最终"整体加入"成功，哈布斯堡皇朝将会变成欧洲中心一个拥有"七千万人口"的庞大帝国。普鲁士不仅要坚决反对，其他欧洲列强也会予以抵制。作为普鲁士在德意志邦联代表的俾斯麦，当时就已经通过这种方式接触到全欧洲的政策问题了。

首先表现在处理石勒苏益格－荷尔斯泰因的问题上。石勒苏益格和荷尔斯泰因原本属于丹麦王国，然而其大部分国民都想脱离丹麦的统治。当时在法兰克福保罗教堂召开的德意志国民议会做出决议，在1848年革命期间，普鲁士针对丹麦国王向石勒苏益格和荷尔斯泰因出兵。鉴于国王腓特烈·威廉四世提出的小德意志"联盟"方案，普鲁士于1850年再次向丹麦发动了争夺石勒苏益格和荷尔斯泰因的战争。因此对于当时的德意志民族运动来说，这两个地区具有象征性意义。普鲁士的这两次征战都以欧洲列强要求提前停战而告终。在关于石勒苏益格－荷尔斯泰因问题的外交战场上，俾斯麦几乎全程参与其中，这项困难的任务让他在国际谈判上初步积累了经验。1852年，五大欧洲强国、丹麦和瑞典共同签订《伦敦议定书》，石勒苏益格－荷尔斯泰因问题由此暂时得到了解决。

协议选择在伦敦签订并非出于偶然。在几个欧洲强国中，英国对石勒苏益格－荷尔斯泰因地区最感兴趣。这并不仅仅因为它们在地理上的接近。对于英国这个岛国来说，海权力量的强大与否是其主要考虑的问题，因此英国的政治家会特别关注北海另一边沿海区域的动向。除此之外，德意志民族运动在石勒苏益格－荷尔斯泰因问题上的互动也影响了英国的利益。由奥地利提出的在中欧建立一个"七千万人口"德意志帝国的方案遭到了普鲁士和俄国，尤其是英国的反对。建立如此庞大帝国的意图显然违背了英国人推崇的欧洲均势理念。欧洲均势的理念和海上霸权地位这两者是紧密相关的。[24]

在五大欧洲强国当中，英国是唯一一个依靠船队而不是军队强大起来的国家。至少在1815年以后，英国人毫无争议地获得了各大洋的海上霸权。尽管英国为拿破仑战争的胜利做出了巨大贡献，却并没有在维也纳会议上提出针对欧洲大陆的任何领土瓜分要求。但是通过和平协商，英国人最终取得了地中海的马耳他岛和北海的赫尔果兰岛，在海外还取得了印度洋的锡兰岛和南非的好望角。借此，英国在世界范围内本已独一无二的殖民地网络得到了进一步的扩张。英国对这些海上航路据点的控制，加上拥有比其他列强优越的船队，使得本国的自由贸易快速发展。英国推行均势外交政策，即在欧洲大陆保持势力均衡（*balance of power*），以避免任何一个欧洲国家强大到足以威胁它在世界海上霸权地位的程度。只有在这种力量均衡被打破时，英国才会出手干涉欧洲事务。由于陆军实力远不如其他欧洲大国，英国只能依靠与他国结盟来实现对欧洲的干预。

比如 1850 年伦敦就接受了柏林方面请求联盟的提议。其实普英联盟的传统由来已久。普鲁士早在七年战争时期就在国王腓特烈二世（Friedrich Ⅱ）的领导下扮演了英国"欧洲大陆之剑"的角色。在整个 19 世纪 50 年代，柏林方面要求普鲁士与英国再度携手的强烈呼声也不绝于耳。1851 年，因发行的刊物得名的周刊党（Wochenblattpartei）从普鲁士保守党派中分离，主张在对外政策上向英国靠拢。在普鲁士议会上，周刊党为此还曾提出向自由党让步的建议。对他们而言，英国是普鲁士内政上很好的榜样。当时的俾斯麦就对这股崇尚英国之风表示反感，他尖锐地讽刺那些"来自议会、报社、运动场、乡下和法庭的英国粉丝"，认为他们"像德意志傻瓜一样愚蠢地崇拜勋爵和蒙尼"[25]。

至于普鲁士国王腓特烈·威廉四世，则在外交政策应该偏向英国还是俄国这个问题上摇摆不定。对此沙皇曾冷嘲热讽地说，国王腓特烈·威廉每夜入睡时还是俄国的朋友，转天早上醒来又变成了英国的朋友。相较之下，作为普鲁士王位继承人的国王弟弟，也就是未来的德意志帝国的皇帝威廉一世，他在当时的立场要更坚定一些，他倾向于采纳周刊党提出的亲英政策。1856 年，国王的长子与维多利亚女王的一个女儿订婚。当被问及如何看待这段与"英国的联姻"时，俾斯麦简明扼要地回答说，我认为婚姻本身非常美好，只是"不喜欢作为另一半的英国"而已。[26] 俾斯麦不断尝试说服国王威廉四世反对英国及其外交政策：为了实现自身利益，除了诸如石勒苏益格－荷尔斯泰因等外交事务，英国还在其他方面同普鲁士对着干；俾斯麦同国王说，英国主要的政治家巴麦尊勋爵（Lord Palmerston）还对普鲁士的内政指手画脚，认为普鲁士首相应当从在议会占主导地位的自由党中选任。在俾斯麦看来，英国人的目的是输出其"议会自由主义"意识形态。[27]

　　俾斯麦也许在复述时再次歪曲了事实。事实上从19世纪30年代到1865年逝世，巴麦尊一直致力于主导英国对外政策的方向，并不负责将英国的议会制度向海外传播。他最初作为保守党人被选入下议院，虽然曾加入代表自由派贵族利益的辉格党，却在之后仍保留了保守党成员的身份。日后作为英国外交大臣的巴麦尊主张建立反对保守主义神圣同盟的力量，比起对欧洲大陆自由民族运动的同情，他考虑更多的主要还是如何推行英国传统的均势政策。在国际问题的谈判桌上，他注重的是英国的实际利益。

　　和英国许多政治家一样，巴麦尊对1848/1849年由贵族领导的匈牙利革命抱有个人的同情，因为他从中看到了英国1688年光荣革命的影子。然而尽管如此，作为政治家的他却对俄国镇压革命表示欢迎，因为让奥地利保持欧洲大国的地位是欧洲均势政策的基本前提。因此不管巴麦尊的党内同僚如何想要支持德意志自由派民族主义者的要求，例如让石勒苏益格－荷尔斯泰因地区脱离丹麦的统治，也会出于同样的理由而被伦敦方面全盘否决。

　　另一方面，早在俾斯麦之前，19世纪50年代的英国领导者已经完全做好了为民族情感振臂高呼的准备。同其他国家的政治领导一样，英国的领导者并不畏惧将这个潘多拉魔盒打开，并在内政外交上对其加以利用。通过对本地媒体施加影响，巴麦尊经常性地唤起英格兰人的民族自豪感。在国际政治中他也利用民族主义来实现个人目的和国家利益。1853年俄国向奥斯曼帝国开战，英国人担心欧洲的势力均衡将因此被打破，便同法国一起帮助奥斯曼人抗击俄国。随着盟军向俄国克里米亚半岛开进，欧洲遭受了自拿破仑战争之后，直至第一次世界大战之前最

/ *095*

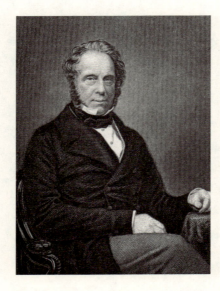

巴麦尊，1860 年前后

严重的伤亡。为了争取到更多盟友，巴麦尊号召发动一场"民族之战"：在克里米亚战争之外，通过集结波兰、芬兰和高加索的民族主义，开辟对俄战场的新前线，在俄国统治下的多民族帝国内部点燃燎原之火。

因此，英国人抢先认识到了"民族主义"这一概念，并在 20 世纪的俄国战场又运用了一次。然而即使巴麦尊和英国人在利用民族主义方面远早于俾斯麦，他们仍不是第一个吃螃蟹的人。因为在他们之前俄国沙皇就已经尝试这么做了：他在克里米亚战争之初就建议奥皇弗朗茨·约瑟夫一世，将奥斯曼帝国统治下人民的民族热情转移到巴尔干半岛上去。这样做将加快奥斯曼帝国的解体，俄国和奥地利就可以借机共同瓜分东南欧的苏丹帝国领土。当然弗朗茨·约瑟夫一世并没有采纳他的建议。最终的结果是，包括苏丹统治区在内的各个区域，没有一个像哈布斯堡皇朝那样如此受民族主义的高涨所威胁。在接下来的几年和几十年当中，俄国这种利用民族感情来促进帝国本身利益的政策越来越和泛斯拉夫主义联系了起来，也越来越多地开始针对奥地利。显然，圣彼得堡方面几乎没有想到，这种政策也会反过来作用在沙皇俄国自己身上。

俄国政策的执行完全没有阻力。和任何一个欧洲大国相比，没有宪法和议会、打着"出类拔萃"专制统治旗号的俄国之船想要平稳前行，只能更多地依靠一个人心情的好坏，那就是沙皇。在这种情况下，出现政治路线上的左右摇摆甚至前后矛盾便不足为怪了。俄国曾是拿破仑战争在欧洲大陆的真正赢家。在取得芬兰、比萨拉比亚和波兰的大部分领土之后，俄国史无前例地成了欧洲的地理中心。在这种情形下，在欧洲大陆称霸的诱惑对于俄国人来说是巨大的。另一方面，神圣同盟的组建迫使俄国的沙皇们进入了观望状态：按照君主国家团结一致和符合上帝意愿的君主统治思想，俄国想要在损害其余成员国利益的情况下扩大自己的地盘，从根本上来说是不可协调的。[28]

当然，神圣同盟也因为沙皇俄国的扩张野心而支离破碎。因为奥斯曼帝国是欧洲大陆唯一的非基督教政体，俄国就将其作为主要的侵略目标，这只不过是一种无力的辩解。因为在 19 世纪 20 年代，为了支持希腊独立运动，俄国就已经违背了神圣同盟团结一致的原则，尤其还为此破坏了同奥地利的友好关系。1853 年，同样的一幕再次上演，由于俄国对奥斯曼帝国发动侵略，1848/1849 年革命以后重建神圣同盟的希望化为了泡影。沙皇尼古拉一世（Nikolaus I）挑起的不仅是对支持奥斯曼的西欧强国的战争，他还又一次地将哈布斯堡皇朝放在了敌对的一方。1854 年，奥地利与法国和英国缔结联盟条约，向俄国宣战。

奥地利人并没有直接参与这场战争，其中一个原因在于奥皇弗朗茨·约瑟夫一世首先要通过谈判把普鲁士拉到自己的阵营。普鲁士议会对此的意见出现了分化。周刊党内的自由派保守党人认为，普鲁士应加强与西欧强国的关系。威廉亲王也认为，普鲁士应当同奥地利联手打击俄国。《十字报》的保守党人，包括俾斯麦的前辈格拉赫兄弟则为神圣同盟的崩塌而扼腕叹息。国王腓特烈·威廉四世也为神圣同盟的瓦解悲伤了一阵。一方面在亲缘关系上，沙皇尼古拉是他的妹夫。另一方面无疑是因为俄国本身，正是因为俄国的侵略政策，神圣同盟才最终破裂。1854 年春，腓特烈·威廉四世终于同意延长普鲁士三年前与奥地利缔结的联盟条约。奥地利人因此终于有了足够的底气将俄国人从多瑙河口赶回去了。沙俄当时在那里占领了奥斯曼的两个侯国——摩尔达维亚（Moldau）和瓦拉几亚（Walachei）。鉴于同西欧大国的矛盾激化，俄国不得不退让三分，哈布斯堡皇朝的军队因此占领了这两个侯国。

而身在法兰克福的俾斯麦不断通过信函和报告劝告柏林不要和奥地利结盟，正如他数年来一直同奥地利人斗争的那样。在续签普奥联盟条约的准备期间，他向首相曼托伊费尔（Manteuffel）施加压力，认为不应该让普鲁士"漂亮又适航的快速战舰同奥地利的破旧战船"并肩作战。[29] 在克里米亚战争期间，俾斯麦仍然独自坚守他一贯反对哈布斯堡皇朝的立场，甚至于渐渐同他政治上的良师益友——格拉赫兄弟分道扬镳。因为格拉赫兄弟从未真正放弃通过同俄国和奥地利重建神圣同盟来确保对欧保守政策的希望，而这一点正是俾斯麦要极力避免的。

因而可以得出结论，从 19 世纪 50 年代走出来的俾斯麦从根本上变成了一个纯粹的大国政治家，这种转变使他脱离了原本的保守根基，进而成了纯粹的普鲁士"国家利益至上"的政治代表。实际上俾斯麦始终也强调，自己只为普鲁士的国家利益而奋斗。曼托伊费尔和腓特烈·威廉四世的每位进谏者在最后都会这样表态，而且将"国家利益至上"脱离开社会利益集团进行表述，听上去也更好听。这在当时是一种欧洲现象，也受了当时民族主义思潮的影响。然而即便如此也无法掩盖一个事实，那就是对"国家利益"的定义始终脱离不了地方主义利益的影响，后者要通过进一步的观察才能展现出来。

作为出身纯粹的保守党人，俾斯麦从根本上和格拉赫兄弟一样，都是神圣同盟的坚决拥护者。然而鉴于神圣同盟的瓦解，俾斯麦在 1853

年年中就已经开始务实地考虑，从普鲁士保守主义的前途出发，怎样的外交联合才能取代神圣同盟。他在写给曼托伊费尔的信中说："一旦奥地利同俄国分道扬镳，我就坚信我们要远离奥地利，如果我们要完全为自己的政党说话，就要和圣彼得堡联手，而不是站到维也纳一边。"[30]从那个时候起，俾斯麦就坚持将沙俄作为普鲁士第一盟友的这种偏爱。相反，由于在法兰克福期间与奥地利议会代表的谈判经历并不愉快，加上弗朗茨·约瑟夫一世在克里米亚战争期间向自由主义的英国和法国频送秋波，俾斯麦对奥地利越发地不信任了。至于同伦敦或巴黎结盟，在俾斯麦看来只是一种暂时性的战略选择。同样，与圣彼得堡再结成三国同盟也只是一种可能。对于这种对俄国的优先考虑，俾斯麦始终从强权政治的角度进行解释。通过更细致的观察就可以看出，这背后还隐含着他的思想动机和基于个人经历而产生的好感。

1853 年底，在关于普鲁士在欧洲大国关系网中的地位问题，俾斯麦向格拉赫阐述了自己的观点。他说，柏林"也应该寻求盟友，尤其不能冷落俄国。在欧洲大陆选择和俄国结盟是于我们而言最划算的，因为它只谋求在东方国家拓展势力，其余两个（奥地利和法国）则会直接危及我们的利益。而仅同英国一国结盟并不能让我们在欧洲大陆免受其他优势力量的压力"[31]。然而普鲁士寻求联盟的橄榄枝并没有像俾斯麦期望的那样递向圣彼得堡，因此俾斯麦进一步地辩称，普鲁士至少不能作茧自缚，要保留一切的可能性。在 1854 年 4 月同奥地利续签同盟协定时，国王腓特烈·威廉四世甚至在一条秘密附加条款中承诺弗朗茨·约瑟夫一世，在哈布斯堡皇朝同俄国发生军事冲突的情况下，可将普军调集到东部边界。与此同时，俾斯麦极力劝说国王威廉，以防万一也要做好必要时将矛头转向奥地利的准备。然而国王并没有采纳这个一箭双雕的办法。

俾斯麦在 1854 年 10 月终于确认，为了打破普鲁士在克里米亚战争中站在反俄战线的道义桎梏，他所做的一切努力都打了水漂，因为当时几乎全世界都认为"我们最终屈服的，不只是奥地利人，还有那股西风"。而他自己仍然认为会有更好的办法，在"对俄国有利"的情况下让普鲁士放弃中立态度。他表示，必须"趁波西米亚后防空虚之机同俄国联手战胜奥地利，在法国跨过易北河之前，在奥地利的德意志盟友下定决心之前，猝不及防地快速打入奥地利内部。而我们不愿意也不能够这样做，因此要联合西方的力量，如果德意志的公众评判是水，那么我们要将这水引到我们自己的水闸里来，而不是让它流到奥地利的磨坊中去。在这件事上我不想再多费口舌了，我的政策本应该是第一选择"[32]。

尽管俾斯麦非常强调"普鲁士的国家利益"，但是说到底他想要维护的，始终还是保守派的贵族利益。他一度承认，"不管是在国外还是在国内，对于有疑虑的事件，我都是用我阶级同僚的眼光，也就是站在骑士阶级的立场上去看待的"。[33] 出于内政方面的原因，他并不情愿同西方大国结盟。他总是怀疑英国的动机是要对外输出其议会制度。而他也不相信法国。拿破仑一世的侄子路易·拿破仑·波拿巴在 1849 年通过民主选举成为总统，他也模仿其伯父建立了一个通过公民投票取得合法性的帝国。1854 年当普鲁士想转而支持奥地利并加入反俄联盟时，俾斯麦责骂道，"如果我们帮助俄国，并让沙皇尼古拉一世为我们效劳，那么在面对路易·拿破仑·波拿巴领导的革命中，君主统治的欧洲才能得以建立……30 年后，就算我已不在人世，我也不要为奥地利的民主政治承担什么责任"，依靠和西方大国联盟，哈布斯堡皇朝只会是自掘坟墓：不能完全"指望英法'辅助部队'能像在克里米亚战争中那样在之后的匈牙利革命中也派上用场"。[34]

除此之外，俾斯麦对奥地利的厌恶之处还在于，其政策有意无意地助长了欧洲自由和民主的力量。尽管他至少考虑过将这些力量为自己所用——虽然在没有其他办法的情况下也只能如此。"将德意志公众评判之水引到我们自己的水闸里来"这个想法并不只是说说而已。当然，它主要反映在俾斯麦当前在德意志邦联的行为上。而他的这些行为正是出于对奥地利的反感，甚至怨恨。当他在写给柏林的报告中抱怨"奥地利对我们的蔑视"，以及被哈布斯堡皇朝的"粗鲁无礼"[35]所激怒时，还不能完全确定他的发言更多代表了谁的声音：是普鲁士还是在邦议会上代表普鲁士的公使身份。不过从哈布斯堡皇朝议会代表向维也纳的报告中可以非常明显地看出，俾斯麦本人在19世纪50年代确实"对奥地利充满嫉妒和厌恶"。[36]这种反感自然是相互的，而且是在法兰克福议会上才形成的。虽然这种在长期交锋中形成的厌恶和反感还在继续产生影响，但是根据之后时局的变化，俾斯麦还是重新调整并摆脱了这种心态。

　　然而，从1854年底开始，他将自己对奥地利的仇恨和嫉妒发挥得淋漓尽致。因为在这一年的12月，哈布斯堡皇朝同法国和英国正式结盟。当时他们的军队在克里米亚半岛集结，至于奥地利什么时候会加入对俄战争，看上去只是时间早晚的问题。而问题只有一个：那时的奥地利几乎已经自身难保。一次全国性的战时动员或许会将它推到国家破产的边缘。当时负责国家财政预算的内阁大臣称："愿主保佑奥地利军队，作为财政大臣的我已无力回天。"[37]因此维也纳政府想出一个办法，即在法兰克福议会上动员德意志邦联成员按配额对其进行军事支援。然而结果并没有如奥地利所愿。德意志小邦国们并没有多少兴趣去替奥地利火中取栗。而且越来越多的邦国担心一旦加入反俄阵营，法军为了抗击俄国必然会跨越德意志的领土。对于俾斯麦来说，这是时至当时虽不同寻常却又令人感到愉快的状况，这说明他在法兰克福议会上成功引导了大多数代表的意见。在他们的支持下，俾斯麦十分享受通过谋略来挫败奥地利人的成就感。

　　因此奥地利无法站在英法统一战线参与对俄战争了。直至1856年，克里米亚战争仍余温未散，这次战争总共造成了50万人死亡，但其中大部分人并非战死沙场，而是死于之后的瘟疫。1855年战争尚未结束时，沙皇尼古拉一世就去世了。在法军和英军占领塞瓦斯托波尔要塞（Forts

拿破仑三世，1860 年前后

von Sewastopol）之后，俄国终于宣布战败。根据《巴黎条约》的规定，俄国必须放弃多瑙河口，承认黑海中立，并暂时放弃对奥斯曼帝国的侵略野心。战争的失败加剧了沙俄军事力量的衰退，它使得俄国的传统经济和社会结构在与西方大国的对比中明显缺乏效率。在尼古拉的继任者亚历山大二世（Alexander Ⅱ）的努力下，沙俄进行了内部现代化改革，一时间不再追求在欧洲的霸权地位。

　　因此欧洲的政治中心开始向西，也就是法国转移。这从《巴黎条约》签订地点的选择上就可以看出来。路易·拿破仑·波拿巴模仿其伯父拿破仑一世在 1852 年登基称拿破仑三世（Napoleon Ⅲ），在他统治下的法国赢得了各国的尊敬与好感。英国在克里米亚战争期间曾是它的盟友。俄国和奥地利的关系已经决裂，通过在亚洲中部的殖民竞赛，俄国在克里米亚战争过后加剧了与大英帝国的对抗。虽然普鲁士还能同大多数西方大国保持较好的关系，但就在德意志邦联的斗争形势来看，它同奥地利的关系还是相当的紧张。1815 年维也纳会议划分的欧洲格局陷入了四分五裂的境地，各国民众间的关系再次面临考验。对此几乎没有什么事例能更好地予以说明，除了围绕拿破仑三世有利方向所做的共同努力以外：在欧洲大国联合战胜法国和拿破仑一世 40 年后，这些大国的代表们似乎都同他的侄子握手言和了。[38]

俾斯麦也不例外。而且他还是寻求与拿破仑建立私人关系的第一人。在克里米亚战争结束之前，他就借 1855 年巴黎国际博览会之机访问了法国。1857 年春，他再次同拿破仑进行了更长时间的交流。关于那次谈话的内容，俾斯麦只是声称：这是三年以来的第一次交谈，尽管相当简短，涉及的内容却比他 30 年记忆中的任何一次都要多。和俾斯麦从其他渠道了解到的一样，法国皇帝在谈话中也提到了法国的下一步计划。

在克里米亚战争中与法国站在同一战线的，除了英国还有当时的萨丁尼亚－皮埃蒙特王国（Sardinien-Piemont），后者的目的是将意大利的民族统一问题提上欧洲的议事日程。从 1856 年开始，拿破仑三世就计划支持萨丁尼亚－皮埃蒙特王国的要求，以便将法国的影响力扩展到亚平宁半岛。如果不同奥地利作战，意大利想要统一无疑是天方夜谭。因为根据维也纳会议的划分，伦巴第和威尼托地区属奥地利管辖，托斯卡纳和摩德纳也受哈布斯堡家族分支的统治。关于俾斯麦对奥地利的厌恶，拿破仑是知情的：这个普鲁士公使在德意志邦联的所作所为引起了巴黎方面的密切注意。因此法国皇帝自然会向俾斯麦打探消息，了解普鲁士是否会在意大利可能参与的奥法战争中保持中立的情况。如果普鲁士答应支持法国，那么作为回应拿破仑也会支持其吞并汉诺威王国和其他北德意志邦国的想法。法国本身并没有侵吞德意志邦联领土的野心："也许法国会为了满足其民族自豪感而对其边界做微小的调整（*une*

089

/ 103

/ 第四章 普鲁士、德意志邦联和欧洲（1850 ~ 1862 年） /

petite rectification des frontières），但没有德意志的这些邦国，它一样活得下去。"[39]

和拿破仑三世后来的复述不一样，俾斯麦在他回忆录中对此的回应更多是一种虚假的客套。他在回忆录中简明扼要地表述说，自己曾向拿破仑解释，国王腓特烈·威廉四世并不会同意这桩互惠互利的买卖。他甚至在 1853 年初就已经打定主意了，当时的《十字报》撰文抨击了法国皇帝，并宣称普鲁士与法国不可能结成同盟关系："要是我们躬身于法国，那无疑将是极大的不幸，不过我也不知道为什么要与这个全世界的信仰为敌。我希望，如果我们打算绝不借着法国的西风航行的话，那么也需要考虑到对方可能做出的无耻行为，至少不要公然地去烧毁那些船。"[40] 从接下来几年直至能够完美掌控的一段时间内，这是俾斯麦在秘密外交问题上的第一次自白。实际上他是信任拿破仑的，他承认在与他第一次会面之后因为其长着一副"鼠相"而对其没有多少好感，[41] 但这并不碍事。在俾斯麦看来，同巴黎结盟根本就不是值得严肃考虑的事。在猫捉老鼠的游戏中他首先考虑的是奥地利，然而他也并不想那么容易就放过借此威胁德意志中等邦国的机会。

一些历史学家对俾斯麦的这种模棱两可的外交策略表示困惑，并对其产生了误解。实际上，与他系在同一根绳子上的保守党人对此也很恼怒。利奥波德·冯·格拉赫对俾斯麦的巴黎之行进行了强烈的批判，这加深了这对政治师徒之间的裂痕，并最终导致其不可弥合。对于出生于 1790 年，曾在年轻时抗击过拿破仑一世的格拉赫来说，拿破仑三世完全是个惹人嫌恶的拿破仑一世翻版。两个人在他看来都像是暴发户，他总是只用他们家族的名字"波拿巴"称呼他们，以表示他们是革命原则的代表。格拉赫在 1857 年提醒俾斯麦说，和 1815 年一样，不能向这种革命原则妥协和让步："不要相信波拿巴说的什么他不会站在革命一边的鬼话。"[42]

俾斯麦回答说："镇压革命的斗争原则我也明白，而我也是这么做的。"但是我们要将过去和现在区分开来：现在仍施行保守统治的王朝中，有多少要归功于通过之前的革命而推动的变革？"仅就现在的德意志诸侯领土构成来说，其部分来自于国王和王国的属地，部分来自于自己的领地和庄园，还有部分来自于自己在农村的产业，然而这些并不能完全证明其统治的合法性。"归根结底，所有的君主和诸侯都是从贵族中摇身一变的暴发户，不只是拿破仑一世和拿破仑三世才这样。俾斯麦认为拿破仑三世想要的不是一句道歉，也绝不是对"法国人民和社会形势"表示同情的声明。"我首先不会对其有任何偏爱，充其量也只是为其感到不幸而已。"他说，然而不同这个法国皇帝结盟的话，是难以为保守党的政治利益服务的。

德国历史学家洛塔尔·加尔之后对这个争论进行了有说服力的阐释：这关乎方法论，而并非原则说。和受人尊敬的革命斗士相比，格拉赫更愿意当一个带着头盔的传统防御者。而俾斯麦却认为，这种基于必然的防御策略，在1815年后相对平静的几十年时间里已不再合乎时宜了，那时的欧洲已经再度活跃了起来："您再多给我一个政策建议，我一定会不带任何偏见地同您诚心讨论，但是如果只是没有任何计划和目的的消极和被动，以不出事为荣，那么我们这样的策略在中欧是行不通的，对于现如今的我们也是危险的，就像1805年那样，如果我们放任自流，就会陷入替他人做嫁衣裳的境地。"[43]由维也纳会议确定的欧洲大陆秩序已经崩塌，同奥地利和俄国结成保守同盟的可能性在可预见的未来也将不复存在，因此普鲁士的保守党只能独善其身了。普鲁士贵族必须随机应变，以全新的面貌主动地参与到中欧事务中去。

柏林宫廷的一些老保守派自然认为这是在效仿拿破仑三世的"波拿巴"式政策。然而与他的保守派同僚不同，对备受指摘的"波拿巴主义"的理解，俾斯麦实际上是从马克思和恩格斯的理论出发的。从那之后，历史学家们便把对此概念的适用性加入了对俾斯麦的参数分析目录当中。[44]由此可见，"波拿巴主义"这个词背后的发展历程也非常的模棱两可。也是因为它最初来源并得名于拿破仑三世皇帝，他的政策本来就让人感觉相当矛盾。

拿破仑统治的风格就是既怀柔又镇压，对包括野心勃勃的市民中产阶级在内的广大下层人民，他施行的是糖果加棍棒的统治手段。在他在位期间，一方面法国在公众服务方面有了在当时绝无仅有的发展。特别为产业工人建立了社会保障体系，这在当时的欧洲开创了先例。但另一方面，法国政府对工人阶级政治组织进行压迫，例如禁止工人罢工和组织工会活动等。直到 1864 年，拿破仑的高压统治越来越向专制独裁发展，他统治下的法国也越来越像一个警察国家。俾斯麦在 1855 年与他会面时甚至也嘲笑说，"在巴黎要是不对宪兵客气点，都没人敢随便把帽子戴上或摘下"。马路上的灯光"很耀眼，但人们看到的警察比街灯还要多；所有的街道上都没有可以躲藏的角落，保不齐就会从哪个方向投来身着制服的警察、宪兵以及政府人员（*agent de police, gendarmes, municipal*）监视的目光"。[45] 与此同时，拿破仑三世却仍旧坚持通过公民投票和民主选举（利用当时在欧洲大环境下民主程度相当高的选举权）来维护其统治的合法性。

即便在外交问题上，这个法国皇帝也不忘征求城镇下层人民和市民阶层的意见。对于拿破仑来说，沙皇尼古拉和英国的巴麦尊勋爵偶尔为之的手段是他统治艺术的一个组成部分，即在内政外交领域将民族主义工具化。为了转移国内矛盾，拿破仑寻求在东南亚、非洲、墨西哥和欧洲建立威望。他利用在意大利、巴尔干和波兰的民族运动为他的政策服务。从这点来说，他并不是民族国家原则的真正信徒，也不是民主自治权的捍卫者。这一点从他对待教皇国的态度上就可以看出来，后者在 1849 年曾被法国占领。1859/1860 年，在法国帮助下推翻奥地利成立的意大利王国要求将罗马作为其首都，拿破仑三世并没有同意，直至在 1870 年被普鲁士及其盟军彻底击溃才被迫撤离。

俾斯麦不断强调自己不是"波拿巴主义者"。从中可以看出，在很大程度上俾斯麦并没有直接借拿破仑三世的执政模型为自己所用。两种政策的相似之处在于,与其说它们是对一个样板有意识模仿的结果,不如说它们是在面临类似境况和问题下的产物。

俾斯麦的统治艺术同拿破仑政治策略之间最大的区别体现在统治的合法性上。在出任普鲁士内阁大臣以及后来的德意志帝国宰相之后,俾斯麦施行的是独裁者式的专制统治。他所谓的专制独裁显然总是依赖于君主对他的恩赐,一旦失去君主的欢心,权力也就相应失去了。而拿破仑三世从一开始就顶着"拿破仑"的名号,因此要不断地通过民主选举和公民表决来使他这种"世袭"的统治具有合法性。而俾斯麦永远不会那样做,尽管他经常被君主气得暴跳如雷,也必须要对议会里的人和事设防。只有将民主选举机制引入帝国议会,才有可能发生与法国类似的情况:拿破仑三世就是以此为基础,先拉拢广大农村群众,进而赢得和动员了将其作为权力竞争对手的市民精英阶层的支持。

在社会政策上,他们也采取了相似的手段。法国在 19 世纪 50、60 年代通过大范围限制工人权利成为这个领域的先锋,俾斯麦在 20 年后也以维护社会安定为由颁布了《反社会党人非常法》。在某种程度上可以说,在这方面法国至少间接地起到了"模范带头"作用。

因此不管是拿破仑三世还是俾斯麦,当他们在民族主义大浪潮中逆流而行的时候,他们面临了类似的境况和问题。利用这段浪潮获得外交上的主动对于他们二人来说具有同样的吸引力,就像它之于巴麦尊勋爵和沙皇尼古拉、萨丁尼亚 - 皮埃蒙特国王维托里奥·埃马努埃莱(Viktor Emmanual)和其首相卡米洛·奔索·加富尔(Camillo Cavour),以及其他同时代的欧洲政治家一样。同时,民族主义对内政的吸引力也一点不小。这也是欧洲特有的现象:只有作为多民族国家的奥地利与其他欧洲大国的情况不同。对民族国家思想的传播不是仅迎合臆想中共同体的需要就可以了,随着旧欧洲秩序链条的断裂,这样的共同体会消失得越来越快。在欧洲大陆的中部,民族思想尤其是为成长中

/ 108

的商业市民阶层利益服务的，并开始为在关税同盟基础上发展起来的经济统一体做政治上的保障和法律上的完善。最终可以通过激进的政策将内部矛盾转移和引导到外交层面上去。以民族之名，通过打胜仗赢得的荣誉和声望可以重建稳固的统治关系，并使统治合法化。

在首次出任普鲁士驻德意志邦联公使时，俾斯麦就明确指出，普鲁士"要及时参与解决德意志的实质问题"，以赢得出于经济利益对民族统一有兴趣的群体的好感。他在1851年也这样同利奥波德·冯·格拉赫争辩道："德意志多数邦国关心的事比您和我关心的事要重要。在实现计量单位、重量、汇兑法和其他无聊又滑稽事情的公平方面，我也没有多高的认同感，并且认为这种公平难以执行。尽管如此，我至少也应当表现出良好的愿望和对手工业的尊敬。"[46] 在1853年向国王威廉四世的呈文中，俾斯麦甚至已经考虑同自由党人进行合作的可能性：他表示，"议会的自由主义"也许可以作为实现目标的"暂时性手段"来为我们所用，如此一来，"只要时机成熟，我们就可以无所顾忌地将普鲁士军事和经济的秤砣扔在欧洲政治的天平上"。[47]

在19世纪50年代初同奥地利的争执期间，俾斯麦就已经产生了对民族运动加以利用的想法，并试图将其向邦议会的同事建议。在随后的几年时间里，这一想法又有了进一步的发展和变化。当时的民族运动高涨，1858/1859年德意志民族主义联合会的成立更是将它推向了高潮。自1849年分道扬镳的自由党人和民主党人第一次在联合会中重新凝聚在了一起。[48] 在这种情形下，俾斯麦开始在激进的对外政策中越来越多地考虑内政因素。在同利奥波德·冯·格拉赫的争论中他就强调过："我们是一个虚荣和自负的民族；如果我们不能自我吹嘘和夸耀，就会变得不堪一击。一个在外交上对我们意义重大的政府，会让我们非常引以为豪并对其十分容忍。"[49] 民族主义联合会在1861年得到了进步党在政治上的支持，并对普鲁士的保守党统治构成了威胁，俾斯麦很快就向与他私交甚笃的陆军部长阿尔布雷希特·冯·罗恩伯爵（Albrecht von

Roon）公开提议，利用外交手段消除这一威胁，以维护旧秩序："我相信，我们只要通过转变'对外'政策，就能保住内部强压下的王权，否则仅凭一己之力，长期看来是无法与其对抗的。"[50]

这样，俾斯麦与格拉赫兄弟以及他侧近的保守党同僚们最终决裂了。因为普鲁士在外交上的胜利是以牺牲德意志邦联其他成员国为代价的。为此俾斯麦在1861年批评道：如果我们想要巩固普鲁士旧势力的地位，就不能同时顾及"完全没有历史、没有信仰和没有法规的德意志诸侯统治权"。正如保守党党纲描述的那样："所有国家保守派的利益体系趋于一致是一个危险因素……它会削弱我们的国王和他所统治的政府最应该完成的本职工作，即保护普鲁士君权神授的地位不被来自外部或内部的不正义所妨碍。"为了保护真正的普鲁士，即避免贵族阶级在国内的权力受到通过民族解放运动联合起来的自由党人和民主党人"不正义"的威胁，俾斯麦提议使用怀柔政策。他恳求对他的观点仍抱有怀疑态度的保守派同僚："你们还没认识到为什么我们会在国民代表大会上、在（德意志）邦联中、在关税同盟会议上如此地瞻前顾后和畏缩不前。"如果我们在"民族领域"做一些"让步"，那么我们就能"建立一个真正的保守主义国民议会，甚至还能够得到自由党人的感谢呢"。[51]"如果它的代表不是直接从人民中，而是从各自的邦议会中选举出来的话，它的保守主义立场还可以变得更强"。俾斯麦说，此外也考虑由各邦国选派代表组成第一届内阁。[52]

/ 110

因而要用一支苍蝇拍来一次性解决好几只苍蝇。俾斯麦认为，议会内部本可以满足民族运动的要求。然而与此同时，我们也可以借着自由党人和民主党人的这股民族主义之风，巩固我们保守党人的优势地位。而在对外关系方面，普鲁士也可以依靠这样的变革而获益。这样就有可能赢得新的议会成员和民族主义者的公开支持。他在1858年劝说他的一位保守党朋友时说："议会和新闻媒体可以成为我们对外政策最强有力的工具。"普鲁士在德意志邦联内的优势最终将压过奥地利，"因为奥地利并不能借助当下强劲的民族运动之风为自己助航"[53]。如果《十字报》仍固执己见，坚持要求同奥地利和解并结盟，俾斯麦无不蔑视地评论道："那么医术再高超的大夫恐怕也治不好这么愚蠢的毛病了。"[54]

1859 年，俾斯麦同一位民族运动领袖有了第一次接触。这个人叫维克托·冯·翁鲁（Viktor von Unruh），他是一名企业主和温和派自由党人，曾是德意志民族联合会的创建人之一，两年后又担任了进步党首任党主席。俾斯麦是通过普鲁士国民议会认识他的，当时翁鲁的身份是马格德堡的议员代表，同时也是议会的临时主席。两个人虽然政治主张不同，却对彼此评价颇高。根据翁鲁后来回忆，俾斯麦坚信，为了把"奥地利赶出真正意义上的德国"，普鲁士必定会努力将"整个德意志民族"结成同盟。俾斯麦对翁鲁说，普鲁士将领导民族联合会的多数建立将奥地利排除在外的"小德意志"国家。这话起了作用，联合会的领导者们因而让翁鲁传话给俾斯麦，如果他被委任普鲁士外交大臣一职，他们将非常欢迎。[55]

当然，这在当时并不可能。俾斯麦关于同德意志民族运动结盟的建议并没有在普鲁士保守党阵营产生任何涟漪。在柏林政府那里也是一样，尽管他为此精疲力竭地反复游说，然而结果也只是对牛弹琴而已。因此民族联合会很快认为俾斯麦背叛了他们，自由党人同他的关系也再次陷入长期的冷淡之中，直到降至冰点。俾斯麦在政治上被极大地孤立了。保守党的领导层已和他划清界限。他在宫廷的光芒也黯淡了下去。1859 年他被从驻德意志邦联公使的位置上调离。

调令和霍亨索伦家族王位的更迭有关。1857 年国王腓特烈·威廉四世多次中风。此后他几乎不能开口说话，他的神志状态也迅速崩坏。他的弟弟威廉亲王先是暂时接替了他的王位，1858 年秋以后正式掌权。这个摄政王将格拉赫兄弟身边的保守集团成员一一解职，重新任命大臣。对于公众来说，这是普鲁士政策向民族主义和自由主义转变的外在表现。人们称之为"新纪元"。摄政王威廉用他的讲话助长了这种看法，他声明，普鲁士必须要在德意志的土地上做个"有道义的征服者"，"通过立法，通过提升所有道德规范和抓住一切有利于统一的因素，例如关税同盟，虽然也必须对其进行改革"。民族运动者们预感到机会来了。摄政王威廉在他的讲话中还就这一设想发出警告，可以很容易地预料到，"政府必须不断推进自由主义思想的发展，因为不这样的话自由主义的道路就将被中断"。[56]

　　事实上这正对了俾斯麦的胃口。为了引起威廉的注意，当然也是为了在新统治者面前为自己的前途争取机会，他撰写并提交了一大篇专项报告。但是一开始并没有如他所愿。因为威廉当时主要代表的是周刊党自由派保守党人的利益。而俾斯麦同周刊党人从 19 世纪 50 年代初开始就已经结怨。当时俾斯麦还属于《十字报》阵营，还经常被外界认为是其成员。虽然他短暂地在德意志邦联执行过普鲁士的政策，同周刊党的距离实际上并不是那么遥远。然而在外交政策方面，周刊党却倾向于同英国结盟，部分党内代表认为英国王权和议会之间融洽的关系也为国内政治的发展提供了范本。与此相反，俾斯麦正是以极力倡议与专制统治的俄国密切联系而出名的。因而威廉在坐稳摄政王位子不久后就将他从法兰克福召回，也就不奇怪了。

/ 112

　　然而不能单凭这一点就说俾斯麦完全失宠了。摄政王后来任命他为驻俄公使，薪水比任驻德意志邦联公使时高出了一大截。不过尽管威廉为了这次调职对俾斯麦说了不少溢美之词，然而实际上圣彼得堡一直都是普鲁士的外交重点之一：俾斯麦也没抱任何幻想，自己能在柏林瞬息万变的政策趋势下在那里过上什么轻松的日子。只要威廉和他周刊党的宠臣们仍在努力向英国靠拢，德意志民族主义运动的车轮还没停滞，他是不会善罢甘休的。

　　从那之后到 1862 年春的三年，俾斯麦都在圣彼得堡度过。大部分时间他的健康状态都不太乐观。他曾用了数月的时间治疗他的腿疾，一次肺炎甚至差点要了他的命。消沉的情绪折磨着他，他对自己的状态感

到焦虑并抱怨不休。这可能是担任驻俄公使的后遗症，他感觉自己被降
了级。这是他走上仕途以来第一次没有继续向上。这也可能是他从担任
德意志邦联法兰克福议会代表开始，在同奥地利进行的令人心烦意乱的
小打小闹中累积的愤懑所导致的某种滞后反应。还有一种可能，俾斯麦
的健康问题和精神上的抑郁状态是他长年累月过度操劳的结果，他开始
对此不断地抱怨。毕竟那时的他还不到 45 岁。

　　如果说过度工作让他的健康出现问题，那么他显然并没有从中得
到教训。即便他的身体愈发频繁地出现健康问题，他也并没有因此而注
意保养身体。作为柏林派驻在圣彼得堡的公使，他还要为在俄国生活的
40000 名普鲁士侨民操心，俾斯麦深感其中责任的重大。除此之外他还
花了很多时间在保持和维护同国内的联系上。这一点从他撰写的不计其
数的针对欧洲和普鲁士内政，以及分析德意志邦联现状的研究报告等文
件中就可以看出来。

/ 113

　　1859 年春，在俾斯麦还没有作为驻俄公使上任之时，法国支持下
的萨丁尼亚 - 皮埃蒙特王国和奥地利之间的长期矛盾进一步激化，并最
终导致了战争爆发。不到两个月，奥军就在苏法利诺战场上被击溃，这
成了哈布斯堡皇朝在意大利统治终结的开始。在意大利中部和南部爆发
了民族解放运动，其目的是在萨丁尼亚 - 皮埃蒙特国王的领导下实现意
大利的民族统一。1860 年，意大利完成了统一。除威尼托大区以外，哈
布斯堡家族不得不放弃在意大利占据的领土。

　　在战争一开始奥地利就向德意志邦联寻求支援。鉴于萨丁尼亚 - 皮
埃蒙特王国与法国的同盟关系，而且法国在拿破仑战争一开始就将德意
志民族主义运动视为"不共戴天的死敌"，奥地利的求援得到了普鲁士
以及其他德意志邦国的普遍响应。波河沿岸的奥地利是莱茵河抵御法国
侵犯的重要力量的说法一时盛传。而普鲁士政府的表态是相对谨慎的。
摄政王威廉首先要取得调动邦联军队的最高指挥权。俾斯麦建议趁此机
会对奥地利发动攻击行动：摄政王威廉应该"将我们整个军队向南移，

让士兵们背上界桩，在博登湖边，或者在新教教义失去优势的地方重新将它们钉在地上"。"特别是当摄政王将普鲁士王国更名为德意志王国，这是对德意志中等邦国施加的恩惠"，他们也会从中受益。然而柏林方面却不愿意这么做，只是接受了至少保持中立的建议。[57]

1859 年，威廉并没有接受德意志邦联出兵支援奥地利的建议，俾斯麦也不希望如此。如果身在圣彼得堡的他在这件事情上也像面对其他事务一样提出激进的政策方案，那么如他夸张地描述自己的那样，肯定不仅仅是出于"思想排泄的需要"。[58] 这背后主要还有他想在波茨坦宫廷留下独立思想家美名的企图。实际上从他同一时期写给哥哥的信中就可以看出，俾斯麦确曾考虑过将战斗放到意大利本土上进行。因为如果普鲁士干了支持奥地利打法国的"蠢事"，那么"俄国加入进来帮助法国将不可避免。到时候更多的国家会牵涉进来，包括东方国家和匈牙利"。[59] 在俾斯麦看来，尤其是普鲁士不得不在两条战线上作战的情况下，必须要避免如此大规模的一场欧洲战争。

/ 114

当然，以建立"小德意志帝国"，并且以加强普鲁士及其贵族对内对外的势力为目的，让普鲁士与奥地利打一场局部战争，曾经是而且长期看来，一直是有前景的。尤其对于在俄国有了早期外交经验的俾斯麦来说，这种前景在他眼前呈现出的轮廓越来越清晰，越来越有可行性，也越来越具有吸引力。因为哈布斯堡皇朝在克里米亚战争中对神圣同盟的"背叛"给圣彼得堡留下了深刻的伤痕。"没人知道奥地利人是怎么做出那一切的"，他告诉夫人。"首先，自从我来到这里，我就觉得要打仗；沙俄的整个政策看起来除了将奥地利除之而后快外，没有任何别的想法。"[60] 刚从德意志邦联卸任就急急忙忙接任公使职务的俾斯麦同时还是哈布斯堡一个不好对付的敌人，这让他在俄国受到了热烈欢迎。沙皇和他的家族几乎将他视为一家人。俾斯麦在俄国建立的关系在之后的10 年中体现出了不可估量的价值。

当然，当时还没人能预见这一点。同时，俾斯麦也完全有可能因此在圣彼得堡结束自己的政治生涯。虽然他的健康状况总是不稳定，但在那里他感觉非常愉快。他甚至还短暂地想过要辞去外交职务，带着妻子和孩子们一同回到家乡去。俾斯麦的哥哥在 1860 年时察觉到，他"已经认真地考虑辞职和回申豪森的事了"，之后不久俾斯麦在写给格拉赫的最近一次信中说：对回归乡村生活的"渴望从来没有离开我的血液，我只有半颗心留在了政治上"。[61] 当阿尔布雷希特·冯·罗恩伯爵一年以后打算让他出任国王内阁顾问一职时，俾斯麦回答道："自从我的健康每况愈下以来，我已经变得迟钝、倦怠和怯懦了……那里没日没夜的迂回，争吵，愤怒和屈从的结果只能让我更加思念圣彼得堡和莱茵费尔特。"[62]1862 年初他还写信给他的妹妹说，他"对政府部门就好像对要洗冷水浴一样害怕"，几周之后他又写信过去说："即使不考虑政治带给我的一切不利于健康的因素，我还是承受不了这么多的激动和愤怒。"[63]

但回归个人生活这个目标对于俾斯麦来说终究是太过宏伟，也不是什么现实的事。仅在圣彼得堡任职一年过后，他就已经回到柏林商讨在外交部任职的事了。这曾是他在法兰克福公使时梦寐以求的，之后也很少动摇。还有一个没怎么改变的是，俾斯麦只愿意"自弹自唱"："让我在进入这个内阁之前根本不提任何条件，我是不可能接受的。"他这样告诉哥哥："如果我要被叫到政府这匹老马面前，那我就不得不在骑上它的时候担心它的老腿。"[64] 所以他当时回绝了。对罗恩伯爵次年的询问，俾斯麦以一句特别的话作为答复的结尾："如果国王能采纳一些我的意见，那我就乐意接受这份差事。"[65] 这样说是有点太过分了。1862 年他曾有一个去政府部工作的机会，刚开始谈他就一口回绝——去当政府大臣他还可以考虑。

俾斯麦这种"不成功便成仁"的态度让他如了愿，因为他的君主最终拒绝了其他绝大部分人选。威廉亲王在 1858 年成为摄政王之后对他执政的"新纪元"有诸多愿景，但在后来几年里被证明只是空中楼阁。

威廉的手下都是信奉自由保守主义的周刊党成员，他们在各条战线上的工作都一败涂地。不论是在外交政策上谋求同英国结盟，还是在内政上同自由党人之间保持相安无事，总之都一事无成。因订阅量减退，《周报》于 1861 年停刊。同年，在普鲁士下议院越来越有分量的进步党，也成了周刊党的一个重要对手。

/ 116

国王和下议院会反目成仇，决定性的分歧体现在威廉最热衷的陆军改革方案上。推动威廉想要实施军改的最重要原因，是 1859 年意大利统一战争期间对普鲁士军队的调动问题，或者更确切地说是因为调动行动悲剧性的失败。1815 年以后，让普鲁士引以为傲的陆军军队就没再和任何欧洲大国打过仗。显然，他们在和平时期的军力远远低于法国、奥地利和俄国军队的实力。因此，之后在军队调动和组织方面出现了显著的不足。

此外，拿破仑战争以来，普鲁士军队的组织呈现出两分化，即主要由现役征兵和在非战争年代组建的后备军两部分组成。而后备军里有一大部分军官来自市民阶层，自由党人认为他们代表了"寓军于民"的民兵准则，这同被民族主义者神化的"自由战争"关系密切。新任的战争部长阿尔布雷希特·冯·罗恩伯爵在 1860 年宣布进行陆军改革时，将对后备军的调动指挥权收归到"占优势地位的贵族"前线军官手里的呼声甚高。罗恩正是一位来自波美拉尼亚的乡村贵族。他和俾斯麦在 19 世纪 30 年代就已经相识。对于当时任驻俄公使的俾斯麦来说，他是值得信任的保守党人。这样的陆军改革与所谓执政新纪元的精神毫不相干，这更让自由党人疑窦丛生。

这种怀疑当然是有理由的。摄政王威廉和自由党人从一开始就在政治见解方面多有分歧。前者上台后发表的所谓新纪元讲话完全建立在误解的基础之上。威廉反对按照英国的模式将普鲁士自由化和议会化，这与自由党人的想法是不同的。作为普鲁士国王的弟弟，他整个成长经历是为日后在军事方面有所作为服务的。因为腓特烈·威廉四世没有子嗣又身患重病，他必须要替其扮演君主的角色。如果说威廉要按照一种模式统治普鲁士，那这种模式无疑是军事方式，即他作为最高统帅来治国。像罗恩这样的人可以全面壮大他的力量。

为了在陆军改革上赢得摄政王的支持，下议院的自由党人已经做好了和解的准备。他们于 1860 年同意，为陆军改革的实施先提供一年的资金支持。相对应的，政府要为解决各项争议问题而努力。然而政府并没有履行诺言。相反，后备军团还是被悄无声息地遣散，另组成了新的战列步兵团。转过年，国王威廉四世因精神疾病去世，他的弟弟即威廉摄政王即位，新建军团的贵族指挥官们出席了新国王的加冕典礼。鉴于这种公开羞辱，部分自由党人放弃了与国王和解的立场，进而成立了进步党。在 1861 年年底的下议院选举中，进步党已经成了势力最强的议会党团。因为进步党反对政府提出的军事预算，威廉国王在 1862 年 3 月解散了下议院。然而到了 5 月重新选举时，进步党的风头居然更加强劲了。

威廉陷入了进退两难的境地。受他恩宠的周刊党所推行的政策失败了。在 3 月的政府改组中，周刊党的最后一批成员退出了内阁。然而国王却拒绝任命自由党人和进步党成员为各政府部门大臣：因为这在保守党人看来，"是在议会统治的泥沼之中扬帆起航"。罗恩向俾斯麦如此形容道。[66] 出任摄政王之后，威廉就同十字报党派的人士决裂了。对于一位君主来说，重新支持他们本应是有失体面和不可接受的事。因此可以考虑先让没有个人势力的独立保守党人担任大臣职务。他们中大部分人或多或少并不出名，而且几乎没有相关经验。然而在这方面持不同意见的是普鲁士驻圣彼得堡公使——俾斯麦。1862 年 3 月，国王解散下议院不久就将他召回了柏林。

在这座普鲁士的首府城市，罗恩长久以来都在为他说好话。对自由党人抱有好感又有影响力的王室成员劝阻威廉国王，要坚决反对俾斯麦。首先是王后，在 3 月解散议会后她就严厉谴责道："不让他担任大

阿尔布雷希特·冯·罗恩，1860 年前后

臣，是上帝的旨意。相信一个像俾斯麦这样无所顾忌却又让所有人感到惧怕的人能为我们的国家效力，这是完全错误的，他本就是没有原则之人。"[67] 腓特烈王储对母亲的抗议表示支持，威廉的女婿巴登大公爵也持相同的态度。在进步党在议会取得压倒性胜利几天后，俾斯麦抵达柏林，他提出了条件。如果不让他执掌外交大权，他就不打算接受首相的职位。国王犹豫了。因为他骨子里是一个太过保守的人，对神圣同盟的传统还抱着幻想，而俾斯麦的言论一而再再而三地藐视跨越国境的君主间团结，就像是扎在他心里的一根刺。

    10 天之后俾斯麦失去了耐心，并"最后煞有介事地请求任用或去职"。国王为了安抚他，暂时将他派往巴黎出任大使。威廉向俾斯麦暗示，他不久之后有可能回到柏林接任更高一级的职务。不过在希望回到波美拉尼亚家乡长期定居的夫人面前，俾斯麦对没有当上外交大臣假装"非常高兴"。然而很快他就向仍在柏林推动其任命的阿尔布雷希特·冯·罗恩伯爵保证，如果同下议院发生争端，他"愿意站在罗恩一边，并且不带任何恶意"。[68]

人还没到巴黎，俾斯麦就再次表示愿意接受首相职位，并细化了上任条件。而且他已经和罗恩开始商定组阁问题，并再一次明确表示，自己多么想要主持外交部的工作。在国王面前，俾斯麦机敏地强调，他通过"民族主义"外交政策来克服国内困难的政治主张虽然总是让国王生疑，但如果放在别处却可能被接受，甚至得到推荐。他在巴黎担任驻法大使期间，按照柏林外交部的要求几乎每天都撰写有关外交新动向的报告，然而他同拿破仑三世的会谈情况却破例地直接面对面地报告给了威廉。正是在两人的谈话中俾斯麦详细提到了他的想法：拿破仑也认为，"现今的政府，如果能在民族主义方面给予公众希望和支持，那么它就能在对内党派斗争中立于不败之地，在议会中赢得一定的权力和自由空间，这对于君主政体来说是必不可少的。因此我们政治任务的重点就在于外交政策，特别是对德政策"。[69]

拿破仑很有可能真的说过这番话，或者说过类似的话。这个法国皇帝不仅只是一再照方抓药，通过向外扩大民族运动规模来保证和拓展王朝的对内权力。拿破仑还有自己关切的利益，即将普鲁士搅进"德意志政治的漩涡"当中，在霍亨索伦和哈布斯堡皇朝对峙之时，法国得以坐收渔翁之利。所以当他谈论起普鲁士的"德意志任务"时，流露的自然全是"溢美之词"，俾斯麦在向罗恩复述时，语气满是讥讽。而在国王威廉面前，俾斯麦却收起了他嘲讽的言论：他最终会说服他的君主采取拿破仑曾提及的政策。[70]

7 月初，俾斯麦主动要求去伦敦。他在那里会见了英国首相巴麦尊和他的外交大臣。这次伦敦会议的内容俾斯麦同样直接汇报给了国王威廉。他认为他的谈话伙伴并不了解普鲁士的形势。英国人甚至认为有必要向普鲁士引入议会制度，这对于威廉来说可是骇人听闻的恐怖之事。在劝说不要再次任命亲王派周刊党的一个竞争对手为大臣时，狡猾的俾斯麦对这个立场左右摇摆不定的君主使出了更厉害的招数。在描述自己如何答复英国人时，俾斯麦同样再次机智地建议国王，施行进攻性的德意志政策会促使普鲁士在内政方面实现——也是威廉最想要实现的——清除普鲁士下议院在阻止陆军改革方面设置障碍的愿望。"如果陛下要在不得已的状况下，承诺利用军队来支持对民族主义联合会有利的政策，那么此举将能够减弱主流人群对军事问题的反对声势，批准支出用于军队的各项费用也同样不是问题了。"[71]

利用民族主义浪潮加强普鲁士对外力量的同时巩固普鲁士君主政体和普鲁士贵族在国内的地位，这在当时并非剑走偏锋。"人们不能克服和控制时代的浪潮"，而"只能凭着或多或少的经验和技巧控制方向，迎头而上"，这是俾斯麦的政治信仰，也贯穿了他整个外交生涯。[72] 然而在这股民族主义的"时代浪潮"中航行的，俾斯麦并不是唯一一人，也不是第一个人。法国的拿破仑三世、英国的巴麦尊、沙皇尼古拉和萨丁尼亚 - 皮埃蒙特王国的维托里奥·埃马努埃莱，他们和他们的大臣们在俾斯麦之前就已经历过了。德意志邦联的十二诸侯在 19 世纪也曾被这股浪潮从希腊、罗马尼亚和保加利亚的王位上冲下来，同样也甘愿在民族主义之中破浪而行。奥地利皇帝弗朗茨·约瑟夫一世的大臣们则试图在促进德意志邦联接收哈布斯堡皇朝统治的所有土地之后，在以德意志民族为大多数的"七千万人口帝国"中更好地控制哈布斯堡皇朝治下的其他非德意志民族。而将俾斯麦同其他在民族主义时代浪潮中的弄潮儿区别开来的，或许是他的技巧——即便这些技巧受到了他对意大利战事看法的局限。

1862 年 9 月，普鲁士王室和下议院之间的争议最终演变成为围绕着宪法问题的原则性矛盾。普鲁士的大多数大臣们尝试说服国王做出妥协，然而却徒劳而返。威廉威胁说，他宁愿用退位来成全他自由派的儿子。在这之前威廉国王想要召俾斯麦回柏林。罗恩给他这个老朋友发了一封电报强调说：他很着急，再拖下去会出危险。当时俾斯麦正在法国南部休假。他在那里享受"橄榄、桑葚、无花果和红葡萄"，还和一位年轻的俄国伯爵夫人调情。[73] 坐了 25 个小时的火车之后，他连夜抵达了普鲁士首府，并在 1862 年 9 月 22 日面见了国王。

俾斯麦后来描述了此次谒见："在反复斟酌之后，国王问我是否做好了出任军事改革大臣的准备，在我点头之后又继续问我是否也反对议会大多数及其决议。在我表示同意之后他最后声明说：'那么现在我有义务和责任，带着您一起继续去战斗了。'"[74] 两天之后，俾斯麦升任普鲁士首相的消息见诸报端。自由党派报刊对此评论说，像他的前任一样，这个来自波美拉尼亚乡下的贵族在首相职位上坚持不了几周。

可俾斯麦这个首相，一当就是 28 年。

　　俾斯麦出任普鲁士首相经常被看作是德国历史的转折点。德国历史学家洛塔尔·加尔在他久负盛名的《俾斯麦传》中甚至将 1862 年 9 月 22 日评价为"现实世界中最具历史性的一天"。回溯历史，对俾斯麦的这次任命"具有决定历史发展方向的重要意义"。[1]

　　这个"转折"的时代意义在德国史学界达成了令人惊讶的共识。俾斯麦的就职从长期意义上阻断了其他可能发生的政治进程，这个共识跨越了各种世界观、政治观和方法论的鸿沟。和洛塔尔·加尔一样，汉斯－乌尔里希·韦勒也认为普鲁士在立宪问题上的冲突才是"普鲁士内政乃至德国历史的转折点"。韦勒认为，市民阶层自由党人在下议院赢得多数可能是"德意志统一道路上长期以来都不可预见"的结果。在俾斯麦出任首相之前的日子，保守派威廉四世的退位和威廉一世有自由主义倾向的儿子（腓特烈三世）的继位，创造了一种新的、充满希望的前景："一个未来由自由党人统治的普鲁士将使得一个世纪转变在现代德国历史长河中变得清晰可见。"而俾斯麦却打破了这一愿景。是他让"市民阶层在政治上的软弱无能"变得无可挽回，并将德意志民族推向了陡峭的道路，使其最终陷入了两次世界大战和独裁统治之中。[2]

/ **124**

　　和韦勒几乎很少观点一致的托马斯·尼佩岱（Thomas Nipperdey）在这个问题上也认为，如果普鲁士在 1862 年出现一个自由主义政府，就可能会开启另一条发展道路。尼佩岱也认为，普鲁士的立宪矛盾"再次确定了普鲁士和德意志历史的发展方向"。"这个国家的保守主义烙印"被俾斯麦进一步地稳固了："对于 1871 年建立的德意志帝国及其持续至 1918 年甚至更久的历史来说，这有着至关重要的意义。"由此，德意志通向议会制和自由化的道路被长期妨碍，民主主义的萌芽在其中也惨遭扼杀，它"与走上英国式发展道路的历史机遇"就这样失之交臂了。[3]

对于同时代的人来说，英国的统治模式有助于普鲁士宪法的建立。而对像俾斯麦这样的保守党人来说，这样的"自由党内阁"却是无论如何都要避免的。不过普鲁士下议院的自由党多数越来越将英国体制视为标杆。对于他们来说，"英国式的发展道路"经评估是一个完全正面的效仿模式。和它相比，俾斯麦领导下的普鲁士以及后来的德意志帝国看起来则像是偏离了正确轨道，走上了一条令人惋惜的畸形发展道路。这种当时对他的评价给日后历史编纂中对他批判性的视角提供了关键词。俾斯麦在普鲁士称相被评价为悲惨的"德意志特别道路"的开端，那些经典"历史社会学"的代表们尤其借此提出了对"英国式的发展道路"的设想，但不只有他们这样想。

这一可供选择的"英式体制"[4]看上去几乎才是"正常"的发展道路，而普鲁士和德意志帝国偏离了这一道路。19世纪的英国政治社会曾一直标榜自由，这是"英国式发展道路"的中心要素。它具有以下特征：议会作为政治决策中心拥有统治地位；代表市民阶层和其价值取向；议会制和市民阶层的生活思维方式最终会导致政治上的民主化。除此之外，英国模式似乎还离不开国内社会的均衡和相对温和的对外政策，而在普鲁士和德意志帝国，俾斯麦却提倡通过对外战争来转移国内矛盾。

当然，把这种对比作为英国社会和政治自由形象的基础，也受到了批判。英国历史学家们强调说，19世纪的英国政治社会史被大多数观点严重地歪曲了。[5]原因在于，英国议会长期以来已经不太受市民阶层的影响了。英国的自由主义思想也是如此。伦敦下议院（House of Commons）同普鲁士下议院的区别不是太大，后者市民阶层所占的议席全都集中在了自由党派。对议会制的自由主义热情和自由主义的市民阶层烙印最终也没有特别倾向政治的民主化。而在国内社会均衡和对外的温和态度方面采取受市民阶层影响的自由主义政策，虽然这对于俾斯麦来说不失为一个积极选择，然而在进一步观察后也仿佛没什么说服力。

实际上，从"英国式发展道路"想象中的特征到普鲁士的发展道路，真正合乎历史真相的只有一个：19世纪英国政治体系的高度议会制化。在普鲁士和其他德意志邦国刚刚在统治体系里开始议会制化时，这一过程早已在英国完成了。

光荣革命之后，国王在1689年正式宣布英国议会拥有预算权。[6]理论上，从这一年开始，英国议会也拥有了同君主一样的立法权。实际上在那之后的近百年时间里都是议会多数派在控制英国的君主政体，而且没有被颠覆。在旧式腐败（*old corruption*）的体制内，通过在公职分配上的任人唯亲，国王本人对大多数议会代表都具有约束力。而且即便下院的绝大多数议员不受此约束，他们首先也会坚持保皇派的消极立场。然而在18世纪，反对党在议会中发展壮大并渐成气候。因此国王也逐步失去了对政府的控制能力。

个别英国君主，以来自于德国汉诺威王室的乔治三世为代表，也曾尝试过对抗这种反对势力的发展。然而他们这样做只是激起了大不列颠政治图景长期的两极分化，最终导致的结果也不是他们真正想要的。1782/1783年，议会反对党在英国下院第一次强迫整体拥护国王的政府内阁下台。原因是此前议会多数与国王之间出现了争议，这在80年后普鲁士的立宪矛盾上多少找到了一些呼应。最终，英国的君主权力在19世纪几乎只剩下代表国家的职能了，而普鲁士下议院并没有打败国王，也没有赢得对俾斯麦首相职位和政府内阁的控制权。

/ *126*

然而，随着议会跃升成为英国立宪机构的决策中心，市民阶层的优势地位根本没有建立起来。英国政权的议会制度化更多地是由下院争取而来，直至19世纪其大多数议员都出身贵族，上议院则对议会制化保持沉默。和在英国内战和光荣革命中一样，在之后同君主制的议会斗争中，英国贵族也扮演了将近200年的领导角色。尽管18、19世纪之交，市民阶层代表就已经在英国议会中发挥一定作用了，不过直到19世纪晚期，他们充其量还只能算是贵族阶级的小伙伴而已。1868年英国下院的2/3议员还都是贵族地主。

即使在英国自由党人当中，长期占有话语权的仍是贵族阶级。19世纪30年代由辉格党团发展而成的英国自由党（*Liberal Party*），其代表的也是推行改革的贵族大地主的利益。直到1865年，自由党人还被出身贵族的巴麦尊子爵所领导。同时期自由党内的绝大多数成员也都是贵族。巴麦尊去世以后，出身市民阶层的威廉·格莱斯顿（William Gladstone）才第一次被确立为自由党的长期领袖人物。19世纪60年代以来，英国的自由党贵族才开始出现市民阶层特征。与此同时，自然还有大批市民阶层选民从自由党转向其对手保守党。相同的情况持续了40年，直到20世纪，领导英国政府的主要还是贵族阶级。[7]

从社会成分来看，英国下院同普鲁士下议院极为相似。不仅如此，两者在大的党派倾向上也趋于一致。在整个19世纪，普鲁士和英国的保守党一样都受贵族阶级领导。不过在两国议会的自由派精英当中，贵族也长期占据优势地位。在普鲁士立宪矛盾刚开始的时候，下议院自由派反对党也是由贵族所领导。随着1861年进步党的成立，领导权才越来越多地转移到市民阶层的手上。同样，在格莱斯顿领导下的英国自由派精英也逐渐具备了市民阶层的特征。

然而，这样的市民阶层化并没有怎么缓解自由主义同民主主义长期的紧张关系。最迟在1848/1849年革命期间，普鲁士的自由主义和民主主义运动之间形成了一道鸿沟，尽管两者在革命结束后短暂地合作了几十年，这一裂痕也无法真正弥合。普选权原则在数十年内还不太能被普鲁士的大部分自由党人所接受。他们更偏爱有差别的选举权制度，因为它赋予了有产阶级和受过教育人士手中选票更多的分量。如果自由党人在普鲁士立宪矛盾中成功压制住了俾斯麦，那么普选权制度在德国统一时还能否实现就更成问题了。况且在1861年进步党起草成立纲领时，建立民主选举制度这样的要求无论如何也不会被纳入其中。[8]

在选举权问题上，对民主原则持保留态度的普鲁士自由主义者也是将英国模式视为指导方向。因为英国的议会力量太强大，其选民的身份也太高贵，英国政治体系的议会制化在欧洲是十分先进且没有先例的。即便如此它也绝不可能与民主化并驾齐驱。恰恰相反的是：在整个 19世纪，英国的选举权制度要比与之邻近的欧洲国家更加的不民主。自1789 年起，英吉利海峡的另一边便开始将普选权制度作为实验的对象。和德意志帝国议会的选举一样，法国在 1871 年以后也打下了公民文化和公共生活的牢固基础。而经过了整个 19 世纪之后，普选权制度在英国仍然只是美好的幻想，直到 1918 年才得以施行。

在 19 世纪英国下议院选民们的不断推动下，选举条件在一系列议会改革法案中被放宽。到 1832 年为止，每十个成年男性中只有一个人可以通过下院议员投票对大不列颠联合王国施加自己的影响。当年出台的第一次议会改革法案（*Reform Bill*）将选民的数量扩大了一倍。虽然投票过程仍然公开，但是多数人的选举自由是被限制的。此外，1832 年后农村选区的划分较之前反而更加地不公平。1867 年颁布的第二次议会改革法案在一定程度上修正了这种不平等，并再次扩大了选区。经过改革，大概每三个成年男性中就有一个人拥有投票权。1884 年，英国第三次议会改革法案又一次提高了全国选民的数量，这是一战前的最后一次改革。时至今日，仍然只是每五个英国成年男性中有两个人可以参与本国的议会投票。

英国下院的三次改革中最广为人知的，是 1867 年出台的第二次议会改革法案（*The Second Reform Bill*），因为它并不是由自由党人提出的，它的发起人是保守党人，即时任英国首相本杰明·迪斯雷利（Benjamin Disraeli）。同年，保守党人俾斯麦也在北德意志邦联议会上提出建立普选权制度。于是四年后，这一在所有选举制度中最为民主的选举方式从北德意志邦联扩大到了德意志帝国。对于大多数普鲁士自由党人来说，这是一个让他们勉为其难咬下口的酸苹果。像俾斯麦或者迪斯雷利这样的保守党人，当他们积极推动选举权制度的民主化时，也不是因为对民主理想有天生的好感，而是出于策略上的考虑：如果实行普选权制度，普通农民和工人就可以组建一支与自由党相抗衡的力量，这会让选民们十分激动。也许由于下层选民的存在，保守主义贵族精英甚至会成为其在防御野心勃勃的市民阶层斗争中的盟友。1848 年以后，俾斯麦就已经在参与保守党人动员农村人口方面取得了一些进展。成为普鲁士首相后不久，他就在同工人领袖斐迪南·拉萨尔（Ferdinand Lassalle）的谈话中打探工业无产阶级支持保守党事务的可能性。

同样，在 1867 年提议英国下院进行选举权改革时，迪斯雷利也坚信不疑，可以动员托利党工人（*Tory Workers*）为英国保守党服务。而英国自由党人对参与选举权改革的态度始终扭扭捏捏，不仅是因为他们担心保守党的策略得逞，还因为大部分下层人民缺乏产业和教育，而这在自由党人看来是社会独立和政治成熟的前提条件。在普鲁士，同样的思想动机也阻碍了自由党派对政治制度民主化明确的承诺。甚至直到一战前的最后几年，在第三阶级选举权的改革问题上，自由党人仍然在普鲁士议会上奉行多数路线，用平民主义这一修辞术作掩护，称他们不论出于策略还是原则的考虑都不愿意让现有体制实现真正的民主。[9]

因此，一个自由党内阁如果按照"英国式道路"走下去，也许并不会导致普鲁士的民主化。如果 1862 年俾斯麦以一个自由党人的身份出任普鲁士首相，立宪矛盾只会提早结束。不过在可预见的未来，第三阶级在下议院不平等的选举权可能会继续存在，在 1867 ~ 1871 年的帝国议会上，成年男性公民普选权问题也不会被提上议事日程了。自由党人在普鲁士立宪矛盾上的胜利可能会让普鲁士踩着英国模式的脚印走上议会制化的道路。如果将英国的发展道路作为标尺，那么据此民主架构的形成则仍需要相当长的时间：至少在英国，从议会成为权力中心到政治体制的民主化，这期间经历了一百多年。虽然一个没有俾斯麦，并且循着英国式道路进行自由主义统治的普鲁士肯定会因此更加议会制化，但一个按照英国模式进行自由主义统治的普鲁士极其可能也不会比俾斯麦领导下的普鲁士更为太平。1861 年进步党的成立纲领中这样写道："为了我们祖国的荣誉和权力地位，如果必须要通过战争来捍卫和获得，对我们来说牺牲永远不够大。"[10]1848/1849 年，自由民族运动在石勒苏益格－荷尔斯泰因问题上的多数投票要比保守的普鲁士统治集团更倾向于发动战争，在 1864 年围绕这两个公国归属问题的普丹战争中也是如此。普鲁士在 1866 年战胜奥地利之后，自由党多数不只是为胜利欢呼雀跃，他们也准备将俾斯麦自 1862 年拜相后再次公然违宪的行为抛在脑后。随着 1871 年德意志帝国的建立，这种欢呼声达到了极限，自由党人对"帝国缔造者"俾斯麦的崇拜越发地带有宗教色彩。

从对 1857 年到 1868 年德意志民族运动的研究中，安德列亚斯·彼方（Andreas Biefang）得出结论："可以明确的一点是：如果民族立宪运动在市民阶层的自由主义纲领指导下进行，那么为建立德意志民族国家所付出的鲜血也不会更少。"[11] 在俾斯麦 1870/1871 年被神话的同时，民族自由党人又强调他们自己其实走在俾斯麦的前面，也就是在 1867 年，他们就已经试图通过挑起对法战争来实现德意志的民族统一。三年之后普法战争的爆发，也是因为他们敦促普鲁士吞并阿尔萨斯－洛林，才使得俾斯麦不得不做出决定。其结果加深了德法之间的"敌对关系"，40 多年后以 1914 年 7 月危机为导火索，第一次世界大战最终爆发。

几十年来，一战起因问题在国际上一直是一个存在巨大分歧的题目，对此战争双方都难辞其咎。大多数历史学家更是把责任往自己国家揽。不过长期以来，相关的历史编纂大多倾向一种观点，那就是德意志帝国即使不是《凡尔赛条约》的始作俑者，它对一战的爆发也负有主要责任。相反，不少英国著名历史学家却认为他们的国家和 1914 年由自由党统治的政府才是战争共同罪行中的主犯。[12] 这一分歧主要表明，当时同责任问题相关联的民族情感在急剧地降温，即便这种情感有成为民族历史核心的趋势。可以确凿无疑的是，德意志帝国的海军政策和国际政策是一战前欧洲大国间关系逐步陷入危机的罪魁祸首，而相比保守党党纲它们更加地贴合自由党纲领。鉴于自由主义同民族主义在传统上关系更为紧密，这一点也不那么令人感到惊讶。

在这方面，保守主义无疑会很快地步其后尘。俾斯麦正好就是一个有说服力的例子，作为保守党政治家的他在 1848/1849 年革命后越来越具有民族思想。这在他出任普鲁士首相期间的民族主义政策中就有所体现，这一政策同样也为他的内政目标服务，且不会造成内耗。当然也不能说自由党人就完全不会采取这样的方式。在自由党统治的英国，民族主义被利用的程度至少同普鲁士是一样的。自由党首相巴麦尊在施行对内对外政策时都利用了民族主义。他的继任者格莱斯顿以更大的道义姿态在对外政策问题上做文章，并借此将他领导下的自由党内阁未解决的国内争议转移到国外。1914 年，自由党统治下的英国政府受国内事务烦扰的程度并不亚于德意志帝国首脑所面对的情况。即使德国自由党人并不能像英国人一样担负得起真正的统治责任，他们的表现也是和英国人趋于一致。甚至于那些在 1866 年同俾斯麦分道扬镳的自由党人，他们或早或晚地也都会施行民族主义方针，因为他们的拥趸有分裂成为其反对派的趋势。

自由党人越来越倾向于将国内日渐增多的问题向外交问题上转移，这可能也与他们长期无法有效地解决社会矛盾有关。直至 19 世纪末期，累积的问题由于工业发展而迅速扩大，自由党人相信靠着市场的自愈能力能够将其化解。面对社会困境，他们最多也只是建议通过协作社自助的方式来解决。在相当长的一段时间内，英国和普鲁士的自由党人们都将其他一切解决手段视为"国家社会主义"的表现而强烈抨击。借公众之手施行积极的社会政策一直是保守党的拿手好戏。俾斯麦担任德意志帝国宰相时建立了医疗、意外和养老保险制度，部分自由党人对此表示坚决反对。其余的人也只是看在它能有效扼制工会工人运动的份上才对其表示支持。在当时的英国，执政党奉行的自由主义对所有社会福利政策方面的提案都不予采纳。20 世纪以后，英国自由党人才放弃了这种保留态度。同时，普鲁士和德国其他邦国的自由党多数也开始接受积极的国家社会福利政策了。[13]

如果走上了自由党统治的"英国式发展道路"，那么从那个时候起，有利于社会公平的积极政策就不会在德国得到推行。如果普鲁士自由党在 1862 年成为执政党，那么德国的现代社会保险制度在世纪之交后才能打下基础，也就是说会推迟整整 20 年。

一个在自由主义符号下建立的德意志帝国一定不会比俾斯麦缔造的更加和平。一个由自由党人领导的帝国也不会在对外政策方面更加克制（倒不如说是更加冲动）。除此之外，英国式的发展道路也会影响德国大多数自由党人对选举权问题的看法，这样的帝国不可能会比俾斯麦领导下的更民主。假定德国走上了"英国式发展道路"，引入帝国议会的选举权制度甚至可能更加不民主，议会也许会因此更加精英化。这样的国家议会因此在政治决策上也许会施加更大的影响力了。议员们因此也许会比在俾斯麦统治下更加地习惯于承担政治责任。

/ 133

然而，到底有没有实现"英国式发展道路"的可能性呢？1862 年的普鲁士真的有可能施行完全不同的内政方针吗？那么随即进行的自由党内阁任命还会被俾斯麦提供的人选所破坏吗？

俾斯麦并不是"拥护君权神授势力中最尖锐和最后的那颗螺栓"，民族联合会周刊在俾斯麦接受任命后做出了这样一个日后被普遍引用的评价。[14] 更加名副其实的是国王威廉的军事内阁大臣和陆军最高指挥官——埃德温·冯·曼托菲尔（Edwin von Manteuffel）。从 1861 年起，为了结束普鲁士立宪矛盾，曼托菲尔就打算通过极端手段清理下议院。这样一来，国王便可以再次依靠军队进行专制统治。虽然说国王威廉害怕将枪口对准自己的国民，但是在作为王位继承人的那段时间，对于这类事情他倒完全无所顾忌：1849 年，南德意志邦国爆发起义，要求国王兑现法兰克福国民议会通过的帝国宪法，威廉对此进行了残酷镇压，也因此被冠以"霰弹王子"的称号。不管怎样，在担任普鲁士首相的前几年，俾斯麦总是担心曼托菲尔会接替他的位置。

1862 年，罗伯特·冯·戈尔茨（Robert von der Goltz）也曾作为首相候选人同柏林方面谈过话。戈尔兹原本同周刊党亲近，却在 1857 年与其决裂，那是在威廉接管政权将周刊党代表任命为大臣之前。因此当周刊党被新君主招安并改变政治倾向后，他便摆脱了这种人尽皆知的失败所带来的耻辱。国王本可以不考虑颜面问题将他任命为首相，但他并没有这么做。戈尔兹是王后和王储的理想首相候选人，因为他和他们一样，都想要同下议院在立宪矛盾上继续寻求折中的解决办法。他就像是俾斯麦心头的"阴影"一样跟随着他，从 1862 年出任驻俄公使到赴任巴黎。柏林方面也因此将他视为内阁领导候选人。

所以正如当时和之后戏剧化的描述那样，俾斯麦绝非一个陷入绝境王朝最后的希望。对俾斯麦的任命更多的是国王即位后烧的一把火，为的是实现他 1857 年接过统治权以来一直追求的相互矛盾的目标：一面受人民拥戴，一面还在军队中有相当的威信。俾斯麦之所以被任命，是因为同他的竞争者们相比，他的中间路线看起来更能在无法解决的问题上被寄予厚望。但如果他和他的前任一样交出不合格的作业，国王手里总还留有一张王牌。到时候，为了同下议院达成一致，威廉还可以让戈尔兹顶上，或者指望曼托菲尔以王朝的名义发动一场军事政变来"解决"立宪矛盾。

此外，在任命俾斯麦之前，如果说威廉曾认真地考虑过退位是为了他有自由主义倾向的儿子，并不是特别有说服力。1862 年 9 月 17 日，国王虽然在枢密院会议上以此相威胁并随即召见了王储。比起他父亲手下的大臣，这个更了解自己父亲，且与父亲相处时间更长的王储，却拒绝接管政权，即使这有可能带来政府路线方针和人员安排上的彻底变动。

即便威廉在 1862 年真的退位，并让儿子腓特烈继承王位，那么普鲁士是否会因此在一个自由党内阁领导下长期坚持议会制的"英国式发展道路"，也是值得怀疑的。王储在 26 年以后才坐上了普鲁士和德意志帝国统治者的宝座，但登基之时已罹患喉癌。作为皇帝腓特烈三世（Friedrich III）在位仅 99 天，他的去世再次加强了人们对其个人和政治主张的神化。在皇宫中，他曾被视为"自由主义的希望"。他的晚即位和早逝使普鲁士和德国循着英国式发展道路实现现代化的机会化为了泡影。[15]

受其母亲和妻子——维多利亚女王大女儿的影响，腓特烈实属亲英一派，他经常把英国视为普鲁士的榜样。[16] 还是王储的时候他就同自由党领导人保有联系。当父亲于 1857 年上台执政时，腓特烈支持父亲开创新时代的想法。在国王同下议院的立宪矛盾中，他主张通过温和的方式来解决。他唯一一次公开反抗父亲的政策是在 1863 年，当时威廉一世对俾斯麦向自由党党媒的发难持谨慎的观望态度。像他父亲受军人精神浸染一样，腓特烈自然也对军人思想中的服从和命令有所认识。1888年继承皇位时，他根本没想过让一个自由党人来坐普鲁士和德意志帝国宰相的位子。但这并不表示，随着时间的推移他和老首相之间就不会产生矛盾，如果他能长命些的话。因为腓特烈梦想着顺应历史潮流和"人民"的要求来实施统治，而不是像他父亲那样将统治权移交给首相。显然在腓特烈看来，代表"人民"意愿的并不是议会。他主张依靠君主同军队的紧密联系建立一个"人民帝国"，并实现"全民皆兵"。除此之外，在还是王储的时候，腓特烈和他的拥趸们虽然已经在扮演统治者通神扶乩的角色方面非常得心应手了，但怎样借此维护与德意志民族的关系，他的想法还并不明确。

腓特烈在君主扮演角色上的理念让人很容易想起他儿子，也是他的继任者威廉二世（Wilhelm II）。其间他对"个人统治"的追求造成了他与俾斯麦众所周知的一次决裂。威廉随后奉行的执政"新路线"在很大程度上将腓特烈未施行的治国方略付诸实施了，即将君主政体同德意志民族的命运牢牢地系在一起。但当"人民"的反应满足不了被夸大和不现实的期待时，这个"新路线"就会被中止，威廉也会回到与他同名的祖父的保守主义统治实践上去。

从严格意义上说，他这样做毫无疑问也是因为没有别的办法。1857年接任普鲁士国王时，威廉一世最终也是宣称他与威廉四世在执政上会有诸多不同。作为威廉二世的祖父和腓特烈三世的父亲，他对内对外承诺"有道义的征服"，这多少让人对执政新纪元抱有期望。当他让这种期望在与下议院的立宪矛盾中变为失望，并实际上再次退缩时，那么从根本上他就给了他孙子30年后照猫画虎的机会。

如果腓特烈三世能继续执政，那么他多半也会采取类似的行为，特别是也会像他儿子威廉二世那样反复无常。本来在自由党失去议会多数席位的同时，腓特烈对自由主义的好感就已经消失殆尽了。显然，这种好感从来就不是特别深。它在对民族统一大业的热情中已经被消耗得差不多了。腓特烈想象中的德意志民族统一是浪漫的，是中世纪帝国的重生。

由于他陷入对封建王朝的幻想而不能自拔，与自由党人在内政想法上的契合点太少，以至于没能和他们建立起一个长期而富有成果的合作基础。

如果腓特烈作为普鲁士国王和德意志皇帝的执政时间再长一些，那么他是有可能尝试防止极端保守主义政策的。他1888年"99天在位"时对保守党人、普鲁士内务大臣罗伯特·冯·普特卡默（Robert von Puttkamer）的解职就暗示了这一点。撇开这次解职对俾斯麦来说是否合适不谈，即使大臣的位置都给了自由党政客，为了走上"英国式发展道路"而进行的体制转变可能也不会因此而顺理成章。对此，普鲁士的自由党人已有所觉悟。因此他们不断地拒绝保守党方面提出的相应职位。自由党历史学家海因里希·冯·西贝尔（Heinrich von Sybel）在

1862年就拒绝了俾斯麦让他作为大臣进入内阁的邀请。同样，民族自由党主席鲁道夫·冯·班尼森（Rudolf von Bennigsen）在1877年也推掉了成为普鲁士大臣的机会，因为他担心在那个位置上会被利用和否定。班尼森提出的交换条件是让另外两名自由党人同时进入内阁，照俾斯麦的脾气自然没有谈妥。事实上，另一名民族自由党人约翰内斯·冯·米克尔（Johannes von Miquel）在1890年进入普鲁士国务部后不久就变得和一个保守党人差不多了。

比起在人事任用上向自由主义一点一点地靠近，即使普鲁士下议院在1862年取得了立宪矛盾的胜利，也不能指望它会给普鲁士带来更多的自由主义色彩。国王恐怕并不会接受一个按照英国模式组建起来的真正自由的内阁。而且背靠军队和保守主义贵族的君主政权也不可能长期地被革命所动摇。甚至可以说，1862年反对派在施展权力手段上更是黔驴技穷了。对于普鲁士王室在为陆军改革筹集资金方面的公然违宪，下议院的反对派多数连拒绝征税的要求都不敢提出。即使在1848/1849年的革命气氛下，这种抵制征税的呼声也根本得不到群众的响应。正因为有了这些经验，19世纪60年代初的自由党人才更加地不会做出任何承诺。[17] 长此以往，政府便可以绕过议会进行统治了。

如果国王威廉在1862年没有任命俾斯麦，或者任命后不久又将其解职，那么重新开启以戈尔兹为首相的执政新纪元恐怕会是最好的选择。只要普鲁士在欧洲和德意志邦联内的政策变化不起反作用，那么普鲁士的内政可能会因此或多或少地在原地打转。如果没有俾斯麦，还会发生其他变化吗？这个问题我们放到下一章的背景里来交代。

第六章　从普鲁士"矛盾大臣"到德意志帝国宰相
　　　　　　　　　（1862 ~ 1871 年）

　　在即将上任普鲁士首相之前，俾斯麦前往伦敦拜会了当地保守派反对党领袖本杰明·迪斯雷利。这两个人在某些方面的观点趋于一致。在一定程度上，他们都算是非正统的保守主义者。而且俾斯麦出任普鲁士首相后不久，迪斯雷利也当上了英国首相，其非正统的保守主义政治思想因此才得以付诸实践。也许从这个普鲁士来客和接待他的英国主人之间的互动可以看出，双方就各自观点公开交换意见并达成具体的目标，并不是完全没有可能。俾斯麦应该会在谈话中谈到，自己上任后首先要着手推行普鲁士陆军改革，不管下议院对此同意与否。退而求其次，他有可能会对奥地利宣战，挣脱德意志邦联并征服其小成员邦国，以最终建立一个由普鲁士领导的德意志民族国家。俾斯麦的这个英国谈话对象在受到触动的同时也不忘向其他人发出警告："小心那个男人，他可是说话算数的。"在时任萨克森驻伦敦公使在场的情况下，迪斯雷利对俾斯麦的这番话如此评论道。[1]

　　俾斯麦真的是说话算数吗？同时代的其他人可并不这么认为。在俾斯麦卸任驻巴黎大使向拿破仑三世辞行之后，他这样评价俾斯麦："他这个人说的话不能当真。"[2]在这个法国皇帝看来，俾斯麦并不会将他口中接下来要干的大事变为现实。用回溯的眼光来看，历史的发展往往是不可避免的，纵然在进一步观察时会认为它是完全可以避免的，尤其对于身处其中的当事人来说，更是如此。在这方面，俾斯麦也不是一个例外。他后来在回忆录里声称，德意志帝国的统一进程是按照此前详细周密的计划进行的。但自 1871 年以来，他执迷于将自己推向英勇的、天才般的帝国缔造者的神坛。那时的他已经深陷于自己编织的个人传奇中。在 1862 年同迪斯雷利在伦敦的会谈中，俾斯麦自称已向他详细阐述了其建立德意志帝国的计划，这场谈话也成为成就俾斯麦传奇故事的重要篇章——时任萨克森驻英国大使在将近 25 年后对此进行了大肆宣扬。在传奇成形之前，俾斯麦曾在 1864 年写信给妻子，信中他断言自己完全没有成为精明政治家和外交家的希望："干这行的人学会了精明，直到成为世界上最聪明的一群人，但是他们随时随地，可能在下一分钟就会表现得像孩子那样莽莽撞撞。"[3]

像孩子那样莽莽撞撞——这并不代表不能拥有目标并且不断前行。脱离德意志邦联、同奥地利开战、强迫其他邦联成员国接受普鲁士的统治、与民族运动结成联盟：在出任普鲁士首相之前的几年，俾斯麦就已经深思熟虑过这一切，并伺机将它们举荐给那些有责任制定普鲁士政策的人了。普鲁士拜相后，当他自己也成为政策制定者之一的时候，这些目标就变成了他"政治积木"的一部分。不过，在实践的过程当中总是存在道路选择上的变数。而且从事后可能产生的效果来看，他的目标远非那么笃定和明确。同奥地利和解、在德意志邦联推行根本改革、将普鲁士的势力范围仅限制在美因河以北——1862 年以前，俾斯麦也敦促过这些目标的实现，1862 年之后仍短暂地为此努力争取过。在那几年里，他倒是更容易忽视或者反对德意志民族运动，而不是寻求将其招安。这究竟是歧途，是绕路，是随机应变，还是战略规划？用正确的回溯眼光来看待这个问题，要比现实本身更为清楚。

俾斯麦的动机和目标在变化多端的程度上相差无几。而在他的传奇故事里，他几乎只有一个外交目标：他被认为是受了德意志民族热情和大普鲁士爱国主义的驱使。后者所涉及的，在史料中能找到实际的对应。而他民族主义的动机主要是被早期那些大多来自市民阶层的"圣徒传记作者们"在为他树立"帝国缔造者"纪念碑时给扣上的帽子。尽管如此，认为俾斯麦在 1862～1871 年间运用了外交优先手段的论述也长期盛行。德国重新统一以后，这种说法甚至又变得非常流行。虽然受其影响，俾斯麦在今天已不再完全被描述成高出与他同代人好几个头的巨人，或者干脆被说成是一个政治外交天才，但是他仍或多或少地作为真正推动历史发展的核心人物被载入了史册。

　　而要从另一个方面解释这个问题，就要从俾斯麦对内政方面的优先考虑出发。不管在与俾斯麦同时代的民主党人和左翼自由党人眼中，还是站在社会历史学角度对他的新近阐述中，这一论断都是对他"帝国缔造者"的批判。按照这种观点，在普鲁士拜相以后，俾斯麦奉行的政策主要是为了应对普鲁士在1862年出现的国内矛盾。1864年向石勒苏益格－荷尔斯泰因地区出兵、1866年向奥地利宣战，以及最后的1870～1871年普法战争和德意志帝国的建立，在以上观点看来，这些都是俾斯麦玩的转移视线的把戏。这些军事行动的动机被认为主要是通过在国际上赢得威望来重新巩固普鲁士贵族和君主政体的地位，这一地位当时正受市民阶层和下议院所威胁。从这个角度看来，俾斯麦深思熟虑的主动出击要比被动做出反应的成分少：他并非主动发起战争的"驱动者"，而是时局所迫不得已而为之的"被驱动者"。

　　以上两种阐述都是片面的。在对德国社会历史的研究中，"内政优先论"忽视了欧洲权力体系的自身规律。至少对于经典历史社会学来说，它是典型地戴上有色眼镜看待民族历史。而在大部分经典外交历史中，与之相对的"外交优先论"自然也表现出了一定的片面性，但是它在一定程度上淡化了内政环境和国家间关系的前提。

　　实际上，19世纪60年代普鲁士的内政外交政策相互交织，并同其他欧洲国家一起连结在一张相互依存的复杂网络上。因此用"被驱动者"和"驱动者"这两个意义截然相反的词来概括俾斯麦的角色，并不恰当。与其这样，不如说他是在一个广阔且根本看不清全貌的领域中的众多活动家之一。关于俾斯麦"帝国缔造者"的形象经常会让人忘记的是，德意志民族国家的建立是一个循序渐进的复杂过程，在这个过程中少不了无数非德意志欧洲人亦主动亦被动、或妨碍或促进的参与，而这种参与也会偶尔违背他们原本的意愿。普鲁士首相肯定不是实现德意志统一大业最不重要的人物，但他也绝不是唯一一个沿着曲折的道路前行，活动于普鲁士内政外交领域，最终建立起德意志帝国的人。

在准备受任普鲁士首相时，俾斯麦提出的条件是同时接管外交事务。1862 年秋，他搬进了位于柏林威廉大街 76 号的新办公室，那里正是普鲁士外交部的办公地点。然而他必须首先解决的依然是内政方面的问题。在这方面他马上就犯了错，这个错误差点让他断送了刚刚争取到的职位。

在上任后的第一周，俾斯麦就与个别有声望的议会代表进行私人会面，试图借此说服他们对新政府"停战"。不过他说他实际上又给不了明确的回报，因为国王始终拒绝让步。但是显而易见的是，普鲁士的内部矛盾限制了其外交上的执行力，他说，这可能并不是有民族思想的自由党人所想要看到的。在那周的周末，俾斯麦也向下议院预算委员会做了同样的辩解。在某种程度上可以说，这是他作为首相必须要经受的考验。而他也深陷其中，不可自拔。他的演说在委员会上掀起了袭向他的愤怒风暴，并在接下来的几天里见诸报端。

文章都报道了些什么？内容方面基本上还是老生常谈：譬如不应该因为内政上产生分歧而忘记在民族问题上政府同下议院多数派的共同立场。又譬如，普鲁士已经准备好了在德意志邦联内部施行激进的政策。于是，翌日他说过的一句话在政府半官方报纸《北德意志汇报》上被引用了，"当前的种种重大问题不是演说辞与多数议决所能解决的——这正是 1848 年和 1849 年所犯的错误——要解决它只有用铁与血"。[4]

"铁与血"这种颇具战争意味的表述首先在委员会中，之后又在公众中引发了抗议浪潮。俾斯麦的反对者们更容易借此将他诋毁成为一个军国主义者，因为他想要通过在外交政策上的冒险来转移国内矛盾。此外，俾斯麦还犯了一个策略上的重大错误，那就是将恼人的"铁与血"言论同 1848/1849 年所谓无效的"演说和多数派决议"两相对比。这样做可能不仅会激怒铁杆民主党人，也可能会让准备好妥协的自由党人怒火中烧，因为在 1848 年革命期间对法定原则下了赌注的正是他们。俾斯麦在革命之前和革命期间极端保守的名声在拜相时就已经被各媒体炒作了一番，这样一来更是翻了旧账，看上去他这个名声算是定了格。除此之外，此前立宪矛盾的扩大升级在最后关头极大地摧毁了议会和政府之间的信任关系。对此，俾斯麦也无能为力。但是他从未开始的任务，即尽可能地消除矛盾，也并没有因此变得更容易完成。

甚至于他的老朋友罗恩伯爵也对他在预算委员会的演讲做出了尖刻的评论，他认为即便及时"机智地岔开话题"也完全于事无补。这次的失败经历太过惨烈，以至于俾斯麦在 30 多年后的回忆录里对此仍不能释怀。俾斯麦在回忆录里提到威廉国王时这样描述道：他显得如此不安，显然陷入了要将这个勉强任命的首相再度免职的思绪。因为不这样做的话，他这个国王的生命可能就要以上柏林歌剧院广场断头台的方式而结束了。然而俾斯麦向国王身边老将们的呼吁奏效了，因为他对他们说战争恐怕永远不可避免，因此他最终免于被提早解职。[5]当然，他分外地清楚，不管用什么方法，他迟早必须解决同下议院自由党多数派的内部矛盾。因为国王要是再固执己见地在陆军改革问题上拒绝哪怕是象征性的让步，他的首相就只能另寻别的途径来讨好自由党议会代表了。

第一次机会就出现在 1862 年 11 月对库尔黑森立宪争端的干涉上。从 1848 年开始，在重新施行专制主义统治的黑森－卡塞尔选帝侯和人民代表之间就已经酝酿着矛盾。当矛盾的火焰再次被点燃的时候，普鲁士首相便以出乎意料的手段加以干涉：俾斯麦以武力威胁选帝侯，强迫其屈服于议会。他同时向这个受了惊的黑森自由党领导人解释说，虽然对方称他为一个"固执的乡村容克"，但他也的确在普鲁士"真心地追求社会平等"。但如果这个追求失败了，那么根据他的经验，就只能依靠军事独裁来解决。[6]

通过对库尔黑森事务的插手，俾斯麦还达到了另一个目的。他的前任曾在 1862 年春同法国签订了一项贸易协定。要让这项协定完全产生实际效力，到俾斯麦继任的时候，他自然必须如约将余下的德意志关税同盟成员国也纳入进来。然而这些成员国的大部分迫于奥地利的压力拒绝了这个要求。相反，普鲁士下议院却对缔结这项贸易协定表现得特别热情和支持，并要求在迫不得已之时对反对此协定的其他成员国采取暴力手段。在黑森－卡塞尔，这一目的通过普鲁士对其选帝侯的干涉而得以实现。而且相对于普鲁士上议院，俾斯麦自己也拥护下议院在这件事情上的立场。自此之后，他便终于被极端保守贵族统治的上议院冠以了叛徒的恶名。

德意志邦联内部的形势也给了俾斯麦向下议院多数派理直气壮地说话机会，即他和他的政府决不会只谋求贵族的利益，相反还会作为民族运动的盟友贡献一分力量。从 19 世纪 60 年代初奥地利对普鲁士的地位构成威胁以来，这一点看起来更是尤为必要。在 1859 年同意大利的战争失利之后，哈布斯堡皇朝内部被深深地撼动了。为了给帝国内部不断膨胀的怒火找到一个出口，皇帝弗朗茨·约瑟夫在 1861 年向他的臣民颁布了一部宪法，并组建了议会。在德意志邦联内有民族主义倾向的自由党人之中，这个举动让奥地利突然赢得了威望，而由于立宪矛盾的存在，普鲁士对他们的影响力则江河日下。弗朗茨·约瑟夫政府趁热打铁，利用当前的利好形势在邦联推行改革。奥地利尤其建议从各个成员国的议会中选出代表组成一个大会，以便在各个成员国内制定统一的经济法和民法。非常明显，这个提议意在帮助奥地利在民族运动中积累好感。然而在 1863 年初，俾斯麦就打出一张比奥地利更大的王牌：他对法兰克福邦议会的普鲁士代表申明，只有直接由人民选举的代表才能"产生对德意志民族共同事务发挥作用的合法组织机构"。另外俾斯麦还补充说，这样的邦议会还能够拥有现有"邦联层面缺少的立法权"，而且一定会格外符合有民族思想倾向的自由党人的心意。[7]

在法兰克福议会上的努力恰好也达到了这一目的，正如俾斯麦事前向国王阐明的那样：必须要"激发普鲁士的民族感情，对于想要保留对这一有利地区采取军事行动可能性的分裂行为，我们要将其视为民族的敌人"。[8]俾斯麦认为，首先要考虑在盛行的"德意志问题"上赢得比自由党人更多的支持，然后将他们彼此拆散，至少要让他们中的一部分在普鲁士做好妥协的准备。事实上俾斯麦从未认真考虑过，要让一个直接选举出来的德意志议会拥有唯一的立法权。尽管如此，对于俾斯麦来说，建立一个全国性的人民代表机构的想法还是非常有吸引力。直至 1866 年，他多次反复强调普鲁士应在这个方向上有所尝试，从这一点看他并不完全是在假装。因此他对奥地利提出的建立一个由各个邦联成员国议会代表组成的德意志邦联议会的建议并不感冒，因为"自由党人在邦议会的基本路线"正是要将他所追求的"保守立场"排除在这样的议会之外。[9]出于这个原因，在德意志邦联推行改革的争议中，他最终成了成年男性公民普选权的辩护者。而对于主要偏向有差别选举制度的自由党人来说，此举实际上不是要同他们对着干，更多的是要断了他们赖以生存的根基。俾斯麦相信，"在一个有着君主统治传统和效忠信念的国家，消除了自由主义资产阶级影响的普选权最终也会变成君主的选择"，"而在普鲁士，几乎所有的国民都忠于他们的国王"。[10]

直至 1866 年普奥战争爆发，随着在德意志邦联内部不断推行改革，这个普鲁士首相同时也在多个层面上追求着自己的目标。在公众层面，他极力向德意志民族运动靠拢。暗地里，他又对当时领导民族运动的自由党人进行各种拆台。他同样非常想要把普鲁士的竞争对手奥地利排除在德意志邦联之外，这甚至是他的主要目标。俾斯麦曾经形容说，事实证明，当着哈布斯堡代表的面反复提及"和黑红金相关的事情"对实现这一目标尤其管用。[11]

因为尽管他特别在乎自由党人的支持，但对他来说，这并不是最紧要的事。虽然他非常想要长期地结束同普鲁士下议院自由党多数派的立宪矛盾，但对他来说，这也不是太迫切的事。"与当前同下议院的和平局面相比，还有更重要的问题亟待解决，"俾斯麦在拜相后不到两个月时说，"与那些人肯定不会长久地和平下去。"[12]1863 年初，当为了争取议会在国家预算案尚存争议问题上做出让步的努力一度全数落空之时，俾斯麦对议会代表声明，政府将在议会最终批准的国家预算案基础上继续执政。这是所谓宪法缺口理论的再现：普鲁士的宪法中并没有关于众议院与政府之间不可调解的冲突的条款，这就是一个缺口。"谁掌握有权力，谁的意志就处于优势地位，因为国家的政治生活不能有片刻的停滞。"[13]

自由派反对党被激怒了。他们在议会决议和报刊上大肆攻击首相，并煽动公众舆论发起抗议。作为回应，俾斯麦拿出国王批准的法令，对反政府的报纸刊物进行审查并发布禁令，实际上剥夺了由宪法所保障的出版自由。矛盾形势再次恶化升级。然而这并不能打破现有的僵局。而反对党正等着对方给自己认错道歉。最后，还是政府和他的首相控制住了局面。尽管如此，或者说恰好因为他们的报刊遭到了镇压，自由党人暂时还能够继续煽动大众舆论。不过这已是他们手中的唯一武器。他们不敢呼吁抑制收税，这会让政府真正地陷入困境。他们不相信追随者们会与自己共同进退。由于经济发展景气，国家的税收收入持续大量增加。对 1864 年普丹战争和 1866 年普奥战争的大笔支出，政府可以不费吹灰之力便筹集到资金，比如通过向科隆－明登铁路公司售卖国家股权以及在资本市场借贷就可以实现。

因此在普鲁士持续的国内矛盾中，甚至俾斯麦也不能认识到，"强有力"的普鲁士外交政策可能会使其背负象征性的罪责。不过并不是所有人都这么认为。俾斯麦的前任——外交大臣贝恩斯托夫伯爵（Graf Bernstorff），时任驻伦敦大使，他在 1863 年初坚决要求与下议院和解，因为他认为"内部的争论不休"会妨碍对外政策的制定和实施。而俾斯麦对这样的担心却表现得无动于衷："它们会妨碍我们什么呢？"[14] 在这一点上他的老对手罗伯特·冯·戈尔兹是表示支持的。至于怎样向他以及普鲁士和德意志邦联的自由党人和民族运动者更多地让步，俾斯麦在一封私人信件中这样回答道："直到我政治生涯的最后时刻我也要毫无保留地说"，"40 年来我们一直追求'德意志'一词能够深入人心，对这一幻象的追求让我们失去了在德国和欧洲的地位，随波逐流和引导舆论走向并不能让我们再度赢得这样的地位，只能立足于自身的强大，先是强国，然后才是邦国……他们相信，在'德意志的公众舆论'、议会和报纸等地方总是暗藏着某种力量，它能在一个联盟或者霸权政策中支持和帮助我们。我认为这是一个彻头彻尾的错误认识，是一种不切实际的想象。我们的强大并不是来自于议会和高压政策，而只来自于有军事力量做保障的大国政策"。[15]

因此俾斯麦也没有踌躇太久。通过在库尔黑森立宪矛盾问题上和对德意志邦联至少数自由党人的表态，他赢得了一些好感，他决定拿它们再次作赌注，以此为契机换取同毗邻强国俄国的友谊。1863 年初，在俄国西部省份再次爆发了波兰民族起义。对于当时的沙皇政府来说，这无疑是一次沉重的打击。因为在克里米亚战争失利后，圣彼得堡方面施行的改革措施显然并没有使这个国家真正安定下来：波兰民族起义看起来更像是引发更大规模内乱的先兆之一。而沙皇皇宫的改革党起初甚至考虑，在上一次波兰民族起义之后恢复当地的自治，这样一来便没得谈了。在俾斯麦的授意下，一名普鲁士特使表达了对沙皇在波兰民族起义问题上强硬立场的大力支持，并趁机向沙皇建议签订俄国－普鲁士军事公约，共同对起义进行镇压。

这一提议必然不会付诸行动，因为俄国人很快就独自解决了问题。尽管如此，俾斯麦在普鲁士内政，特别是在外交政策上的成果还是相当显著的。同保守的俄国合作仍然让普鲁士的自由党人感到愤懑。而因拿破仑三世喜欢充当欧洲民族运动的庇护者，其统治下的法国也对此表达了不满。巴黎同伦敦和维也纳一样，向柏林和圣彼得堡发去外交照会，以抗议两国对波兰民族解放运动的镇压。但这并没有取得什么实际效果。通过此举，俄国和法国在克里米亚战争之后达成的薄弱共识自然再次崩塌。俄国同普鲁士以及两国首相之间的联系，反而得到了加强。当然，俾斯麦肯定不会相信沙皇从此就会无条件地支持普鲁士。但是如果他想要继续维护同圣彼得堡的关系，只需要在普鲁士和奥地利因德意志邦联内部积累的矛盾升级为公开的军事行动时，能够指望俄国保持善意的中立就可以。

相比之下，与巴黎方面的关系实际上要棘手得多。自从通过克里米亚战争获得欧洲大陆的霸权地位之后，法国便暗中等待一个鹬蚌相争渔翁得利的机会，它想要作为幸灾乐祸的第三方从普奥争端中获利。即便如此，这也并不能扭转 19 世纪 60 年代拿破仑三世在法国地位的日趋衰落和更加复杂的政治局面。而这个法国皇帝在国内的地位越受指摘，他就越需要依靠外交政策来为他赢得威望。自 1860 年以来，拿破仑就不得不将越来越多的职权让渡给议会。由于他由公民选票构建的权力基础被侵蚀，他的政府必须赢得更多党团的支持。此外，从 1863 年开始，皇帝的健康状况就一天不如一天。膀胱结石和痔疮让他饱受折磨，他根本不能下地行走，晚上也不再能入眠，而白天就在内阁会议上打瞌睡。皇后承担了部分政府事务，他的大臣们越来越经常地不经过请示就擅自行事。在清醒的时候，拿破仑就召见他们并宣布他们施行的政策无效。

这样一来，拿破仑在宫廷中的势力斗争逐渐变成了拜占庭式的尔虞我诈，因此法国的外交政策也就越来越让人无法捉摸。1862 年底，俾斯麦就以普鲁士首相的身份访问过巴黎，为的是摸摸法国的底。通过和拿破仑及外交大臣的会谈，他有了一个印象，那就是一旦奥地利和普鲁士之间爆发战争，可以相信法国会保持善意的中立。然而他很快就明白，这种想法是错误的。更确切地说，巴黎方面似乎想要对多种可能性尽可能地保持开放态度。显而易见，法国在外交上怎么谈都可以。俾斯麦猜不出，在普奥冲突时是否保持中立这个问题上法国会做出怎样的回应。拿破仑有一次曾含糊地表示，能占领萨尔河畔或者法尔茨地区的小块领土他就满意了。然而就在第二天，他的外交大臣就声称，如果把中立的莱茵普鲁士割让给法国，那么普鲁士就可以换取在北德意志或者奥地利的地盘上扩展疆域的机会。然后法国驻柏林大使又向外界吹风，称普鲁士要支持法国吞并卢森堡或比利时。最后巴黎方面又称，实际上法国根本没有提过这个要求。

法国在对奥战争的立场方面就是这样不可捉摸。让俾斯麦更没有料想到的是，普鲁士的军队更愿意同奥地利的士兵并肩作战，而不是向他们开火。在拜相后不久，俾斯麦就向哈布斯堡皇朝的外交使节提出了两种方案，不管哪种方案都没有将双方合作的可能性考虑进去。俾斯麦考虑的一种可能是，普鲁士和奥地利的关系"早晚会正式破裂，战争是最后的出口"。或者，为了避免矛盾升级到非战不可的地步，两国可以相互划定势力范围。为此奥地利必须要对普鲁士"天然的领地——北德意志"放手。哈布斯堡帝国不应该把"战略重点放在德意志身上"，而应该转向匈牙利，将目标对准意大利，以及柏林会乐意支援的东方国家。[16] 然而相安无事一年之后，普奥两国并没有在欧洲南部或东南部共同陷入战事，而是在欧洲北部，也就是石勒苏益格－荷尔斯泰因地区发动了军事行动。双方没有选择在德意志邦联相互划定对这一地区的控制范围，他们选择了战争，这两个公国甚至一度因此面临被战争双方共同统治的局面。

石勒苏益格和荷尔斯泰因的历史背景和发展问题非常错综复杂。巴麦尊勋爵曾说过一句名言：只有三个人真正理解了石勒苏益格－荷尔斯泰因问题：第一个人死了，第二个人疯了，而第三个人——也就是他自己——弄明白了又不记得了。在巴麦尊的推动下，欧洲的几个大国于

1852 年在伦敦签订议定书，目的是一次性解决石勒苏益格和荷尔斯泰因问题。议定书规定石勒苏益格和荷尔斯泰因公国在法律上作为主权国脱离丹麦，但要接受兼任它们君合国君主的丹麦国王的管理。为此议定书还指定了丹麦王位的合法继承人，并最终确定了石勒苏益格－荷尔斯泰因的不可分割性。

然而众列强并没有对民族解放运动有所估计。1852 年过后，哥本哈根议会不断尝试将丹麦至少同石勒苏益格统一，原因在于后者北部的居民说丹麦语。1863 年，丹麦议会颁布了一部新宪法，宣布对石勒苏益格也同样生效。虽然当时的丹麦国王拒绝了这个提案，继位的新国王却很快投了赞成票。此举违背了伦敦议定书的规定，新国王作为石勒苏益格和荷尔斯泰因统治者的合法性自然受到了质疑。包含荷尔斯泰因在内的德意志邦联决定动员成员国军队反抗丹麦。在高涨的德意志民族运动呼声下，萨克森和汉诺威向荷尔斯泰因地区和其南部同样与丹麦为君合国关系的小公国劳恩堡派兵维和。

俾斯麦先是静观其变。因为他非常清楚，在石勒苏益格－荷尔斯泰因事务中，他不想要的结果是什么。在 19 世纪 50 年代担任德意志邦联议会代表期间，他就警告过普鲁士政府，在这个问题上"不要对没有机会获得的实际利益而付出代价和自寻烦恼"。他建议实行谨慎的外交政策，称应"在所有没把握的阶段多听听欧洲内阁的声音"。[17] 俾斯麦向当时与他共事的丹麦代表声明，一个出于对其南部毗邻强国的恐惧，而选择同其他德意志中等邦国或者奥地利结盟的独立石勒苏益格－荷尔斯泰因，普鲁士无论如何不会感兴趣。如今他又重申了这一点。而至于那个来自奥古斯滕伯格家族的自由党候选人，虽然德意志中等邦国和德意志民族运动一致认为其大有希望赢得石勒苏益格－荷尔斯泰因的大公头衔，他却完全不对俾斯麦的胃口。

对有"民族主义情结"候选人的反感也为同奥地利达成共同行动上的一致提供了契合点。在维也纳，人们敏感地反对一切企图使用暴力手段改变欧洲民族主义精神版图的做法。意大利民族国家的统一在当时刚刚完成，哈布斯堡皇朝为此付出了惨痛代价，这让他们心有余悸。如果奥地利向意大利学样，那么这个多民族国家的分裂则指日可待。这样的苗头恰好在 1863 年 11 月底就出现了，在民族解放运动的鼓动下，德意志邦联的大多数中等邦国要求用军事手段扶持奥古斯滕伯格家族在石勒苏益格－荷尔斯泰因上台。在这件事情上，俾斯麦居然和他在法兰克福议会的老对手、时任奥地利驻德意志邦联公使、奥地利外交大臣雷希贝格伯爵站在了同一战线，双方一致同意对此进行抗议。1863 年新年前夜，俾斯麦对家人说："我现在和雷希贝格'同心同德'，我不知道以后能同他走多远，但总归开了个好头。"[18]

如此一来，普鲁士和奥地利便联手阻止德意志邦联宣布奥古斯滕伯格家族成员为石勒苏益格和荷尔斯泰因大公。1864 年 1 月，双方还一起对丹麦下了最后通牒，要求其尊重在伦敦议定书下形成的国际法律秩序。不过丹麦人并没有屈服，在这种情况下，普鲁士和奥地利的军队在 2 月初越过了石勒苏益格的边界。第二天，俾斯麦第一次向他的内阁同僚和国王威廉征寻吞并石勒苏益格－荷尔斯泰因地区可能性的意见。此举无疑同丹麦一样也不符合国际法律的规定，或者说也不在德意志中等邦国的计划内。从普鲁士的内阁会议纪要来看，这也不是确定下来的普鲁士外交政策。倒是两个公国的合并在当时被认为是一种选择。普鲁士方面是否会将这种可能性变为现实，还是要看接下来军事和外交活动的进展情况。

面对普奥联军在石勒苏益格地区的侵犯，丹麦军队进行了顽强抵抗。他们首先在施莱湾（Schlei）的"丹麦防线"上构建防御工事。然而当时河水结冰，人数是丹麦士兵几乎两倍的普奥联军得以在冰面上前行，并成功突破了对方的防线。在暴风雪中，丹麦人撤退到了石勒苏益格东部的迪伯尔堡垒（Düppeler Schanze）。普奥联军一时无法拿下这个防御点，于是他们尝试绕开堡垒跨越石勒苏益格和丹麦边界。

鉴于对时局的日益担忧，一直关注北海沿岸局势的英国首相巴麦尊勋爵向列强发出前往伦敦参加国际会议的邀请，以期通过外交手段解决争端。而在 1864 年 4 月，也就是会议开始前几天，普鲁士步兵部队攻陷了迪伯尔堡垒。普奥联军牺牲了几百名士兵，而更多的丹麦士兵因此丢了性命。

两个月过后，伦敦会议的谈判仍毫无进展。丹麦方面拒绝一切让步，因为他们寄希望于得到其他大国，尤其是英国的帮助。当时年近 80 的巴麦尊事前曾公开向丹麦许诺，声称英国愿意向其提供帮助。然而由于没有先同内阁商议，这个满头白发的英国首相遭到了内阁成员的强烈抵制。他们认为，因为违反了 1852 年的伦敦议定书，最终是丹麦自己触发了战争危机。而维多利亚女王——因为她的一个女婿是普鲁士选帝侯、一个侄女嫁给了奥古斯滕伯格家族——也投了巴麦尊的反对票。就这样，召集这场会议的英国东道主内部首先分裂了，进而最终失去了调停的能力。拿破仑三世再次以民族解放运动庇护者的身份建议在石勒苏益格举行一次全民公投。自然，此举从一开始就不仅毁掉了法国代表团同奥地利合作谈判的基础，还失去了同俄国联合的可能性。在会议准备期间，沙皇就曾建议巴麦尊进行共同军事演习，以使局势对丹麦有利。尽管圣彼得堡方面想要阻止普鲁士和奥地利向波罗的海入海口派驻军队，但是俄国本身并没有做好干涉普鲁士和奥地利内政的准备。此外，俾斯麦适时地释放出信号，表示普鲁士愿意支持与沙皇沾亲的奥尔登堡大公成为石勒苏益格－荷尔斯泰因的君主。他同时暗示法国，对于在石勒苏益格举行全民公投的建议，他完全支持。

/ 153

会议开了两个月，却并没有获得什么实质性的成果。与会方仅就 1852 年伦敦议定书的作废问题达成了一致。会议结束第二天，临时停火的丹麦再度开战。俾斯麦担心英国会迫于国内民众支持丹麦的压力而出动舰队对战争横加干涉，这种忧虑情绪还持续了好几个小时，他唯恐普奥军队从海上登陆丹麦岛屿的计划会受到阻碍，从而失去决定战争走向的机会。后来他还是松了口气："从政治上讲，这是好事，好到让我担心，但愿能这么继续好下去（pourvu que cela dure）。"[19]

由此，两大德意志强国组成的联军在战争中大获全胜。英国反对党领袖本杰明·迪斯雷利十分关注这次就丹麦问题而召开的伦敦会议，他分析称，联军的胜利部分要归功于俾斯麦在外交上耍的手段。不过更多的取胜因素还是在于当时特别有利的国际环境：俄国在各种利益中间举棋不定，英国政府因为内讧而丧失了斡旋能力，法国则咎由自取，陷入被孤立的境地。最后只剩下一反常态同奥地利联盟的普鲁士，其他大国中没有一个敢径自与之作对。[20]

1864 年 7 月初，毫无胜算的丹麦军队宣布投降。战后签订的和约规定，丹麦向战争获胜方割让石勒苏益格、荷尔斯泰因和劳恩堡公国。在条约拟定期间，普鲁士和奥地利开始就如何瓜分战利品进行谈判。1864 年 8 月，普鲁士国王威廉和奥地利皇帝弗朗茨·约瑟夫为此在维也纳的美泉宫会面，双方的外交大臣也陪同出席。

一见到伊丽莎白皇后，俾斯麦就断定她是"最美丽的女性"，他在回忆录里这样写道。[21] 随后他向他昔日的同事雷希贝格提议说，石勒苏益格 - 荷尔斯泰因问题最好回到划分势力范围轨道上去，1862 年底他也向奥地利驻柏林大使这样建议过。这次雷希贝格被俾斯麦说服了，将由此拟定的条约草案提交给了两国元首。根据草案，整个石勒苏益格 - 荷尔斯泰因地区划归普鲁士。作为对奥地利的补偿，柏林方面承诺帮助维也纳夺回 1860 年被意大利夺走的伦巴第地区。然而两国君主对此草案均抱怀疑态度，并最终予以否决。弗朗茨·约瑟夫认为这一政治交易与哈布斯堡的声望不相匹配。而奥古斯滕伯格家族和奥尔登堡家族本有承袭石勒苏益格和荷尔斯泰因公爵爵位的权利，对此普鲁士是否可以不用理会，威廉心里也直打鼓。

他怀疑俾斯麦利用他的迟疑态度破坏美泉宫条约，进而在石勒苏益格 - 荷尔斯泰因问题上趁机同奥地利撕破脸。不过在当时的情形下，俾斯麦不太可能做出如此背信弃义的事。关于雷希贝格在条约草案里拟定的内容，俾斯麦在前后两年间也不断提出建议。条约流产之后，他还在柏林继续为普奥合作进行申辩。普鲁士贸易和财政大臣拒绝签订对哈布斯堡皇朝有利的贸易合约，对此俾斯麦回击道："（签订贸易条约）是对眼下政治局势通盘考虑的结果，也就是说只要还没有签订与丹麦的和平条约，重中之重就是要取得维也纳内阁对我们的良好意愿"。[22] 不过即使在与丹麦缔结了和平条约之后，当国王威廉认为没必要再有此顾虑时，俾斯麦仍坚持普鲁士同奥地利的合作。他对王储这样说道："因为为了在更重要的问题上取得足以撼动维也纳的信任，普鲁士需要这样的合作，尤其当我们给对方留下了我们对两国联盟已不再信任的印象时。"[23]

是什么样"更重要的问题"让同奥地利的联盟在俾斯麦看来是如此的宝贵呢？俾斯麦在当时曾给雷希贝格去过一封私人信函，信中他有意提起两人担任德意志邦联驻法兰克福议会公使时的日子。在那段时间里，两个人是对手，因为他们各自代表的两个德意志大国也是对头。他现在又说，我们要避免重新回到"老路"上去，"在那条老路上，普鲁士和奥地利都吃了亏，过了十多年仍止步不前"。对于俾斯麦自法兰克福议会时期就提出的划分势力范围的建议，从雷希贝格当时的公开表态就可以看出，"施行一项崭新的、有活力的共同政策"，他认为是有可能实现的，"这是出于团结德意志的力量抵抗内忧外患的考虑，是出于重铸君主专制统治基础的需要，也是出于对革命去害化的酌量"。[24]

由此可知，对于在 1864 年普奥联军共同战胜丹麦之后的普鲁士首相俾斯麦来说，企图向奥地利挑起军事冲突的想法暂时还非常遥远。当时的他更关心两国能否在石勒苏益格－荷尔斯泰因问题上达成和平共识。因为这是消除普鲁士和哈布斯堡皇朝在德意志邦联分歧的关键，还可能再次为他坚决实行保守的内外政策扫除障碍。从根本上来说，俾斯麦同雷希贝格一样，仍对重回神圣同盟时代抱有幻想。然而事实非常清楚地证明，他并不是无所不能。在女王和王储的影响下，普鲁士国王在同奥地利签订贸易合约这件事上并没有听从俾斯麦的建议，而是站在了贸易和财政大臣的一边。这样一来，贸易合约没有达成。奥皇弗朗茨·约瑟夫为此撤了外交大臣雷希贝格的职。

尽管如此，俾斯麦在 1865 年仍坚持将同奥地利的合作与共识视为优先考量的对象。而因为石勒苏益格－荷尔斯泰因问题引发两国决裂和战争的可能性越来越大，这对于他来说仍只是第二位的。"我们是爱好和平的"，当奥地利在 1865 年春开始采取行动，要求中等邦国同意加封奥古斯滕伯格家族成员为石勒苏益格－荷尔斯泰因大公时，俾斯麦对普鲁士驻法兰克福议会代表这样指示到。他表示，柏林方面因此要做好准备给维也纳"考虑的时间"。只有等这个时间过去，普鲁士才会"接受对方的挑衅，哪怕是皇帝发起的，也不例外"。1865 年夏天，俾斯麦在给一位老朋友的信中写道："从爱好和平的外交官立场出发"，这样的进展不是什么好事。"这不是我所期望的，但是奥地利这样做只会让我们在荷尔斯泰因沦为笑柄。与其这样还不如开战，在奥地利这样的政策之下，战争的爆发只不过是时间问题。"10 月，他告诉一个同事说，他依然"憎恨"通过武力来解决争端。"没有我们在重建德意志君主专制统治上的撑腰"，维也纳的弗朗茨·约瑟夫政府"到最后也成不了什么大事"。[25]

从各种理由出发，俾斯麦很长时间都坚定不移地相信，奥地利最终会在石勒苏益格－荷尔斯泰因事务上妥协，并借此开启德意志民族两大势力之间更长远的合作之路。其中一个理由就是疆域版图问题。哈布斯堡皇朝在欧洲东南部已经占据了坚固的领土。什么样的利益能促使奥皇弗朗茨·约瑟夫想要夺取 800 公里以外的欧洲北部领土呢？况且还要从陆路上跨越普鲁士的统治区域。事实上，奥地利外交大臣雷希贝格的继任者蒙斯多夫伯爵（Grafen Mensdorff）在他第一次正式活动时，就向柏林提出了交换条件：普鲁士可以占领整个石勒苏益格－荷尔斯泰因地

弗朗茨·约瑟夫一世，1866 年

区，但前提是放弃南部的霍亨索伦飞地以及西里西亚的部分地区。

　　国王威廉自然没有答应这个要求，这样做等于是将他祖先在施瓦本－阿尔卑斯山地区打下的江山当作了政治交易的筹码。对此，俾斯麦在1865年春提出了一个新的建议。当时奥地利糟糕的财政状况已是一个公开的秘密。为什么不将石勒苏益格－荷尔斯泰因卖给普鲁士呢？奥地利的财政大臣早就急不可待地想要接受这个建议了。然而碍于弗朗茨·约瑟夫对声望的看重，这一交易再次流产了。皇帝认为，单是向他征求对这件事的意见就是彻头彻尾的忤逆行为。

　　因此，维也纳方面更愿意绕开这块"名誉禁区"，考虑用其他办法来缓解哈布斯堡皇朝的财政危机。迫于来自各方越来越大的压力，奥地利外交大臣只好煽动与普鲁士开战。奥地利财政部甚至连获胜后将从柏林方面获得多少战争赔款都盘算得一清二楚。不过，军事行动在准备阶段就需要耗费大量资金，对于已经在资本市场负债累累的奥地利来说，要筹措起来并不容易。相比之下普鲁士就轻松得多。在同一时间内，普鲁士为可能爆发的普奥战争进行了筹款动员，筹集到的战争款已经到位。俾斯麦为此想要达到的首要目的，自然是让哈布斯堡皇朝的努力付之东流。1865 年 7 月初，俾斯麦向他的老朋友——普鲁士陆军大臣阿尔布雷希特·冯·罗恩伯爵表示："我们的任务仍然是通过奥地利主动发起的资金战使其陷入瘫痪，并设法与之签订和平条约。"[26]

1865 年盛夏，哈布斯堡皇朝仍没有将战争必需的资金筹备到位。而普鲁士对奥战争的财政支持在当时已得到了保证。普鲁士总参谋部里的战前准备工作也已经进行得如火如荼。总参谋长赫尔穆特·冯·毛奇（Helmuth von Moltke）在 5 月的一次内阁特别会议上就曾声称，普鲁士军队已经做好了同哈布斯堡皇朝战斗的准备。国王威廉也表达了用武力说话的意愿。

然而此时俾斯麦却迟疑了。奥地利不惜为了离其如此之远的石勒苏益格－荷尔斯泰因地区而发动战争，这显得不合情理。不仅如此，德意志邦联内部的资本市场已经被普鲁士的借款消耗殆尽，维也纳方面也根本没有调动其军队所需要的足够资金。而且从国内形势来看，奥地利也相对处于不利地位。普鲁士颁布了宪法，因为这部宪法还引发了国内矛盾——不过普鲁士政府处理好了这个问题。相反，奥地利政府甚至连一部宪法都不能容忍。1861 年，维也纳成立了代表整个哈布斯堡皇朝的帝国议会，却从一开始就受到了匈牙利和克罗地亚的抵制。1863 年以后，捷克人，甚至于蒂罗尔人也不再参加议会会议了。至于德意志邦联的议会代表们，他们也分裂成了大德意志主义者和大奥地利主义者、联邦主义者和联盟主义者、教会团体和世俗一派。1865 年，奥皇弗朗茨·约瑟夫宣布暂时废除宪法并临时解散了议会。

鉴于国内形势以及不可能支持一场对普战争的惨淡的国家财政状况，1865 年 8 月，奥地利在石勒苏益格－荷尔斯泰因问题上做出了让步。

在普鲁士国王的休养地——奥地利小镇巴特加斯泰因（Bad Gastein），双方签订了《加斯泰因协定》，规定了对两个公国势力范围的暂时划分。奥地利分得了荷尔斯泰因的管辖权，普鲁士则得以管理石勒苏益格。丹麦在和平条约里同时放弃了劳恩堡的领土，其中一部分割让给了普鲁士，维也纳则获得柏林 250 万塔勒的补偿款。这给了俾斯麦不日再将荷尔斯泰因买回来的希望，特别是奥地利人又拒绝了他提出的，将石勒苏益格和荷尔斯泰因合并后由两国共同管辖的长期解决方案。10 月初，他在与拿破仑三世在比亚里茨的一次会谈中说，"我们希望能通过赔款的形式获得荷尔斯泰因的占有权"。[27]

当时的俾斯麦并不知道，奥地利在拿破仑的斡旋下已经同法国的银行达成了 9000 万塔勒的贷款意向。而且这个法国皇帝显然也不认为有必要告诉他这个消息。1865 年 11 月底，奥地利顺利地同这些银行签订了贷款合同。由此，哈布斯堡皇朝在财政方面做好了战争的准备。但是由于必须偿还巨额利息，这笔贷款也是杯水车薪，只能在极短的时间内改善奥地利潦倒的国家财政状况。而维也纳方面更是铁了心，不惜将现有的一切资金力量投入到可能的战争中去，以期待奥地利的获胜能够在缓解国家财政紧张和化解内政危机方面起到一箭双雕的作用。

在这种情势下，几千名来自德意志各邦国的民众于 1866 年 1 月在荷尔斯泰因所属的阿尔托纳区示威游行，要求召开石勒苏益格 - 荷尔斯泰因等级代表会议，以及推举奥古斯滕伯格家族成员为两公国的统治者。奥地利驻荷尔斯泰因的总督默许了这次游行。在柏林方面看来，这是对《加斯泰因协定》的挑衅和破坏：在没有普鲁士参与的情况下，哈布斯堡皇朝再次联合中等邦国和自由主义的德意志民族运动挑起事端。俾斯麦言辞尖锐地向普鲁士驻维也纳大使进行质问。他称，"看到在奥地利双头鹰保护下，针对王权的革命势头正在蔓延，柏林方面感到痛心"。[28] 而维也纳方面的回应也同样不客气：哈布斯堡皇朝不会"允许它的荣誉、影响力和声望有所折损，也不会让它昔日取得的地位被轻易取代"。[29]

2月底，普鲁士枢密院会议允许军队为开战做一切准备。唯有王储对此表示反对。3月中旬，奥军攻到波希米亚边境的消息传到了普鲁士。因此在3月底，国王威廉下令调集部分普鲁士军队。10天过后，也就是4月8日，通过总参谋长毛奇在枢密院会议上的协调，普鲁士与意大利秘密结成短期同盟。意大利人愿意结盟的目的在于对威尼斯的争夺，在1859/1860年意大利统一战争之后，威尼斯仍在奥地利的统治之下。一旦普奥开战，在接下来的三个月当中，他们就有义务从欧洲南部向哈布斯堡皇朝发起进攻。

即便如此，战争在当时看来也并不是势在必行。2月，奥地利内阁表示要继续通过外交渠道寻求与普鲁士和解的可能性。奥皇弗朗茨·约瑟夫将军队调集到普鲁士和波西米亚边境的决定，是在违背维也纳政府意愿的情况下做出的，由于奥军统领集结部队的速度太慢，他才不得不向其施压催促。而在柏林的国王威廉却在王储的影响下，对要不要继续扩大军事动员，或者干脆中止行动犹豫不定。

1866年4月，中止军事行动的想法实际上占了上风，两方都伸出了和平的橄榄枝。普鲁士提议将其军队从两国边境撤退，前提是奥地利先以身作则。4月底，奥地利外交大臣同意了这个建议。尽管俾斯麦仍抱有怀疑态度，国王威廉还是对奥地利做出承诺：普鲁士随后也将撤军。然而与此同时，维也纳方面接到了关于意大利军队向哈布斯堡南部边境进军的消息。皇帝弗朗茨·约瑟夫听从了奥军统领的建议，下令将部队调集过去，外交大臣迟疑之后也表示了同意。对此，意大利做出了将全部兵力调遣过去的回应。普奥边境的撤军建议因此便付诸东流了。5月初，奥皇弗朗茨·约瑟夫下令继续加强北方兵力。当柏林方面得知此事时，气急败坏的威廉便指示即刻将所有普鲁士军队动员起来。

即便在这样的情况下，战争还是和平，仍然无法最后定论。因为在政治舞台的背后，俾斯麦还隐藏着别的心思。4月中旬以来他就开始努力扶持两个出身萨克森的兄弟，以防止对石勒苏益格－荷尔斯泰因和德意志邦联的妥协会引发战争危机。路德维希·冯·加布伦茨（Ludwig von Gablenz）曾任奥地利驻荷尔斯泰因总督，他的兄弟安东则是普鲁士的大庄园主。两人共同制定了一个计划并分别提交给了维也纳和柏林的王室，看起来，这个适时的提案可能会在最后关头避免德意志民族陷入"兄弟阋墙"的内战。若非如此，石勒苏益格－荷尔斯泰因就可能要落入霍亨索伦家族旁系的手里了。根据计划，奥地利在这两个公国的权益将由财政赔款来补偿。除此之外，加布伦茨计划还考虑以美因河为界，将德意志邦联的军事组织一分为二。普鲁士坐拥北部军队的最高指挥权，奥地利则掌握南部军权。存续的德意志邦联要同时保证哈布斯堡皇朝对意大利领土的占领。这一提案得到了俾斯麦的热烈响应，最晚从1862年开始，他就在德意志邦联内部推行"双重"改革，这个计划实际上是将俾斯麦的改革思想再次灌输给奥地利人。然而奥皇弗朗茨·约瑟夫对此提出了一个不可能实现的条件，即要求其他德意志中等邦国也加入加布伦茨计划，这直接导致提案于1866年5月底搁浅。

同一时间，拿破仑三世提议在巴黎召开和会，邀请俄国和英国参会，试图通过大国的调停来缓和当前的危机。虽然俾斯麦对和解不再抱有希望，想要逃避这次邀请却是不可能的。因此普鲁士答应出席。相反，奥方提出条件，只有在会议不将威尼斯或者其他任何一个哈布斯堡管辖地区的归属问题纳入谈判内容的情况下，奥地利才会出席。这样一来，会议在准备阶段就遭遇了滑铁卢。因为拿破仑的目的正是设法让意大利人重新获得威尼斯，并借此与意大利重修旧好。由于法国对教皇国持续不断地侵占，法意两国的关系自1860年以来每况愈下。

1866年6月1日，也就是奥地利拒绝其他大国的调停尝试，导致会议流产的当天，解决石勒苏益格－荷尔斯泰因问题的责任就落到了德意志邦联的肩上。这意味着《加斯泰因协定》的彻底破裂。因此从各个方面看来，战争已不可避免。

但这并不是战争爆发的导火索。绝大多数欧洲国家希望奥地利能够战胜普鲁士。法国皇帝的军事参谋甚至对此笃信不疑。迪斯雷利在伦敦表示，普鲁士不可能在这场强强争战中取得胜利。连柏林证券交易所也认为普鲁士将以战败收场。俾斯麦也多少对可能失败的情况有所预估。但从某些方面来看，实际情况要比他想象的更加糟糕。

相比之下，普鲁士内政只是个小问题。尽管立宪矛盾持续升温，但也仅停留在与下议院打嘴仗上。在1865年的一次特别激烈的辩论之后，俾斯麦向左翼议会代表鲁道夫·菲尔绍（Rudolf Virchow）提出了决斗的要求，却被对方一句"得了吧"回绝了。菲尔绍是来自柏林医学中心夏洛特医院的医生和教授，他认为用手枪决斗的要求只不过再次证明了这个思想保守的首相有着迂腐的荣誉观念。而在俾斯麦看来，这个自由党人对此的态度印证了一种印象——会叫的反对派不咬人。不要指望他们在发表演说和评论之外，还能有什么实际行动。

普丹战争结束后尤为如此。战争加深了民族运动的裂痕，并加速了它的瓦解。1864年秋，民族联合会陷入四分五裂的局面。此后在普鲁士国内，越来越多的自由党人掉转了方向，将由普鲁士领导实现德意志统一和国内自由的目标抛在了身后。这更是让俾斯麦也受到了冷遇。自由党人的运动总归只是"由资产阶级上层人士所支撑的"。他在1866年3月底表示，两国在普奥边境进行的军事活动使得爆发战争的可能性越来越大："在这个关键性时刻，群众是同国家站在一起的"。他说，"在这种国内形势下，不管普鲁士政府现在由谁掌管，抑或未来由谁掌舵，我都看不出有什么能阻挡我们施行这样一项政策，即尽全力地从对普鲁士有益的和必要的角度对欧洲局势进行考量"。[30]

在俾斯麦看来，自由党反对派远不是战争爆发的一个障碍，在他们身上他也看不出什么非要反战的理由。不过，如果普鲁士赢得了对奥战争的胜利，自由党人有可能会在普鲁士内政方面做出让步，这种顾虑倒是有一定的说服力。根据一位在场人士的私人记录，1866 年 2 月底，俾斯麦在普鲁士枢密院会议上就这样声称："不是非要一场战争才能缓和国内局势，不过为了让它看起来有好处，这一仗可能还是要打的。"他希望，顺利解决立宪矛盾能够成为战争的成果之一。[31]

这一希望在后来的确实现了，它证明俾斯麦的预期是正确的，即普鲁士的内政并没有成为他在战争问题上竭力争取的重大负担。称得上重大负担的不如说是在德意志其他地区开展的民族运动。4 月，普鲁士在德意志邦联又一次大力倡导改革，建议为此成立一个通过成年男性公民普选权制度直接选出的民族议会。这主要是为了获取中等邦国人民好感的一种尝试："比起一个军团，一个德意志的议会更能够帮上我们的忙"，俾斯麦在向柏林解释为什么要提此建议时直白地说。[32]6 月 10日，普军已进入荷尔斯泰因地区，对奥地利的战火一触即发之时，他在法兰克福邦议会上重新提出了此建议的修改方案。在多数情况下，这个普鲁士首相对待民族运动的态度不是冷言冷语就是置之不理。相比之下，这种主动倡议的做法显然太少见了，以至于有被误认为耍花招的嫌疑。"如果俾斯麦继续搞这些滑稽的把戏，那么他的政治生涯也就到此为止了"，讽刺性漫画周刊《喧声》(*Kladderadatsch*) 的编辑这样取笑道：因为这种现实的讽刺远胜过他们周刊所能够做的。

1866 年 5 月初，俾斯麦遭遇了一次行刺。外界对这次行刺的反响强有力地说明了他直至当时在南德意志积累的名声有多么的差。行刺者费迪南德·科恩－布林德 (Ferdinand Cohen-Blind) 是图宾根的一名大学生，也是 1848 年革命结束后一位流亡民主革命家的继子。当俾斯麦像大多数时候一样，独自从国王的城市宫步行回到他位于威廉大街的办公室时，科恩－布林德向他连开数枪，直至被俾斯麦亲手制服。所幸这个普鲁士首相逃过一劫，仅受了几处擦伤。然而公众层面，特别是美因河南岸的民众几乎没有对行刺者进行强烈谴责，反而回以冷冰冰的沉

1866 年的一幅画描绘了科恩－布林德行刺俾斯麦的场景

默。对此，符腾堡民主党党刊甚至这样评论道，"没有人会相信，这个
年轻人是德意志民族的敌人，为了让他的祖国摆脱恶魔的掌心，他献出
了自己宝贵的生命"。[33]

比起他这个"恶魔"和普鲁士会与众多德意志中等邦国为敌，俾斯
麦更担心一旦普奥战争爆发，欧洲列强会如预期般地进行表态。虽然普
鲁士赢得了意大利这个盟国，然而这个刚刚建立不久的地中海民族国家
自然称不上是一个强国。即便如此，普意军事同盟仍然能够迫使哈布斯
堡皇朝两线作战，并在南部边境牵制住奥地利军队的一小部分力量。不
过，在库斯托扎和利萨战役中，虽然意军的军团数量远多于奥军，却在
这两场决定性战役中都吃了败仗。

在大国之中，俾斯麦最不能考虑结盟的必定是英国。1866 年 2 月底，

当俾斯麦在普鲁士枢密院会议上描绘与奥地利的武装冲突可能导致的外交危机时，除了俄国和法国之外，他根本就没有提到英国。在普丹战争中，这头大不列颠雄狮更是表现出了一副外强中干的纸老虎模样。而且巴麦尊勋爵又于1865年去世了。他留下的是一个没有领袖，内部还吵闹不休的自由党。1866年6月，正当普奥战争在欧洲大陆打响之际，这个由他一手组建的英国政府正式下台。随后英国变成了由保守党执政的少数派政府，缺乏执行力自然在情理之中。因此也就不能指望被国内问题缠身的英国人还能有闲心插手别国事务。

俄国和法国则更不能指望。沙皇宫廷给普鲁士制造的困难大到难以想象。鉴于普鲁士在克里米亚战争和1863年波兰民族起义中的立场，柏林方面曾认为圣彼得堡对于普奥战争应持友善的中立态度。如果说这一设想突然变得让人疑虑，那么主要原因在于俾斯麦。1866年4月，他曾在德意志邦联力争建立一个民主选举的民族议会。这一举动根本没能赢得德意志中等邦国的支持，更是失去了保守的俄国政府的政治好感。从那个时候人们就开始怀疑，普鲁士和它的首相——因为捍卫保守和君主制原则而被人熟知的俾斯麦，也许会转身投向民主主义和民族运动。在如此不利的情形下，俾斯麦或许会将5月针对他的刺杀行为视为一种幸运：在事件发生的当天，他曾向圣彼得堡拍去一封电报，其中着重指出了此次事件同一名南德意志的共和党人有关，这说明德意志邦联中有民主思想倾向的团体仍将他视为"君主制原则的代表"，而他的确也是。[34] 然而在战争开始之后，圣彼得堡还是将橄榄枝伸向了奥地利一方，因为奥地利被认为是正统原则的捍卫者。因此柏林方面担心，一旦战争局势有利于己方，俄国便会出面干涉。

在俄国插手的情况下，法国肯定不会坐视不管。同往常一样，拿破仑三世对多方的利益权衡再三，四处谈判。因为巴黎方面相信奥地利会取得战争的胜利，他此刻就要将最猛烈的大炮对准维也纳。法国驻奥地利的外交官表示，如果维也纳不向拿破仑三世做出相当的妥协，那么法国也许会像 1859 年支持意大利那样也帮助普鲁士对抗这个多瑙河的君主国家。几天前，哈布斯堡皇朝以拒绝就威尼斯归属问题谈判为由使得巴黎和会流产。因此，为了让法国在战争中支持自己，就算是恨得牙痒痒，奥地利也做好了将威尼斯让给拿破仑的准备。奥地利的谈判代表还声称，如果打了胜仗，奥地利还准备将普鲁士的莱茵省变为法国的附庸国。相较之下，拿破仑向普鲁士提的要求则直截了当得多：为了"避免法国干预战争"，他希望柏林方面在奥地利"出乎意料"失败的情况下将萨尔河、摩泽尔河和莱茵河之间的地区割让给法国。俾斯麦不可能拒绝。因为法国在普奥战争中的地位，"加入任何一方都会轻而易举地使其盟友具有决定性的优势"。[35]

从中俾斯麦得出结论：要尽可能快地做出军事行动的决定，以赶在法国军队做好干涉战争的准备之前结束战斗。为此，在战争打响的最后时刻，他仍试图给普鲁士寻找新的同盟伙伴，尽管这近乎徒劳。当普军将奥地利人从荷尔斯泰因驱逐出去以后，他同 1848/1849 年革命时期的匈牙利革命者们在柏林进行会谈。会谈中，俾斯麦提议成立为普鲁士服务的匈牙利军团，甚至还谈到了在哈布斯堡皇朝统治下的匈牙利进行起义的可能性。与此同时，柏林方面还对贝尔格莱德和布加勒斯特进行试探，看其是否有兴趣在多瑙河君主国家统治的塞尔维亚和罗马尼亚地区煽动民族反抗运动。俾斯麦此举冒了相当大的风险——一度秘密开展的工作有可能会逐步公之于众，进而造成俄国在政治立场方面不可预见的后果。

6 月 10 日，在与匈牙利人举行柏林会谈的同时，俾斯麦还试图拉拢最大的德意志中等邦国——巴伐利亚，以求在即将爆发的普奥战争中增强自身的原始战斗力。因为越来越多的迹象表明，大多数德意志邦联成员国倾向于支持哈布斯堡皇朝。因此，除了将奥地利排挤出邦联之外，俾斯麦还提议建立一个新的普－巴二元体系：邦联军队以南北作划分，巴伐利亚坐拥南部军队的最高指挥权。私底下他已事先将新的宪法草案透露给他的慕尼黑同事，并公开向其一一阐述了修改建议。

然而慕尼黑方面却没有买账。包括巴伐利亚在内的所有南德意志邦国——符腾堡、巴登和黑森－达姆施塔特都决定投靠奥地利。萨克森也不例外。甚至俾斯麦期望保持中立的汉诺威王国和被他用领土扩张诱使加入普鲁士阵营的黑森选侯国，在 6 月 14 日奥地利向德意志邦联提出派兵申请时，也都表示了同意。最后只有梅克伦堡公国、奥尔登堡、汉萨城市和少数几个北德意志小侯国站在了普鲁士一边，但在军事力量上，它们都是轻量级选手。一些像瓦尔德克－皮尔蒙特亲王国一样的小国更是连士兵都没有配备。少数其他的普鲁士"盟军"则从一开始就待在兵营里，一枪都没开过。

同奥地利一样，普鲁士也不得不面临多线作战的局面。不过在对方失去协调一致的情况下，这反而被证明是一种优势。汉诺威人没有让其在美因河以南的军队同其他邦联军队汇合，而是选择于 6 月 27 日在埃尔富特旁边的巴特朗根萨尔察（Langensalza）与普鲁士交战。酣战两天之后，不得不向普军投降。黑森－达姆施塔特和巴伐利亚则为了夺取南德意志邦联军队的最高指挥权争论不休。普鲁士的西部军队趁机得以向前推进，并且在美因河畔用一系列小规模战斗牵制住了奥地利盟军。只有萨克森王国选择立即将其在波希米亚的军队同奥军集结。

波希米亚战场的胜负决定着战争的成败。在巴特朗根萨尔察战役的当天，波希米亚战场又爆发了第二大规模的战役。在纳霍德，普军赢得了战斗；在特鲁特诺夫，奥军取得了胜利。但奥军在这两个战场损失的兵力是普军所损失兵力的 3.5 倍。单在纳霍德战场，奥军的损失就几乎达到了普军的 6 倍。哈布斯堡北方军团的司令路德维希·贝内德克（Ludwing Benedek）认识到了己方力量的低下，于是他在发给维也纳的电报中紧急请求奥皇弗朗茨·约瑟夫"要不惜一切代价尽快缔结和平条约"。否则奥地利军队将"不可避免"地遭受一场"灾难"。[36] 皇帝拒绝了他的请求，灾难也的确发生了。

/ 168

在波希米亚战场上的俾斯麦，1866 年 7 月

1866 年 7 月 3 日，在波希米亚北部城市克尼格雷茨（Königgrätz），也就是现在的赫拉德茨－克拉洛韦，战争双方激烈交战。普鲁士、奥地利和萨克森军队共有超过 40 万名士兵参与了作战，其中 8000 名士兵在开战当天就阵亡了。战死的绝大多数是奥地利人和萨克森人，普鲁士军队的损失则相对较小。最后，他们赢得了胜利。

关于普鲁士取胜的原因，不管过去还是现在都无定论。有一种普鲁士民族历史编纂方式总是强调英雄因素，它将普鲁士获胜的原因主要归功于"战略天才"赫尔穆特·冯·毛奇个人。然而，就是因为这个总参谋长的一些谋略，差点导致普鲁士输掉克尼格雷茨战役。按照毛奇个人非常引以为豪的兵分几路战略，三支普鲁士部队中的一支晚了数小时才到达战场。因此在 7 月 3 日接近中午时分，国王威廉就已经对普军的溃败深信不疑。此外，毛奇还热衷于将部队通过铁路运往战场，然而正当载有普鲁士援军的列车抵达时，克尼格雷茨战役已几近失利。而奥军司令路德维希·贝内德克无论如何也不是个差劲的统帅。与奥皇不同，他首先在前线就已经清楚地认识到，哈布斯堡皇朝的部队在技术和人员上都处于绝对的劣势，相反，普鲁士则拥有更先进的武器和更多更加精干的军官。鉴于国内严峻的财政状况，奥地利早在战争的前几年就持续缩减了其军队规模。

/ 169

在这场战役中，俾斯麦充其量也就跑了个龙套。要不是被军队系统所鄙视，他可能只会是个骑着马，默默地跟在国王和总参谋身后无精打采的随从而已。据说他曾在战争前和战争期间多次直言不讳，称如果普鲁士最后战败，他愿意在最后一次骑兵进攻中以死明志。另一个传言又说，一旦俾斯麦去世，他的银行经纪会把他的金币资产兑换成不同的货币来打理。在克尼格雷茨战役的前一天，他还请他的妻子通过信使不断给他捎去"雪茄烟"，"可能的话，每次 1000 支"，因为所有在野战医院的伤员都向他讨要。³⁷7 月 3 日下午，他与一名同事骑马穿过遍布尸体的战场，一想到他的长子赫伯特可能也躺在其中，他就感到毛骨悚然。当他晚间返回国王随从驻扎大本营所在的小城市时，他发现那里已塞满了伤员。当时虽然还下着雨，但过度劳累的他在简陋的露天宿营地床上就睡着了，直到梅克伦堡－什未林大公偶然发现，才将自己的房间分给他睡。

/ 170

也许大公预感到，人们会再次需要这位政治家。克尼格雷茨战役的第二天，奥地利人就向俾斯麦请求停战。那是 1866 年 7 月，波希米亚战场仍处在战火之中。奥地利外交大臣在 7 月 2 日就向拿破仑三世求助，请求他调停各方停战。不过，巴黎方面对结束战争并不感兴趣。此前法国为扩大其在莱茵兰的势力范围，与维也纳达成的协议因此面临破裂的危险。拿破仑紧急召开了一次晚间内阁会议。在这次临时召开的会议上，外交大臣和战争大臣建议立即命令法国军队跨过莱茵河，向柏林推进。到时候普鲁士必定要中断对波希米亚的进攻，以集中兵力保卫自己的首都。

　　然而，在反反复复几次犹豫之后，拿破仑暂时并没有同意。原因主要在于，俾斯麦随即传递出了愿意应法国的要求同奥地利缔结和平条约的信号。俾斯麦原先就明确表示过，不将美因河以南的德意志邦国并入既定要成立的北德意志邦联，这样拿破仑就可以对这些邦国未来成为法国附庸的可能性抱有期待。其次，立刻实施军事干涉也许意味着，法国不仅要对普鲁士，而且还必须同意大利开战。然而这样一来，本来就充满了未知数的军事干预结果有可能进一步变得不确定。事实上，短期之内法国最多可以调集约 8 万兵力，因为大部分的法军驻扎在阿尔及利亚和墨西哥，5 年前拿破仑曾在这两地干涉过当地的内战，但都以失败而告终。

　　毋庸置疑的是，普奥战争耗得越久，法国人干预的危险系数就越高。不仅如此，俄国在 1866 年 7 月初也做好了插手战争的准备，目标也是指向普鲁士。克尼格雷茨战役结束后的第二天，俄国政府就建议伦敦方面一起警告柏林和巴黎，不要试图分裂德意志邦联，破坏欧洲均势。然而这一倡议很快就失败了，因为自由党统治下的英国政府刚刚被推翻，后继上台的保守政府也必须在先组建了内阁之后，才谈得上插手别国事务。此外，俄国的这一动议同奥地利向法国发出的调停请求也撞了车。因此圣彼得堡方面为没有掌握干预的主动权而感到有些气恼，对奥地利的好感也暂时降低了一些。但是不久之后，俄国有了新动作：提议召开欧洲和平会议。俄国外交官们明确表示，普鲁士强加于奥地利的条款引起了圣彼得堡方面的强烈不满。此外，沙皇还对普鲁士吞并德意志中等邦国的企图表示愤慨，因为这些邦国中一部分王室与沙皇家族有亲缘关系。

　　为了赶在当时还保持中立的其他大国通过国际会议或武装干涉插手之前收获普奥战争的胜利果实，俾斯麦从克尼格雷茨战役开始就积极地要求尽快缔结和平条约。克尼格雷茨战役后才一周，俾斯麦就给妻子去了一封信，信中写道："我的任务吃力不讨好，既要平抑沸沸扬扬的情绪，还得弄清楚欧洲不仅只有我们一个国家，而且还有那三个讨厌和妒忌我们的大国与我们共存。"[38] 国王首先站在了战争的一边。战争将威廉那颗沉睡的老士兵之心唤醒了：他开始幻想普鲁士胜利的军队开进维也纳的画面。而且威廉一开始并不愿意答应哈布斯堡谈判代表提出的条件，即放弃在和平条约中要求奥地利和其最紧密盟友萨克森割让领土的要求。

之后，俾斯麦又一次发挥了他孤军奋战的风格，他反对用一切军事行动来解政治和平的燃眉之急，最终支持他的只有王储而已。[39] 事实上，包括毛奇在内的其他军队指挥官也完全赞同他的意见。虽然奥地利人在克尼格雷茨战役中吃了败仗，但他们一般可以选择回撤部队，以增强他们南部军队在战胜意大利后的实力，同时还能在多瑙河沿岸建立新的防御阵地。加上普鲁士陆军中爆发了霍乱，越往敌军阵地前进一步，后方的补给线就越不稳定。不过出于政治原因想要迅速谋求和平的话，还是要依靠军事手段。说服固执国王的任务自然落在了俾斯麦头上，为此他已经连续数月处于精神极度紧张的状态，从王储的日记中也能看出来，在 7 月 25 日与威廉争论后，他突然就歇斯底里地大哭起来。

第二天，普鲁士与奥地利在捷克小镇米库洛夫（Nikolsburg）签订了和平条约。条约规定，哈布斯堡无须向普鲁士割让任何领土，只需向其支付高额的战争赔款。萨克森的损失也不大。普鲁士选择从别处来获取战争补偿。帝国自由城市和银行中心法兰克福须向普鲁士支付与奥地利几乎同样高额的战争赔款，并被普鲁士吞并。汉诺威、黑森－卡塞尔和拿骚公国，这几个俾斯麦原本只想要缩小其领土的地区，最后也完全被普鲁士拿下了。

三个德意志公国的君主因此被废黜，保守的俄国政府对此表示不满，并在普鲁士政府所在地柏林挑起声势浩大的示威游行。因此在之后对其他地区，尤其是与沙皇本人及其身边人有牵连地区的处理上，俾斯麦多少做了些让步。他放弃了对黑森－达姆施塔特在美因河以北地区的所有兼并计划，因为俄国曾经的女沙皇正是出身于其统治家族。而符腾堡王后是沙皇的女儿，因此俾斯麦与这个南德意志公国签订了普鲁士第一个适度的和平条约。尽管圣彼得堡方面还有些愤懑，但从此之后，俄国再也没有提出什么具体的要求了。

法国则相反。在普鲁士与奥地利签订米库洛夫和约的当天，法国大使就向普鲁士提出了赔偿要求。几天之后，巴黎方面要求重新划定萨尔河、巴伐利亚普法尔茨和包含美因茨城堡在内的莱茵河左岸黑森地区的边界。但是和普奥战争前不一样，这一次俾斯麦没有答应。因为形势发生了双重变化。一方面，签订和平条约后，普鲁士没有必要出于军事原因再讨好法国了。另一方面，俾斯麦曾告诉法国大使，"放弃莱茵河区域就等于是剥夺了德意志甚至本国政府对普鲁士的信任"。[40]

这个普鲁士首相称，他不得不考虑德意志的民族运动，毫无疑问，这一说辞背后隐藏着威胁。7 月中旬，也就是同奥地利停战的前一周，俾斯麦就借普鲁士驻巴黎外交代表的口明确发出警告：一旦法国决定要进行武装干涉，那么他将"不遗余力地点燃德意志民族精神的火苗"。[41] "如果外国施加的影响力使我们民族的关系变得更为紧张"，随后他用毫不带外交辞令的口气也冲着俄国威胁道，"普鲁士不怕为了反抗而将德意志和邻国的全部民族力量激发出来。"[42]

这不是说说而已。克尼格雷茨战役后，在俄法两国准备插手普奥战争的同时，俾斯麦也加紧煽动匈牙利、塞尔维亚、捷克和罗马尼亚对哈布斯堡皇朝的反抗。他还立即向普鲁士内政部建议，参照 1848 年的做法，在德意志范围内召开议会准备会议，商讨"帝国议会"的组建工作。在他的影响下，此前对德意志民族感情的煽动全然成了开展军事行动的重要借口。他甚至动员他的妻子去敦促内政部，因为"要在正式讨论和平条款之前赶紧让议会党团介入战争"。[43] 虽然在战争结束之前已经没办法再动员"议会党团"了，但对于巴黎提出的赔偿要求，俾斯麦也还是强调了他之后要继续重视民族问题的决心。他深信不疑地认为，"尤其在法国对我们的威胁更加公开化的时刻，国内一切的党派之争都将更加明确地退居二线，就像普奥战争中那样。而且这种情况不只在普鲁士发生，整个德意志都是这样"。[44]

对于俾斯麦来说，与德意志民族运动站在同一战线的想法并不新鲜。从 19 世纪 50 年代开始，为了帮助普鲁士争取外交方面的利益，他就不断地鼓吹这一思想。只不过到当时为止，他还没有取得成效。与当初不同的是，在普奥战争结束后，与民族运动联手的想法在普鲁士以及整个德意志都变得切实可行。

在克尼格雷茨战役的当天，普鲁士选举产生了新一届邦议会。然而和 8 年前不一样，这次选举不是以进步党的大获全胜而告终的。1865年秋，保守党在最后一轮投票中的得票状况有所好转且得票数快速增加，这使得由爆发战争引起的公众舆论风向发生了骤变。"在这个关键性时刻，群众是同国家站在一起的"[45]，这句俾斯麦曾经的说辞是说对了。不过即便他支持高涨的民族热情，在向公众汇报战况进展的遣词造句上，他也是小心谨慎。选举结果不异于一次山崩地陷。保守党一下子成了下议院的最强党团。进步党所占议会席位则被砍了一半。随后自由党内部发生了分裂。大部分自由党人已经表示同意政府拥有豁免权，即免于追究其违宪责任。立宪矛盾就这样结束了，但是下议院的右翼党派还是搞了一些动作。次月，自由保守主义议会党团成立，它同新组建的民族自由党一起，成为政府在议会的政治基础。在此基础上，俾斯麦又着手建立了以普鲁士为主导的北德意志邦联，在美因河以北接替因战争而瓦解的德意志邦联的地位。北德意志邦联的成立无疑载入了德意志帝国内政历史。

1866 年，民族主义浪潮在美因河南北都很高涨。甚至连当时还与普鲁士处在战争状态的三大南德意志邦国——巴登、符腾堡和巴伐利亚也在停战后突然向其主动示好。个中缘由竟然再普通不过：俾斯麦有意向他们逐渐放出了关于法国要求赔偿的消息。当奥地利从庇护国的地位上陷落后，这些南德意志邦国担心自己会沦为法国的傀儡。正因为如此，尽管赢得了战争，在 1866 年 8 月签订的和平条约中，普鲁士依然慷慨地放弃了让巴伐利亚、巴登和符腾堡割让领土的要求。不仅如此，普鲁士还同这三个南德意志邦国缔结了所谓的保护与防御联盟条约。条约规定，缔约一方有义务在其他缔约国遭受袭击时向其提供军事援助。1867 年春，黑森 – 达姆施塔特也加入了联盟条约。

在普鲁士赢得战争后的数月中，北德意志邦联的架构开始慢慢成形，此时俾斯麦在公开演讲中再一次表明了他的企图，"为德意志民族的新形象打造一个广泛而坚实的基础"。[46] 站在普鲁士民族史编纂的角度，从这句话以及他类似的言论中可以推论出，俾斯麦在 1866 年可能就已经明确了要为 1871 年统一小德意志帝国而努力的目标。而成立北德意志邦联从一开始可能就只是实现这一远大计划的过渡阶段。虽然在史料记载中并没有强有力的证据予以佐证，但是在较新的历史编纂领域，这一观点仍然非常活跃。事实上，支撑这一观点的俾斯麦所谓明确的表态都来源于后来塑造其神化形象所使用的素材。而他当时确实发表过的言论不是严重语焉不详，就是如上文重复引用的那样——实际上明显只是针对北德意志邦联而言的。

19 世纪 50 年代，随着出任普鲁士驻法兰克福公使，俾斯麦开启了他的外交生涯。从那个时候起，他就竭力争取普鲁士对北德意志的统治地位。现在，这个目标实现了。与奥地利签订米库洛夫和约之后，他也没有树立过除此之外的任何目标。他在给其中一个儿子的信中这样写道："我们需要的，是北德意志，我们还要在那里拓展疆域。"[47] 而对于期待成立后能将触角延伸到南德意志的民族自由党盟友，他并没有发表什么看法。1866 年 8 月，一名民族自由党人士在与这个普鲁士首相的会谈纪要中写道："同以前一样"，"他现在还是强调这个主线，而且更加明确"。[48] 克尼格雷茨战役结束后没几天，当被暴力粉碎的德意志邦联后继无人的情况进一步明朗时，俾斯麦辩称，受新教影响的北方地区在接班问题上有局限。除此之外，对法国的顾虑也是原因之一。他还认为，普鲁士必须要先"消化"一下在北方地区的吞并。再加上虔诚的新教教徒对集中于南方的天主教"教皇权"深恶痛绝："'北德意志邦联'这个词从我嘴里说出来是毫不迟疑的，因为我认为，要想使其发展壮大，就不可能让南德意志－天主教－巴伐利亚牵扯进来。后者长期都不愿听从柏林的指挥。"[49]

同时对他来说，让北方的统一进程延伸到美因河以南的地区也不是不可能。至于什么时候会实现，俾斯麦在1866~1870年间多次做了完全开诚布公的回答。也许，他曾经说过，"在我们有生之年"都看不到它的发生。[50]1869年他至少还认为，德意志的统一是"没有成熟的果实"[51]。俾斯麦意识到，历史人物的个人力量是非常有限的，这与后来"俾斯麦神话"中的设定不一样。在这一点上，俾斯麦与经历了1848年革命的民主党人戈特弗里德·金克尔（Gottfried Kinkel）达成了共识。虽然两人的政治立场不同，但在"为德意志的未来奠基"这个目标上，两人的想法却趋于一致。1869年年中，俾斯麦向他复述了他在这方面经常强调的基本态度，即他"不会狂妄到认为自己能够创造一段德意志历史"，"我的任务是，在德意志的历史潮流中观望，尽我所能地把好手中的舵。而潮流本身我并不愿意去引领，更别说去创造了"。[52]同1866年北德意志的统一一样，1870/1871年德意志帝国的建立也没有怎么经过精心筹划。它的出现更像是一种即兴创作。

1866年以后，俾斯麦并没有目标明确地一定要将战争的矛头指向法国，以借此点燃美因河以南地区的民族热情，尽管这样做对1871年德意志帝国的成立助了一臂之力。如果他在当时就看到了这一点，他的目标可能在1867年春就实现了。为了给法国赢得当时还属于德意志邦联的卢森堡，拿破仑三世在美因河南北两岸激起了民族主义反抗热潮，俾斯麦本可以在那个时候就趁机发动统一战争——只要他愿意的话。

自从为了法国在普奥战争保持中立而太晚提出的赔偿要求遭到拒绝后，拿破仑在国内的政治地位进一步被削弱了。1866 年法国对墨西哥的军事干预同样被迫中止。因此在 1867 年初，法国议会的权力地位再一次盖过了皇帝的权威。拿破仑急需在外交上赢得威望。因此他想方设法通过买卖的方式为法国取得卢森堡。这个小公国当时正在君合国荷兰国王的统治下。国王也非常愿意将卢森堡卖给拿破仑，但前提条件是必须取得普鲁士的首肯。因为卢森堡属于德意志邦联的管辖范围，普鲁士的卫戍部队也驻扎在当地。

俾斯麦先是同意了这一想法。在他看来，卢森堡的军事防御价值并不大；其次，他认为卢森堡人民有反对普鲁士的倾向；而且这样一来，法国对普鲁士领土的垂涎也得到了转移。不过他很快又在德意志公众面前做出了截然不同的表态。在 1867 年 4 月初召开的北德意志议会上，民族自由党领袖鲁道夫·冯·班尼森发表了慷慨激昂的演讲，反对法国购买卢森堡，演讲获得了雷鸣般的掌声。他称，卢森堡"在任何时候都是德意志的一部分"，即使要卖给法国，也应具有这个身份。[53]

出于内政方面的考虑，俾斯麦认为班尼森在那个时间点发表的讲话并不是完全不合时宜。因为北德议会和其委员会当时正好在讨论北德意志邦联军事法的细节。围绕卢森堡问题出现的民族反抗情绪和与法兰西"仇敌"开战的可能性说服了起初固执的议会代表，他们最终同意给予更多的行政职权，这正是俾斯麦所期待的。虽然在对班尼森的回应中，俾斯麦极力想要抑制这种民族热情，但考虑到公众的愤怒已被激起，他不可能再在买卖卢森堡问题上投赞成票。他在发给荷兰国王的电报中说，"否则在公众舆论的促使下，同法国一战就根本无法避免"。[54]

事实上，新的自由党盟友和美因河南北两地的大部分公众，包括普鲁士的总参谋部都要求开战。国际形势看起来也对普鲁士有利。正在酝酿第二次议会改革法案的英国对战事无暇顾及。1866 年战败之后，为

日耳曼妮娅告诫担负德意志统一重任的羊倌俾斯麦：要看好她家里的每一只羊，饿狼拿破仑三世正对小羊卢森堡虎视眈眈（刊登在《喧声》上的讽刺漫画），1867 年

了重新巩固奥皇弗朗茨·约瑟夫在国内不稳定的统治基础，奥地利当时还在和匈牙利谈判。在圣彼得堡，沙皇宫廷的注意力放在了俄国内政和奥斯曼帝国的身上。没有一个大国同法国保有良好关系，法国身处孤立无援的境地。普鲁士在普奥战争中的盟友意大利则持观望态度，等待时机重新夺回被法国占领的教皇国。此外，一旦开战，普鲁士还可以向南德意志各邦国求助。

尽管如此，在卢森堡危机中，俾斯麦还是主张实行降温策略，避免战争爆发。他将当时秘密与南德意志邦国缔结的保护与防御联盟条约公之于众，并以此向拿破仑宣称，如果法国主动挑起战事，它要面对的则不只有普鲁士一个对手。此外，对于因公开联盟条约而遭受的指责他毫不在意，为实现民族统一做得还不够。为了同时让怀有民族主义思想的德意志公众和法国皇帝拿破仑满意，他原本还考虑向巴黎建议一个折中的解决办法：普鲁士同意将卢森堡出售给法国，作为回报，法国应放弃对北石勒苏益格在北德意志邦联归属问题上的全民公投，这本来就是拿破仑在米库洛夫和约中强加的条款。1848 年革命后，石勒苏益格 - 荷尔斯泰因地区相当于是德意志民族运动的"金牛犊"，它仿佛使莱茵河右岸的民族主义情绪得到了舒缓。然而班尼森的演讲让这种情绪再次沸腾了起来，俾斯麦不得不因此转变策略，导致的结果正是他在普奥战争中竭尽全力想要避免的，那就是其他大国的干预。由于伦敦和圣彼得堡方面一开始并没有兴趣插手，他还可以固执己见，直到解决卢森堡问题的国际会议召开，他便妥协了。祸根最终被这个"小国"的中立所扫除，普鲁士的卫戍部队也撤了出去。

据一名北德意志邦联议会自由保守党议员证实，俾斯麦对此解释说，他这么做是考虑到，尽管接下来同法国开战是有可能的，而且当时的时间节点也对普鲁士有利，但战争极有可能也是可以避免的。他对一个最信赖的亲信说："如果能有尊严地避开，就不要打仗；有机会取胜并不是进行一场大战的正当理由。"1866 年，他已经在战场上和野战医院中对战争的残酷有了足够的了解，并不希望再经历一次。[55]

如果说有一个人在 1870 年前的欧洲竭力促进战事，这个人显然无论如何不是俾斯麦，而是拿破仑三世。虽然在众列强的担保下，卢森堡宣布中立，降低了爆发 1867 年国际危机的机会，然而真正的原因不是这个。真正的原因在于，这个法国皇帝始终迫切地需要在外交上赢得威望，以拯救他在国内几近崩塌的权力地位。1868 年，拿破仑感到必须使社团法和新闻法自由化。他个人因此受到了公开批判，他头顶上的光环进一步地暗淡了。在这种情况下，他必须继续赢得巴黎议会的支持，这对他来说至关重要。法国也就这样变得越来越像一个议会制国家。只是支撑拿破仑政府的国民议会多数势力正在明显衰弱。

在这个背景下，法皇拿破仑三世在1867～1870年间不断争取与奥地利结成反普联盟。1868年以后，意大利又加入进来，组成了三国同盟。随着谈判的进行，法国向哈布斯堡皇朝承诺，一旦发生普奥战争，法国将对奥地利施以援手。不过奥地利人对是否要回以法国相应的允诺踌躇再三。在1866年普奥战争遭受重创之后，维也纳方面主要关注的是，在发生俄国、普鲁士和意大利担心的军事进攻时，如何确保国内艰难的重建工作免受侵扰。而意大利坚持要法国让出教皇国（威尼斯）。拿破仑再一次地拒绝了，因为他有可能因此失去教权党派的支持。因此法国想要集合三国一同向普鲁士及其南德意志盟友出兵的作战计划也变成了废纸一张，就像是从未签订的三国同盟条约那样。三国的君主——拿破仑、弗朗茨·约瑟夫和意大利国王只不过通过信函往来相互确认了合作诚意。

在就西班牙王位继承问题同普鲁士的外交博弈中，出于对三国君主合作意愿的信任，巴黎方面决定孤注一掷。1868年秋，一场革命结束了波旁王朝对西班牙的统治。马德里过渡政府当时正在寻找一位可以继位的新君主。在几个欧洲王室寻觅一圈无所斩获后，西班牙"猎头族"最终选定了普鲁士霍亨索伦家族西格马林根天主教旁系成员作为西班牙的王位候选人。但是想要让年轻的西格马林根亲王利奥波德和他野心勃勃的父亲接受王位，必须先要得到其家族族长的首肯。当时的族长是普鲁士国王威廉一世。他对此表示怀疑：西班牙王位就是一个弹射座椅，众人一使劲就可以将这个年轻的王子掀翻在地。但是俾斯麦劝他，尽管如此还是要表示祝福。

后来这便成了对俾斯麦战争动机最截然不同的一种推测。从特别有分量的事件中定会暴露出问题。1870年7月，西班牙王位继承问题最终引发了法国和普鲁士之间的外交危机，危机升级为战争，而通过战争，德意志帝国也得以建立了。是俾斯麦有意为之吗？建立德意志帝国从一开始就是他的目标吗？

对此持肯定意见的历史学家们又分为两大阵营。一种观点认为，发动普法战争是普鲁士内政的需要。持这一观点的历史学家们认为，俾斯麦对西班牙王位继承问题的处理主要是出于他对国内自由党人和北德意志邦联议会的恐惧。1871 年将启动国防预算的新一轮谈判。俾斯麦在 1867 年就拟定好了这份提案。当时北德意志邦联正在筹建之中，卢森堡危机愈演愈烈，这一提案是出于保守主义对政府的保护。这种观点认为，他想要重现在普奥战争上获得的成功，为此他需要再次利用外敌威胁来营造民族主义情绪的高涨氛围。因此普法战争是由他挑起的。

不过这一观点既没有历史资料予以佐证，也不是特别的有说服力。1868 年秋，当西班牙王位继承问题第一次引起俾斯麦的注意时，国防预算的新一轮谈判时间被进一步推迟。到了 1870 年春夏，王位继承问题已经演变成为一场国际危机的导火索，当时离既定的谈判时间还有将近一年。但是根据 1866 年普奥战争的经验，柏林方面认为一旦同法国开战，战争也持续不了多长时间。至于重启国防预算谈判可能会成为停战的原因，柏林方面当时并没有预料到。此外，俾斯麦在 1867 年处理和卢森堡有关的事务时积累了经验，认为利用普鲁士与法国在外交关系上的危机就可以缓解内政矛盾，而不必非打仗不可。

在"内政导致战争"论代表看来，德意志帝国的建立只不过是俾斯麦同议会斗争的副产品。而另一阵营的历史学家们则认为，建立德意志帝国才是发动战争的真正目的。而且按照他们的解释，俾斯麦蓄意发动普法战争也是为了将西格马林根的霍亨索伦王子推上西班牙王位。当然，同样也没有多少史料能证实这一观点的正确性。在 40 年后出版的俾斯麦回忆录中，弗里森的萨克森国务大臣言之凿凿地回忆说，1869 年秋或 1870 年春，俾斯麦曾在"一次推心置腹的谈话中对他说：他认为必须马上同法国开战，容不得推辞"。不过，即便俾斯麦说过这番话，他认为战争不可避免的前提也是考虑了当时的法国局势：因为拿破仑三世越来越需要一场战争"来重新巩固他的地位和他的统治王朝"。[56]

1871 年以后，主要在他人尽皆知可信度不高的回忆录中，俾斯麦才声称，从 1866 年开始，他所推行的政策就一直以建立德意志帝国为目标。这是一位老人在给自己身上打标签，以使他的人生意义在事后看来严谨又有说服力，许多老人都尝试过这样做，可以理解。如果连对俾斯麦回忆录一向非常批判的西德意志历史学家们在 20 世纪七八十年代都认可了他的这种事后个人风格化表述，并将他对西班牙王位继承问题的处理归咎于此，那么他在真实史料中的行为就解释不通了。除非这样理解——这些历史学家之所以有如此的转变，是出于下意识，他们需要在一个"德意志统一问题"再次看起来可行的年代，将臆想出来的北德意志邦联首相俾斯麦在民族问题上的坚持树立为后继联邦总理争相效仿的对象。

对于 1868~1870 年的那个俾斯麦来说，在一场外交博弈当中，西班牙王位只是他众多牌中的一张。由于参加博弈的对手很多，游戏规则和焦点也会不断改变。在听到 1868 年 9 月西班牙革命进展的消息后，俾斯麦的第一反应就是发表声明，这些声明有可能会"成为对和平有利的发泡剂"。他认为，"将西班牙问题作为和平的天窗敞开"，符合普鲁士的利益，因为在他的同事圈子里人们这样嘲讽道："为了能在脖子上打上西班牙的蝴蝶领结，拿破仑自然不能动同德意志开战的脑筋。"[57] 从那之后，西班牙在相当长的一段时间内不再成为各大国关注的焦点。1869 年秋，普鲁士驻慕尼黑公使在马德里和西格马林根的霍亨索伦家族之间进行了说合。半年过后，当西班牙私底下正式向西格马林根王子提出继承王位的邀请时，为了说服国王威廉同意其接受王位，俾斯麦首先辩称道："能在法国的另一边拥有一个国家是值得向往的，我们可以指望它（西班牙）对我们抱有好感，而且这种情感也是法国有必要去争取的。"他说，如果马德里被霍亨索伦人统治，拿破仑事必会向比利牛斯山派驻一两支军团，以伺机向普鲁士发动进攻。而且他会更倾向于将其解释为"维护和平"的需要。除此之外，德意志还有可能从与西班牙的贸易往来中获利。霍亨索伦王朝的声望自然也会由此得到提高。[58]

如果俾斯麦还认为，让西格马林根的霍亨索伦王子接受西班牙王位是用外交手段保障和平的一步棋，那么这当然不意味着，他就会不惜一切代价地阻止战争的爆发。战争一直是他"政治工具箱"的组成部分，是政治的延续，是在其他工具都失灵情况下的最后手段。但他并不打算主动挑起战争——特别是在1866年的战场和野战医院见识了战争的残酷之后。西格马林根王子准备接受西班牙王位的消息一公开，必定会引起巴黎方面的激烈反应。为了应对由此出现有战争风险的外交紧急状况，俾斯麦准备了两套说辞。一方面柏林可以声明，接受西班牙王位这件事完全是王子的私事。另一方面，即使这个说法不足以缓和危机，他还可以同样在私底下劝说这位候选人，让他看在对普鲁士和霍亨索伦王朝的忠诚上放弃继承西班牙王位——在鼓动他继承王位时也是这么说的。

让俾斯麦没有料到的是，当王子候选人在1870年7月3日发表公开声明时，巴黎方面的反应会如此激烈。如果俾斯麦能预见到这一点，那么除了作为政治家和外交家所具备的毋庸置疑的非凡才能之外，他一定还拥有通天晓地的天赋。不管怎么样，对于新任法国外交大臣格拉蒙（Gramont）在7月6日的巴黎国民议会上对引爆"西班牙炸弹"所做的回应，俾斯麦认为他的口气"比预料中还要狂妄和愚蠢"：显然，巴黎方面想要用这种"噪音来切断一切妥协的可能性"。其他欧洲首都的政府和外交界也认为，法国回应的声音异常刺耳。[59]

这不是没有原因的。在当时的法国国民议会中，支持拿破仑三世政府的只占少数。虽然同保守党和教会右翼结成同盟，和共和党反对派势力相比，拿破仑政府仍然像是被挤到了墙角边。拿破仑和他的大臣们担心，让一位霍亨索伦人成为西班牙国王会导致内政反弹，进而危及他的统治。为了避免自己被推翻，拿破仑面临三个选择：由巴黎方面向马德里施压，朝候选人求助或者对普鲁士政府表示抗议。1866 年以后，普鲁士的壮大对法国欧洲霸主地位越来越构成威胁，为了最终夺回法国丢失的颜面，拿破仑选择了最后一条路。

7 月 9 日，普鲁士国王威廉在疗养地巴特埃姆斯（Bad Ems）接见了法国公使班奈德弟（Benedetti）。根据巴黎方面的指示，班奈德弟直接要求威廉让西格马林根王子放弃西班牙王位，否则就对普鲁士宣战。威廉按照俾斯麦交代的说辞进行回应，基本上守住了底线。他并不想否认他对这位王位候选人的了解。他也认为，当不当西班牙国王显然是王子的私事。不过他最终还是同意就此与他这个西格马林根亲戚取得联系。

说的当然比做的容易。当时的西格马林根王子正在阿尔卑斯山徒步旅行，短时间内联系不上。威廉将他一名随从官员派往西格马林根，试图对其家族施压。7 月 12 日清晨，虽然不情不愿，野心勃勃的西格马林根国王最终还是代表王子同意回绝王位候选人邀请。整个欧洲都松了口气。严重关切事态进展的圣彼得堡和伦敦方面据此认为，王位继承问题得到了解决，战争危机也由此消除了。

然而，法国外交大臣格拉蒙和拿破仑三世却意外地共同表示出对西格马林根声明的不满。仍在巴特埃姆斯停留的班奈德弟接到了巴黎方面的电报，按照指示他要求普鲁士国王保证，不管是现在还是以后，都要阻止王子再次接受西班牙王位。如果这么做，不仅威廉自己，更重要的是普鲁士会因此颜面扫地——因为他并没有权利让普鲁士和他的王朝代替霍亨索伦家族成员对法国的要求忍气吞声。因此他在 7 月 13 日礼貌但坚决地拒绝了向法国做出保证的要求。法国方面开始如坐针毡了。即便威廉以书面形式回复班奈德弟，他个人不同意西格马林根王子作为西班牙王位候选人，也是无济于事；即使王子终于从山里及时赶回到文明世界并明确表示放弃候选人身份，也是于事无补。第二天傍晚，巴黎政府集结了军队。

7月8日，法国外交大臣格拉蒙在国民议会上发表演讲之后，俾斯麦就已经开始对拿破仑三世和其内阁的动机产生了怀疑。"看起来像是要开战"，他向一位亲近的同事评论这次演讲时说。"如果战争不是板上钉钉的事，格拉蒙的口气不会这样肆无忌惮。"[60] 普鲁士驻巴黎使馆传来消息称，"法军已经整装待发了"，看起来他猜的没错。[61] 接下来的几天，他开始通过新闻媒体向德意志公众传达普鲁士准备与法国开战的消息。7月13日，当法国要求威廉做出保证的消息从巴特埃姆斯传到柏林时，俾斯麦将电报内容删减成可能激起强烈反响的电文进行刊发，这让普鲁士国王对这一要求的回应看起来像是往粗劣的大木块中钉进了一块同样粗劣的楔子。然而这封不祥的"埃姆斯电报"却没有发给法国。在法国内阁已经下决心调集军队的情况下，这封电报其实也发挥不了什么实质性的作用，更别说巴黎方面连具体内容都还不清楚了。[62] 相反，首先得知这封电报内容的是普鲁士驻其他主要德意志邦国的公使馆以及德语通讯社，晚些时候才送达到了法国以外的欧洲宫廷。俾斯麦这样做的目的显然是要将法国定义为侵略者，借此确保其他欧洲国家的中立立场，并在北德意志邦联和南德意志邦国中继续对民族主义情绪煽风点火。事实证明，在煽动后两者的民族热情上，他获得了极大的成功。

战争在美因河南北两岸都激起了史无前例，直至今天仍难以复制的民族热潮。1868年，通过德意志关税同盟人民代表机构的选举，在巴伐利亚、符腾堡和巴登形成了反普鲁士的政党多数派，这让拿破仑三世心存希望，他认为南德意志的各邦国政府也许会在战争爆发之后违反与普鲁士缔结的保护与防御联盟条约。不过巴黎方面只期待，当法国军队开进南德意志时，能被作为救星受到当地人民的热烈欢迎就可以了。这两个希望都落了空。因为法国军队甚至都没有成功地跨越莱茵河，而奥地利在事前对拿破仑许下的诺言——在战争爆发的情况下向法国提供军事援助——本来就是含糊其辞，法国相当于是孤军奋战。而按照约定，全体德意志邦国则整装待发，随时听候普鲁士的调遣。

虽然俾斯麦为人处世极其冷静，对他人情绪的迸发也经常进行讽刺和挖苦，但这一次连他都被这股高涨的民族热情感染了。他在法国战场写给妻子的信中多次提到，和 1866 年普奥战争一样，在他的四周充满了尸横遍野的恐怖景象。他总是忧心忡忡地试图和他在前线作战的两个儿子取得联系。可能会让老两口颇受惊吓的是，其中一个儿子在战争中负了伤。但在写给妻子的信中，俾斯麦只是轻描淡写地写到，儿子因此正"在掩护下继续战斗"。他热情洋溢地写道："我们的人有不怕死的勇气，简直是不顾一切往前冲。"俾斯麦往日因嘲讽而产生的距离感依然存在。只不过其中混杂了他越来越占上风的个人魅力。几天后俾斯麦又写信告知妻子，巴伐利亚、普鲁士和萨克森的步兵部队怎样在前线比赛杀敌，不得不"责怪他们太过于视死如归"。"看着这些英勇的战士送命太可惜了"，因此德意志军队必须"改掉像鲁莽的斗士那样对敌军猛扑的习惯，因为像我们的士兵那样流淌着如此优秀血脉的，世上罕有"。[63]

德意志 - 法兰西的战场上血流成河，双方都损失惨重。仅就 1870 年 8 月初进行的第一场规模较大的韦尔特战役来说，牺牲的人数就超过了克尼格雷茨战役，尽管参战士兵是后者的 2 倍多。普鲁士及其盟友光在韦尔特战场损失的兵力就已经比 1866 年整个普奥战争期间损失的要多。法国的步枪比奥地利的更加精良，德意志联军则拥有更好的炮兵部队。双方的装备程度可以说是势均力敌。不过在法国的共和党人、拿破仑拥趸、波旁王室成员和奥尔良家族 1848 年被废黜的国王之间，在法国教会派、世俗自由党人和社会主义者之间，存在着深深的裂痕。光在行军过程中法国军队就碰上了很多麻烦，臃肿的机构造成了账面的赤字。相反，毛奇领导下的普鲁士总参谋部则从 1866 年普奥战争中汲取了教训。

普法战争开始后几天，法国沿着美因河展开进攻的计划就已经无法实现了。在洛林经历了几场非常血腥的战役之后，法国的主力军被包围，最后在梅斯要塞被剿灭。为了打开德意志联军的包围圈，当时留在后方保卫巴黎的后备军不得不因此踏上征程。后续部队由麦克马洪元帅和拿破仑三世本人亲自率领，后者希望借此重振其衰落的战斗英雄名声。然而事与愿违：在比利时边界进行的色当战役中，拿破仑三世和麦克马洪麾下的法国军队被普鲁士和巴伐利亚全部俘获。

紧接着巴黎宣布成立共和国。鉴于法国扭转局势无望，新政府已经做好了进行和平谈判的准备。然而只付出小代价的心理预设却被泼了一大盆凉水，因为德意志谈判代表在俾斯麦的指示下提出，缔结和约的条件是法国放弃阿尔萨斯－洛林地区。

阿尔萨斯－洛林后来成了法国和德意志帝国几十年争夺的对象。尽管割让阿尔萨斯－洛林并没有成为德法互为死敌的理由，但是它强化了，甚至可以说固化了这种敌对形象。俾斯麦为什么坚持要这么做呢？他其实并不是思想僵化的民族主义者。战争伊始，柏林通讯社就报道称，法国的阿尔萨斯地区在历史上曾是"德意志的土地"，必须被纳入即将成立的德意志帝国版图，对此俾斯麦只是不理解地摇了摇头：他认为，这样的想法是愚蠢的"教授思想"。[64]

有这种思想的自然不仅只有教授，莱茵河右岸越来越广泛的群众也对此大声呼吁，因此俾斯麦不能，或者说不愿意公开拒绝吞并阿尔萨斯－洛林的要求。至少他在早前对内对外都是这样解释兼并原因的。在同法国谈判的一开始，他在某条给俄国沙皇的通告中重申了威廉一世的信念，"没有一个德意志王侯会在没有危险的情况下拒绝这样的民族统一要求"，又不用拿他的王位来冒险。[65] 而且，这股民族热潮使南德意志邦国与普鲁士和北德意志邦联的合并突然成为可能，为了落实这种可能性，吞并看起来也是有必要的。虽然巴登和巴伐利亚着眼于扩大自己的地盘，但是至少想要从法国手里"争取到对南德意志有保障的领土"。[66]

为了抵御未来的军事进攻并挫败法国的反击，军队方面也要求吞并斯特拉斯堡和梅斯要塞。尽管俾斯麦私下里"并没有赢得洛林的政治愿望",但他却以此为由坚定不移地站在了法国人的对立面。他认为,法国人反正"也不会原谅我们现如今取得的胜利,但愿我们在和平时期还能有如此宽宏大量之心"。[67] 几年后他才认识到,他在阿尔萨斯 – 洛林割让问题上的坚定立场长期阻碍了与巴黎方面的合作,但等认识到这一点时,已为时太晚。

首先这种坚持延续了德法的敌对关系。当德意志联军开始包围巴黎时,法兰西共和国再次发布全民动员的号召令,并通过在法国西部和南部征兵组建了新部队。在大部分地区被德意志联军占领的法国北部和东部,游击作战成为主要的斗争方式。与此同时,控制当地的德意志驻防部队对待法国平民越来越粗暴残忍。这种有极端化和暴力倾向的情况也传进了俾斯麦的耳朵。1870 年 8 月,当德意志士兵将洛林的村庄洗劫一空并将农户的酒桶敲碎,"让葡萄酒流入地窖"时,他还愤慨地表示过抗议。但到了 1870/1871 年冬,他甚至称赞那些"击毙"法国的游击队员的士兵们"身手敏捷",还建议"少抓些活口",并从各方面指责"法国军事指挥官在战争规则的运用上多有不足"。[68] 但德意志联军实际上也并非那么矜持。对于为了让法国人投降是不是应当采取"人道的"手段,俾斯麦和毛奇在 1870 年 12 月曾有过激烈的争吵:"要么炸掉巴黎,要么把这座城里的人都饿死。"这凸显了战争残酷的一面。

这种因为内阁战争而在军队和民族之间进行的、不顾平民百姓死活的角力是 20 世纪欧洲战争留给人们的最初印象。双方的民族主义都开始向民族沙文主义转变。它自然促进了南德意志邦国向北德意志邦联靠拢。普法战争的战火还未平息之时,在凡尔赛宫的镜厅,德意志帝国宣告成立。选择这个地点也是为了表明,德意志的民族热忱同时也伴随着对几近溃败的敌人的故意羞辱。尽管如此,在帝国建立的道路上仍然还须克服几个障碍。在某次看起来异常的争执中,国王威廉一直拒绝接受

"德意志的皇帝"这个称号。他也许更喜欢"德意志皇帝"这一称呼，这在自由党人看来非常像是对君主专制主义的复辟。此外，在建立帝国过程中还必须考虑到南德意志各邦国政府的保留权利和特殊愿望。在巴伐利亚国王路德维希二世，即新帝国第二大邦国统治者的建议下，威廉一世终于接受皇帝头衔。为了让这位巴伐利亚的童话国王心甘情愿地接受新帝国的统领，俾斯麦自然要用一笔巨款来收买——为新天鹅堡提供建设资金。一周以后，也就是 1871 年 1 月 28 日，与法国的停战协议也签订完成。

1871 年，本杰明·迪斯雷利在英国下院发表演讲，演讲中他将德意志帝国的成立定义为"德意志大革命"。他认为其政治影响甚至超过了 1789 年的法国大革命。因为随着德意志帝国的建立，欧洲大国势均力敌的状态被打破，大不列颠首先受到了影响。[69] 现如今人们愿意一再引用这段当年的演说词，因为这段评论性的话表面上不仅表明了德意志帝国建立的划时代特征，而且说明是俾斯麦而非其他欧洲大国实现了建立德意志帝国的目标。在这之后不久，人们便赋予了俾斯麦"铁血宰相"的称号，他用三场战争从"敌军"手中争取到了德意志帝国的成立。1914 年以后，这一观点在德国显得格外有说服力。这种看法还短暂地伴随着对"老奸巨猾的阿尔比昂"（perfide Albion）（注："老奸巨猾的阿尔比昂"是拿破仑一世对英国的称呼。阿尔比昂是不列颠群岛的古称。——译者注）愤怒的控诉，而作为其主要见证人的迪斯雷利必须要为此承担责任，就像他因自己犹太人的出身在身处的有偏见的圈子里忍气吞声一样。不过，这一比喻在当时就已经过时了。在很大程度上，德意志帝国的统一始终还是被认为是俾斯麦对其余欧洲巧取豪夺的成果。

即便如此，这一观点要站得住脚，前提是对其他欧洲大国当时对德意志帝国成立基本立场的认识只停留在表面。这样看来，迪斯雷利 1871 年发表的引用频率很高的警示性讲话并不能代表英国政府的意见。作为下议院反对党的领导人，他当时的任务是对政府执政鸡蛋里挑骨头——不过等他后来当上英国首相后，却像 1866 年一样对普鲁士升级为欧洲霸主并不反感。巴麦尊勋爵曾明确支持建立强大的德意志民族国家，以同法国和俄国相互抗衡。他的后任作为英国外交政策的领导者同样这样认为。只要比利时一直保持中立，英国人便不可能插手欧洲大陆事务。1870/1871 年，时任英国首相格莱斯顿在国内谴责德意志吞并阿尔萨斯－洛林地区违背了当地居民的意愿。不过，由于俄国单方面撕毁了克里米亚战争后承诺对黑海区域保持中立的条约，比起普法战争和德意志帝国的建立，英国外交政策关注的重点显然更多地放在了前者身上——作为反对党领袖的迪斯雷利也因此将对俄问题视为重中之重，因为他看出了这两者之间的联系。[70]

这种联系确实存在。俄国肯定不会在黑海问题上冒险，不是因为俾斯麦不鼓励圣彼得堡这么做，而是因为沙皇宫廷想要借机修改 1856 年签订的和约内容。和俾斯麦的支持者不同，欧洲列强关注的并不是欧洲中部国家秩序的发展问题，而是忙着追求自己的利益。和北德意志邦联成立时一样，俄国对德意志帝国的建立虽然没有表示太热烈的欢迎，但还是表示了认可。原因有如下几个：罗曼诺夫王朝同霍亨索伦王朝之间的关系一直在变化；同法国相比，保守的普鲁士更受沙皇宫廷的欢迎；还有巴尔干、亚洲和俄国国内政策的影响。[71]

而对于除法国以外唯一的欧洲大国奥地利，反对建立德意志帝国远没有哈布斯堡皇朝其他的利益更重要。1866 年以后，这个多瑙王朝已经自顾不暇了。在其德语区，甚至有不少政治上占优势的自由党人也受了蔓延在莱茵河和施普雷河以北民族思潮的影响。1870 年，维也纳人已经在很大程度上接受了普鲁士在北部的崛起；哈布斯堡皇朝的外交目标已经开始向东南部转移，以期待借此得到普鲁士的庇护。[72]

因此，德意志民族国家的建立并没有违背欧洲的意志。抛开在这一点上被孤立的法国不谈，其他欧洲大国对此的态度更多的是漠不关心，即便不是这样也是抱有同情的。务实的意大利利用了 1870 年普法战争，通过与当时暴露在法国军队下的教皇国结合来完成自己的民族统一。在阿尔卑斯山南北两边进行的统一运动步调一致，这使得德意志帝国的建立在新成立的意大利民族国家中获得了原则上的积极反响。类似的情况也出现在巴尔干地区——为建立 6 个斯拉夫新国家的民族运动已经或将要兴起。

德意志帝国的成立无疑为欧洲历史的继续发展提供了最为重要的养分。但它绝不是唯一的，甚至也不能成为被效仿的模式。如果有一个先驱者的话，那么意大利更为相称。19 世纪 60 年代，一种典型的假设认为俾斯麦有望成为"德国的加富尔"。[73] 他印证了这种猜想，却也像皮埃蒙特－萨丁尼亚首相那样随波逐流了。他对自己的处境再清楚不过——而普鲁士民族史记载的却与此背道而驰，它将 1871 年后的俾斯麦放在了"帝国缔造者"的神殿之中，其狭隘的视角至今仍继续产生着影响。

如果将俾斯麦和他的政绩放在欧洲全盘视角下进行梳理，便能够帮助我们打开蒙蔽的双眼、开阔视野。也许正如除了迪斯雷利之外的众多帝国同代人所表述的那样，德意志帝国的建立相当于进行了一场"大革命"。[74] 如果是因为俾斯麦实现了民族主义国家思想发展的突破，而将他称作是一位"白色革命者"的话，那么当然可以说他的影响力在 19 世纪下半叶的欧洲各国社会是无处不在的。因为意大利的卡米洛·加富尔（Camillo Cavour）、罗马尼亚的亚历山德鲁·库扎（Alexander Cuza）、塞尔维亚的米哈伊洛·奥布雷诺维奇（Mihailo Obrenovic）以及很多仁人志士也都是这么做的。实际上，在绝大多数新成立的国家当中，"民族主义革命"的影响甚至要比 1871 年成立的德意志帝国来得更为深远。废黜王侯和夺权行为曾在意大利大规模发生，在同代人的眼里，这才是"革命的"。而与意大利和东南欧的多数新兴民族国家不同，德意志帝国并不是作为中央集权制国家成立的，而更多的是作为一个邦联政体。一些观点认为，德意志帝国实际上先是一个邦联，是除去了奥地利之后德意志邦联的一种延续。直到多年以后，它才从邦联制国家发展成为一个联邦制国家，俾斯麦对此当然亦有贡献——就像1871年之前，俾斯麦同其他数不清的历史人物一起，共同为民族统一的复杂进程贡献了自己的一份力量那样。

　　三场战争用鲜血筑就了德意志帝国的基础。第一场战争开始于1864年，为争夺石勒苏益格－荷尔斯泰因地区，普奥联军与丹麦开战。结果造成1700人丧生，4000多人受伤。两年后又爆发了"德意志的战争"，光是在决定性的萨多瓦战役中就有近8000人殒命沙场。在1866年的战场上共有15000名士兵丧生，受伤的人数则是这个数字的两倍。三场战争中最为血腥的莫过于1870/1871年的普法战争，40余万人沦为战争的牺牲品，其中差不多半数的人丢掉了性命。

　　三场战争的爆发都不是为了逐步接近建立德意志帝国这个目标。只有后来流传的民族主义传说才这样描述。不过回溯历史也不难发现，这三场战争确实又是德意志民族国家得以形成的先决条件——至少对1871年建立的帝国形式来说是这样。当时有其他道路可选吗？是否可以避免数十万人的流血牺牲？

　　德意志帝国的建立，本身就是一个旷日持久、分阶段完成的过程。它的核心是1866年成立的松散的北德邦联。1866～1870年，美因河以南也曾有过结成类似邦联国家的情况。巴伐利亚、符腾堡和巴登大公国的政治势力曾谋求组建南德意志邦联，承诺在普鲁士、法国和奥地利这三个大国之间保持各自政策的独立和回旋空间。符腾堡尤其还考虑过建立一个包含瑞士在内的南德意志联邦。

　　这些计划都没有成功，1866年后的奥地利却在联邦层面实现了真正的重新整合。哈布斯堡人将他们的王朝变成了奥地利－匈牙利二元帝国。普奥战争的失败使得哈布斯堡皇朝的内部根基也受到了重创，通过在统治权上向匈牙利妥协，哈布斯堡王朝巩固了自己的权力地位。整合后帝国的两部分仍各自保持自治——一半由维也纳统治，另一半归属布达佩斯。联邦化甚至在属于奥地利的帝国部分继续进行：非德语区的一部分也获得了自治权。

《着军服戴头盔的俾斯麦亲王》（弗朗茨·冯·伦巴赫油画作，1890 年），
另作为埃里希·艾克（Erich Eyck）所著批判性传记删减版封面使用。

其母：威廉明妮·露易丝·冯·俾斯麦，娘家姓门肯，1823 年

其父：费迪南德·冯·俾斯麦

11 岁读小学时的奥托·冯·俾斯麦，1826 年

哥廷根大学生联合会的俾斯麦剪影，1832 / 33 年

大学同学所画俾斯麦人物速写，1834 年

年轻的俾斯麦，大约 1833 年

其兄：伯哈德·冯·俾斯麦，1844 年

俾斯麦，1863 年

被德国炮兵摧毁的斯特拉斯堡，1870 年

俾斯麦，1866 年

俾斯麦，1886 年

骑马穿行在萨克森瓦德的乡下人俾斯麦，1890 年

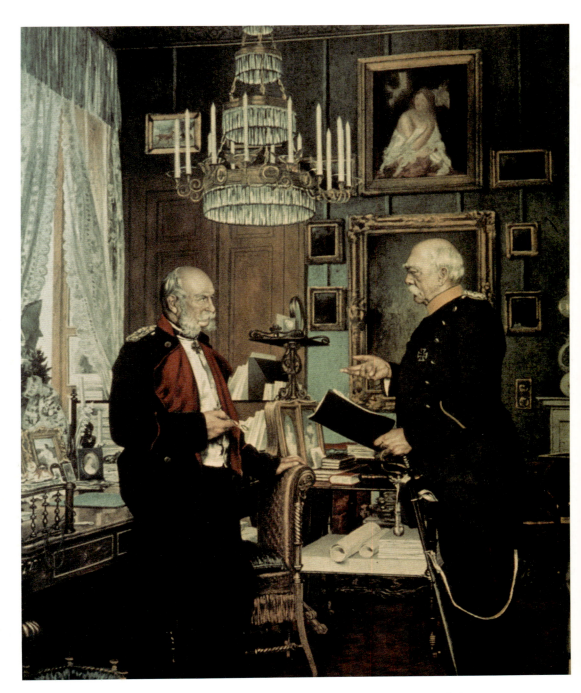

俾斯麦和威廉一世在他的办公室（康拉德·西门罗特油画作，1887 年）

俾斯麦在弗里德里希斯鲁家中的书桌前，1886 年

Friedrichsruh

弗里德里希斯鲁（当时的名信片）

长子赫伯特·冯·俾斯麦，19 世纪 80 年代

约翰娜·冯·俾斯麦，1894 年

FRIE
3

威廉二世在弗里德里希斯鲁看望俾斯麦，1888 年

1895 年前后的俾斯麦，弗朗茨·冯·伦巴赫的临摹油画作

在 1866 年以前，如果要建立德意志帝国，选择类似的联邦结构显然是最容易的。有可能从中发展出这种结构的组织形式已然存在，那就是德意志邦联。在哈布斯堡皇朝，联邦是分权的结果。而在德意志邦联，更强的中央集权和各成员国的协调一致则显得更为必要。当时也已经出现了征兆。1815 年成立的德意志邦联在相当长的时间内都像一个王侯的精英俱乐部。这些公爵派出的使节在法兰克福参加邦联议会时，很容易让人想起一群外交官边喝咖啡边闲聊的画面。不过在德意志民族运动的影响下，情况很快发生了变化。19 世纪50、60 年代，德意志邦联越来越像是一个持续施工的建筑工地，到处充满了热火朝天的工作气氛。议会就如何拓展邦联的影响范围对各项提案进行研究和讨论。以首相俾斯麦为代表的普鲁士也建议奥地利和其他成员国，在诸侯代表之外成立一个施行议会制的人民代表机构。会上还讨论了邦联组织与德意志关税同盟组织的合并问题。当时还计划成立最高邦联法院，制定了统一法律和经济一体化方案，甚至还竭力争取建立成员国间的货币联盟。简而言之，德意志邦联后来实行的政策其实在 1866 年以前就有所准备，或者说已被设想过了。[1]

让未来的德意志帝国也走上德意志邦联的稳定道路，是非常具有吸引力的想法。德意志民族不能在"邦联"的屋檐下一起慢慢成长吗？用这种和平演变来建立帝国难道不比用"铁与血"的残暴方式更好吗？通过这种方式建立起来的德意志联邦，会和 1815 年成立的德意志邦联一样，成为欧洲和平秩序的一分子吗？在新近编纂的有关德意志邦联的文献中或多或少都会直截了当地探讨一个问题，那就是采用邦联或联邦的温和形式建立民族国家是否可行。

另外，这些考虑格外有吸引力的原因还在于，在这种发展模式下，奥地利无须再不可避免地被排除在德意志之外了。现如今，虽然在边境线的两边，德奥两国相互协商，和平共处，但对于那个年代的许多人来说，1871 年"小德意志"帝国的建立无疑是一个苦痛的经历。特别是奥地利人用了比一代人多好几倍的时间来培养和接受对自己民族的认同感。一个从三场战争中成长起来的民族国家以"大德意志",即包含奥地利在内的形式建立帝国,这对于其他欧洲国家来说是不可接受的。而一个从德意志邦联小心谨慎一步步发展起来的联邦,处理内部事务的方式再和平也可能面临同样的问题,就像德意志邦联本身也不会被接受那样。

甚至可以想象,这个中欧联邦将其领域扩展到松散的奥匈帝国中的非德语区会是什么样子。1866 年以前,哈布斯堡皇朝曾一再尝试将自己的帝国整个纳入德意志邦联当中。但在普鲁士以及其他欧洲大国的抗议声中,这一努力终告失败。因为一个在哈布斯堡王朝统治下,向维也纳中央集权的大国可能会对其他邦联成员国构成多数优势。如此一来,德意志邦联便有可能成为矗立在欧洲中心的巨人,这与欧洲均势的理念是背道而驰的。随着奥匈帝国各种族的各自为政,德意志邦联可能也没必要接收这样一个组织结构日益松散、邦联化程度越来越高的成员国。再者,如果将奥匈帝国这个多民族国家的非德语区纳入德意志邦联,后者也许会越来越成为一个跨民族的邦联,甚至可能成为欧洲统一的一个开始。最迟从 1848 年开始,欧洲大陆就有不少人对欧洲统一抱有憧憬。

从某种意义上说,尽管名称上有"德意志"三个字,德意志邦联事实上却已经是一个跨民族的联邦了。邦联成员国中相当一部分居民的母语并不是德语,比如捷克人、斯洛文尼亚人、特伦蒂诺和的里雅斯特的意大利人、普鲁士和奥地境内西里西亚地区的波兰人、克罗地亚人、卢森堡西部的法国人以及林堡省的荷兰人。此外,还有几个欧洲君主以君合国君主的身份成为邦联成员,例如荷兰国王、1864 年以前的丹麦国王以及暂时兼任汉诺威君主的英国国王。

随着民族思想的不断发展,对像奥匈帝国和德意志邦联这样的跨民族联邦组织的评价也摇摆不定。当民族主义精神高涨时,大多数历史学家认为这样的联邦组织是人为操作的结果。从历史评价的角度看,直到

1945 年二战结束，像德意志邦联和多民族国家奥地利这样的联邦组织无法存续下去。似乎单从"历史"中就可以找到证据：两者分别终结于 1866 年和 1918 年。

1945 年过后，情况发生了变化。经历了两次世界大战之后，民族热情至少在德语区国家有了极大的减退。只是出于立场原因，民族主义偶尔会为统一欧洲的理念振臂高呼。像德意志邦联和多民族国家奥匈帝国这样的联邦组织是否不适宜成为欧洲统一的样板，弗朗茨·施纳贝尔（Franz Schnabel）和特奥多尔·席德（Theodor Schieder）这样不同流派的历史学家对此进行了探讨。[2] 从 20 世纪 60 年代开始，欧洲的统一热情再次降温，建立跨民族联邦的历史兴致也随之变得低迷。随着战后重建的结束和"经济奇迹"的到来，对两次世界大战的回忆才渐渐淡去。民族国家仿佛可以再次兑现最初对美好生活、安全感和归属感许下的承诺。德国自 1970 年开始推行新东方政策后，历史学家们主要就本民族的历史和未来进行了争论。

而以英国为例，这一进程则有所不同。在英伦三岛，对民族思想问题的探究进行得较晚。直到 20 世纪 70 年代初英国才加入欧共体。在那之前，英国历史学家们几乎一致认为，像奥匈帝国这样的多民族国家从一开始就无法维系，注定是要灭亡的。不过看法在之后发生了转变，对哈布斯堡二元王朝的评价明显更加正面了。[3]1990 年以后，这一趋势进一步得到了加强。克里斯托弗·克拉克（Christopher Clark）在 2013 年出版了一本有关一战成因的著作，书中对奥匈帝国做出了迄今为止最高的评价。克拉克将哈布斯堡帝国描述成一个非常现代的政治集体，若不是因为一战，它是不会以崩溃告终的。相反，它有可能会发展成为"奥地利合众国"，一个以和平方式消弭种族对立的联邦。在他的笔下，与其邻国特别是与打上了极端民族主义标签的塞尔维亚相比，奥匈帝国无论如何都闪现着无比美好的光芒。

近年来，像奥匈帝国这样的跨民族联邦重新获得的正面评价已不局

/ 198

限于英国的历史编纂界。自 20 世纪 90 年代民族狂热以让人始料不及的激烈程度重新席卷欧洲以来，这种表现尤为明显。前南斯拉夫地区爆发的民族主义战争和内战、对异族群体的一再血腥屠杀，以及在一股暴力革命浪潮推动下新建的东欧地区十几个民族国家——这一切将"背离民族国家原则的欧洲一体化秩序是否可行"这个问题又重新抛了出来。东欧剧变和德国 1990 年重新统一后为再次融入欧洲所做的努力所激活的不仅是欧洲一体化进程，还有过去对跨民族邦联组织架构的兴趣。

如此说来，奥匈帝国和德意志邦联在 1990 年后再次引起了史学家们的极大关注就可以理解了。从那个时候开始，对两者的评价要比以往正面得多也就不足为奇了。因此，在被历史编纂领域长期冷落后，对德意志邦联的历史研究在近 20 年来不仅加大了力度，也像是灰姑娘突然变成了光彩耀人的公主。这期间对德意志邦联的评价不再是诸如"没有前途的死胡同"，抑或是"值得同情的畸形发展"，而往往被认为是一条用和平与自由方式实现德意志统一的光明大道——而这条道路正是被俾斯麦阻断了。

在由老一代历史学家们撰写的德国历史手册中，这种趋势还没有怎么表现出来。虽然汉斯-乌尔里希·维勒在他的著述《德国社会史》（*Deutsche Gesellschaftsgeschichte*）中引述了一些 19 世纪的观点，这些观点认同"从德意志邦联的联邦组织中能够找出解决的办法"。不过他还是认为："松散的邦联结构并不符合当时建立同种族且坚固的一元制民族国家的目标设定"，"民族主义终将是 19 世纪强大到几乎不可抗拒的推动力量之一"。[4]托马斯·尼佩岱更是在 1983 年坚定地得出结论："当前已然是民族的世纪了。"他认为，和奥匈帝国这个二元帝国一样，德意志邦联也"缺乏发展的能力"。两者都遭遇了"时代的难题"。将它们作为 1871 年建立德意志帝国的选项之一来考虑，"除非民族国家被认为是历史上可以被跳过的政治存在形式"。[5]

换言之，除了建立一元制和中央集权，民族国家没有其他选择。尽管在像韦勒和尼佩岱这样的德国历史编纂界巨匠看来，现代社会在历史发展道路上各有各的路径。然而这些道路都经过了民族主义地带，其中可能也有雷区。这种看法自然与尼佩岱一贯奉为信条的历史开放性原则观相矛盾。不仅如此，它还认为现代化可确定的每个发展阶段都是完全合乎规律的。在这些发展阶段中，民族主义"不可抗拒的推动力"成了一台发动机，它将社会从传统形态转化成了一个整体运转的现代化机器。只有当受社会学范畴的现代化理论启发的民族主义经典研究出现时，这台发动机才会耗尽燃料，从而停止运行。经典研究认为，"民族主义时代"是历史发展的一个必经阶段。最迟至二战以后，以民族统一为名建立国家秩序的行为在德国和欧洲就已经过时了。[6]

但是，这一观点不仅在 1990 年后的历史进程中被质疑，而且对历史发展规律和通向现代社会明确道路的笃信在那期间也被一再打破。那么我们有理由提出这样的问题：为什么德意志帝国走向中央集权之路实际上是别无选择？为什么浴血而生的民族国家时代是不可避免的？在 19 世纪中期的欧洲看来，答案是不一定的。在 19 世纪 50 年代，德国人和其他种族的大多数欧洲人都没有生活在民族国家之中。欧洲大陆的大多数居民都生活在所谓的多民族国家里。其中不仅有像俄国和奥斯曼帝国这样实行高压独裁统治的国家，还包括按照联邦组织理念重新构建的奥匈帝国。自由党掌权的比利时和向自由化方向发展的斯堪的纳维亚半岛诸国也算不上是真正的民族国家：瑞典国王直到 1905 年仍统治着挪威，丹麦国王直至 1864 年还统治着石勒苏益格－荷尔斯泰因地区，对冰岛的统治更是延续到了 1918 年。几个世纪以来，瑞士都是一个由四个语区合并而成的共和制联邦国家，时至今日也依然如此。

/ 200

乍一看，1850 年前后的欧洲大陆西边呈现出了另一番景象。尽管在伦敦、马德里和巴黎，君主们愿意相信自己统治的是一个文化同一的民族国家。但是在苏格兰人、巴斯克人和奥西塔尼亚山区的居民看来，根本是另外一回事。沿海地区的威尔士人、布列塔尼人和加泰罗尼亚人也不认同这一点。即使不考虑英国、法国和西班牙并不具备这种文化同一性，在 19 世纪中叶的欧洲，同一化民族国家的存在与其说是惯例，倒不如说是例外。在欧洲大陆中部，德意志邦联、瑞士和奥匈帝国是联邦政体现代化的实验室和改革活跃分子的试验田。和欧洲一体化思想一样，提出这些联邦改革方案和 20 世纪的两次世界大战并没有多少关系。作为欧洲大陆的一种新型国家组织模型，一个政治乌托邦，这些方案在很早以前就受到了本国居民的热烈欢迎，并在他们之中与民族主义角力。

乌托邦是对更美好未来的承诺。联邦国家可以对它的子民许下很多诺言：用新的发展方向、安全保障和联盟关系来取代那个在工业和政治革命中四分五裂的欧洲旧世界。除此之外在物质方面的承诺还有：通过消除关税壁垒实现经济繁荣、统一法律、统一货币以及参与公共事务的政策制定。像德意志邦联这样的联邦政体至少基本上具备这些物质方面的优越性。在 19 世纪五六十年代勤于推动邦联改革的那些人也做出了同样的承诺：经济共同体、统一法律和货币以及通过议会制人民代表机构实现参政。

在推动邦联改革方面最热心的，要数所谓"德意志第三世界"的代表们。他们主要代表了夹在大国普鲁士和奥地利之间的德意志中等邦国，力争将德意志邦联的组织架构向联邦方向发展，例如萨克森公国长期担任首相的政治家斐迪南·冯·博伊斯特（Ferdinand von Beust）和巴伐利亚公国的路德维希·冯·德·普福德腾（Ludwig von der Pfordten）。他们对保持和加强德意志邦联各成员国间联邦式的联系尤为重视。博伊斯特、普福德腾以及他们的王侯——萨克森和巴伐利亚国王强烈支持将联邦化作为建立德意志帝国的备选方案，就像普鲁士在其首相俾斯麦的领导下最终实现的那样。

近几年的研究对这种"逐步进行邦联改革"的可行性政策进行了细化和重要性评估。对于进行邦联改革的动机问题却少有提及。博伊斯特和普福德腾到底做了哪些承诺？他们的君主从中又有何期待？事实上，这正是对"长期稳定的德意志邦联"乌托邦式幻想的一个质疑。中等邦国的官僚主义者及其王侯对提升邦联地位的想法并非出于偶然。因为他们借此想要达到的目的，是保持自己的权力地位。他们认为，建立一个由普鲁士或者奥地利领导的德意志民族国家，会妨碍这个目标的实现。德意志帝国的建立也意味着，这些较小邦国精英们的政治权力将在一段时间内被大大削弱。

/ 202

在萨克森、巴伐利亚和其他中等邦国看来，在两个大国之间树立"德意志第三世界"的影响力是防止权力损耗的一种手段。因此像博伊斯特和普福德腾这样的人便像溺水者一样紧紧抓住了德意志邦联这根救命稻草。因此他们才会提议进行邦联改革，以期赢得德意志民族运动的支持。不过这种尝试并没有长期奏效。而且他们也无法获得成功，因为实际上他们并没有下定真正进行改革的决心。只有当德意志民族权力在握，他们才会全身心地投入。而"德意志第三世界"代表们所提出的建立代表人民意志的邦联议会的建议，则始终停留在对民族运动的指望上——如果从一开始就不只是辩术的话。

而真正只能称得上是辩术的，是俾斯麦提出的改革建议。俾斯麦同样提议建立一个德意志的议会和新的德意志民族国家间秩序，但这些提案主要是出于策略上的考虑。这个普鲁士首相对权力问题的关心一点不比他的巴伐利亚和萨克森同僚少。和后两者不同的只在于，普鲁士不怎么注重拉拢其他德意志邦国。相反，俾斯麦的目的在于如果吞并不了中等邦国的话，就要把它们挤到一边。从 1866 年开始就崛起的德意志帝国，从根本上说就是一个大普鲁士。这并不一定预示着，一个原则上更受民族运动自由派代言人青睐的民族国家就能成为德意志邦联继续发展的方向。但它一定预示着，民族国家的统一将成倍加速地成为现实。德意志经济和货币联盟的建立、法律体系的统一以及民族议会的成立——这一切都将在"大普鲁士"的德意志帝国框架内以最快的速度得以实现。在与俾斯麦的共同努力下，即便不是立刻，也出不了几年就能完成的目标，通过德意志邦联的改革恐怕还得耗上几十年——或者根本无法实现。因此，德意志民族运动大多赞同由普鲁士主导建立新的帝国。其自由党派代表十分清楚，在帝国的内部组织方面，他们必须要放弃一些原有的目标。不过被推迟不代表被取消。大多数自由党人仍坚定不移地认为，如果民族国家先在俾斯麦的帮助下成立了，他们还有机会按照自己的构想对其进行内部改造。

还有一些原因也导致了德意志民族运动对俾斯麦寄予厚望。在德意志邦联中，具有足够实力在短时间内建立一个德意志民族国家的，可能除了普鲁士之外就是奥地利了。不过与哈布斯堡皇朝统治下的奥地利不同，普鲁士人民主要讲德语，生活在普鲁士国土上的少数民族相对只有一小部分。因此，与德意志邦联相比，在建立民族国家所需要的物质外壳方面，普鲁士拥有更好的基础。一个"大普鲁士"、"小德意志"帝国也更适合成为这个物质外壳下的精神基础，满足人们在民族共同体中对发展方向和安全感的需求。

也有可能在吸收奥地利德语区的情况下建立一个"大德意志"民族国家。当然，为此奥地利的德语区必须从哈布斯堡帝国中分离出来。然而维也纳方面根本没有这个打算。此外，对其他欧洲列强来说，建立以普鲁士为主导的"小德意志"民族国家是可以接受的。包含奥地利在内的"大德意志"帝国则不然。

对于欧洲来说，这条方向相反的道路无论如何都是不可想象的。如果德国和奥地利以德意志民族国家的形式完成统一，那么欧洲的均势就会被打破。相反，如果德意志邦联将有联邦化趋势的奥匈帝国拓展为其成员国，这种情况则不一定会出现。自1815年成立以来，德意志邦联与欧洲其他国家的交情终归是不错的。正是由于它的非一元联邦性组织架构，它才得以成为欧洲大陆腹地的一大和平要素。随着帝国内联邦组织原则进一步扩大，奥匈帝国是有希望拓宽这片和平地带的。

那么如此下去不会产生一个多民族的中欧国家邦联吗？甚至有可能成为一个全欧国家联盟的潜在的开始和核心？从这些鸿沟中汲取的经验教训是：20世纪欧洲国家的民族化反而撕裂了欧洲大陆。这样的反事实推想别具吸引力和趣味。对这些鸿沟的认识也再次引发了人们对奥匈帝国的兴趣——它是在全世界民族国家风气日渐盛行的情况下，仍旧坚持多民族大联邦超过50年的唯一真实例子。

这个唯一的例子出现在19世纪60年代，当时还很年轻的奥皇弗朗茨·约瑟夫将哈布斯堡帝国转变成了奥地利－匈牙利二元帝国。属于匈牙利的帝国部分取得了自治权，而奥地利的帝国部分则推行与其统治下的其他民族相似的政策。不过起初转型并不彻底。原本容易接受新事物的年轻奥皇在儿子自杀、妻子"茜茜公主"伊丽莎白遇刺之后，变成了一个脾气暴躁、愤世嫉俗的老人，改革尝试也因此搁浅了。1914年，随着皇储弗朗茨·费迪南（Franz Ferdinand）大公即将接过皇位，一场新的改革运动呼之欲出。弗朗茨·费迪南准备继续推动奥匈帝国的联邦化。他计划在南欧斯拉夫地区建立第三帝国部分，匈牙利帝国部分的各民族则继续保持自治。最近的研究和论证表明，如果这些改革成功了，哈布斯堡帝国将有可能成为一个具有示范效应的、真正的多民族联邦。如果弗朗茨·费迪南的计划顺利实施了，帝国境内的所有居民将有可能享有对公共事务的平等参与权，奥匈帝国也可能会因此保持稳定。只是那次遇刺阻碍了这一切的发生。

当然也可能存在一些被忽视的地方。弗朗茨·费迪南对待改革的态度摇摆不定，改革方案一变再变。同时他也并不怎么愿意赋予非德意志民族参与帝国政治生活的同等权利。在他统治下的联邦化政策更多的立足于"分而治之"的原则。他打算继续扩大匈牙利帝国部分的自治原则，并对当地非匈牙利民族做出皇位许诺，以此消除布达佩斯成为帝国另一权力中心的可能性。说到底，弗朗茨·费迪南的目的还是要加强哈布斯堡皇朝的统治，而不是要让出更多的权力，或者说甚至在哈布斯堡皇朝实行民主化和议会制化。

因此可以肯定，作为推行改革政策的皇帝费迪南不久就会像弗朗茨·约瑟夫一样也对此感到厌烦。后者在 19 世纪 60 年代初就已经建立了一个议会。在这个议会中，哈布斯堡皇朝统治下的民族可以为争取各自的利益而讨价还价。不过这场试验完全走了样，结果也是灾难性的，以至于没过几年皇帝就解散了议会。弗朗茨·约瑟夫对自己帝国的前途彻底丧失信心，与其说是因为他儿子和妻子的死，倒不如说是因为在政策改革的这次失利中受了挫折。他在 1866 年就快快不乐地认为，奥地利的气数已尽，剩下的不外乎是"带着尊严地灭亡"。50 年后，他在临死前这样说道："几十年来我已经意识到，在当今世界中，我们是如此的与众不同。"[7]

在民族国家越来越风行的欧洲，哈布斯堡皇朝的确可能是个另类。如果说用和平方式建立起的一个国家联盟可以更好地替代通过战争建立起的民族国家，哈布斯堡皇朝却不是范本。因为一个这样的国家联盟必须要平衡不同民族间的矛盾，而不是充分利用这些矛盾来为维持执政王朝的权力服务——1867 年为了建立奥匈帝国而牺牲其他民族的利益，这正是弗朗茨·约瑟夫的目的，而弗朗茨·费迪南也打算这么做。再者，这样一个国家联盟在各方面都必须以自愿性为基础。哈布斯堡皇朝却不是这样。它的执政精英们绝不会允许诸如意大利的民族运动不费吹灰之力就能获得立足之地，哪怕是一丁点儿也不行，因为其他民族有可能会受其鼓舞，也起来闹独立。由此造成一个奇怪的结果，那就是奥皇弗朗茨·约瑟夫在 1866 年已经答应拿破仑三世，不论战争走向如何都会将威尼斯这块有争议的地区割让给法国，即便如此还是有数千名士兵在威尼斯的战场上流血牺牲。数以千计的人因此白白送命，仅仅是出于哈布斯堡"帝国利益至上"原则的需要。

正如在以前的俄国和奥斯曼帝国领土上发生的一样，欧洲民族主义风暴不仅在当时的奥匈帝国疆域内尤为猛烈，近些年来更是表现得特别暴力。这也许并不是偶然。不论是沙皇、土耳其苏丹还是哈布斯堡皇朝的皇帝，他们都充分利用并激化了民族矛盾。除此之外，他们同样还通过其他方式，从始至终都剥夺了帝国内部非德意志和非匈牙利民族的民族自决权。

/ 206

这并不意味着，1990 年以来在东欧和中东欧地区爆发的民族主义暴力行为是民族主义"迟到"的表现。在一个后进的现代化进程中，是否可以说这些民族运动的喷发只是空有其表，这种提法本身看起来就有问题。因为在现代历史学家的眼中，民族主义显然不是社会发展过程中的短暂现象。民族时代并不是一片必须穿越的雷区，只有穿过它才能到达一个和平、现代和"后民族主义"的世界，虽然 1945 年后的西欧被假定已经处在了这样的世界。事实上，民族主义从来都没有被越过。即使在那些存在时间最早、最富有传统的西欧民族国家中，种族的同一性至今仍越来越多地受到人们的质疑。英国的苏格兰人和威尔士人，法国的布列塔尼人和奥克人都要求在政治上实现自治，并重新恢复其濒临绝种的语言。二战结束之后，为了设法树立自己受压迫民族的形象，西班牙的巴斯克民族主义者不惜发动恐怖袭击。在北爱尔兰，对民族自决权的要求甚至引发了持续数十年的血腥内战。比利时也因为其北部的弗莱芒人和东部的德意志人要求独立而长期陷入危机。

可以肯定，民族主义现在是，将来也一直是现代国家中的一种常态。这也说明，欧洲一体化存在着明显的局限性。第二次世界大战以来，一些狂热分子开始着手创建"欧洲合众国"，一次都没有成功。即便在 20 世纪后期欧洲一体化热情持续高涨的德国，民族依旧是人们除了居住地或出生地以外识别彼此的首要特征。对于欧洲大陆的所有居民来说，民族都是个人身份的一个原始来源。同民族国家和民族思想相比，像欧盟这样的跨民族联邦显然起不到在人口长期高度流动的现代社会替代已消失的传统共同体的作用。不过也正是因为如此，民族才得以在今天继续作为"想象中的共同体"给予人们最强烈的安全感和归

/ 207

属感。

19 世纪下半叶的情况也是如此。除了建立德意志帝国之外，一定还有别的选择。只是德意志邦联进一步发展成一个民族国家并不在选择之列，因为没有人真正把它作为头等大事来对待。而德意志邦联作为跨民族联邦存续下去也没有实现的可能性，因为这种形式无法长期在精神优越性和提供身份识别方面与民族国家匹敌。同样，让德意志邦联按照"奥地利模式"与一个正在联邦化的哈布斯堡帝国相结合，也是不现实的。

切合实际的可能性只有一种，那就是选择另一个"奥地利模式"。1866 ～ 1871 年间，德语区被一分为二，奥地利人因此被排除在了德意志民族的统一进程之外。结果导致奥地利人对民族身份的认同经历了一个漫长过程。如果当时不将德语区一分为二，而是一分为三呢？那么奥地利在 1866 年后发生的事情也可能会在巴伐利亚、符腾堡和巴登发生。实际上，在 1815 年后的 50 年当中，南德意志各邦国已经在许许多多方面着手构建自己的国家了。如果这种可能性真的实现了，那么当今天谈到巴伐利亚、符腾堡和巴登时，我们仍然会像当初开始习惯的那样，理所当然地将它们分别称为国家——就像我们现在也将面积差不多大小的捷克和奥地利也称为国家一样。

然而，1870/1871 年爆发的普法战争阻断了这一可能性的发生。在由战争形成的氛围中，此前宁愿与普鲁士保持距离的南德意志诸国迅速地向俾斯麦打造的北德意志邦联靠拢。从 1871 年开始，它们便成为德意志帝国的组成部分，已然被纳入帝国的内部建设和改造之中了。

/ 208

德意志帝国并不是在1871年建成的。当然，这年1月在凡尔赛宫的镜厅里，这个国家宣告成立。不过从根本上来说，这只意味着南部德意志诸国被纳入了北德意志邦联的框架当中。这个新民族国家的外部框架结构其实在1867年就已经形成了。确切地说，德意志帝国的建立并不是什么一次性"发生"的事件，至于建国的时间，既不是1867年，也不是1871年。因为真正建立民族国家的过程，算上充实骨架的时间，跨度长达数年，基本上都要超过10年。而且这座大厦还没建设完工，改造工程又已经开始了。

因此，德意志帝国的建立过程极为漫长，毕竟它并不是围绕某个独立事件进行的。毫无疑问，俾斯麦在新成立帝国的构建过程中留下了自己的痕迹。但是建立这座新大厦的计划也受到了很多大厦住户的影响和共同作用。这其中既包括了自由派市民阶层领导的民族运动，也有王侯贵族中的旧式精英；既有拥有统治霸权的普鲁士，也有其他中小型邦国。建立德意志帝国是一场妥协，也是不同立场参与方之间旷日持久商谈协调的结果。在帝国建立时期针对内政的谈判阶段，俾斯麦已经开始扮演技艺高超的掮客角色，就像之后他从欧洲角度看到自己的形象一样。

但是其中又各有不同。这个民族国家并未通过调停不同利益的方式来构建基础，而是依托暴力，就像它对外界的行动一样。在这方面，意大利可谓是个榜样，不过却是个令人恐惧的榜样。意大利的统一是依靠棍棒完成的。1860年以前存在于亚平宁半岛上的那些诸侯国，无一例外地被皮埃蒙特－萨丁王国吞并了。尽管这些吞并行为都事先通过了民众表决。当然，其中大部分参与投票的民众当时尽管既不会读又不会写，但他们勾画选票时显然还是受到了善意的爱国者们的引导。为了谨慎起见，那些意见与武装到牙齿的爱国者们相左的选民更愿意留在家里。于

/ 209

是出现了投赞成票的比例超过 99% 的结果，这甚至比 1945 年至 1990 年东欧 "人民民主" 下的投票结果明显高出很多。通过这一途径获得合法地位的意大利民族国家自然也无情地被 "皮埃蒙特化" 了：一夜之间，法律、军队编制、经济体系等都按照皮埃蒙特模式完成了统一。

这种以民族统一为名的残酷集权化行为激起了反抗运动。例如教皇为了从新生的意大利民族国家手中争夺自己对世界的领导权，呼吁他的信众进行消极抵制。数以百万计虔诚的天主教信徒在意大利全国针对选举和政治生活展开了长达数十年的抵制运动。此外，在 19 世纪 60 ~ 70 年代，意大利南部地区一直陷于类似于内战的动荡之中。这种近乎严酷的 "皮埃蒙特化" 加上备受期待的社会及政治改革的缺失，导致国内大量强盗和匪帮的出现，而这些盗匪竟得到了意大利南部大多数人的支持。超过一半的意大利军队也长年忙着剿灭这些匪帮。

而在德国实现帝国统一后，这类内战似的动荡局面并没有发生。即便在此也发生了 1866 年汉诺威王国、黑森－卡塞尔和拿骚公国被普鲁士吞并的情况。即便在此，特别是在当时的汉诺威王国，也发生了持续好几十年的反抗运动。1866 年威尔芬王室遭到驱逐之后，其追随者反而由于普遍选举权的推行在议会中找到了属于自己的议事之地。同时，在绝大多数场合，德意志帝国并不对外宣称自己是先前普鲁士政权的 "延续"，而将建国行为说成是加入一个邦联。起初，基本上只有外交事务属于中央管辖。此外，帝国建立了一支统一的陆军部队——不过其间巴伐利亚国王居然仍然从形式上拥有对手下部队的最高指挥权，当然这仅仅存在于和平时期，并没有太多的实际意义。

与意大利相比，在由普鲁士明显主导的所有方面，德意志帝国曾经是，且现在也是一个 "简化版" 的民族国家。由于经济秩序、货币和法制首先于 1866 年至 19 世纪 70 年代末实现了统一，中央集权制与联邦制之间的天平无疑发生了偏移。但是 1871 年后作为各邦国代表机构的邦议会和联邦参议院也参与了这个过程。此外，作为各地方势力利益代言人的联邦参议院，与代表民众利益的帝国议会以及代表王权的皇帝一同构成了帝国权力三角中稳定的一角。

地方邦联制、中央集权君主制以及代表民主制之间的权力分配，主要是俾斯麦发挥政治掮客作用的结果，它不仅体现在宪法制定阶段，还一直贯穿于 1890 年前的几十年中。掮客行为是俾斯麦在德意志帝国建国后作为一名政治家能取得极为长久的成功的关键因素之一。作为"帝国的缔造者"，俾斯麦并不是独一无二的。同时代的卡米洛·加富尔、亚力山德鲁·库扎以及米哈伊洛·奥布雷诺维奇也都被尊为民族国家的奠基人。只是他们之中没人能够在建立新国家后，使自己的政策如俾斯麦之于德意志帝国一般延续甚久。加富尔在 1861 年意大利王国建成时便谢世西去了。同年完成了罗马尼亚统一大业的亚力山德鲁·库扎，在短短 5 年之后的一次哗变之中丧失了自己的权力。米哈伊洛·奥布雷诺维奇在 19 世纪 60 年代初出任塞尔维亚大公，迫使奥斯曼帝国军队退兵后实现了塞主权统一。不幸的是，他在 1868 年遇刺身亡。相比之下，俾斯麦作为北德意志邦联及德意志帝国两任首相，前后把持大权近 1/4 个世纪之久。

这首先得益于他 1866/1867 年扮演的调停人角色，并由此最终从机制上巩固了自己作为首相的地位。1866 年战胜奥地利以后，由王储自由派顾问和普鲁士外交部里参加过 1848 年革命的人士提出的北德意志邦联宪法第一批草案，上下透着一股民族主义亢奋的精气神。草案以意大利模式为蓝本，计划建立一个强有力的民族主义议会和一个行使"中央管理部门"职能的部级机关。这个提议被俾斯麦在 1866 年秋季发表的《普特布斯口谕》（*Putbuser Diktaten*）中以"各邦国过于中央集权化"为由拒绝了。他认为所谓的"中央管理部门"至少必须暂时像在德意志邦联中一样，仍由王侯的代表来领导。借此，他一方面代表了各诸侯的联邦主义利益，另一方面他又给民族自由党人以希望，让他们认为这个体制不会长期不变。除此之外，他还试图通过给联邦主义这颗苦涩的药丸包上糖衣的方式说服民族自由党人，称唯此才有可能"让南德意志诸国加入进来"。[1]

这主要是一种策略上的说法。实际上，俾斯麦在 1866/1867 年间拓展北德意志邦联至南德地区的努力并非那么志在必得，同样，他也并没有将对联邦制政体的坚守奉为圭臬。"越是以过去的政体为出发点，事情就越容易做到，"他在《普特布斯口谕》中强调，"应当更加坚持邦联制政体，但实际上又要保持各邦国的本性。"这样一来，不论是自由主义民族运动还是同普鲁士联合的德意志诸侯们，他们各自的愿望都得到了响应。但对他来说更具决定意义的，是新宪法使得普鲁士和其国王的"统治地位得以确保"。[2]1869 年，俾斯麦在与他的老朋友罗恩回顾往事时着重指出："我从不认为国王在德意志施行什么样的统治是特别重要的事；但在他实际的统治上我可是尽了全力。"[3]

不过，国王应该并没有亲自去实施这种统治。尽管威廉曾经尝试过几次。不过俾斯麦隔段时间就会以辞职相威胁，而国王也同样会每隔一段时间又将政府的领导权重新交还给他。

在这之前，这个普鲁士首相的权力已经被他的内阁同僚们稀释了一部分，在他们之中他只不过算是个"同辈之首"。但随着接手首相府的工作，在对普鲁士统治野心和北德意志邦联其他成员国自立之间，以及在中央集权制和联邦制发展趋势之间的权衡中，俾斯麦还是找到了翻越他权力障碍的机会。他本应只是德意志诸侯代表大会上普鲁士代表团的领队而已。没过多久，他自然明白了在宪法组织中拿到关键职位对这一职务的潜在意义，并因此决定由自己来出任。因为作为首相，俾斯麦不仅是一个实力快速成长的中央机构领导，他的权力范围也得到了极大的扩展。而他面对的也不再是普鲁士各职能部门的同僚，而是各代替内阁大臣管理帝国各类资源的国务秘书，并且还能对其直接发号施令。首相府就好比是新兴民族国家各个权力中心之间的调停和中介委员会，也常被用来对付普鲁士内部的敌人。因此，俾斯麦首相一次又一次地利用联邦参议院来打破普鲁士各大臣及国内官僚风气对他各项政策的反对。1873 年，他对萨克森国王说："在帝国上下崭新而并不完备的关系中，不论是对中央一元主义思潮还是地方分治主义，要树立正确的立场都不容易。而我不能否认的是，至今在地方分治主义思想统治下，普鲁士人对帝国的巩固是最具威胁性的。问题在于我们的官僚主义传统……而我的普鲁士同僚们并不全都能理解这个基本思想。"[4]

这样，俾斯麦在德意志帝国建立的进程中就充分利用了他作为中间人的地位，使得各参与方都受到了义务的约束。与此同时他还提高了同他们相对立的、属于自己的权力地位。在帝国的宪法架构中，只有一方例外：那就是君主本人。在以《普特布斯口谕》为蓝本最终构思的宪政体系中，普鲁士国王在德意志统一后取得的权力，要比 1850 年被迫接受普鲁士宪法后拥有的权力更多。当俾斯麦为了使自己提出的宪法草案核心条款得以通过而必须费尽心思说服其他德意志诸侯以及整个帝国议论的时候，威廉对草案毫无异议地立即表示了同意。

如果说俾斯麦过去充当拥有制宪权的各方之间的调停人是使他能够拥有首相权力的第一支柱，那么与国王建立的紧密信任关系就是第二支柱。在威廉经过长时间的犹疑和内心抵触，最终于 1862 年任命俾斯麦为普鲁士首相后，随着时间的推移，他们二人之间的关系显然比最初出于各自目的结成的同盟关系深入了很多。1869 年，国王在某次拒绝俾斯麦提出过的诸多辞呈之一后，曾充满感情地在信中解释道："我最大的幸运，就是能过和您同在并一直拥有坚定共识的生活！"在这封信中，威廉不断强调自己是俾斯麦"最值得信任的朋友"[5]。他用各种礼物、勋章、头衔等荣誉把自己这位首相捧上了天。俾斯麦自己则向他承诺，"和每一个对其君主忠心耿耿的贵族不同"，他认为他就是"陛下的人"，并对其"衷心归属"[6]。尽管他也经常向人抱怨，和自己的"老主子"打交道变得"越来越困难"[7]。而威廉对他的抱怨也不少。因为他在忍受俾斯麦这种两面性的同时变得更加执拗，这使得两人总是发生冲突。但是互为政治伙伴的两人一起老去，这也加强了首相与皇帝之间的感情纽带。当威廉临终前，俾斯麦彻夜守在他的病榻之前。在他向联邦参议院和帝国议会公开皇帝的死讯时，泪水在他的眼里止不住地打转。当他自己的墓碑被后人刻上"曾是威廉一世的忠实仆人"的字样时，其中包含的意思远远超出了对威廉皇帝同名孙辈（威廉二世）的羞辱。

在与威廉一世的相处中，俾斯麦首先要处理的是与国王身边人的关系，他们会同俾斯麦争夺对君主的影响力。尤其要面对的是奥古斯塔女王，也就是后来的凯瑟琳女皇。早在 1848 年革命时期，俾斯麦就和威廉一世的这位伴侣相互结下了很深的梁子。19 世纪 70 年代，俾斯麦一再抱怨自己"为扫除女王的影响做了太多太多的努力"。女王的"诡计"让他活得闷闷不乐。他向哥哥诉苦说："我所有的需要经过肝胆消化而将能量充实到血液里的身体机能都被消耗殆尽了。"[8]他对维多利亚王妃的抱怨也日渐增多，因为她总是在丈夫面前挑拨是非。因此俾斯麦有一次对罗恩说，"我觉得自己渐渐在所有王室成员面前都失了宠"。1877 年时，他曾经慨叹"女性宫廷战争的作战会议"毁掉了他的健康。[9]

的确，19 世纪 70 年代以来，他的健康状况明显在走下坡路。早在俾斯麦出任驻圣彼得堡公使时，他就抱怨自己身上的毛病越来越多。这样的抱怨现在越来越频繁。他更像是犯了疑心病，偶尔还会给自己找点健康方面的借口，以便在不断增加的职业压力之下挡住那些看上去不太重要的事情。然而也有迹象表明，他越来越不能应付政治压力。1872 年，在过了 57 岁生日后不久，他的医生证实他"身上几乎所有的零件都出了问题"。[10]他不得不一次又一次整月地完全脱离自己的工作岗位。与此同时，他的体重开始急剧增长。直至 19 世纪 70 年代初，俾斯麦的体重一直保持在 90 公斤上下。对于他这种身高的男性，这个体重非常正常。自此之后，俾斯麦每年夏天都要到巴特基辛根接受减肥疗养，那里的"俾斯麦公爵秤"（Fürst-Bismarck-Waage）上的示数每年都要涨上几磅。这个 10 年过去时，他的体重已经接近 125 公斤。

从 19 世纪 80 年代初开始，俾斯麦的健康状况才有所好转。这主要归功于他生活方式的急遽转变。在此之前他几乎每天都是凌晨就寝，睡到将近中午才起。用"早餐"时，他总是狼吞虎咽地把不计其数的烤牛肉或牛排、土豆、烤野味冷盘、禽肉、布丁等食物吞下肚。晚餐他则要吃 7 道菜。接近午夜时分，还有一顿差不多丰盛的夜宵在等着他。几乎每顿饭他还要喝下大量的葡萄酒、啤酒、柠檬水和牛奶。正餐之间，他还时常给自己来几瓶香槟或者啤酒。他整天吞云吐雾地像个烟筒子，还很少运动。不过从 19 世纪 80 年代初起，俾斯麦开始持续地节食。烟抽得少了，也习惯于多运动。由于得到了威廉一世赠送的一笔巨款，俾斯麦在 1867 年买下了位于波美拉尼亚的瓦尔岑庄园，土地面积超过 5500公顷。1871 年，威廉再次赠送给他一笔更大的产业——位于劳恩堡附近的弗里德里希斯鲁狩猎行宫及周围的大片森林。他每天在那里花上好几个小时的时间骑马打猎，并且不论刮风下雨都带着他的狗长时间地散步。

从 1883 年开始，服务于上流社会的恩斯特·施韦宁格（Ernst Schweninger）医生负责照顾俾斯麦，人们经常认为首相能有这样的转变是他的功劳。也正是由于施韦宁格，俾斯麦开始相信以鱼为主的低脂肪饮食更有利于他的健康，特别是多吃鲱鱼这种人尽皆知的好东西。最令人津津乐道的，是施韦宁格对俾斯麦的影响在心理学分析上的一种解读：对于俾斯麦来说，施韦宁格扮演了一种代替母亲的角色，并将施韦宁格从一种幼儿的复杂心理中解救了出来。当然，这一切也只不过是另一个传奇故事而已。因为在施韦宁格开始照料俾斯麦之前的三年，他就已经下定决心彻底改变自己的生活方式。从 1880 年开始，他的体重重新开始下降。当施韦宁格开始照料他时，他的体重已经减少了 25 公斤，回到了 100 公斤上下——直到去世，他大概都保持了这个体重。

随着生活方式的改变，俾斯麦从 19 世纪 80 年代开始也越来越表现出了逃离城市的愿望。他在柏林待的时间越来越少，在乡下庄园里度过的日子则越来越多。他向与自己交好的自由保守主义议员罗伯特·卢修斯·冯·巴尔豪森（Robert Lucius von Ballhausen）吐露心声，"每当我酣然入梦，便能梦见那片冷杉树林"。[11] 而在柏林，人们已经闻到了"通向每所房子下水管道里的恶臭"，"不久之后，城市便将因此瘟疫横行、难以忍受……我实在渴望从城市的血盆大口和泛着臭气的文明世界中逃离出去"。[12] 俾斯麦终生都梦想成为一名贵族庄园主，现在他的梦想实现了。

尤其是 1871 年以后，特别是在柏林，他并不情愿地受到了热烈的追捧，这使得他的这种愿望愈发地强烈。他有一次抱怨道："我所到之处，人们总是把我当个事一样，惊奇地注视着我"，"每次我一上街，身后总能立马响起几百个人同时跟着我走的脚步声"。[13] 因此俾斯麦在柏林也很少去看戏或听音乐会，毕竟他太引人注目了，这让他自己也觉得愤懑。当他做完演说走出帝国议会时，总是被人团团围住，只是他一点儿都不享受被人群淹没的感觉。亚历山大·弗里德里希·维尔纳（Alexander Friedrich Werner）的一幅名画对这样人头攒动的场景描绘得非常到位：俾斯麦穿过大街，人们全都围绕着他，又同他保持着满怀尊敬的距离。然而实际上并没有画出的是，俾斯麦的大儿子赫伯特必须充当俾斯麦的贴身保镖并为他从蜂拥而上的粉丝中辟出一条去路。甚至在基辛根疗养期间出门散步也成了问题，还没等俾斯麦牵着狗出门，就能引来一长串围观的人跟在他后面，而且还越聚越多。

就连在他位于波美拉尼亚瓦尔岑的庄园里，俾斯麦有时都觉得自己"身处动物园之中"，人们前来仿佛"是为了观赏奇珍异兽一般"。1872 年，俾斯麦就向一位友人抱怨道："那些我完全不认识的妇女们挤站在我根本看不到的地方，在瓦尔岑庄园的门前要求与我见面，等我充满绅士风度地接待过她们之后，我立即就被她们抛弃了：因为她们只要看见我就满足了！不久前有两个来自加拉加斯的人住在瓦尔岑就不愿走了，他们声称如果没能和我说上话就不离开，因为这是他们旅行的唯一目的。拒绝也是无济于事。我让人转告他们，有两个守林人端着上了膛的步枪会阻止任何人接近我；我叫人给他们送去《普鲁士国家的普通邦法》关于侵犯私人住宅部分的复本。但所有这些都是徒劳！我整天整天地不能离开庄园，因为我不想给这两个家伙可乘之机！"[14]他让人在位于弗里德里希斯鲁的行宫周围筑起了一堵高墙，好让自己的私人空间和家庭不受那些"狗仔们"的骚扰。然而尽管如此，他仍然有理由抱怨那些记者和狗仔队"十分轻率冒失地观察并窥伺我每天的生活"，而他对此毫无还手之力。[15]

当然，俾斯麦只是在一部分人中受欢迎：起先是在有民族自由主义思想的城市居民之中，之后还包含了保守党人。而在其他人，尤其是在占德意志帝国 1/3 的天主教信徒中间，俾斯麦的形象从 1870/1871 年以来倒是越来越妖魔化了。他在这群人中间声名狼藉，则要归因于国家和教会（特别是天主教教会）之间自 19 世纪 70 年代初开始的那段被历史书籍记载为"文化战争"的纷争。

在 19 世纪后半叶的欧洲，国家官僚机构和教会组织之间的矛盾屡见不鲜。在欧洲大陆的许多国家中，这些矛盾是相向而行的两股时代潮流的表现：一方面是在公众范围内推行将宗教与教育分离的世俗化进程，另一方面则是使社会重新基督教化的努力。民族国家和宗教团体多次就民众的忠诚和同情展开竞争。像在英国、德国和瑞士这样宗教信仰混杂的国家，这类冲突还事关少数宗教和少数民族的权利问题。

在英国，就曾经出现过关于圣公会国教和其教会成员的争端。新兴民族国家意大利于 1860 年吞并教皇国，在此后几十年中陷入了同天主教教士的长期争吵之中。在法兰西共和国，曾在大革命时期盛行的国家和教会间的纷争自 19 世纪 80 年代开始卷土重来：法院大楼里的耶稣受难像被拆掉，教会开办的学校和医院数量大幅减少，主教不予支持的离婚申请变得更加容易，连星期日都开始允许工作了。待到过了世纪交替，法国极端坚持政教还俗主义的政府最终把国家和教会彻底分开。在瑞士，对 1870 年梵蒂冈第一次宗教会议上宣布的《教皇无谬论》的批判涉及了信仰问题领域，导致主教管区被取消，受牵连的主教们被驱逐出境。耶稣会遭禁，修道院被关闭，天主教神职人员的被选举权被取消，婚姻也转而执行民事制度。而在瑞士的一些联邦州，必须动用武力才能镇压反抗行为。

在德意志帝国，宣布《教皇无谬论》也成了引发"文化战争"的导火索。不过究竟谁才是这场争斗的主要发起者，人们必须在自由党人和俾斯麦之间加以甄别。自由主义运动有在德国以及整个欧洲谋求建立世俗化民族国家的理想，其中宗教只是私人事务而已。从这个角度说，希望参与决定公共事务乃至要求施加决定性影响的宗教组织就成了完全的反对者。而同天主教教会一样，新教教会也可能面临这样的问题。当一些自由党人在国家与教会的矛盾当中看出了改革思想的延续，那么他们中的大多数会以此为目标，即从根本上将政治和宗教分离开来。普鲁士的自由党人因此也将矛头转向传统的"王权与教权的联盟"以及普鲁士国家与新教教会的紧密联系。自然，教皇庇护九世（Papst Pius IX）在诸如 1864 年发表的《谬说要录》（*Syllabus Errorum*）之类的公开文件中也一再抨击和宣称，自由主义核心准则对于天主教徒来说是荒谬和不可接受的。因此首先对梵蒂冈第一次宗教会议及其决议表示恼怒的就是自由党人。

而俾斯麦的心思动在了别处，对这次宗教会议的反应也相应地落在了其他地方。对于围绕《教皇无谬论》的讨论，俾斯麦的态度非常冷静。实际上，直到 1871 年，他还在努力维持同教皇的良好关系。当意大利 1870 年吞并教皇国的剩余领土时，他甚至还向当时的教皇庇护九世提供在科隆或福尔达的避难机会。因为长久以来他都认为梵蒂冈属于保守势力，与他谋求的利益完全相近，因此与其合作可能会带来双赢。

于是俾斯麦就希望教皇可以从罗马向德意志的天主教徒施加影响，使其支持在普鲁士和德意志帝国推行的保守政策。至少在19世纪60年代末，他就多次向教皇庇护九世呼吁，希望天主教的精神领袖能向他在阿尔卑斯山北麓的子民们施加"有力的影响"。[16]

这种事对虔诚的新教徒俾斯麦来说仿佛是值得期待的，毕竟他一生中对天主教徒都没有过高的评价。在亚琛担任实习律师时，年轻的俾斯麦就已经对当地的天主教"流氓"予以过训斥。19世纪50年代，他在法兰克福对德意志天主教教义发出呐喊，称其"充满了仇恨与背叛，在上至王侯将相的实际内阁生活，下到婚姻关系的床笫之私中孕育着一场作为世俗福音堡垒的、针对新教政府，特别是普鲁士的不可调和的恐怖武装战争"[17]。他这样的认知直至德意志帝国建立时仍没有改变。1868年，俾斯麦不仅将美因河以南视为"天主教教会所在之地，是普鲁士和北德的一大威胁"，他还认为普鲁士下议院的天主教党团"对于所有议会党派来说是最怀有敌意的"，甚至还超越了"红色民主的攻击恶意"。[18]

1871年德意志帝国建立后天主教中央党得以组建，他改变天主教统治影响力的希望也随之破灭了。在帝国议会举行的组建大会上，天主教中央党就建议德意志应提出重建教皇国的要求。俾斯麦绝不会让这样的要求损害德意之间的良好关系，他毫不掩饰失望之情地回应道："一开始我们可以有所期待，尽管中央党带有天主教色彩，但教派的对立并不隶属于任何政治准则，而是部分地成了保守派原则和在帝国领导下对共同民族利益取得一致并真心支持的土壤，正如那些信奉严格教规的人在新教教会所干的事一样。但是现在看来，教会党团在纯粹宗教基础上形成了坚实的力量，并会为了自身的宗教利益牺牲其他民族和政治利益。"[19]

盛怒之下的帝国宰相甚至认为，天主教中央党同普鲁士以及刚成立的德意志帝国之公敌沆瀣一气。对他而言，有着"教皇极权主义"思想的中央党对柏林的忠诚远不及对"山那边"罗马教廷的忠心。不仅如此，他还认为中央党同与新兴民族国家矛盾最为尖锐的敌对势力保持着密切的联系。其党魁路德维希·温特霍斯特（Ludwig Windthorst）曾通过煽动威尔芬王室运动要求普鲁士将1866年吞并的汉诺威物归原主。在普鲁士的东部省份，天主教"教会党团"还支持波兰少数民族反抗普鲁士化和日耳曼化："这导致他们站在了坚持民族统一事业的其他所有党派，尤其是所有天主教徒的对立面，除了汉诺威分离主义者和波兰，没有谁会再支持他们。"[20]因此俾斯麦在1871年笃定地认为，中央党"从根本上就是否认和反对德意志帝国的建立"。[21]

将中央党视为新建立的民族国家之威胁，这一共识成为俾斯麦与自由党人在"文化战争"中合作的基础。与此相比，同代人的一些观点差异显得并不重要。与此相比，有时在回顾历史的时候，俾斯麦和自由党人一向完全不同的动机也变得模糊了：一边是激进地反对天主教，一边不如说是追求社会的世俗化。自由党人追求的目标是将国家与教会分离，俾斯麦坚持的思想实际上是将王权与教权、普鲁士国家和新教组成一个联盟。这典型地表现在他在普鲁士"文化战争"发展到高潮时的建议，"将反抗的天主教主教皈依（新教）的祷告加进新教礼拜仪式的教堂祈祷中"。在普鲁士"只在极少数的重大事件发生时，才在布道台宣传国家思想"。[22]

相反，在视中央党为"帝国敌人"这一观点上，俾斯麦和自由主义又出奇地一致。特别是在帝国议会和普鲁士下议院占统治地位的民族自由党人，他们在这方面的观点与俾斯麦完全一致。正如经常被预计的那样，俾斯麦势必会从中加大同天主教会政党较量的力度。最终"文化战争"在保守党首相和自由党议会多数之间的紧张关系中充当了强力黏合剂。但是俾斯麦并不仅是出于这样一些策略原因而主动挑起与中央党和天主教会的矛盾。对此他曾一再宣称，中央党和年轻的德意志帝国的敌人一起待在角落，不光反对自由党人，还反对一切政治方向的代表。他还直接指责中央党议会代表，称他们的政党公开散播"非德意志影响力"。中央党同波兰和威尔芬王室同流合污，他"简直不能容忍一个威胁德意志统一的敌对势力组建起来"。重投俾斯麦阵营的保守党人和他的老朋友阿尔布雷希特·冯·罗恩伯爵被迫接受在普鲁士施行国家对天主教学校的监督政策：因为俾斯麦认为，考虑到对波兰有利的文化侵略，要"预防普鲁士三省通过天主教学校董事会被波兰化"，除了监督这条路没有其他的办法。[23]

　　1871 年 6 月，俾斯麦要求普鲁士内阁关闭教育部的天主教学校部分，这标志着矛盾的全面升级。在他看来，天主教学校在"普鲁士的管理体系中已经长期成了波兰化的喉舌"；[24] 自中央党成立以来，他就害怕它会有朝一日发展成为"帝国敌人"的一匹特洛伊木马。当年秋天，俾斯麦的行动又进了一步：他安排了一名反"教皇极权主义的"天主教徒出任德意志帝国驻梵蒂冈特使。这最终导致了德国与梵蒂冈外交关系的破裂。紧接着在 1872 年初，俾斯麦又撤换了普鲁士文化部的高层领导。新任大臣阿达贝尔特·法尔克（Adalbert Falk）在短短几个月的时间内就让一部法案得以通过，它将对所有学校进行监督的权力从教会转移到了国家手中。

　　并不是所有加剧"文化战争"的动议都来自于俾斯麦。1871 年末，巴伐利亚政府绕过邦议会出台了所谓的布道台条款（Kanzelparagraphen）。这是对刚刚通过的德国刑法法典的补充，它禁止教会以"危害公共和平的方式"评论国家事务。在接下来的几年中，《布道台条款》成为囚禁数百名天主教神职人员和主教的借口。但是俾斯麦最终也不可能在这场矛盾冲突中将新教牧师拉到国家阵营当中，何况他也没这种念头。有些"文化战争法"甚至是他非常不能接受的。1874 年，文化部部长法尔克使强制性民事婚姻法在普鲁士得以通过，并在第二年根据民族自由党人的建议在全国进行了推广，对此俾斯麦较早地就公开表明了反对立场。不仅如此，他之后对此也并不真正热心。尽管如此，民事婚姻法的推行最终还是获得了他的首肯。因为他越来越陷

路德维希·温特霍斯特，1872 年

入了一种好战情绪：可以不用再顾及后果和损失。

对他而言，同"帝国敌人"天主教会及其波兰和威尔芬盟友的斗争简直是继 1864、1866 和 1870/1871 年战争之后的一次四方统一战争。"在我从法兰克福回来的时候，"俾斯麦在 1872 年初帝国议会的一次讲话上就对中央党破口大骂道，"我就把这个议会党团的建立看作是未来针对国家的军事动员。"[25] 不久后他还说道，明摆着"我们要同已被罗马控制的这个政党兵戎相见了……是起来战斗，还是甘愿屈服，由不得我们"。他认为同中央党"和平相处"是"不可能的"事，尤其是在它与波兰、威尔芬和国内的社会民主党人联盟的情况下。[26]1872 年底，在与阿尔布雷希特·冯·罗恩的谈话中，俾斯麦将保守党人对学校监督法的废除形容为"我们容克从王位和福音的临阵逃脱"。但是"像在 1864、1866 和 1870 年的战争中，我们，亲爱的老朋友，肩并肩地战斗到底并取得胜利一样，我也从中获得了战斗的勇气……我特别清楚，就好像上帝直接对我下命令一样，我例行公事般地站在裂口之上，而我人世间的主子则没有退身之地"。一年以后，他又向罗恩抱怨说，"保守党在天主教问题上就像国家敌人一样背信弃义"。[27]

在出身于曾经的威尔芬汉诺威王国的中央党党魁路德维希·温特霍斯特的身上，俾斯麦早就看出了"帝国公敌"的影子。他对温特霍斯特的深恶痛绝随着时间的推移而日益加深。19世纪70年代中期，他在一次社交晚会上宣称："我一生收获和美化了两样东西：一个是我妻子对我的爱，另一个，是我对温特霍斯特的恨。"他将中央党等同于一只试图"啃噬德意志尸首"的"老虎"。但是他认为，在这之前人们定会将其"击毙"。[28]

当时的"文化战争"已明显地陷入了僵局。数百名天主教神职人员身陷囹圄，耶稣会信徒被国家放逐，除护理病患之外的所有修道院联合会被迫解散，天主教教堂不再能获得国家资助，其1/4的牧师职位出现空缺。尽管如此，将天主教教徒的忠诚转移到国家上来并击垮中央党的目标并没有实现。1874年的帝国议会选举清楚地说明了这一点：中央党在选举中获得的赞成票是三年前的3倍。德国天主教徒与"教皇极权主义"的关系并没有被砍断，"文化战争"这场矛盾冲突反而巩固和加强了两者之间的关系。正是因为"文化战争"，信奉天主教的大部分人才能在帝国存在数十年之久。

因此俾斯麦的盟友在1874年以后就越来越倾向于对这一矛盾冲突进行降温。甚至于文化大臣法尔克也逐渐转变成了温和派。然而俾斯麦仍固执己见地认为，不应"马上握手言和"。[29]他抱怨文化大臣"相信教皇极权主义者们会戴着丝绒手套进行斗争，但不知道其下隐藏的是铮铮铁爪"。他的"铁血宰相"称号也在推动"文化战争"尖锐化的过程中名副其实。他认为法尔克"并没有鼓足干劲，只是扯掉了这张黑色兽皮上的几根灰色毛发而已"。[30]在俾斯麦看来，自由党人的坚持也显得漫不经心。1875 年 11 月，他还打算在帝国会议上提出制定一项反对天主教联合会法案的建议，却遭到了议会多数派的反对。

虽然针对天主教会的政治斗争屡战屡败，俾斯麦却像对待普鲁士和德意志帝国的其他势力一样，长期坚持不懈怠。原因有两点。一是在 1874 年夏天，在这位帝国宰相在巴特基辛根休养期间，他又一次遭到了刺杀。1866 年向他行刺的是一名南德意志民主党人，这一次是一个信奉天主教的制桶匠学徒。这次让俾斯麦手受了伤的袭击在他看来和"文化战争"有着直接关系：他在"这场天主教会党团对普鲁士国王发动的战争中"像一个士兵那样"因公负了伤"。[31] 刺杀发生以后，他立即在普鲁士内政部宣布将其列为将与天主教会矛盾升级的理由。所有的天主教神职人员应被当作外国人予以驱逐。

二是和他普鲁士的盟友相比，在同天主教会的斗争中俾斯麦更能窥见普鲁士内政和外交层面的问题。他一再将德国中央党视为国际反叛者组织的一部分，"他们接受罗马下达的命令"。在一次战争的许多战场上都能见到这样的"黑色英特纳雄耐尔"（schwarze Internationale）："这次战争也不例外，我们必须让法律指导我们作战，把我们敌人的朋友也一同视为敌人来对待"。当法国的主教们替德国天主教徒求情时，俾斯麦声称这是一种挑衅行为，会威胁普鲁士与法国的和平相处。对待在这样和类似情形下的批评与指责，俾斯麦为他的立场辩护道，此外可以预见，"如果我们同教皇打得你死我活，那么不可避免地也会面临与法国交手的局面"。他向法国驻柏林大使提出要求，称法国政府应"就滥用职权对不听话的主教们"采取措施。俾斯麦甚至还威胁称，这对德意志帝国来说是"能迫使我们对贵方开战的一个简单安全问题"。因此虽然德法又一场战争的可能性暂时"还远在天边"，但是如果"天主教党派在法国掌了舵"，它是有可能成为现实的。[32]

对于天主教国家比利时，俾斯麦也发出了类似的威胁：如果这个"保持中立的邻家小国成了助长德国天主教神职人员利用教会党团分裂国家企图的温床"，那么德意志帝国将不能保证不对其采取行动。[33] 为了避免这种情况的发生，比利时政府必须修改其刑法。这个帝国宰相还尝试建立一个新教国家同盟，通过一致施压强迫比利时修改法律。但是英国和荷兰对此却并不感兴趣。除此之外，察觉到他手下企图的威廉一世也表示反对，"整垮比利时政府"——在这位德意志君主看来，是"对两国之间最深层次关系的一种干涉"，他坚决不能接受。[34]

关于这一点，俾斯麦最后甚至臆想与威廉亲近的人，特别是王后也受了天主教"秘密顾问团反政府"的影响。[35] 在他的儿子赫伯特前往意大利旅游时，他还妄想症似的提醒他提防教皇派去的间谍对他下毒："在我辗转反侧的夜晚，想到身处阿尔卑斯山另一边大本营的邪恶敌人，他们有着各种各样我们不了解的手段，这让我惴惴不安。所以帮我一个忙，不要吃和喝他们可能为你准备的任何东西。"[36]

当赫伯特打算迎娶一位信奉天主教的女伯爵时，俾斯麦赤裸裸地表现出了他对天主教的恐惧是何等之大，他陷入了极度的妄想症当中，已经很难将政治立场与私人感情分开了。这位女伯爵与被俾斯麦列入"宫廷奸党"行列的天主教敌对势力中的一位声名显赫的中央党政客以及柏林政界都沾亲带故。因此他威胁赫伯特要与其断绝父子关系。根据一位在场人士的描述，在父子俩的一次激烈争论中，俾斯麦甚至声泪俱下地对儿子说，"这婚如果非结不可，他便决意寻死，他已经活够了，唯独在对他以往所有斗争的希冀中方能找到安慰"。[37] 在对女伯爵和父亲爱的反复纠结中，赫伯特最终还是放弃了他的心上人。作为回报，他得以在外交职务上迅速升迁，最后当上了普鲁士外交部的国务秘书，成了俾斯麦政治"斗争"上最忠诚的助手。

对敌人的臆想也使俾斯麦产生了一种恐惧的想法，即奥地利王储"也受了耶稣会的影响"。他认为，通过这样的方式，"教皇极权主义"集团有可能"最终集结成为政府"。[38] 俾斯麦早前就将普鲁士东部省份，特别是西里西亚对天主教神职人员和可能受天主教会支持的波兰民族运动煽动者的驱逐视为一种可能在"波兰－天主教－奥地利对外政策影响下"先发制人的战争。[39]

但是俾斯麦相信天主教党派不仅与外国势力和帝国内少数派相互勾结，还有一个国内的"帝国敌人"也与其沆瀣一气，那就是社会民主党。"虽然黑红联盟"，他在1871年就认为，"是在许多方面都显示出的一个既成事实；然而在帝国议会引入基本权利法的尝试显然让这一事实更加突显了"。[40]因为中央党在议会开幕时不仅提出了重建教皇国的动议，而且还徒劳地建议将基本权利法案纳入帝国宪法当中，对此社会民主工人党两个仅有的议员奥古斯特·倍倍尔（August Bebel）和威廉·李卜克内西（Wilhelm Liebknecht）表示了支持。在选区，特别是东部波兰语区，俾斯麦同样认为在"天主教和社会主义政党追求的目标"之间存在着"紧密联系"，他在1872年初向威廉一世报告了这一想法。[41]

因此俾斯麦也偶尔向对中央党有好感的谈话对象们强调"黑色"与"红色英特纳雄耐尔"之间所谓的关系，以打消他们想要给予支持的念头。这样，他就不仅将天主教党派作为不接受"德意志帝国事务现有秩序"的波兰和威尔芬王室的同伙来进行诋毁了。如果人们倾向于相信"所有像社会民主党一样与国家秩序为敌"势力的存在，那么中央党被臆想出的"危害国家的影响力"便会越发有说服力。[42]俾斯麦发出的这样幽灵魔咒自然并没有特别起作用。和他在其他方面的企图一样，用在梵蒂冈和中央党之中制造间隙的这种方式无论如何不能取得成功。因此德意志帝国的天主教政党和仍然相当无足轻重的社会民主党之间的关系是否真的密切，也就随之显得微不足道了。这种亲密关系总归只存在于共同的目标追逐基础之上。因为像倍倍尔和李卜克内西这样的社会主义者比天主教党派在相当大的程度上更能引起俾斯麦的厌恶。他在1874年说，社会民主党人和中央党一样，都是必须予以击毙的"老虎"。只是"俾斯麦会带着较多的善意击毙他们而已"。[43]

在处理社会主义、共产主义和无政府主义关系方面，俾斯麦与他的同代人相比没什么两样。1871 年普法战争结束之前巴黎公社运动爆发，这次运动被视为欧洲社会新秩序的第一次试验而大受倍倍尔和李卜克内西的欢迎，对于俾斯麦和当时的许多人来说都是恐怖房间的未来幻象。对他来说毫无疑问的是，"社会主义对社会生活和社会财富的威胁，正如其在巴黎已经成为事实的那样，已不是政治上的违法行为，而是对整个社会的犯罪"。[44] 但他完全忽视了一点，那就是与在法国元帅麦克马洪（MacMahon）指挥下对公社的镇压所牺牲的人相比，公社短暂的统治所造成的死亡要多得多。仅就对巴黎暴乱者表示同情这一项就足以让倍倍尔和李卜克内西面临叛国罪的指控，并被判处数年的拘禁。

在 19 世纪 70 年代早期，俾斯麦还争取过以打击社会主义运动为目标的国际合作。连因为表面上或实际上支持中央党而同时被他抨击的诸如比利时等天主教国家，他也要尝试争取。甚至在关于"社会主义运动带给整个欧洲重大威胁"这一问题上，他也自发地站在了法国外交代表的一边。[45] 然而在建立第一个反共产主义国际组织的尝试上他并没有特别成功。在抓捕社会主义"鼓吹者"方面愿意和德国合作的只有奥匈帝国和俄国。由此可见这样的合作是一种神圣同盟的再现。

在德意志帝国内部，俾斯麦更没有像他在 1871 年树立的目标那样成功地"遏制住社会主义运动在当前对德国前进方向的误导"。他与"黑色帝国敌人"的"斗争"已经证明是无效的，他同"红色政党"斗争的结果更是白费力气。1874 年的帝国选举中，中央党的选民数量翻了一倍，社会民主党得到的选票数量甚至是 1871 年的 3 倍。而在此期间，俾斯麦也几乎没有坚持将他当时的谋略付诸实施，即"借此尤其将社会主义运动往更有益的道路上引导，从而使人们认识到社会主义的要求中什么才是合理合法，在当前国家和社会秩序框架下什么才能被实现"。[46] 换而言之，他更多的是被动地容忍国家和社会按照自由主义思想转型，而非主动推动。

1871 ~ 1878 年这一时期在德意志帝国历史上通常被称为"自由主义时代"。从根本上来说，这个自由主义时代从 1866 年就已经开始了，普奥战争胜利之后，新成立的民族自由党已经准备好了同俾斯麦进行合作，并与其共同着手北德意志邦联的建立。如此一来，后来成立的德意志帝国外壳下包裹的首先就是自由主义。而俾斯麦却几乎没有直接地参与其中。这些年，除了"文化战争"之外，他主要关心的是德国的外交政策。建国后的内部事务则交给了他在首相府的副手鲁道夫·德尔布吕克（Rudolf Delbrück）处理。德尔布吕克的政治观点同自由党人接近，他与自由党人的合作也很紧密。虽然俾斯麦对此偶有抱怨，并由着自己的性子对自由党人在帝国刑法方面的工作指指点点，但在绝大多数情况下还是对他的副手听之任之。如果他不想再次同议会对着干的话，长期看来他也没有其他的选择。因为他曾经就同中央党一起陷入了"文件战争"。让他极为恼火的是，和威尔芬王室和波兰一样，连帝国的成立也无法使普鲁士保守党多数议员感到满足，他们仿佛受了屈辱似的憋着气。民族自由党人同进步党余党共同占据了帝国议会的过半数席位。

因此帝国的内部建设在很大程度上就照着民族自由化模式进行。1866 年的北德意志邦联中就存在 7 种货币和 33 家中央银行。通过实行货币和银行法，在短短几年内就建立起了一个货币联盟——这是人们在近几年里才会再次感激的一大成果。随着货币联盟的产生而建立的经济联盟更是如此。从这方面来说，关税同盟为此已经做了一些准备。但是德意志帝国各邦国在对经济领域关系重大的立法上的统一则花了整整一百年时间。自由主义时代，关于德国公司法、刑法和新闻法的统一陷入了旷日持久的谈判。甚至于对全国有约束力的民法规定直至 1900 年随着德国民法典的颁布才得以出台。同民法典一样，1869 年颁布的工商业管理条例中的主要条款也是直至今天仍具有法律效力。它还废除了当时已存在的等级和行会制度规定，这使得 1849 年再次实行的对手工业入行门槛的限制退回到原点，并且建立了分销自由原则。就这样，德国国内的统一进程充满了自由主义气息，在对外经济政策方面也是如此，即进入了自由贸易的时代。

19世纪70年代早期，自由主义经济政策随着德国经济的繁荣应运而生。过去几年的战争过后，众多的民间投资弥补了部分战争损失。德意志帝国的建立使得经济区得以扩大，这更加增强了德国的经济活力。受经济法自由化红利的影响，新的企业和股份公司如雨后春笋般不断涌现。法国对1870/1871年战争的45亿金马克赔款被德意志帝国大规模地用于公共建设，这又给德国的经济繁荣添了一把火。德国当时的经济增长率创了历史最高纪录。在柏林和帝国的其他地方出现了新兴城区；私人和公共建筑以至今未知的数量不断增长。股价看起来也只有一种走势——向上。受快速致富希望的诱惑，数以万计的市民开始效仿职业投机者，将积蓄投入证券市场。

该来的最终逃不过，经济泡沫破裂了。紧随经济繁荣之后的是经济危机（股灾）。泡沫破裂的谣言声四起。在这种情况下，储户将其存款取出，这无疑加重了经济危机。从1873年5月开始，危机进一步蔓延——第一批银行宣布破产。绝望的投资者堵在银行门前，并意识到他们的钱打了水漂。股价狂跌，经济发展速度急剧减缓。

通常在这样的股灾危机过后，国家便会出手干预。事实上公正一些说，由于对经济放任自流，国家对股灾的产生是负有责任的，或者更确切点说：就是因为施行了自由主义经济政策。新出台的公司法以及工商业管理条例的自由化虽然催生了一大批新公司和企业，但它们的资本却被很快耗尽。这些仅仅是自由主义时代的一种改革而已。而且它们只是导致1873年经济危机的一部分原因。然而在1873年以后的几年里，经济快速复苏的迹象越是没有呈现，自由主义时代的政策就越会普遍地陷入千夫所指的境地。自由主义政策越来越被广泛地认为是导致德国经济增长率下降的罪魁祸首。

究竟 1873 年至俾斯麦帝国宰相任期结束期间是否伴随着持续的经济危机，长期以来历史学家们仍争论不休，没有定论。在此期间，人们离所谓"大萧条"的预测渐行渐远。首先，在 19 世纪 80 年代，在德意志帝国出现了经济繁荣发展的景象。不过这次繁荣的持续时间比衰退期来的要短。长期来看，德国经济在 1873 年后确有增长，但增长速度却比以前有明显下降。以此为分界点对前后状况进行比较，对掌握当时的情况也有决定性作用。这一时期，情况看上去确实在变坏。1873 年至 1879 年间那段异常持久的衰退期尤其强化了这种印象，与先前异常繁荣的时期相比，反差更是明显。

在这种印象影响下，自由主义时代精神以及在议会中高举自由主义大旗的政党们慢慢地丧失了民众的信任。自由主义经济政策也逐渐颜面扫地。危机导致就业市场上竞争加剧，重新修改工商业管理条例的呼声再次高涨：手工业者们要求对各个行业入行门槛加以调整和限制。由于这次危机是国际性的，工业部门在国内及海外市场上的产品销售情况都很差，于是便要求提升关税，以至少保障在国内市场上的竞争力。不过，关于开征此类保护性关税的争议很大。出口导向型工业部门害怕外国对他们征收惩罚性关税，因此反对这种做法。至于增加关税的支持者随后则得到了来自长久以来最重要的经济部门——农业部门的声援。

对于农民和地主来说，直到 19 世纪 70 年代初经济形势仍相当令人看好。随着几十年来人口持续快速的增长，对食品和其他农产品的需求也随之节节攀升。不断上涨的农产品价格意味着农业生产者的收益也越来越多。早在 19 世纪 30 年代，作为庄园主的俾斯麦就曾以此方式获益。在 1867 年购入瓦尔岑庄园，1871 年受国王馈赠得到弗里德里希斯鲁行宫之后，他已然成为普鲁士最大的地主之一。出于对农业持续美好愿景的充分信任，他投入重金扩建了这两处地产。

然而此时，阴云也开始朝着农业聚拢过来。一段时间以来，不论是在北美、俄国还是在阿根廷，大量新开垦的土地所产出的农产品已造成很大程度的供应过剩。由于运输业的革命性发展，自19世纪70年代起这些地方的农产品生产者就给欧洲西部和中部国家的农场主造成了严峻挑战。随着铁路的扩建和蒸汽轮船制造业的不断兴盛，运输成本不断下降。接近19世纪中叶，来自美洲和俄国的廉价进口粮食便开始充斥德国市场。之后肉类产品也开始进口。40年来，农产品价格第一次有所下降。

40年来，农产品市场都是作为卖方市场而存在的。自由贸易政策能将农产品直接送到邻国家庭主妇的手中，因此农场主们对此没有任何异议，甚至还表示支持。如今，情况有了变化。关于实行保护性关税的呼声渐强，参与其中的农场主也越来越多。即使称不上有决定性意义，他们起的作用也是较大的。毕竟自始至终德国都主要是个农业国。即便自19世纪中叶起，工业革命获得了巨大的进步，到了19世纪70年代，在德意志帝国从事农业生产的人口数量仍然远远超过工商业从业者。同时也要考虑到，商业、贸易和服务行业的大部分运营都直接依赖农业部门，因此靠农业生存的人口要占相当多数。

对于这个多数群体的忧虑，俾斯麦的领会很深。作为大地主，他对农业市场上国际竞争的后果感同身受。他在世纪初投资扩建自己的农庄，本期待着"未来一切会走入正轨"，[47] 然而并没有得到相应的回报。他对此怨声载道。然而，他最终成为保护性关税支持者的原因不单是如此，甚至，他个人的经济利益也算不上主要原因。实际上，他对针对自由主义思想影响下自由贸易制度的农业抗议运动的同情之心源于更深层的原因。

以农业为特征的普鲁士曾是他的世界。从年轻时起，在俾斯麦反抗他出身市民阶层的母亲强加予他的生活和职业道路时，他便决心为这个世界而奋斗。每当他需要汲取力量的时候，他便会回到这个退身之所。即使他几乎将所有的积蓄都投资到了土地上，这种行为也和经济动机没什么关系。俾斯麦的银行投资经理人布莱希罗德（Bleichröder）通过不断计算，认为投资工业将给他带来更多收益。不过俾斯麦对此从未特别在意。农业、平整的土地、当地人的生活方式——这对他来说才是经济和社会的真正脊梁。除了在最糟糕的噩梦里，他怎么也想象不到德国会发展成如今这样，即农业人口只占总人口微乎其微的一小部分。

那个时代，有这样想法的绝不只他一个人。在19世纪向20世纪的转变过程中，光是在国民经济界就有众多教授围绕工业为主的社会到底能不能维持长久的问题进行了严肃而热烈的讨论。完成工业化和城市化的英国，在当时的人们看来反而是将经济发展带入了一条致命的死胡同。就是因为英伦三岛当时无法实现食品自给，而且需要从外国进口的数量还越来越多，大家便认为英国迟早会退回到农业社会发展阶段。在今天看来，这些视角和讨论所发挥的作用难以被理解。不过在20世纪与21世纪之交，相同的讨论却再次出现，连论调都类似：在今天忽略历史的国民经济教育中，时常认为由于国民经济中不存在更为广大的"工业基础"，这将导致服务性行业发达的现代社会发展陷入倒退。[48]

不过俾斯麦在一些层面上，认为发展工业是有益的。比如从军事角度来说，想要拥有强大的军事力量，普鲁士乃至德意志帝国就不能放弃一定程度上的工业化。没有克虏伯大炮，德国打不赢任何一场战争。俾斯麦作为宰相，也努力使工业界的精英们逐渐融入政治领导层中。因此，他致力于在普鲁士上议院推行改革，以使"整个国家的所有阶层"都能在里面有人代表。不过即使他想这样做，也断然不会以牺牲旧贵族和地主阶级的利益为代价。[49]

毕竟他仍旧仅仅把工业看作是一个不得不存在的魔鬼而已。因此必须要给它的扩张划定一个界限才行。俾斯麦坚信，工业将带来病痛。在这方面他是个彻头彻尾的传统保守主义者。工业城市在他眼里，就是腐烂发臭，滋生着瘟疫、罪恶和堕落的温床。同时，不断发展的工业化也逐渐腐蚀和破坏着传统的社会秩序。它将社会的经济重心从旧贵族精英阶层逐渐推向市民阶层，在政治层面来说，这种变化也迟早会发生。更为糟糕的是，工业化过程中出现的产业工人阶级为社会主义发展提供了载体，而这简直就是一切传统秩序的死敌。因此必须阻止工业继续发展。因此也必须坚持发展农业，使其能够抵御来自国外的竞争。这才是俾斯麦"改弦更张"，转而支持保护性关税的根本原因。

此外，还有一个策略方面的考虑。为了摆脱自由贸易，农业运动的形式五花八门。不论是保守党人、中央党人还是自由党人，各个行列中都不乏农业经营者。特别是对于自由党人来说，这的确成了一个问题。毕竟绝大多数自由党人从根本上支持自由贸易理念。不仅如此，在 19 世纪 70 年代，自由党也是诸多政党中唯一一个在城市和农村支持者数量分布旗鼓相当的政党。城里人果断拒绝向农产品征收关税，因为这样会导致食品价格上涨。于是，自由主义经济学家以及自由主义选举标语便声称，农产品关税只会让少数大地主获利，众多以农业为生的人却无法从中分得一杯羹。这在当时作为反驳用论证长期被众多历史学家所采纳。[50] 帝国的大多数农村选民横竖却并不为之所动。在农村和城市自由主义之间的接缝处盘踞着因为关税问题而开展农业运动的捣乱分子。这正中俾斯麦的下怀。因为这些捣乱分子尤其可以被利用来将民族自由党人日益增长的权力要求拒之门外。

北德意志邦联和德意志帝国已经成了诸侯存续的基础。自由党中的民族自由主义多数派曾暂时地满足于 1866 ~ 1871 年德意志民族统一运动带给他们的利益。民族自由党人也暂时接受了在立宪组织结构中被放在帝国议会次要位置的安排。在自由主义时代，他们总还是尽可能地在经济和社会方面实现他们对于新成立的民族国家内部建设的想法，自然也不会放弃继续扩大他们的政治影响力。议会曾经是自由党人的权力基础。因此将他们的权力升值，其中主要是获得帝国议会的权力，至少是左翼民族自由党人的一个目标。

而议会权力的每一次扩大都会使俾斯麦付出作为帝国宰相自身影响力流失的代价，因此他是不能接受的。对于他来说，自由党人永远也只能作为他的次要伙伴。作为他政治思想的起源地，俾斯麦始终关注着保守主义。但是普鲁士的保守党人自 19 世纪 50 年代起就与他渐行渐远了——他之于他们也是一样。因此自 1866 年起，俾斯麦作为普鲁士首相和德意志帝国宰相，其在议会的执政不得不在由民族自由主义党人与自由保守党人结盟的拥护下方可实行。至于他本人，则一如既往地对那些旧保守派的友人们抱有好感。在 19 世纪 70 年代早期，他与这些保守党人之间的裂痕曾经加深过，他不无惋惜地认为是受了"文化战争"的殃及，"令他个人感到十分痛心"。[51]1872 年底，俾斯麦甚至因此将自己普鲁士首相的职位交给阿尔布雷希特·冯·罗恩近一年之久，自己则退身至外交这个他"作为外交官的老本行"上。"在国内"，他告诉罗恩，"因为在天主教问题上保守党如同叛国一样的背弃，我失去了本来还算不错的土壤……但我拿他们也毫无办法……我不愿意同他们针锋相对。"[52]

当罗恩因为健康原因打算不久后再次从普鲁士首相职位上退出的时候，俾斯麦又一次地接受了。但是在 1874 年，他再次表达了惋惜之情，因为"即便我对自由主义和自由党人厌恶至极，先前却又不得不向他们靠拢，这与我的本性真的完全不符。对此普鲁士保守党要负全责，那个他曾经全心全意归属的政党'卑鄙地'将他抛弃了"。[53]1875 年造访瓦尔岑的一位客人从与俾斯麦的对话中留下了这样的印象："失去了旧日政界里那些出身于保守的旧容克阶级的朋友，他根本受不了。"俾斯麦一谈起他们，就会陷入一种"相当柔和的感伤情绪"。[54]

从 19 世纪 70 年代中期开始，俾斯麦对自己的副手德尔布吕克的抱怨越来越多，认为他与自由党人的合作过于密切。他也无休止地埋怨普鲁士经济大臣兼副首相奥托·康普豪森（Otto Camphausen）也出现了类似的苗头。康普豪森出身于莱茵兰地区，他的兄弟是 1848 年革命期间的自由派首相，他自己也是上议院自由党党团的一员。和德尔布吕克一样，康普豪森越来越证实了俾斯麦的"统治癖"和"执拗"，[55] 实际只说明一点，俾斯麦越来越背离了自己提出的与自由党人开展合作的政策。19 世纪 70 年代中期以来，俾斯麦与民族自由党团发言人在议会上摩擦不断

爱德华·拉斯克，1873 年

增多。而俾斯麦自 1873 年起就已经和该党的左翼领袖爱德华·拉斯克
（Eduard Lasker）斗得难解难分。1875 年初，俾斯麦骂骂咧咧地称拉斯
克为"国家的症结所在"。他认为"左翼民族自由党是让他生活闷闷不
乐"的首要原因，而且就这么碎叨了两年。[56]

　　拉斯克和他的同党们能有所建树，是因为手中掌握着帝国议会的预算
权。议会最重要的职能就是有权支配帝国收入。帝国议会的权力严格受宪
法约束。议会本身并不能左右国家日常事务、外交、宰相任命以及国务秘
书等事宜。在立法方面，议会还要联合诸侯代表以及联邦参议院的意见。
因此预算权是议会真正意义上仅有的权力杠杆。唯有撬动这根杠杆，议会
才能够在宪法架构中缓慢地将自身地位朝着对自己有利的方向改变。为
此，自由主义时代的帝国在内部建设上反倒提供了越来越多的可能性。

　　德意志帝国是按照邦联制模式建立的。随着自由主义时代国家政

体的不断充实，它反倒越来越像是个联邦制国家。国家的中心，即所谓"帝国领导机关"越来越将权能集于一身。除了建立帝国银行之外，还成立了帝国法院、帝国邮政、帝国宰相府、帝国财政部、帝国海军军部等。紧接着，又建立了其他帝国管理部门。但这些都是要花钱的，单单是数量持续增长的政府公务员就要耗费大量钱财。不过在邦联制最初的宪法架构中，实际上并没有预见到中央各部门还有更大的经济需求。帝国本是由其成员国供养的"寄生者"，正如人们所言，帝国各个部门的经费是由邦联各成员国拨付的，也就是执行所谓的"摊派款"制度。每年的"分摊款项"由各成员国议会确定，直到 19 世纪 70 年代末前后，民族自由党仍是大多数议会中的最大党派。德意志帝国不断加剧的财政困难成了拉斯克领导下的左翼党派向其施加压力的手段：只有保证自由党的利益并让其在帝国议会掌权，相应的资金才能得到批准。

到了 19 世纪 70 年代中期，俾斯麦开始考虑如何才能阻止自由党在议会的争权夺利。一个办法是重新加强联邦参议院在之前几年退居幕后的话语权。但首先需要考虑的是，当时帝国议会已经无法再利用预算法案去说服任何一方了。那怎么办？必须要废除"摊派款制度"，1875 年夏，俾斯麦在联邦参议院对符腾堡代表说，"但是帝国议会并不愿意让政府从中独立出来"。[57] 几个月后，他向各议员对自由主义时代做了一下总结。他说，帝国的内部建设在此间已经完成。如今他考虑的是如何进行改造："为德意志帝国赋予一个强有力而不可撼动的经济基础……这是一个伟大而又光荣，令我燃起斗志的任务，我将为它献出自己最后一份力量。但是，就这个任务来说，它确是艰难的。"[58]

俾斯麦年轻时的朋友莫里茨·冯·布兰肯伯格于 1875 年 10 月造访了他在瓦尔岑的庄园。在这位保守主义者面前，俾斯麦变得更加笃定。布兰肯伯格在那次会面后告诉阿尔布雷希特·冯·罗恩，俾斯麦宰相正努力"使自由党人的政府各部以及议会统治倒台"。他还打算抛弃自由主义的经济政策，"可要说到应该如何实现这个目标，对于我，甚至对于俾斯麦来说，恐怕还是个彻头彻尾的难题"。在 12 月与俾斯麦的又一次谈话过后，布兰肯伯格向罗恩补充道："俾斯麦真心想要摆脱那个由他自己招来的幽灵——但同时我仍然看不见那个可供幽灵逃跑的洞口在哪儿。"[59]

实际上，作为宰相的俾斯麦也完全没有别的办法。根本不能指望自由主义议会多数派会搬起石头砸自己的脚，同意废除摊派款制度这一帝国财政改革方案。当俾斯麦在1875年8月第一次说起必须要"废除摊派款制度"时，同时他也第一次暗自考虑结束对天主教的"文化战争"。[60]然而即使成功地通过这个方法获得了中央党对新内政方针的支持，仍然达不到足以对抗自由党人的议会多数。

紧接着在 1876 年，普鲁士的老保守党人终于放弃了一贯反对建立帝国的立场。他们重新组建成了德国保守党。政党的名字就体现了他们的纲领：与其继续因为谋求普鲁士在德国的地位上升而斗得面红耳赤，不如现在就主动投身于塑造新国家的行动当中。他们用这样的方式力求结束自由主义时代，并尤其将关税保护制度引入到农业领域里去。俾斯麦对此很是兴奋，他敦促 1866 年以来比民族自由党人拥有更广泛议会政治基础的自由保守党人与新党尽快结盟。然而他的如意算盘落了空：光是这个一直被称为"俾斯麦党"的自由保守党就不愿意被他牵着鼻子走。在帝国时代，俾斯麦希望看到的统一保守大党的景象并没有出现。

所有保守党团体加上中央党也构不成帝国议会的多数。自从 1871 年的选举开始，自由党就占据了议会超过半数的议席，而且优势还越来越大。即使民族自由党内部出现了分裂，出现另一种多数的可能性也只是停留在空想阶段。1876 年年中，相关的谣言四起，这正合了俾斯麦的心意。他对着民族自由党议会代表大声地对谣言予以否认，但他又前后不一致地补充道，他预计左翼民族自由党"可能会重蹈进步党的覆辙……如果出现这样的情况，对于他来说便失去了继续合作的可能性；结果可能不是让自由党人加入进来，而是不得不成立一个特别保守的部门，通过统一所有包括中央党在内的右倾势力来获得议会多数票。"然后他又假惺惺地声明，虽然并不是他想要结成这样的联盟，"但是如果木已成舟，他也只能向国王如此建议"。[61]

除了这些对民族自由党人毫不掩饰的威胁之外，俾斯麦还宣称将促使德意志帝国铁路国有化。1875 年夏天，在他提出通过废除摊派款制度改革帝国财政的同时，他也第一次私下里考虑过这个项目。将曾经私人企业运营、高利润回报的铁路国有化，至少可以保证让帝国政府长期不受制于对预算有支配权的议会。进步党左翼自由党人的猜疑也许不无道理，脱离议会控制才是俾斯麦的主要动机。民族自由党人就这样陷入了左右为难的境地。一方面他们对俾斯麦的路线不甚信赖。另一方面，如果铁路的国有化能有利于帝国的进一步发展，这于他们也并没有什么坏处。当然这一项目并不符合自由主义原则。它的推行最终还是在帝国层面陷入了全面停滞。而几年以后，普鲁士的铁路实现了国有化。不过此时的俾斯麦已经对这件事没有兴趣了。因为为了达到"铁路国有化"背后的政治目的，他已经转而尝试其他手段了。

1877 年，他开始宣传帝国的"高财政关税"问题。[62] 对日用品征收的关税和赋税应在交易的同时予以清算，且对此的行政权应和议会的预算权相互脱离。1876 年下半年，俾斯麦在首相府发布内部指导方针，即未来德意志帝国与其他国家签订贸易合同时不允许"在关税领域的立法自由方面设限"。此外，向关税保护制度的过渡尤其必须对"具有合法申诉权的"农业进行保护。[63] 鉴于自由党人德尔布吕克已经收回了其对铁路国有计划的抗议，俾斯麦只需要在行政管理方面搞定坚决拒绝放弃自由贸易的康普豪森反对派就可以了。

而自由党多数派也会在各大议会上继续坚持他们的主张，虽然他们的力量已经开始慢慢地衰弱。在 1876 年 10 月的普鲁士邦议会选举和 1877 年 1 月的帝国议会选举上，由于对自由贸易的坚定立场，自由党人在农村选区失去了选票和议席。这越来越表明，农业利益集团的煽动起了作用。自由党人如果在普鲁士的选举上继续失利，那么在帝国层面上的惨败就更加突显。首先蒙受损失的必定是民族自由党人。而将保护农业利益置于竞选首要口号的保守党的得票状况则明显得到了改善。自1871年以来，自由党人在帝国议会选举中第一次不再能获得绝对多数。

在1877年1月的帝国选举中，自由党人同样也没有成功掌权——尤其是社会民主党的得票率第三次提高了。对此俾斯麦首先实行怀柔政策。他邀请民族自由党主席鲁道夫·冯·班尼森出任普鲁士内政大臣和副首相。作为参与政府事务的回报，俾斯麦要求民族自由党人为关税和赋税改革提案投上一票。

班尼森的党内同僚自然担心作为政府里唯一的民族自由党人，他们的主席在众保守党大臣中以及保守派官僚作风之下做不了什么主。这也是俾斯麦所暗中期待的。但最终民族自由党人还是要求增加两个职位给其左翼党派的成员。这样的要求皇帝自然不可能同意。因为威廉本来就不愿意让班尼森上位。

此外，民族自由党人还要求俾斯麦向其做出有宪法约束力的保证，即议会预算权的杠杆不会被由他倡议的税务改革所取消。但取消议会预算权正是俾斯麦的目的。他在1878年2月斥责班尼森是一个"彻头彻尾的教条主义者"，并撤回了对他的邀请。[64]自由党人对此的报复就是在政府税务改革草案上彻底撕破脸——包括普鲁士财政大臣康普豪森，俾斯麦让他作为代表在帝国议会上展示改革草案，无疑是将他视为一只地雷狗。感到愤怒的康普豪森因此主动辞去了职务。

虽然俾斯麦因此少了一个令人讨厌的共事者，但1875年以后他也再没能实现自己的目的。议会还是一如既往地控制着预算权。可以长期在财政上不受议会左右的铁路国有化失败了，同样以此为目标的税务改革也没能成功。帝国议会多数无论如何也不会考虑将农业关税保护排除在外的税务改革方案。这也并没有从根本上改变帝国议会的政党格局。俾斯麦期望的自由保守党同德国保守党的联盟并没有实现。而拉斯克领导下的左翼民族自由党人也没有从党派余下的势力中分裂出来，这是他不希望看到的。没有自由党人参与或是针对自由党人的多数派始终是不存在的。

尽管如此，1878/1879 年德意志帝国内政的保守主义转型还是改变了这一现状。自由主义时代走到了尽头。帝国开始按照保守主义思想进行内部改建。这一成果长期以来主要归功于俾斯麦，时至今日仍时常被认为如此。因为这符合俾斯麦作为"提线木偶表演者"的传统大众形象，即所有的线都控制在他一人手中。与这一无所不能的操纵者形象不相称的，自然是 1875 年保守主义转型之前从铁路国有化到因税务改革同班尼森谈判的失败经历。这些年里每况愈下的健康状况也让俾斯麦很难有所建树。当时这两点甚至比以往任何时候都更加地让他萌生出彻底退出政坛或至少只致力于外交事业的想法。

在 1878/1879 年保守主义转型之前，俾斯麦完全没有预料到保守主义会转型。1878 年春与班尼森的谈判破裂之后，他的希望更多地放在了接下来 1880 年初的帝国议会改选上。"必须马上制定一个经济规划，并尝试将其灌输到选民的意识中去，"他认为，"然后——一年半之后——他们就可以出于经济而非政治的考虑进行投票了。"他首先构思的是进一步在社会上推行关税保护制度。[65] 同以往一样，这也并不太符合俾斯麦一贯的政治风格。他的政治风格更多地是引领潮流。

1878 年 5 月 11 日之后，未必属于偶然事件中的一个链条改变了历史形势，并加快了一系列历史事件的发展进程。这天德皇威廉一世遇刺，所幸毫发无损。凶手是莱比锡一名白铁匠学徒，曾经是社会民主党党员。于是俾斯麦以此为借口，在帝国议会中积极推动"针对社会主义者及其宣传机构"的法律提案。不过，除了保守党议员之外，其他议员们都反对这种压制社会民主党同僚的行为。俾斯麦对此早有预料：其实他的主要目的，是"为下一场选举"确定一个竞选题目而已。[66]

就在《反社会党人非常法》被帝国议会否决没几天后，6 月 2 日又发生了一起针对威廉一世的袭击事件。这次，皇帝身负重伤，危及生命。这次的凶手是一名失业学者，他和社会主义者圈子有些联系，但行凶之前大家都认为他是个自由党人。当这个消息传到帝国宰相俾斯麦的耳中时，他马上大声疾呼："那我们干脆解散帝国议会吧！"[67]尽管他的内阁同僚和短暂行使过君主权力的王储考虑的是，民族自由党可能会因为第二次刺杀事件同意针对社会民主党的镇压法案，但俾斯麦仍坚持解散议会，重新选举。因为他希望借此破坏并最终分裂以拉斯克为首的左翼民族自由党派。因此他在竞选中呼吁，"不要将整个民族自由党看作是帝国政府的敌人；而只有其下以拉斯克为首的左翼势力才是"。[68]

然而他的算计只不过实现了一半。在 1878 年 7 月底的帝国议会选举中，民族自由党相较 1877 年遭受了更为严重的失败。算上左翼自由党，它所拥有的议员人数也没有超过 1/3。而它从前占有议会将近一半的席位。通过选举，左翼民族自由党的力量尤其被削弱了。在激烈的内部辩论之后，民族自由党在 10 月一致投票赞成《反社会党人非常法》。拉斯克派自然更是尝到了自食苦果的滋味。但民族自由党人最终还是表达了对《非常法》的赞成立场，即在除了参与选举之外，禁止社会民主党从事一切违背自由主义政策基本原则的政治活动。

自由保守党和德国保守党同样也对《反社会党人非常法》表示支持。这两个保守政党成为 1878 年帝国议会选举的真正赢家。在短短一年半之内，它们的选民和支持者数量就不止翻了一番。帝国议会中的权利天平发生了偏移。在议会主席团的选举中，出现了有象征意义的表象。在此之前，帝国议会主席和第一副主席都是由民族自由党人出任，左翼自由主义的进步党人则担任第二副主席。现在，主席和第一副主席都由保守党人担任。只有第二副主席的位子留给了民族自由党人。民族自由党人丧失了在帝国议会的主导地位，被贬低成了保守派的小兄弟。不仅如此，保守党人现在还可以选择是与民族自由党人还是与德国中央

《反社会党人非常法》和解散帝国议会:《弓箭已经瞄准了社会民主党人,可是如果它越过目标飞了出去怎么办呢?》(刊登在《喧声》上的讽刺漫画),1878 年

党共同执政。自从帝国议会建立以来,实现议会多数的过程中首次可以忽略自由派的选票,甚至还可以对其实施压制。

　　俾斯麦也开始试探与中央党进行合作的可能性。在他看来,这种合作比与保守党人的合作更加困难。俾斯麦曾下大力气在"文化战争"中与中央党人针锋相对,他们中的大多数人却从未特别地投身其中。教皇庇护九世在位期间召开了第一次梵蒂冈宗教会议,并宣布《教皇无谬论》为天主教教义,1878 年 2 月他的去世却为缓解政府与天主教的矛盾打开了一扇门。庇护教皇的继任者表现出了谈判的诚意。尽管刚开始时,和教皇特使的会谈总是拖拖拉拉的没有什么进展。由于俾斯麦笃信所谓"黑色英特纳雄奈尔"的存在,他希望梵蒂冈方面能直接对中央党在帝国议会中的表决行为施加影响,以作为他废除《冲突法》的一种回报。这当然是完全不可能的，俾斯麦最终也不得不认清了这一点。然而，双方又在慢慢地互相靠拢。1872 年，俾斯麦曾向议会保证："我们不会前往卡诺萨。"[69] 并以此影射萨利安国王亨利四世 11 世纪向教皇讨饶乞怜的行为。如今他又在私下里表示，如果中央党能稍微予以配合，"他，俾斯麦，也愿意向卡诺萨的方向前进一步"。[70]

在帝国议会上，《反社会党人非常法》提案被中央党党团否决了。而就俾斯麦关于实施保护性关税的老方案来说，还是有可能从中央党方面获得更多的好感与支持。俾斯麦努力废除自由贸易制度，主要是为了维护农业部门的利益。1879 年初，俾斯麦一再向帝国宰相府幕僚长强调，"他将拥护保护性关税这一潮流，直到农业能够得到保护为止"[71]。在这一点上，他与绝大多数中央党议员及其选民的意见一致。因为中央党的中坚堡垒主要位于平原地区。德意志帝国总人口中的大部分都是以农业为生，其中信奉天主教的人口更是如此。1878 年帝国议会选举结束之后，议会中成立了一个超党派的国民经济联合会，专门负责推进保护性关税政策。中央党几乎所有的议员都是这个联合会的成员。

选举之前，俾斯麦就已经在联邦参议院敦促议会尽快拿出"一个全面的经济改革进程"方案。[72] 国民经济联合会形成决议之后，一部关于关税税则的法律随即开始起草。1879 年 2 月，俾斯麦曾向一名中央党议员表达自己"对中央党和保守党人相互之间越靠越近的满意之情，并注意到在这方面与保守党人相比，中央党做出了自己的贡献"[73]。实际上，他不过是想在当前搭上还在壮大的保守主义与天主教联盟的顺风车而已。联盟能够实现，实际上令他感到"相当诧异"。[74] 不过他也做好了随时换车搭的准备。对于俾斯麦在当年春天所做的积极努力，即"我们必须现在就让民族自由党垮台，只有在中央党的帮助下，关税草案才能得以通过"，他的同僚们仍未领会到个中之意。[75]

1879 年 7 月，帝国议会以多数表决通过了关税草案。赞成草案的多数是保守党人和中央党人。右翼民族自由党的 20 名议员也为新的关税税则投了赞成票，他们中的大部分人随后就离开了自己的党团。民族自由党开始分裂了——不过分裂点并不是俾斯麦所设想的那个。3 个月以后，自由党人在普鲁士下议院的选举中遭受了毁灭性失败，并像失去帝国议会多数席位一样，永远地失去了在普鲁士议会中的多数地位。1880 年，以拉斯克为首的左翼残余势力终于从曾经强有力并且在两个议会都占统治地位的民族自由党中分裂了出去。

显然，自由主义时代就这么过去了。"民族自由主义化"曾是 1867 年以来北德意志邦联和德意志帝国内部建设的特征之一，紧随其后的是保守主义改造。自由党人不光是在议会中惨遭损失，将指挥棒交给了保守党人。而且，推行自由主义政策最后的旗手们也被行政机构排除在外。1879 年，在保守党人和中央党通过多数表决签署关税税则法案的同时，普鲁士财政大臣宣布辞职，因为同他的前任奥托·康普豪森一样，他也对民族自由党抱有同情。几天之后，阿达贝尔特·法尔克也辞去了文化大臣职务。法尔克其人和他对"文化战争"的政策充分代表了 19 世纪 70 年代俾斯麦和自由党人的紧密合作。现如今这个时代也已经过去了。普鲁士政府各部现在全由保守党人所把持。

1879 年推行保护性关税政策的过渡期尤其突显了德意志帝国内政的保守主义转型，长期以来这点已在史学界达成了共识。相反，争论之处往往在于这一转型究竟带来了什么结果，以及它持续了多长时间。像赫尔穆特·贝默（Helmut Böhme）、汉斯·罗森堡（Hans Rosenberg）以及汉斯－乌尔里希·韦勒这样的历史学家认为，"帝国的内部建设"其实存在于这个转型之中，而并非自由主义时代。随着 1879 年关税税则法案生效，易北河以东的大地主与重工业缔结了以经济利益为基础的"黑麦与钢铁"联盟。直到 1918 年帝国解体，这个联盟都在主导着帝国的政策走向。照这种说法，俾斯麦便是通过"黑麦与钢铁"的联盟巩固了普鲁士保守党人的统治地位——这是 1862 年以来又一次的"逆历史潮流而动"，毕竟工业化的发展本应剥夺保守主义农业贵族精英的权力，并使自由主义市民阶层得利才对。这样看来，俾斯麦通过其政策再次为"内政统治体系中陈旧的等级制度"注入了生命力。[76]

对此像洛塔尔·加尔和托马斯·尼佩岱这样的史学家理所应当地反驳道，如果按照这种阐释便认为俾斯麦是万能的操纵者的话，则是完全高估了他所扮演的角色和行为的可能性。而在普鲁士保守主义大地主和重工业长期结盟的基础上"新建"帝国的说法也广受怀疑，且不乏相应论证。的确，1879 年关税税则的出台更多的是基于保守党人与中央党之间的合作——其背景则是当时，特别是对最广泛的农业人口史无前例的政治动员。在整个保守主义转型过程中，俾斯麦仿佛是在所有与农业利益攸关的浪尖上破浪前行。

尼佩岱、加尔等人因此提出疑问，这个转型以及由此进行的帝国改造是否真的能够持久。毕竟保守党人和中央党在关税税则方面的合作并没能形成议会层面的持久合作局面。19 世纪 80 年代，俾斯麦更多的是迫于无奈不断变换与其组成多数的执政伙伴。因此可以一再得到论证的是，自由党的溃败从根本上对于俾斯麦来说是一场付出了极大代价的胜利。这个帝国宰相仿佛变成了"魔法学徒"，他的保守主义先农政策成了与时代不相符合的事物。即使史学家们有再多意见分歧，在这点上他们也都是一致的——这种政策的成功不可能维持长久，因为实际上俾斯麦并未考虑到当初时代发展的一个中心议题：工业化，以及伴随而来的农业的衰退。

那么，1879 年的保守主义转型是否算是失败了呢？俾斯麦 19 世纪 80 年代的内政政策是不是失败了呢？他是不是成了个可笑的人，就像是误判了时势的堂吉诃德对着风车无谓地拼杀？事实当然没有这么简单。要评判 1879 年以后的俾斯麦是不是真的失败，这得取决于人们从什么角度去看待他的政策。

俾斯麦曾试图将帝国在经济事务上的领导权从帝国议会中独立出

来，实际上却失败了。最晚从 1875 年开始，议会的预算权就已经变成了他的眼中钉、肉中刺。从那以后俾斯麦一门心思地想要将其废除。然而，不论是将铁路经营权移交帝国的所有的计划还是由他提出却被自由党人反对的税制改革建议，都没能帮他实现这个目标。即使保守党人和中央党 1879 年推行的关税税则不久就为公共财政带来可观收益，俾斯麦也没能从帝国议会那里赢得财政的决定权。

/ 250

由于中央党在关税税则中坚持增加一项附则，这使得俾斯麦的希望全都泡了汤。这条附则的最初提出者，是名叫做弗兰肯斯坦（Franckenstein）的议员。就像全世界的啃书虫都关注的玛丽·雪莱（Mary Shelley）所著几乎同名的经典惊悚小说一样，弗兰肯斯坦这个名字对于俾斯麦来说，不久又会成为一段可怕回忆的代名词。弗兰肯斯坦提出的这条附则，规定关税税则所获收益超出一定数额的部分，必须拨付给帝国的各个成员国。这样，帝国的领导权依旧要依靠须由议会批准的摊派款制度和份额维系。

与自由党人一样，中央党最终也还是注意到了要将议会预算权紧紧攥在自己手中。1881/1882 年，俾斯麦借一次国家垄断烟草业的机会再一次对帝国财政权虎视眈眈时，除了保守党人以外，他在议会各党面前又一次碰了壁。为此他在之前通过了两部意在"缓和文化战争"的法案，为的是让中央党能仁慈地为他争取财政权投上一票，尽管只是徒劳一场。即使俾斯麦承诺烟草垄断的收益可分给帝国各个成员国，温特霍斯特和中央党党团不论是在帝国议会还是在普鲁士议会都依然不为所动。

/ 251

四年后，俾斯麦提出制定烧酒垄断政策的动议再次流于失败。不管是作为消费者还是自己庄园 4 个烧酒作坊的所有者，俾斯麦都算是个烧酒行家。但左翼自由党人却满怀恶意地硬是认为，这并不是俾斯麦推行这项政策的真正目的。正如他随后在议会中公开承认的那样，他更多考虑的是因此给帝国带来的收入。然而各党派再一次没有买他的账。"谁笑到最后才是笑得最好的"，俾斯麦恼怒地进行回击，并毫不掩饰地威胁那些议员要解散帝国议会。"你们把我们逼到了一个连你们自己都无法自保的境地，要笑换个地方去笑吧。"[77]

这已经不是俾斯麦第一次认真考虑要公然违反宪法规定了。这应该也不会是最后一次。议员们这次也和其他时候一样，自然并没有特别严肃地对待这样的威胁。最迟不过 1880 年，他们就已经习惯了这个帝国宰相为削弱议会地位或通过另立山头对其进行排挤所做出的种种尝试。这一年，俾斯麦在普鲁士成立了一个所谓的"国民经济委员会"。这个委员会的绝大多数成员是农业、工业和贸易行业的利益代表。按照俾斯麦的意愿，普鲁士国民经济委员会应当参与"起草关乎国家经济生活的法律草案"。[78] 因此，公众怀疑这个委员会及其代表的利益集团会对政党及议会构成竞争，并成为它们潜在的替代者。所以帝国议会也再次拒绝了俾斯麦关于将普鲁士国民经济委员会升级为全德经济委员会的拨款申请。在委员会随后否决了烟草垄断法案后，俾斯麦对这个组织失去了兴趣。

毕竟他的主要目的始终是为了在财务问题上把政府从议会中解放出来，因此他在 19 世纪 80 年代也多次提出建议，实施每两年一次的预算周期，以稍稍遏制帝国议会的影响力。因此他有时还会努力把普鲁士枢密院重新打造成为与帝国议会相抗衡的力量。他的这一诡计自然也像当初建立国民经济委员会那样化为泡影。

最后，连俾斯麦企图在想要引入的社会保险制度框架内用全体代表制废除议会人民代表制这样的尝试也失败了。他在 1883 年做关于意外事故保险法案的准备工作时曾表露过这个想法。他向其中一位同事谈道，对他来说尤为重要的是"利用这次机会建立一个全体性的协作组织，并且必须逐步将它推广至所有生产性的民众阶级中间，未来才能在此基础上建立一个能够取代帝国议会或与它分庭抗礼的、在立法方面能起决定性作用的人民代表机构。在万不得已的情况下，就算发动政变也不足为惜"。[79] 可是最后既没有发生什么政变，社会保险机构也没有被利用来反对议会。

引入社会保险一事清晰地表明，俾斯麦在 19 世纪 80 年代的企图同他当初想让帝国领导权摆脱议会预算权控制的努力一样，都失败了。受到巴黎公社运动影响之后，他于 1871 年制定了"遏制社会主义运动动摇民心的苗头……不能让人意识到社会主义提出的是合理要求"[80] 的目标，在当时再次长期得不到实现。总的来说，1875 ~ 1877 年间，在俾斯麦处理社会政治问题时，实际上也只是从对农业和工业雇主有利的角度出发的主动行为。1878 年皇帝遇刺后，他才再次发现他内心对工人阶级的真实感受。

无论如何从那时起，俾斯麦的"胡萝卜"式社会福利政策向《反社会党人非常法》的"棍棒"式转变看起来就不那么有颠倒性了。这一观点在近年来受到了一些指摘。出现在 19 世纪 80 年代的德国现代社会保险制度无疑扎根于与俾斯麦亲近的保守家长制的悠久传统土壤之中。然而在使保险事业的具体决断完全成熟的环境当中也并存着使《反社会党人非常法》萌生的条件。这是一把双刃剑，俾斯麦企图借此消除社会民主党人对工人阶级所施加的影响。1878 年秋以后，社会保险制度才在俾斯麦的影响下在普鲁士首相府被认真地讨论——与此同时议会通过了《反社会党人非常法》的决议。正如俾斯麦在来年春天强调的那样，保险事业之于他是"我们对去年犯罪和越界行为使用镇压手段的一个必要补充"。[81]

从 1880 年 12 月中旬的一次记载看来，他对社会保险制度的期待再清楚不过了，即通过受保守主义影响的国家的慷慨之举笼络住工人阶级，并使其远离社会民主主义。因此他认为，国家对社会保险大规模的补助是绝对必要的。只有通过大规模补助，"大量无产人士才能萌生保守主义思想，即认为领取养老金是件合理合法的事"。俾斯麦希望能够通过关税和垄断烟草业来为必要的国家补助提供资金。[82] 然而帝国议会对此并不买账。

虽然议会多数在 1883/1884 年通过了医疗和意外事故保险法案，但是经过多次修改的政府草案所体现出的国家作用是微乎其微的。通过的法案规定保险金的支付由雇主和雇员共同承担，政府补助并没有参与其中。新成立的帝国保险事务局实际上也只是个摆设，因为真正管理保险事务的是职业保险联合会和医疗保险公司。保险事务局的建立是帝国议会修改草案后的结果，俾斯麦最后只能咬牙切齿地接受。他自然是希望这一机构能成为保守主义的堡垒，并在之后利用其作为反议会的政治基础。然而事与愿违：医疗保险公司的大部分组织机构甚至很快就落入了社会民主党人的手中。

事实证明俾斯麦的努力，即用社会保险制度这个"胡萝卜"挖"红色帝国敌人"的墙脚，是竹篮打水一场空。他的双刃剑策略里用《反社会党人非常法》压制社会民主党的一面更是如此。1890 年是俾斯麦担任帝国宰相的最后一年，直至这一年，1878 年通过的法案经过了四次有效期延长。然而虽然在这期间对社会民主主义集会、报刊和其他印刷品的禁令在很大程度上阻碍了社民党的工作，虽然无数社民党成员在法案长达 12 年的有效期内锒铛入狱和四处流亡，但社会民主主义力量最终不仅没有被削弱，反而得到了壮大。虽然在《反社会党人非常法》通过后的两次帝国议会选举上，社会民主党的选民数量和选票比例有所下降，但随后便稳定上升。在 1890 年的选举中，社会民主党最终甚至在所有政党中获得了最好的得票结果。对此，帝国议会和皇帝一致决定不再继续延长《非常法》的有效期——以安抚俾斯麦因为被解职而满怀怨恨的抗议情绪。

从中不难得出结论，俾斯麦的政策实际上可以说是生不逢时。是因为社会民主党不是一个产业工人阶级的政党吗？工业注定是没有未来的吗？答案当然并非如此。即使我们从前并没有考虑过，早期社会民主党的主心骨并不是工匠和小本生意人，在进一步观察后得出的论证链也是有短暂说服力的。

工业肯定是有前途的，但这并不足以说明社会主义的思想和组织就能在城市底层得到提升。通过国家的横向比较便能解释清楚这个问题。

19 世纪 80 年代的英国工业发展程度实际上比德意志帝国要高。但是当地的社会主义政党可能还处在未成熟的阶段。德国社会民主党是世界范围内此类政党中的第一个群众性政党，而且直至第一次世界大战爆发，它仍是 1889 年建立起来的社会主义国际组织当中最成功的一个。

19 世纪末社会主义政党的发展并不是工业发展的自然结果。国际比较研究更能说明，这些政党的强大与若干因素都不无关系。其中一个最重要的因素就是国家权力机关的态度。哪里的社会主义团体给国家设置了最少的障碍，他们的发展反而会最晚最慢。因此在内政氛围极为宽容的英国，尽管工业化已经发展到了一定程度，当地社会主义团体的出现还是经历了相当长的时间。在这个自由主义盛行的岛国上，它的发展速度也是非常缓慢的。相较之下，虽然工业发展明显落后，普鲁士和德意志帝国保守的内政却恰好成了社会主义团体成长的温床。在施行《反社会党人非常法》时期更是如此。

因此当俾斯麦大力推进此项法案时，他无疑是犯了大错。但这实属战术失误，从根本上是可以避免的。如果俾斯麦在 1878 年没有固执己见地坚持推行《非常法》，那么德国社会民主党的崛起速度也许至少会放慢一些。因为正如与英国两相比较所得出的结论一样，这样的崛起同工业化并没有什么必然联系。

因此俾斯麦对社会民主党所采取的行动就不能说是不合时宜的，不合时宜的只是他的政治手段。而在这之上还存在其他的可能性——也就是说他本来还可以使用更有效的手段。

但是有一种观点认为，俾斯麦之所以会选择这样的政治手段，是与他保守党人的出身有关。如果按照这样的说法，俾斯麦意识形态上的浸润就是不合时宜的了。他的保守主义思想使他倾向于对异己进行镇压而不是宽容——对敌人施以暴力而不是一笑泯恩仇。然而这也不是必然的，因为俾斯麦在处理其他事务的时候是能完全不受其固有世界观影响的。

固有世界观可能说明一些问题。但是《反社会党人非常法》恰巧说明了套用固有世界观的解释触及底线的速度有多快。不单俾斯麦是这样。民族自由党人也是一样，他们违背了最初坚持的立场，最终在1878年针对社会民主党人的镇压行动上表示了支持。

俾斯麦对自由主义的政策没有失败。更确切地说，在这方面他是极为成功的。在经受了19世纪70年代末俾斯麦主导的保守主义转型的打击后，曾经强大的民族自由党元气大伤，不复当年。谋求以拉斯克为首的团体来统一整个自由主义，这一想法永远也不会成为现实。自由主义运动仍然处于松散的状态，并落入了党派之间相互竞争的境地。在19世纪70年代向80年代过渡之后，自由主义的历史走向了衰落。直至俾斯麦去世后，自由党人才再次小心翼翼地开始尝试壮大其在帝国议会的力量。直至德意志帝国结束，这样对权力的重新追求自然完全没法取得成功，因为自由党人在19世纪70年代占有了过多的议会多数席位。到了俾斯麦时代以后，他们的选民和议席萎缩到了只有1/4。

一些历史学家认为，自由党人的衰落总归都会发生。他们认为，自由主义的壮大主要得益于19世纪六七十年代的特殊历史形势，它本应在民族运动和对人民群众还处在较低水平的政治动员过程中所扮演的领导角色因此被跳过了。这一观点是完全正确的。相较之下，自由党人在欧洲其他国家的衰落发生得要比在德意志帝国晚得多。在英国，自由党人在议会选举中取得了更长久且更大的成功，显而易见也因此拥有了更大的影响力。意大利自由党人更是如此，他们在民族统一问题上发挥了比德国自由党人更为重要的作用。

造成这些差异的一个很重要的原因是选举制度的不同。英国和意大利自由党人的壮大受惠于一个相对有约束力的选举制度。直至第一次世界大战爆发，在大不列颠半岛和意大利半岛，通过一系列选举制度的改革，人民群众才得以逐步走向政治舞台，这比德国在这方面的进展要晚。实际上，通过实施成年男子普选权制度，德国有自由主义思想的乡绅政治家崛起得更早，也没可能参与粗暴的大众政治事务。这是俾斯麦的功劳。在他的敦促下，这种选举制度被引回到了帝国议会当中。而且他之所以这样做，一开始的内心想法是"用议会主义推翻议会主义"：他希望有朝一日通过普选制实现保守党在帝国议会的多数地位。[83]

19 世纪 70 年代末，这一期望成了现实。主要体现在对以农业为生的人口在关税保护政策上的大规模动员推翻了自由党议会的多数地位，取而代之的是遵循保守主义的议会代表向议会的大量涌入——在普鲁士下议院也是如此。自由主义时代随着保守主义的转型而走入了历史。同时，这场保守主义转型也成了下一个存续时间极长的保守主义时代的开端。

尽管 1878 年以后，保守党人赢得的议会多数并未达到自由党人曾获得过的那种程度，但这并不妨碍他们成为议会中的权力中心。他们能利用中央党和自由党人之间的矛盾，不断将自己的利益付诸实现。当时，中央党和自由党人就"文化争斗"的遗产——宗教政治问题陷入了激烈的敌对状态，就算从数量上可行，他们也不可能组成一个反保守主义的议会多数。

从一开始，俾斯麦就支持并参与了保守党人的这种两面派把戏。1878 年，他曾对一名帝国议会的民族自由党议员声称，"他希望拥护政府的这三家政党，即两个保守主义政党和民族自由党，能更加紧密地联合在一起"，"依靠中央党的力量既不是他的本意，他也认为这并不可能"。然而他同时又对符腾堡公国驻联邦参议院天主教全权代表说，他已做好了与中央党合作的充分准备。[84] 在他的授意下，保守党人和中央党在关税税则的制定问题上也进行了合作。关税税则在议会上通过之后，俾斯麦向帝国宰相府的新任幕僚长阐明了自己在议会中执政策略的几个原则："政府需要为它提案的通过争取议会多数——谁能够帮助实现多数，就有必要和谁结成利益共同体。"尽管他同时，以及在其他多个场合也强调，由于自己反天主教的性情，从个人角度出发他更愿意保守党人同民族自由党结成多数。"但是如果后者太过吊人胃口，那么它是

"舵手"见风使舵的手法（刊登在《喧声》上的讽刺漫画），1879 年

在逼迫政府……寻求其他的支持，并用政治行动予以确立。"[85]

　　1881 年，在写给巴伐利亚国王路德维希二世的信中，俾斯麦明确地形容了他这种左右摇摆的多数派政策的核心动机：最终他是想要阻止议会权力的继续扩大并削弱其中不能代表保守主义党派的力量。不管是对自由党还是对中央党来说，他在有关废除文化战争法案事宜中向皇帝写道："天主教问题只是一个借口，权力问题才是关键"。"当政府站在自由主义党派的一边并不真心对其抱有期待，对待其支持也漠不关心时"，一场"针对中央党的战争"是"长期没有胜利的希望的；这些自由主义党派长期以来要求将他们的支持作为放弃王权现有和必要的权力，以及实现其所谓议会多数地位的回报，他们对国家的危害程度要甚于中央党，但我们并不能同时对两方开战：至少有必要与其中一个敌人暂时停战"。[86]

　　1878～1881 年以及 1887～1890 年期间，政府和保守党人曾经各自寻求同中央党或者民族自由党达成某种"停火"状态的可能性。如果哪一方索取太多，执政联盟就会转向另一方，与其重新组建议会多数。对于这种摇摆不定的政策，民族自由党团在 1881 ~ 1887 年间的各次议会选举中显得过于羸弱了。俾斯麦以这几年逐步废除有关文化战争的法律为条件，换取了中央党人对其保守主义政策的支持。但是中央党对其给出的条件并不满意，且认为其在议会的权力应该得到扩大。针对这种情况，俾斯麦在 1882 年初立即预防性地威胁道，政府"最后不会通过与中央党的自由主义敌人长期决裂的方式来换取单单这一个政党对它的支持"。[87] 因此，俾斯麦始终让政府和保守党人保持着与上述两方进行合作的可能性。1881 年议会选举结束后，俾斯麦既和民族自由党的班尼森进行谈判，同时也和中央党的弗兰肯斯坦讨价还价。他在这次选举后对民族自由党人竭力宣称："与中央党的长期合作是不可能实现的。"1884 年选举时，他又再次提出让班尼森出任内阁大臣候选人的建议。[88]

此外，俾斯麦还通过组建超党派执政联盟的方式，竭尽全力应对中央党及民族自由党可能为保守党治理国家带来的一切威胁，同时以此弱化两党的政治战斗力。"他并不喜欢与党派打交道，"俾斯麦在 1878/1879 年曾多次声明，"不过他愿意从他们那里获得帮助。"[89] 他告诉自己的家庭医生，即使一些中央党政客拒绝支持保守派执政路线，他一样还能"尽早让信仰天主教的农民们改变想法"。[90] 实际上，在 1880 年延长《反社会党人非常法》有效期时，就有 14 名中央党议员背离了自己党团的原则，与保守党人和民族自由党人站在了一起。当 1884 年再次审议延长这项法律时，俾斯麦已经赢得了中央党党团近半数支持，甚至还从左翼自由党人手中挖来了一些选票，并通过了多数决议。由中央党、民族自由党以及保守党团组建的执政联盟于 1883/1884 年成功通过了关于医疗和意外事故保险的有关法案。1885 年，最后又有部分民族自由党人站在保守党和中央党一边，通过了一项迎合农业利益的金融交易税法案。

在所有这些不断变化的议会执政组合中，保守党人始终都是核心和支点。整个 19 世纪 80 年代，帝国议会及普鲁士下议院通过的重要法律中没有一项与保守党的意愿相违背。保守党就像是处于网中央的蜘蛛，所有的丝线都汇集于其一处。因此，俾斯麦想要夺取议会预算权的所有失败尝试也显得没有什么意义了。因为保守党人在对自身利益深思熟虑之后，已经丧失了对政府动手的兴趣。从 1879 年开始，在政府中与俾斯麦及其大臣们共事的，最终无一例外都是他们的政策代言人。即使在俾斯麦和部分德国保守党人之间还会偶尔产生意见分歧，但在关键问题上大家总还是能够团结一心。就这样，19 世纪 70 年代末兴起的保守主义转型决定了德意志帝国内政长久的保守主义统治方向。这种保守主义导向影响了俾斯麦作为帝国宰相的后半个任期。实际上，俾斯麦构建的这种党派格局即使在他卸任，甚至在他去世之后都得到了继续保留。直到第一次世界大战爆发前夕，保守党人才终于在议会中丧失了关键地位。

在保守主义转型过程中起关键推动作用的，非关税和贸易政策莫属。在农业领域中发起针对自由贸易的抗议活动不仅成为制定 1879 年关税税则的发端，而且显然也是终结自由主义时代的最后一击。1885 年，主张保护性关税政策的议会多数敦促首先提高农产品的关税额度，俾斯麦对此表示了支持。正如他就这项政策向威廉一世解释的那样，农业终于成为"我们国民生活的支柱了。"[91] 俾斯麦本人作为普鲁士最大的林地所有者之一，提出对木材也征收关税，却并未达到令他满意的税额。尽管这个目标并未完全达成，农产品的进口税率却较 1879 年平均上涨了 2 倍。接着在 1887 年，又一次的增税使得农产品的关税税额达到了过去的 5 倍。

在与农业运动的关系方面，俾斯麦从来表现得都不像什么"魔法学徒"。他并没有对农业利益攸关方们进行大规模的政治动员。不过，俾斯麦却在利用农业领域的大规模动员来传播保守主义思想方面提供了有力帮助。与担任帝国宰相的成就相比，这可能是他在内政方面取得的较大和较为重要的成功。

俾斯麦对农业利益予以支持的政策经常受到其与时代不相适宜的指责。鉴于当时工业化的发展进程以及由此带来的农业部门的逐步衰退，一些史学家更是认为这种政策不合时宜到了极点。然而事实并非如此。与此相反，俾斯麦自19世纪70年代末开始对农产品关税方面的关注恰恰表明他把握住了时代的脉搏。同样，他在1879、1885和1887年作为内政代理人三次制定关税税则时的所作所为，也成为他在德意志帝国建国后作为政治家取得比国际上其他人物更加显著而长久的成功的重要条件。

因为即使工业化再怎么发展，在俾斯麦担任帝国宰相的整个任期，也就是直到1890年，德意志帝国的大多数人口依然还是以农业为生。这样一来，由于对本国农产品突如其来的竞争而发出实施关税保护的呼声就完全可以理解了，特别是这种保护性政策绝不可能只给大地主们带来好处。接受这样的政策在政治上也是明智之举。当时所有欧洲大陆的大国同样也都是农业国家，在这一时期也都在完成从自由贸易到关税征收的过渡。只有作为世界上首个工业国家的英国没有经历这个过程。虽然保守主义力量绝不可能在欧洲大陆的任何地方从对农业利益的大规模动员中获利，但是这样的事情却在德国发生了：在俾斯麦强有力的协助下，普鲁士保守党人在实行先农政策的基础上保住了对自己具有决定性意义的权力地位——直到俾斯麦这位帝国宰相职业和生命完结之后很长一段时间。

即使不把俾斯麦时代看作是德国特色道路的发端，一般也认为它是历史上一个重要的发展阶段。尽管这个观点在当时颇受指摘，但是仍然代表了不少人的意见，即作为德意志帝国的第一任宰相，俾斯麦为与欧洲普遍水平相比尤其保守的德国国内政策奠定了基础。在这方面英国主要充当了比较的标尺。不过为了给这样的观点提供依据，将法国或者意大利作为比照的对象，实际上可能更容易理解。因为在 19 世纪 70 年代末，当俾斯麦领导德意志帝国转向保守主义的同时，上述两个国家却在进行一场反保守主义转型。

从 1789 年法国大革命开始，对待君主政体的态度成了政治定位的文化密码。拥护君主制的通常都是保守主义者。自由主义者往往支持共和制。拿破仑一世和拿破仑三世都曾经尝试将这两个对立的政治派别用组建"自由帝国"（*Empire Liberal*）的方式联合起来，然而最终都失败了。拿破仑三世在 1870/1871 年普法战争中的惨败更是说明了这一点。

拥护君主制的保守主义者们在 1871 年阻止了让社会主义者接管法国政权的"巴黎公社运动"。拿破仑手下的麦克马洪元帅血腥镇压了这次起义。在法兰西第二帝国垮台之后，保皇党也终于取得了首场议会选举的胜利。但是复辟君主制的行动还是出乎意料地受到了阻碍。首先，复辟的拥护者们在皇位继承人的人选方面难以达成一致。当费尽九牛二虎之力终于取得一致时，老波旁王朝的候选人又因为提出了无法满足的条件而使本来就脆弱不堪的同盟关系再次瓦解。

/ 263

因此在那几年，法国的国体就处于这种奇怪而又动荡的状态。从形式上说，法兰西自 1871 年起就是共和国体，然而并没有受保皇党所制定的宪法统治。1875 年在立宪问题上做出的妥协也只是暂时以制度化方式缓和了保皇党和共和党阵营的僵局。和要求政府履行议会职责一样，自由派共和党人要求实施对下议院的全民直接选举制度。而当时与下议院相对应的，是一个仅由间接选举产生并受保皇派把控的第二议会，即参议院，以及一位强势的总统。作为法兰西第三共和国的第二任总统，麦克马洪相信未来自己能坐上皇帝的宝座。

在 1876 ~ 1879 年的法国，保守的总统同日益自由主义共和化的下议院之间一直存在着尖锐的矛盾。麦克马洪始终不承认议会有任命首相的权利。和俾斯麦一样，他解散了国会，重新进行选举。不过与德意志帝国不同，法国自由党人在选举中获得了胜利。1879 年，麦克马洪辞去了总统职务。参议院也最终被共和党人把控了。

于是在 19 世纪 70 年代末的德法边境两端，一场权力之争由此展开，一边是自由党议会多数，一边则是保守党人的天下。德意志帝国的自由党人没能赢得这场斗争，同时也失去了议会的多数席位。在帝国建立时期，自由主义时代走到了尽头。俾斯麦可以阻止自由党人扩大议会权力，并实现德国内政向保守主义转型。这一转型对德意志帝国的影响长达数十年之久。与此相反，法国的政治舞台则被自由党人占据。法国内政经历了反保守主义转型，政府体制被议会化了。

19 世纪 70 年代末的意大利也经历了反保守主义的政治转型，但其推进过程相对要缓和一些。既往的君主政体因此得以继续维系。理论上，像普鲁士国王威廉一世一样，意大利国王维托里奥·埃马努埃莱（Viktor Emanuel）的统治权力也得到了扩张：他可以根据个人好恶任命大臣、解散议会，并且拥有最高决策权。但与威廉及其首相俾斯麦不同的是，维托里奥·埃马努埃莱几乎从未行使过这些权力。这个意大利国王的心更多地放在了养狗、狩猎、养马和女人（他的情妇众多，至少还有 3 名私生子女）身上。由于他的皮埃蒙特王权基础明显比普鲁士更加薄弱，而且他对其拥护教皇、虔诚信仰天主教臣民的忠诚并不自信，导致他也更多地依赖同议会的合作。

19 世纪 60 年代意大利统一之后，右翼党（Destra）在议会占据了统治地位。不过这样的右翼多数并不能同德意志帝国的保守势力相提并论。意大利从未出现过像普鲁士那样强大的贵族保守主义。它与法国保皇党相比也存在着差距。意大利右翼党议会多数代表的是温和派保守党松散联盟和右翼自由党的利益。它最容易同德意志帝国的民族自由党和自由保守党联盟合拍，后者正是俾斯麦在1866年至1878年支持的对象。

北德意志邦联成立以来，德意志帝国建立以后，这个曾经起主导作用的联盟在柏林帝国议会遭受了失败。同样，意大利统一后的右翼党也在19世纪70年代后期的罗马议会失去了统治地位。两者之所以会落入这样的境地，主要是政治破坏和选举失败造成的。然而与柏林不同，罗马也像巴黎一样进行了反保守主义转型。当时的"左翼"反对党代表们——左翼党人（Sinistra）——接替了政府的权力中心地位。

意大利的"左翼党人"并不是社会主义者。而德意志帝国的左翼势力则主要由进步党和爱德华·拉斯克领导的党团组成，后者曾是民族自由党的一部分，当时也一并被认为是左翼自由党。在德意志帝国，左翼党派在夺权和参政的过程中一直遭到打压，而意大利左翼党却和法国共和党人一样摘下了胜利的果实。

/ 265

三国的政治体制因此而走上了不同的发展道路。在法国，共和国成了长期稳定的治国形式，议会成了最重要的权力中心。而德国直至1918年仍没有实现这样的议会化。在意大利，作为非正式的政治实践，议会治国模式已经得到了广泛应用。选举权的逐步扩大带来的最直接结果是议会权力向左翼党的转移。意大利统一之初，每50个意大利人中才有一人拥有完全的选举权。19世纪六七十年代，在意大利南部的亚平宁半岛选区，选民人数还不足6名。左翼党在1882年推行的第一项改革措施，就是赋予1/4的意大利成年男性选举权。1912年的进一步改革最终实现了意大利成年男性的普选权。19世纪70年代后期，在意大利和法国进行的反保守主义转型使得这两个国家开始向议会民主制方向发展。而德意志帝国在这方面的发展则推迟到了一战后。

不过在实行的政策方面，三者并没有多少区别。意大利左翼党和法国共和党主导的反保守主义转型加剧了各自国家同教会之间的矛盾。在某种程度上，两国在19世纪80年代爆发了"文化战争"，而这样的战争在10年前的德意志自由主义时代就已经发生过了。这和反社会主义的镇压行为相差无几。19世纪90年代初，在包含刺杀总统在内的一系列无政府主义袭击事件之后，巴黎国民议会通过了法国版的《反社会党人非常法》。同一时间在罗马，意大利总理弗朗西斯科·克里斯皮（Francesco Crispi）虽然身为左翼党政治家和曾经的共和党人，但由于他非常地仰慕俾斯麦，对于当时国内自发的社会主义运动，他也进行了激烈的对抗。

在关税政策方面，意法两国也意外地同德意志帝国步调一致。和德意志帝国一样，法兰西第三共和国和意大利王国在1880年前后也从自由贸易逐渐走向关税保护。而且当地的关税保护政策也越来越广泛地受到农业利益集团的驱动。同德意志的农民一样，法国和意大利的农场主也意识到，运输业革命降低了美国和俄国进口的农产品价格，对他们突然形成了竞争。况且法国和意大利经济对农业的依赖程度还要甚于德意志帝国。1876年，法国2/3的人口要靠土地养活，有半数的法国人在农业领域工作，其中还包括许多同农业相关的服务行业和手工业从业者。由于法国的工业化进程相对缓慢，直至一战结束，法国农业在提供就业岗位上仍然拥有比工业更加重要的地位。意大利的农业更是直到20世纪中叶仍占主导地位。

和众多德国自由党人一样，想要让意大利和法国的自由党人接受关税保护政策，也不是那么容易的事。不过考虑到可以从中赢得农村选民的支持，问题也就变得好办多了。由于法国尤其是意大利农业的强大影响力，当地城市工业领域对征收农业税政策的阻力比较小。而德国自由党人的权力基础更多地扎根于城市选民，因此在关税问题的争论上，他们面临了严峻的考验。经过辩论，德国的自由主义势力在一定程度上被削弱了，而意大利和法国则完全没有出现这样的情况。

在承认德国自由党"失败"之前必须要考虑的一点是，在德意志特色道路的传统论点中，这种情况是如何发生的。俾斯麦在国际上难得一见的保守主义转型中利用了关税问题，但将他视为天才操纵者之前还要注意的是：尽管他利用关税问题来实现保守主义转型合乎实际，但是他得以实现这个目标，也是因为他本来就是普鲁士保守党的一员，而且他只不过从同样在多方面非常特殊、放眼国际都绝无仅有的一次有利局势中抓住了机会，使其对保守主义势力有利而已。

因为德意志帝国针对关税保护政策而兴起的农业运动不单单基于与法国和意大利不同的经济结构。政治环境的根本不同，更是让德国自由党人步履维艰。当19世纪70年代的运输业革命使西欧和中欧农业面临不断增长的竞争压力之时，德意志帝国正处在自由主义时代。虽然农业领域的危机同自由党奉行的经济政策并没有真正的关联，但当时在帝国议会占统治地位的自由党还是难辞其咎。而在法国和意大利，这笔账则直接算在了下台前的保守势力，也就是拥护君主制的右翼党头上。

相反，属于自由主义阵营的法国共和党和意大利左翼党甚至从本国的农业危机中获得了政治利益。在19世纪70年代末的法国，城市下层阶级的支持并不是决定共和国战胜君主制的关键因素。在数量上非常微不足道的法国产业工人阶级对这场胜利起的作用更是无足轻重。共和党人的决定性群众基础更多地根植于法国农村。就像法国总理茹费理在1882年形容的那样，法兰西共和国是"一个农民的共和国"（*une république despaysans*）。19世纪70年代，正是争取到了农村选民的支持，法国共和党人才实现了反保守主义的转型。意大利也是一样，农村选民决定了执政权向左翼党的更迭。而且左翼党的权力基础几乎只存在于农业占统治地位的南方。加上意大利北部，也就是保守党中心区域内的农业和城市工业利益集团之间关系紧张，保守党内部发生了分裂，最终为左翼党组建内阁铺平了道路。

　　另外还有一个对意大利和法国自由党势力有利而对德意志帝国自由党势力不利的因素：各自保守党对手的实力、明智程度，尤其是凝聚力。在法国同时存在三大保皇集团——老波旁王朝的支持者、1830～1848年占据法国皇位的波旁王族旁系奥尔良派的追随者和波拿巴主义者——他们相互之间的关系剑拔弩张：当奥尔良派和波旁人破天荒地就波帝家族的香波尔（Chambord）伯爵作为共同的皇位继承人取得一致时，这位继承人却既不肯承认宪法，也不肯承认自1789年以来就作为法国国旗的三色旗。由于表现出了这种反动思想和政治上的不明智，本来就不稳定的保皇联盟很快就再次崩塌。意大利的右翼党更是不可救药地陷入了分裂：坚定的专制主义极端保皇主义者同务实的新保守党人、南方贵族同北方贵族、1860年倒台的王室的支持者同皮埃蒙特王国的追随者，以及这些人同教皇拥趸之间斗争不断。

　　在意大利和法国的保守党力量被彼此之间的争斗消耗之时，德意志帝国的保守党却越来越团结一致。俾斯麦试图将德国所有的保守党人统一起来组成一个大党，虽然这一愿望并没有实现，但是1876年成立的德意志保守党与自由保守党的合作却十分紧密。对民族思想及其象征符号僵化的保留导致香波尔伯爵失去了法国皇位候选人身份，随着1876年德国保守势力的重组，普鲁士保守党则摆脱了这种僵化思想。自此之后，它与俾斯麦和帝国领导人的尖锐矛盾成为了历史。在很大程度上，帝国宰相、政府和保守党派拧成了一股绳。

　　与法国和意大利相比，德国自由党的失败并不完全是因为其自身的力量太过薄弱。也不是完全因为自由党人不团结，才长期妨碍了德意志，使得德意志帝国的反保守主义转型迟迟无法进行。德国自由党人并不比其法国和意大利的同僚们更不团结。在1866年至1918年期间，德意志帝国议会的自由党派从来就没有少于两个，甚至还短暂地达到过5个。然而在法国的国民议会和意大利的议会中，通常至少有同样多的自由党团同时存在。

与其说是因为自由党人的"失败"和不团结，不如说是因为其保守党对手更为强大的凝聚力和切合实际的实用主义思想，德意志帝国的党派政治局势才与法国和意大利有所不同。德国保守主义相比之下更强大的聚合力和更为灵活的策略为持续的"左倾"政治转型制造了可怕的障碍。对此，俾斯麦策略上的随机应变是起了一定作用的。也是因为如此，他向 19 世纪 60 年代后的德国保守党同僚以身作则地表明，放弃坚定不移的反动立场有望取得哪些成功的机会，这样的立场也是多数德国保守党人首先要坚持的。

不过也不要对他的影响力评价过高。即使是同俾斯麦特别亲近的自由保守党派也还是坚持己见，比如拒绝了俾斯麦要他们同德意志保守党合并的要求。俾斯麦在 19 世纪 80 年代曾表示，"因为某些政党将他们自己的政治色彩和党团利益置于国家之上，我对此感到悲痛和惋惜"，趁机他还补充了一句："保守党也是一样。"在这一点，他自然还是倾向于将"祖国"的利益和他个人的利益统一起来。不过在与保守党基本世界观保持一致的情况下，这种偶然出现的个人不和谐音符终归还是起不了什么作用。[1]

俾斯麦和保守党人本来就属于同一个立场，他们相互影响的空间有限。19 世纪 70 年代，德意志帝国爆发农业危机之时它正处于自由党统治时代，自由党人因此难辞其咎，而在当时的法国和意大利，右翼党正处在权力的中心，这简直可以说是偶然事件。此外，在德意志帝国进一步的工业化和城市化背景下，在有关农业保护性关税的争论上，自由党人面临了比阿尔卑斯山以南和孚日山以西的左翼党人更加严峻的考验。

还有一个结构上的因素也体现出了差别：德意志帝国内部的教派分裂。这在法国和意大利并不成问题，对于德国的自由党人来说则不然。自由主义在这三个国家都代表着世俗化，即政教分离的发展方向。从而它们都对天主教会的僧侣阶级统治制度产生了明确的敌意。在宗教教派没有分裂的法国和意大利，这种敌意使得自由党人有可能与天主教世俗派教徒运动结成同盟。不仅如此，在上述两个国家中，围绕社会和宗教关系的文化冲突与自由党同保守党的政治冲突是同时展开的。法国的保皇党和意大利的保守党人是天主教僧侣的盟友，教权主义和保守主义属于同一阵营。天主教的政权还俗主义则是自由主义的助力。

比较起来，德国自由党人的处境更为不利。德国政治和文化的矛盾主线不是并行的，而是彼此呈横向交错发展的。因此可以说，德国自由党人是在两条战线上同时作战——政治上和保守党人斗争，文化上同天主教会对抗，这是因为不可以简单地将中央党内的天主教代表归于政治上的右翼。政治上的天主教更像是德国社会一个多层次的复制品和一个微缩版的宗教克隆体。保守党贵族、自由党市民和天主教工人运动都在天主教的大环境之中。不过，教派的分裂已将这些团体相互捆绑了起来，并一面在天主教的亚环境之间，另一面在与其对立的德意志帝国新教多数派之间制造裂隙。"文化战争"则将这样的裂隙加深，使其成为一条鸿沟。德国自由主义的发展因此被遏制了，因为它几乎失去了天主教信徒的所有支持。不仅如此，保守党人和俾斯麦也趁机让自由党和中央党陷入了自1879年以后至少30年的对立。

这样一来，德国的教派分裂成了自由党人通过自身力量争取国家权力道路上的又一障碍。它使俾斯麦和保守党人取代自由党人，在19世纪70年代末完成保守主义转型成为可能。通常情况下，19世纪晚期异常突出的、围绕国家和教会关系的纷争被视为社会现代化的表现，但它在德意志帝国造成的结果却正好相反。在同一时间的法国和意大利，这种纷争导致了反保守主义转型，推动了两国持续的议会化和民主化进程。

不过，德国的"文化战争"和其他欧洲国家发生的类似冲突总归对一个问题提出了质疑，那就是那一段历史是否只展现了"进步"和"倒退"力量之间的相互较量。事实上，"左翼"党派的进步和保守党的坚守并不是完全相互隔离的，也不能用两分法来看待。天主教会在德意志帝国的政治力量看上去像是保守党势力的一部分，而且实际上光是它的存在就已经长期阻止了德意志帝国向议会制度的进一步发展。在 1879 年以后，与保守党人和俾斯麦争夺议会权力的也是中央党，它也是最终成为支持 1918 年魏玛共和国成立的核心力量。而自由党人则将自己视为进步的先驱。为了实现德意志帝国的"现代化"，不管是在"文化战争"期间，还是在实施《反社会党人非常法》时期，自由党人都没有在俾斯麦政策无情的镇压和对其基本权利的践踏中退缩。

从某些方面看，德意志帝国这种相对的现代化反而有利于俾斯麦推行更加保守的政治路线，这本身就是一个悖论。放眼当时的欧洲大陆，没有任何一个地方的政治生态像德国的议会和选举那样，呈现出更加现代化的特征。虽然现如今的观点认为，俾斯麦时代的德国政党组织看起来是有所欠缺的，但是与同时代的法国和意大利相比，它的发展水平要领先几个光年。在 19 世纪 70 年代的帝国议会上，经过周密设计的党团体系就已经出现了，而在同一时期的法国国民议会和意大利议会上还根本不存在这样的体制。德国民众政治利益的重要性变得更加突显，参加选举的人数不断增加。从俾斯麦担任帝国宰相职务开始，德国男性只有一半有权参加帝国议会的选举。在他 1890 年去职时，这个比例已经上升到 3/4 了。虽然法国成年男性也拥有普选权，但是选民在大多数情况下获得的利益要比在德国获得的少。至于意大利，其选举权制度直至一战前夕依旧存在诸多限制，国内政坛仍由小部分精英把持。

意大利自由党人在本国的地位因此再次得到了极大加强。选举权越受限，选民人数越少，政治组织的水平越低，权贵政治家的活动余地就越大，他们恰恰也是自由主义运动的命脉所在。传统的自由主义政治模式是精英式的，而且主要在前现代时期繁荣兴盛。而现代政治"大众市场"的形成意味着传统自由主义的缓慢消亡。19 世纪七八十年代，意大利议会的精英们在很大程度上仍处于传统自由主义政治模式之下。尽管有所甄选，法国下议院同样还是集中了很多高官权贵。而德意志帝国议会的自由党代表大多不涉及经济领域，他们早先在议会拥有统治地位，后来越来越多的议会席位则被经济"压力集团"（*pressure groups*）所占据。与法国和意大利相比，德国党派和议会团体的影响力越发突显其强大，它实现了经济界选民利益的直接传递，遏制了自由主义权贵模式的发展。

除此之外，德意志帝国相对强大的政治现代性也阻碍了本国发生反保守主义转型的可能。不仅如此，相对持续发展的经济同样起了妨碍作用。人们经常说，俾斯麦时代的德国政治发展落后于其经济发展。虽然这句话简明扼要且颇受欢迎，但它却没有阐释清楚隐藏在这两者背后的真实关系。19 世纪七八十年代，德国的工业发展速度超过了法国，尤其超过了意大利。德国因此迈出了从农业社会转向工业社会的一大步。然而正是这样在经济和社会方面更加明显的现代性成了德国自由主义的负担。德国自由党人在全国范围内开展政治运动，同时需要城市和农村、工业和农业领域选民的支持。当农产品由于国际运输革命将本国关税政策的支持者和反对者分裂开来时，德国的自由主义便遭遇了厄运。而由于法国和意大利的农业生产仍占主导地位，两国的自由党人不用多费气力便能就施行保护性关税政策达成一致。相反，德意志帝国正处在农业社会和工业社会的过渡地带，德国自由党人因此不得不两面讨好。

因此，在 19 世纪 70 年代末，德国保守党人利用这一点结束了德意志帝国的自由主义时代。通过同法国和意大利发展情况比较而得出的部分因素也对德国保守党人有利。其中包括德国的教派分裂、在德国自由主义时代偶然出现的农业危机，还包括了俾斯麦在其中发挥的作用：在德意志帝国内部建设几近完成之后，他和他的保守党老朋友们一起利用这些有利条件，挫败了在他看来既危险又越发多余的自由党人的野心。

作为德意志帝国的宰相，俾斯麦对外交的重视程度要超过内政。巩固帝国在欧洲的中心地位，保住和拓展自己在其他强权面前的位置——鉴于这个新兴民族国家所处的地缘政治局势，要实现这些并不是特别容易，但他宁愿为之，也不愿为内政方面的争吵去烦恼。1872 年末，当他将普鲁士首相的职权暂时交给罗恩的时候，俾斯麦便梦想着自己能重新回到"他外交事业的旧日祥和之中"。1876 年，他有段时间甚至想要摆脱首相府，只"保留处理外交事务的权力"。[1] 此后他也一次次地表达想要仅致力于改善帝国对外关系的愿望。

俾斯麦年轻时原本就想当一名外交官。他被内政事务缠身越久，就越觉得内政索然无味。有一次俾斯麦曾哀叹说，比起实施立宪制的普鲁士和德意志帝国来说，他的首相工作要是放在实行议会制的英国或者君主集权制的俄国，都会变得容易得多："在这里我必须一方面和议会算计来算计去，另一面还有个期待着自己的首相能满足他一切需要的国王。我再也对付不了那些工作、责任和枯燥乏味了。"首先，那些议员就让他伤透脑筋，他们"心中并没有这个国家和君主，只想着为自己和自己的党派争取利益"。此外，还有这个来自官僚体制、内部摩擦和宫廷阴谋的"永恒反抗力量"，"这些无止境的欺骗行为耗尽了我的精力"。[2]

相比之下，外交对于俾斯麦来说则更容易上手。他在 1872 年告诉女儿，"每天吃第一顿早饭时，我总用 10 ～ 15 分钟就能把整个欧洲的问题梳理解决完毕"。因为俾斯麦认为，在外交决策方面并不需要去考虑他人的意见。他最喜欢在自己的农庄里独自一人做出这样一些决定，"因为在这儿一个给我添乱的人都没有"。[3]

/ 275

因此俾斯麦对外交政策的理解曾经，而且一直是非常传统的。对他来说，国家间的外交关系一直打着由"伟人们"独自决断的时代烙印。议会、政党、群众运动以及他的内阁同僚——所有这些对于他来说始终不过是些烦人的琐事而已，就像是背景音乐一样。他认为外交就应该是政治家独立完成的事情，不应受到公众意见的钳制以及其他任何事件的影响，其走向应当沿着政治家对"国家利益至上原则"的独到见解前行，最多还和自己对君主的忠诚结合起来。对于俾斯麦来说，这才是"真正"的政治，而不是停留在内部矛盾层面上的努力。

对于一个成长于 19 世纪早期的保守主义者还能有什么期待？他自然越来越不适应新的时代。1871 年以前，一个普鲁士或者德国的政治家应该还能够应付一下内政问题。俾斯麦正好属于这种情况，所以这并没影响到他的成功，毕竟在 19 世纪五六十年代，德意志民族统一运动是德国内政最重要的一股潮流，这和普鲁士所追求的"国家利益至上"目标是相符合的。然而当这个目标成为现实时，新的情况也就出现了。

推行普遍选举权的后果显现了出来。对普罗大众的政治动员在越来越大的程度上动摇了精英政治的基础。如果这些行为涉及国家内部事务，这反倒是俾斯麦所希望看到的。最终，他越过了自由党人反对政策的阻碍，建立了普遍选举权制度，以借此消除资产阶级权贵政治生长的土壤。在处理内政方面，俾斯麦算是完全把握住了时代的脉搏。他表现出了不错的学习能力和灵活性。然而自相矛盾的地方在于，相比之下在他本来的癖好——外交政策方面，他的表现却明显要差得多，对时代的特征认识不清。因为尽管随着群体性政治时代蒸蒸日上的发展，独立做出决断的空间已经日趋狭窄，俾斯麦却依然固守着在背地里实行的秘密外交原则。

然而由于欧洲国家间的关系如同各国国内形势一样已经发生了根本转变，因此这种固守也是落后于时代的。从 19 世纪中叶开始，所谓"第一次全球化"拉开了大幕。全世界的经济和贸易往来不断加强。而其中表现最为抢眼的，是欧洲各国之间深入的国际交流。越来越多的货物越过边境被运往其他国家，运转速度前所未有。国家间跨境联系的发展速度简直是爆炸性的。在技术和经济领域，国际范围内史无前例的网络化和标准化进程逐渐展开。

通过欧洲各社会之间在经济和其他领域的深入交流，国际关系中的行为主体也如雨后春笋般不断增多。19世纪初，绝大多数欧洲人的生活还基本上限制在本地和周边的小圈子内，到世纪后半叶时，他们的视野就已经得到了相当程度的拓展。不光是民族国家，此外延伸出的关系纽带也变得越来越重要。一方面，民族区分成了划定新兴民族国家边界更重要的出发点。另一方面，这些划定的边界又由于国际交往的日益密集而变得更容易通过。随着跨境关系的不断联结以及对外国市场依存程度的不断提高，要求同时塑造对外关系的呼声也日渐增高。

俾斯麦在他的对外政策中相机利用了这种发展态势。他一再将国家间不断加强的经济联系作为其贸易和国际金融政策的工具，特别是针对俄国。但是更多的时候他在其中只是个从动者。早在这之前，俾斯麦行事的结果就已经远远脱离了他的掌控。他自己也十分清楚这种局面，不过他仍然完全不能掌握自己行为的各种先决条件。和一些他的同代人相比，他显然没有认识到经济关系深化对外交造成的后果。不管怎样，都没有任何迹象表明，俾斯麦认清了由此引发的国际政治框架条件的变化。作为德意志帝国的宰相，他的外交政策仍旧沿着传统的轨迹前行。同样，他也因此纠结于各种矛盾之中，在他任期结束时，意图长久稳固德国在欧洲的中心地位的尝试失败了。

由于俾斯麦一直坚持传统保守主义思想，他在1870/1871年后力求重建东部三大保守势力联盟。康拉德·卡尼斯（Konrad Canis）将此贴切地称作"三皇政策"。这样一个与俄国和奥地利的联合曾有一个历史的榜样——神圣同盟。对于这种联盟关系在克里米亚战争中最终破裂的现实，俾斯麦比其他那些19世纪50年代不太务实的保守党人们更能接受。然而，他从根本上始终信任这种联盟关系。他首先在与俄国的亲密关系中寻找替代品。不过他始终坚持以重组联盟的方式建立一个保守主义阵营作为自己的目标。直至 1865 年，他仍在推动与奥地利建立一种以划定利益范围为基础的和平均势关系，这可能是他实现这一目标的先决条件。当奥地利人脱离谈判轨道转而走向战争，局势因此被弄得鸡飞狗跳时，建立保守主义的三方联盟看来暂时是没有可能的。

尽管如此，俾斯麦在 1866 年普奥战争停火后马上向维也纳方面发出了和解信号。1870/1871 年之后他又做了多次努力。当然，战略局势在两国关系中扮演了十分重要的角色——尤其是来自法国方面的威胁以及对避免两线作战的争取。但这并不是全部的理由。当俾斯麦 1870 年以北德意志邦联首相的身份向维也纳方面强调，"他将一切日耳曼针对奥地利的掠夺意图看作是愚蠢的行为"，相反他重视的是"对德国与奥匈帝国间基于历史友好关系的未来展望"，这样的动机绝不仅仅是出于战术考虑。因为这一点在战争结束之后也是俾斯麦作为德意志帝国宰相所反复强调的。[4]

1871 年法国爆发巴黎公社运动，俾斯麦将其作为与奥地利和俄国两国结盟，在革命风潮下合作维护保守主义传统的契机。他努力在与国际社会主义运动的斗争中居间协调。以此为由，俾斯麦还同奥地利就社会政治措施进行商议。尽管俾斯麦在这个问题上做出的实际承诺并不多，不过由于奥皇弗朗茨·约瑟夫对这次会谈表现出了浓厚的兴趣，俾斯麦便从中看到了柏林和维也纳重修旧好的可能性。这对于俾斯麦来说简直是"我们对外政策的一项需要"。[5]

因此，他乐于听从奥地利首相的倡议，重新恢复双方自 1866 年起中断的个人联系。威廉一世听取了俾斯麦的建议，于 1871 年夏末再次前往萨尔茨卡默湖区疗养。那里曾是他和弗朗茨·约瑟夫皇帝及其政府幕僚们多次会晤的地方。俾斯麦与威廉一世达成一致意见，不再在新成立的德意志民族国家和奥匈帝国之间制造矛盾了。而且德国并没有吞并哈布斯堡皇朝属下德语区的兴趣，并将支持维也纳方面向东南方向，朝着巴尔干地区进军的野心。

然而俾斯麦同时也清楚地表明，此举并非意在挑起奥地利与沙皇俄国间的矛盾。奥地利方面这样记录道："柏林方面不会通过我们形成对俄国的敌对态度，但是希望通过与我们的良好关系，在对俄关系问题上赢得更为自由的位置。"[6] 实际上，俾斯麦也确实想要因此争取重组旧时的三国同盟。鉴于奥匈帝国与俄国在巴尔干地区的潜在争端，德意志帝国的处境可能会因此变得十分乐观。

在与弗朗茨·约瑟夫及其幕僚会谈时，俾斯麦就预见性地向圣彼得堡方面传话，称"维护与奥地利的友好邻邦关系……永远都不会损害我们与俄国之间久经考验且坚不可摧的关系"[7]。返回柏林之后，俾斯麦对俄国大使再次强调了这一点，显然还就他的意图进行了更为清晰的阐释。无论如何俄国大使都会向国内这样报告："俾斯麦渴望重新恢复三个宫廷之间的联盟，这有助于他维持欧洲和平，并巩固 1864 年以来取得的成果。我认为这件事对我们来说并无坏处，不过也迫使我们要比前些年更多地关注奥地利。"[8]

在奥地利皇帝弗朗茨·约瑟夫宣布将于 1872 年秋天再次对德意志帝国进行国事访问后，沙皇便也不请自到。对此他始终不能袖手旁观，便让人告诉威廉一世，"当他最好的朋友……同另一个人同时前来，他不得不在他朋友的门前停下脚步，而其他人正忙着相互寒暄"[9]。一场国事访问变成了三个皇帝的聚会，东道主德国的这位首相倒根本不觉得有什么不妥。但如何按照两位贵宾各自的愿望进行礼宾安排，还是让人大伤脑筋。不仅如此，俾斯麦和威廉一世还事先达成一致，就奥地利和俄国在巴尔干地区利益对立一事，打算暂时"不强制参与"任何有实质性内容的问题。[10]

/ 279

于是，1872 年 9 月举行的这次三皇聚会就变成了各君主的一次花样滑冰表演。"我本想将它们塑造成卡诺瓦的美惠三女神，"俾斯麦在柏林会见英国大使时向他回忆道，"我想要他们默默地站在一起，并为自

/ 280

《1872 年 9 月三皇会晤于柏林》纪念页（后排从左向右依次是：俾斯麦、安德拉什、戈尔恰科夫；前排从左向右依次是：威廉一世、弗朗茨·约瑟夫、亚历山大二世）

己而感到赞叹，但是让他们沉默太难了，因为这三个皇帝都视自己为伟大的政治家。"[11]

　　尽管三个皇帝还要和他们的幕僚讨论许多问题，俾斯麦仍对这次会见的结果感到非常满意。因为三方都互相保证，按照神圣同盟的传统，动用一切手段，对诸如社会主义国际等革命运动瓦解欧洲"秩序"和"道德"的行为予以共同打击。此外，奥皇弗朗茨·约瑟夫和沙皇亚历山大二世之间的个人分歧也得到了调解。奥匈帝国宰相久洛·安德拉什（Gyula Andrássy）与俄国首相亚历山大·戈尔恰科夫（Alexander Gortschakow）之间的会谈至少暂时缓和了两国在巴尔干地区的对峙局面。

当然，这全然不意味着这种对立马上或将要消失。更为引人注意的是，俾斯麦在整个帝国宰相任期之内——包括此后——是以何等干劲同时保持与东部两个邻国的友好关系的。1873 年 5 月，当威廉一世和沙皇亚历山大已经签订德俄军事同盟协定时，他甚至还动用了自己的否决权。他坚持这一同盟关系只有奥匈帝国加入进来后才可生效，并最终成功将其阻止。取而代之，三方在 1873 年秋签订了一个新的协定。通过这项协定，德意志帝国、沙皇俄国与哈布斯堡皇朝确定了通过持续磋商"巩固当前欧洲的和平局面"，尤其"要在原则问题上"表态一致的机制。[12]

通过这个广泛而模糊的表达，所谓 1873 年三皇协定粗看上去对普鲁士防范法国为夺取阿尔萨斯－洛林地区发动复仇战争的作用并不大，而这恰恰是俾斯麦当时特别关注的问题，相较之下，它对俾斯麦此前拒绝同俄国一方签订军事协定起到的缓冲作用反倒是更大。而且他肯定没过多久就能清楚地认识到，这个三皇同盟协定也并不及他内心对神圣同盟复刻版的设想。除了引渡社会主义的煽动者外，三个帝国之间在涉及保守主义"原则"的具体合作层面并无其他成果。大家都不再着手向欧洲其他地方发动共同军事干涉。俾斯麦在 1874 年称，结盟的目的在于"确保和平"，"而不是像过去的神圣同盟那样，通过一致行动去镇压其他民族的统治者"[13]。在三皇同盟建立半年之后，俾斯麦这么说与其说是在阐释愿景，还不如说是在承认现状，承认这个协定实际上做不了什么。

不过，三皇同盟对于德国外交以及它的领导者来说，确实实现了一个相当重要的职能：只要这个同盟存在，它就能保证德国在欧洲列强的舞台上站在统治者一方。和从前一样，这个权力格局依然由五大列强把持。虽然意大利完成了国家统一，但以真正强国的标准来看还是太弱了。而德意志帝国则取代了之前普鲁士的地位，在欧洲与奥地利、俄国、法国和英国分庭抗礼。除此之外，德国甚至还成了欧洲一股新的秘密霸权力量。然而这样的霸权主义地位也隐含着风险。就像 1815 年法国和俄国在克里米亚战争中必须经历的那样，这种地位很容易激起反抗方组成具有压倒性优势的联盟。不过只要德国和另外四强中的两个保持良好关系，这种危险倒不会发生。如果说三皇同盟协定在这个意义上仅仅"确保了和平"，那么在俾斯麦看来，它实际上也已经能够同时保障德国的地位了。

他主要认为法国是维持这个地位的潜在风险。俾斯麦坚信，法国人永远不会吞下失去阿尔萨斯－洛林地区的苦果，因此可能会给德国带来持续威胁。这种想法成了他一种逻辑自洽的预言：因为他觉得德国不可能调解与法国的关系，也就从未认真尝试过。就连看看有没有可能调解与其关系可能性的尝试，也一次都没有过。相反，俾斯麦试图将法国与欧洲其他列强尽可能远的隔绝开来。他尤其力求阻止一切改变欧洲列强局势的可能性，如果德国东面的一个邻国与法国结成同盟，德国则有可能受到两线作战的极大钳制。

正因为如此，他认为三皇同盟政策是德国外交战略的最优选择。这种共生局面是出于地缘战略方面的考虑和保守主义君主制原则。俄国和奥匈帝国在内政方面都走保守主义路线，这与德国的国内政策相贴近，而与实行共和制的法国相行甚远。俾斯麦的对法政策也以这种设想为基础。他在1872年写给德国驻法大使的一封很长的密信中声称："我们只需要将法国孤立起来，并且当它不愿和我们继续和平下去时，要防止它找到盟友。只要它做不到这一点，那它对德国就不是威胁。而只要欧洲的几大王朝团结起来，共和制度也构不成威胁。相反，法兰西共和国想要找到针对我们的君主制盟友是非常困难的。"简而言之：法国是"威胁向我们发动下一场战争的敌人"，必须防止它"通过一位实行君主制的领导人实现与他国的'结盟能力'"[14]。

从根本上说，孤立法兰西共和国的战略也应当将英国考虑进"欧洲几大君主国"的联盟当中。可是在出任德意志帝国宰相以后，俾斯麦仍旧像担任普鲁士首相时那样，始终避免尝试与英国建立密切联系。1889年，俾斯麦在伦敦建议德国和英国结盟，表面上像是违背了他一贯的方针，看起

威廉·格莱斯顿，1875 年前后

来是迫于新继位的皇帝，维多利亚女王的孙子——威廉二世及其亲信压力的无奈之举。实际上这样做的首要目的，是为了让英国在这个问题上表明拒绝的态度——而这的确发生了，俾斯麦的这一手段大大地奏效了。

鉴于英国实行的是议会制统治体系，俾斯麦并未严肃地考虑过与其展开紧密合作。尤其在 19 世纪 70 年代初，格莱斯顿领导下的自由党内阁在英国掌权，更是让俾斯麦断了这方面的念头。1870/1871 年，威廉·格莱斯顿首相希望通过全民公决方式决定阿尔萨斯－洛林地区的割让问题，在这一点上俾斯麦对他的怨气很重。格莱斯顿在构建外交政策的实践上秉承民主和道德准则，并将处理阿尔萨斯－洛林问题的立场作为实例。对于这种新形式俾斯麦基本上也没有任何理解与认同。

俾斯麦认为格莱斯顿的外交大臣是个"认识特别有局限性的从政者"，他手下的工作人员同他所代表的政策也没有太大关系。在普鲁士保守党人眼里，英国的外交官们近来在国际关系舞台上对道德、民主和

/ 283

国际法原则的坚持无疑是荒谬和令人讶异的。1875 年前后，威廉·格莱斯顿开始让议会统治下的英国在外交政策方面向法兰西共和国逐渐靠拢，俾斯麦发现了这一点，对他更是感到厌恶。1873 年，俾斯麦曾刻薄地讽刺道，伦敦和巴黎方面显然是认为"英国和法国便代表了'欧洲'，英国驻法大使拉着法国政府就可以为其他欧洲国家制定国际法标准"。[15]

在这种环境下，像俾斯麦这样笃定的保守党人一定会愈发认为三个保守主义帝国的联合才是正确选择。但还是存在一系列因素会使这种合作的长久性受到质疑。其中不仅包括俄国与奥匈帝国在巴尔干问题上的外交对峙，三国内政方面的差异也让俾斯麦本来精心构建的和谐局面颇受困扰。德意志帝国和奥匈帝国在 1867 年"和解"之后都重建了议会，成了君主立宪制国家。在这两个国家中，宪法和议会划定了统治者独裁的界线。而在俄国，仍旧没有任何力量能够限制沙皇的政权。沙皇在位期间，集权程度不断提高，而在同一时期的德意志和奥匈帝国，统治者在君权神授与人民主权两个原则之间已经做出了妥协，尽管妥协的力度无足轻重，但毕竟还是迈出了一步。因此，两个中欧帝国不仅与西部的议会制大国之间沟壑难平，同俄国也渐行渐远。

1871 年前，沙皇俄国曾是俾斯麦外交伙伴的第一选择，此后却越来越被奥地利取代。虽然俾斯麦对此表示抗拒，却不能完全无视德国内政方面的力量向这个方向转变而带给他的压力。民族自由党人对奥地利抱有好感，是因为它是一支属于"德意志的"力量。中央党人对哈布斯堡皇朝抱有好感则是因为它的天主教色彩。连社会民主党人也倾向于选择奥匈帝国而不是极端保守的俄国。在这个问题上，他们甚至异乎寻常地同德意志帝国的保守主义多数派保持一致，这个保守主义多数派在 1866 ~ 1876 年间曾暂时地摆脱了他们早期顽固的教条主义路线。

19 世纪 70 年代，一些政治方面的私人恩怨又给德俄关系增添了新的负担，反而使德奥关系有所改善。俾斯麦和俄国的外交大臣及首相亚历山大·戈尔恰科夫相互之间水火不容。俄国驻德大使1872年曾经公开宣称，他认为俾斯麦就像是"一头牛"[16]。而俾斯麦与1871～1879年出任奥匈帝国外交大臣的久洛·安德拉什却相处得极为融洽。俾斯麦还是普鲁士首相的时候，就同安德拉什的前任斐迪南·冯·博伊斯特就德意志帝国成立问题闹得不太愉快，相比之下，安德拉什这个匈牙利人却在这个问题上毫无保留。他在任期间，哈布斯堡皇朝将战略重点明确转向了东南欧。这样一来，挡在奥地利和普鲁士之间的拦路石，即所谓的"德意志统一问题"最终被清除了。之前两大"德意志"势力间的对峙局面就此结束。不言而喻的是，奥匈帝国在与由普鲁士主导新成立的德意志帝国的伙伴关系中扮演了合伙人的角色。

与此相反，德俄关系中的角色分配却在1871年之后或多或少地再次引起了双方公开的争论。俄国人之前已经习惯将普鲁士看作是某种形式的附庸国。沙皇理所当然地认为，柏林方面在做出向其他欧洲首都发动进攻的外交决策之前，必定要先和圣彼得堡商量。德国人当然不这么看。此外，德国和俄国驻贝尔格莱德的领事官员因为外交代表的优先权问题也产生了不和。俾斯麦期待俄国这个盟友能在德意志帝国建立并实现权力拓展之后至少能承认双方势均力敌的态势。俄国方面却不接受这一点，他们仍然一成不变地坚持自己的主导地位。

究其原因，不单单是习惯的力量。对于沙皇俄国的政治精英们来说，这也是出于内政方面的需要。克里米亚战争之后，虽然尽了一切努力，俄国仍旧无法赶上与西方国家在经济发展水平上的差距。与德意志帝国相比，这个差距甚至显而易见地在扩大。1873年爆发国际经济危机之后，这种欠缺所造成的苦痛尤为明显。随着全球化竞争的开始，俄国主要的出口商品——粮食——也随之贬值。这种情况又加剧了俄国自身发展过程中对外国资本本已很强的依赖程度。这样沙皇的专制统治越来越不可能使民众认可其经济成就。因此，相对于内政来说，俄国的对外声望就显得愈发重要了。

/ 286

在改革派皇帝亚历山大二世操纵下的俄国媒体对德意志帝国的建立极尽批判，甚至超过俄国政府对德意志帝国建立的批判。充斥着保守主义和泛斯拉夫主义思想的传单占据了宣传的第一阵线。沙俄政府与泛斯拉夫主义运动结成同盟，以此来拓展其在国内的权力基础。在巴尔干问题上，由泛斯拉夫主义者推动，以将所有斯拉夫人统一在俄国主权之下的进攻性政策总是徒劳无功，这个局势越明显，他们与反对派势力建立联系的危险自然也就越大。

为了取得外交战场上的胜利，沙皇手下的大臣们在这点上承受了极大的压力。像沙皇一样，他们因此也总是要求从德意志帝国获得支持和对俄国具有象征意义的从属关系。在这种情况下，他们一再提醒，称俄国最终对德意志帝国的建立给予了大力支持。之后，圣彼得堡常常向柏林方面提及威廉一世在 1876 年写给沙皇的一封信，他在信中表达了对俄国在普法战争中承诺给予后援的无尽感谢。这完全是威廉真诚的想法，他也想还上这个臆想中的人情债。俾斯麦当然一次又一次地阻止着他。

因为根据俾斯麦理智而又恰当的论断，俄国人 1870/1871 年给予的所谓后援绝非大公无私之举。当沙皇俄国将英国和奥地利的注意力从普法战争中转移开，并以此为途径对外宣称取消黑海地区的中立状态时，它更多考虑的是自身利益。因此，柏林其实对圣彼得堡方面毫无亏欠。因此俾斯麦认为，德意志帝国绝不能还像当年的普鲁士那样将自己视为俄国的附庸，双方至少必须坚持对等。俾斯麦还一再坚持要与俄国保持"交互性"对话关系。他说，如果沙皇希望在巴尔干问题上得到德国的支持，他也必须准备好为德国对"西线"，即对法政策撑腰。

这完全符合逻辑。然而这是否是明智之举呢？在与俄关系中，德意志帝国并不是弱小的一方，反而还是更强大的一方。一方面，俾斯麦拒绝让德意志帝国成为俄国的附庸是正确的。另一方面，相较之下更强大的德意志帝国正好也不允许它的宰相向俄国的虚荣心做出至少有象征意义的政治妥协。俾斯麦本可以很容易地让俄国尝到甜头，把解决其纯粹面子上的问题放在优先地位。然而俾斯麦并没有这么做。1875年初，对于像贝尔格莱德的德国和俄国领事谁更有优先权这类完全无关紧要的问题，俾斯麦却将其上升到了国家事务的高度，加重了两国关系的负荷。

就像政治家们在许多其他情况下会做出相反的决断一样，俾斯麦对这种内政的困境也做出了错误判断。显然沙皇根本没有考虑过自己需要在贝尔格莱德问题上赢得面子，以给本国的泛斯拉主义运动留下深刻印象，况且他本人并不能对俄国外交负责任，他并不能明目张胆地借此使德国遭受多大的颜面损失。俾斯麦这种对内政的盲目性完全要归咎于他对国际关系的传统理解。

他清楚地意识到，在遗留下来的欧洲传统的均势思想中，德意志帝国崛起后在欧洲的霸权地位引起了其他国家的恐慌。大多数大国是承认德意志帝国的统一的。诚然，在取得了1864～1871年三次统一战争的胜利之后，其他国家并不能确定普鲁士和它的"铁血宰相"是否会就此满足。对此，俾斯麦用了当时一个有名的新造词来回应：我们"已经吃饱了"。正如他在1871年后越过所有公开和外交途径对德奥"合并"予以拒绝一样，对于圣彼得堡方面害怕新成立的德意志帝国有攫取俄属波罗的海几省野心的不安情绪，他也给予了安慰。俾斯麦在1872年宣称，对于他来说，"即便对波罗的海的人民再有同情心，也绝不可能在那儿为德国人谋取什么"，这不是他第一次这样说，也不是最后一次。[17]

然而每一次重复这样的誓言都让他出乎意料地感到不自然。他不得不恼怒地指出，德意志帝国和它的宰相在背地里不仅被英国，而且还被俄国和其他国家认为甚至有吞并荷兰和丹麦的野心。对此，俾斯麦只能解释为外国主要"政治家"的愚蠢和自负，或者是对德国暴发户般建立起来的权力的"嫉妒"。[18]当然，这主要是他自己对国际关系的独特认知。他倾向于将国家视为一个单位，它具有人的特性，唯有通过其外交领域的领导人物才能被人格化。在这个问题上，俾斯麦在很大程度上忽略了逐渐到来的群体政治时代对外交界产生的愈发复杂的影响。因为在这个时代背景下，不论是受议会制影响的西欧还是实行专制统治的东欧，将其他国家宣传为鬼怪和虚张声势的幽灵的，已逐渐不再是当权的政客，而恰恰是他们在社会上的敌对者。对此，迪斯雷利发出的却也经常遭到误读的警告就是一个典型的例子：1871 年，作为英国反对党领袖的迪斯雷利在下议院宣称要警惕"德国革命"。国内政策驱使抹黑德国执政党，将德意志帝国的建立描绘成欧洲政治中值得注意的、顽固的幽灵，并通过社会舆论传播。

迪斯雷利认为，对于 1871 年欧洲大陆中心崛起一支潜在的新兴力量这件事，根本无法做出合理化解释。直到四年后，在德法之间所谓"战争一触即发"（Krieg-in-Sicht-Krise）的外交危机中俾斯麦才非常清楚地认识到，英国对此的恐惧变成了何等的动力。1875 年 4 月 8 日，柏林一家亲政府报纸《邮报》刊登了一篇名为《战争是否已迫在眉睫？》的文章。文中挑衅地提出一个问题，即法国陆军实力的提升是否能让德国对法"先发制人的战争"师出有名？这一发问招致了一场外交雪崩，让整个欧洲都为之震动。这让俾斯麦彻夜难眠，并最终让他彻底地对自己的外交政策斟酌再三。

权力更迭先在法国发生了。1873 年，拿破仑三世当年的手下麦克马洪元帅被选为法国总统。同年，法国提前还清了 1870/1871 年普法战争的对德战争赔款。如此一来，德军就得撤出先前作为"质押"占领的法国领土。俾斯麦"对一个好战而又善战的将军当选总统深感忧虑"。尽管他想要尽可能避免和西边的这个邻居再次兵戎相见，但要是麦克马洪领着法国人再次挑衅宣战，他希望"整个欧洲最终能够认清，这些穿着漆皮靴的'红种人'才是欧洲和平无可救药的破坏者，且这种情况不会改变"。[19]（俾斯麦将法国人形容成红种人印第安人，

是一种蔑视。——译者注）

　　但令他感到遗憾的是，尽管法国力图扩充军备，欧洲其他国家却没能意识到这其中的风险。与之相反，俾斯麦一定是注意到了，法国人在其新总统庇护下受孤立的程度在减弱："麦克马洪领导下的法国变得更有能力与其他国家结盟，在一个麦克马洪作为过渡的王朝统治之下，这种程度还会提升。"[20] 此外让俾斯麦担忧的，不仅是"俄国政客们对当前法国政府表示承认的态度"，他还笃定地认为，"任何一个奥地利的政策制定者都会认为重整旗鼓的法国是个有用的靠山，看上去也可能成为与我们对垒时可用的一颗棋子"[21]。俾斯麦一直将"文化战争"视为一场国际范围内的争端，在这个背景下，他在 1874/1875 年甚至认为信奉天主教的哈布斯堡皇朝与政教合一的法国在短时间内可能会结成同盟。

　　1875 年 3 月，在未与柏林方面事先商议的情况下，奥地利皇帝弗朗茨·约瑟夫和意大利国王宣布会面，这让法国媒体一阵欢呼雀跃。这更让俾斯麦感到不安——尽管，或者说正是因为维也纳方面事后保证说，信奉天主教的奥地利并不打算建立一个广泛的反德天主教教会联盟。他和德国驻法大使一道"讨论每一个针对我们可能实现的结盟组合"。俾斯麦认为，奥地利、意大利和法国的结盟甚至还不怎么有威胁性，俄法联盟反而才更让人"感到危险"。[22]

/ 290

　　情况就是这样，1875 年 4 月初，《科隆报》首先发表了名为《新的同盟关系》的社论，随后柏林《邮报》才登出了那篇引发轩然大波的《战争是否已迫在眉睫》的报道。两篇文章各自对反德奥意法联盟的组建进行了设想，并讨论了德国方面先发制人发动战争的可能性。自这两篇文章见诸报端之后，编辑便要耗费大量笔墨回答一个问题，那就是公开发表这样的文章是不是俾斯麦的直接授意。因为缺乏确凿的消息来源，也就根本无法进行判定。可实际上，这个问题的答案也完全不是那么重要。不论是对内还是对外，首相府始终否认曾委托报纸刊登这些文章。虽然至少可以确定，第一篇文章是由外交部新闻处的一位官员所撰写，其内容并没有超越其长官俾斯麦内部发言的范畴。至于在《邮报》上刊登的第二篇文章，报社社长则坦率地解释说，"它非常适合去发挥一种有利的、和平的作用"。[23]

在与法国的战争危机期间，正如约翰内斯·亚诺斯克（Johannes Janorschke）和詹姆斯·斯通（James Stone）之前所强调的那样，俾斯麦谋求的是一石多鸟。他首先通过口头威胁吓唬住法国人，让这个西面的邻居不再继续做战争准备。如果麦克马洪身边的复仇主义者和保皇派人士丢失了颜面，法国重建君主政体的计划因此而搁浅，进而失去未来与俄奥结盟的能力，便更好不过了。不过，俾斯麦关键先得让欧洲其他国家觉得法国是个侵略者，并以这种方式保持对法国的孤立态度。他已经通过秘密外交渠道，重点向英国和俄国暗示了法国扩大军备的情况。当然，期待中的效果并没有出现。不管是在伦敦还是在圣彼得堡，两国政府都不相信法国那些责任感重大的政治家们会是什么"和平的破坏者"和"穿着漆皮靴的红种人"。

因此，1875 年 4 月俾斯麦又通过公开渠道推销他的这条消息。所以在看到《科隆报》新闻官员手中干巴巴的新闻稿被《邮报》用尽新闻手段包装成抓人眼球的大头条时，他完全不会觉得不高兴。这样引发德法外交危机的文章引起了全欧洲的广泛关注。各国首都的媒体开始对其进行铺天盖地的报道。整个欧洲大陆突然讨论起了德法再度爆发战争的可能性。正当俾斯麦的目标看上去要如愿实现的时候，事情却朝着相反的方向发展了。

英国和俄国的权力决策中心冷静地看穿了俾斯麦的伎俩，因此直接忽略了他关于对法国这个臆想中的和平破坏者的内政予以干涉的呼吁。对于德法可能再次开火的警告一旦公之于众，会立即引发公众的怨恨和敌对情绪。而且，俄国和英国的媒体显然更同情法国一方。他们猜疑的对象不是 1871 年遭德国痛击的手下败将（*underdog*），而是德意志帝国这个新兴的霸权力量。似乎真正破坏欧洲和平的敌人不在巴黎，而是在以假想的预防性战争相威胁的柏林。

但是迫于国内政治形势的压力，英国政府的确开始干涉德法关系问题了，不过与俾斯麦期望的正好相反，是冲着德国而非法国而来的。尽管是以建议双方调停的外交手段进行干预，但言语之间无疑透露出英国将德国视为了理亏的一方。为什么在欧洲大陆新兴的德意志霸权反倒还要惧怕曾经的手下败将法国呢？

/ 292

俾斯麦曾给予高度评价的英国驻德大使在 1873 年的一份机密报告中就已经预估了他的主要企图："俾斯麦政策的两大目标是：第一，为德国在欧洲和为德意志人种在世界树立霸权；第二，中和法国和其他地区拉丁人种的影响和权力。为了达到这两个目标，他会在他有生之年倾尽所能，所以我们必须做好未来发生意外的准备。"[24] 对于俾斯麦的和颜悦色，英国的外交官们已经习惯于保持一种怀疑之心。但是鉴于现在德国想要发动预防性战争的问题已经摆在了台面上，他们也就不再保持观望了。在国内的政治压力下，他们呼吁德意志帝国及其领导层要保持克制。

俄国政府也受国内形势的掣肘，与英国站在了一起。这样一来被孤立的不再是法国，而更像是德国了。俾斯麦把车完完全全地开进了沟里。这是他在外交上的最大失败。他这也是咎由自取，因为他低估了欧洲公众对国际关系的重要意义。由于奥匈帝国对帝国及其宰相俾斯麦的力挺，德国因此遭受的损失还勉强维持在限度之内。但这也不是什么值得欣慰的事，因为俾斯麦之所以在公众层面发动攻势，偏偏就是出于对维也纳方面的不信任。奥地利对德国的支持，只会使俾斯麦对局势完全的错误估计显得更加可悲。

俾斯麦犯的这个错误没有在可能导致战争一触即发的德法危机中造成持续性后果，实属万幸。与奥匈帝国建立起的新式友谊经受住了这次考验。而德俄关系却在 1875 年显露出了更深的裂痕。随着德意志帝国的建立，柏林和圣彼得堡方面长期以来尽管小麻烦不断却依然亲密的关系变得越来越成问题。沙皇俄国的内政问题加剧了双方围绕各自地位高低问题而进行的新一轮竞争。在德法战争危机期间，实行共和制的法国第一次显示出它也有同俄国联盟的能力。1875 年春，俾斯麦突然面临一个局面，那就是俄国和英国帮助法国一起对付德国，而德意志帝国此时只有哈布斯堡皇朝这一个后盾。1914 年的战前格局就在此时初露端倪。

然而这样的局面并没有维持多久。1875 年 7 月，巴尔干地区爆发了针对奥斯曼土耳其帝国统治的武装反抗。欧洲各国外交官和公众的注意力不再集中于德国针对法国发动先发制人战争的说辞上，而是转向了发生在欧洲东南一隅的事件。俾斯麦松了一口气。他给威廉一世的信中写道："当公众的注意力和其他大国的政策在一段时间内从德法关系问题转向另一个问题时，这对于德国有百利而无一害。"25

波斯尼亚和黑塞哥维那爆发的反土耳其起义很快就扩散到奥斯曼帝国的其他地区，就此拉开了长期累积的所谓近东危机的序幕。这样的危机并不是第一次发生：从 19 世纪初开始，就已经爆发过三次类似的反抗运动，动摇了奥斯曼帝国的统治基础。这样的危机也不会是最后一次发生——直至第一次世界大战爆发，又爆发了四次这样的革命运动，间隔时间也越来越短。除沙皇俄国之外，奥斯曼帝国是欧洲大陆上仅存的专制统治国家，此时正处在缓慢的解体过程中。它通常被视为欧洲的"病人"。1875 年，奥斯曼帝国不得不宣布国家破产。这导致首都君士坦丁堡掀起了一股狂热的改革热潮；同时，在那些很大程度上放任自流的省份，经济分配上的争夺以及基督徒与穆斯林之间的宗教对立推动了号召将人们从"土耳其的奴役中解放出来"的民族运动的产生。

对于这一切，欧洲列强本可以冷眼旁观。然而出于内政和强权政治的综合考虑，除了德意志帝国之外，所有欧洲大国都对奥斯曼帝国局势的发展兴趣盎然。在俄国，受泛斯拉夫主义者的影响，对反抗土耳其统治人士的同情激起千层浪。沙俄宫廷方面的态度增强了这一浪潮的希望，即借由奥斯曼帝国的垮台实现俄国进入地中海的旧日梦想。英国则害怕在这种情况下经由地中海东部和苏伊士运河前往印度的海路会因此中断，这条航线对其本土经济的意义重大，况且英国才刚取得苏伊士运河的控股权。同时，当时属于反对党的格莱斯顿发起了对时任首相迪斯雷利的内政攻势，要求其针对奥斯曼帝国残酷镇压反抗者的行为予以人道主义干预。法国的银行是已经破产的土耳其苏丹的主要债权人，奥匈帝国也关心奥斯曼帝国的存续问题。因为维也纳方面惧怕一旦新的巴尔干国家成立，就会像磁石一样对哈布斯堡皇朝治下的斯拉夫族群形成吸引力。这样一来，哈布斯堡皇朝恐怕就会重蹈奥斯曼帝国的覆辙。

经过各方努力，列强最终达成一致意见，尝试在起义者和土耳其苏丹之间进行调解。然而奥地利领导下的调解行动却失败了。不单对于起义的斯拉夫人，对于土耳其方面来说，越来越强烈的民族自豪感也不允许他们做出任何妥协。与此同时，起义的范围进一步扩大。1876年春，保加利亚人也揭竿而起。此后不久，黑山和当时名义上尚负有朝贡义务的塞尔维亚也向奥斯曼帝国宣战了。尽管塞尔维亚军队得到俄国"志愿军"的有力支援，并将其最高指挥权交给了一名俄国将军，但还是很快让土耳其人占了上风。当年秋天，俄国向君士坦丁堡下了最后通牒，迫使其召开国际会议解决争端。

对于巴尔干局势的发展，俾斯麦倒是能作个冷静的旁观者。尽管1876年年中他曾承认，"土耳其事务"可能看上去完全是"有威胁性并可能需要德国紧急进行外交工作的；但是在欧洲列强中，德国越来越处于最有利的地位，以摆脱可能威胁和平的'近东问题'所带来的纷乱，能持久或者说比其他各方更为长久地坚守住自己的立场"[26]。这次近东危机给了德意志帝国一个相当舒适的处境。在俄国，德法战争危机前一年公众层面还充斥着反德情绪，此时却已经被反土耳其浪潮代替了。在英国，格莱斯顿利用内政推动的"土耳其恐慌"运动也成功左右了国内的注意力。

当然，俾斯麦很清楚，如果巴尔干地区的危机进一步尖锐化，眼下德国作为旁观者的舒适地位并不一定能够长久。要是欧洲列强从不同角度对这一矛盾冲突实施干预，德意志帝国也不得不再次认真面对一些问题。"英国和俄国之间的裂痕或是一场巨大的灾难，是整个欧洲的不幸，"俾斯麦这个德国外交领导人断言道，"特别对于我们来说，奥地利和俄国之间的罅隙可能更加危险。"因为自三皇协定签订以来，德意志帝国的地位与安全便以和这两大保守势力的友谊为基础。而且在俾斯麦看来，这种观点也应当尽可能地维持下去。因此，"德国可能要面临一个巨大的窘境，那就是要在这两个关系亲密的友邻之间做出选择"[27]。

因此，在1875年夏近东危机爆发之初，俾斯麦就向外交部的官员们反复灌输，不要擅自发出任何倡议，也不要旗帜鲜明地拥护任何一方。德国必须站稳的立场是，"只要维也纳和圣彼得堡两方意见一致，我们就与他们保持同步"。[28]对此他坚信不疑。但从他1876年10月的一篇谈话记录中能够推断出，这期间他也认识到了，在内政局势方面还是要首先顾及俄国这个盟友。他在谈话中简明扼要地强调说，"我们主要的关注点并不在对土耳其帝国关系这样或那样的塑造上，而是要放在对我们友好，并与我们相互结成友谊的大国一方。我们是否要在这场东方纷乱中和英国，更多地和奥地利，或者说最多地和俄国陷入长时间的龃龉，这个问题对于德国未来发展的意义，永远要比土耳其与其所有藩属国以及与欧洲列强的关系要重要的多"[29]。

时而会有人猜测，俾斯麦在1875年或1876年是否考虑过与俄国在欧洲达成某种双重霸权，并为此将奥匈帝国消灭。作为政治家，他永远保持手中握有好几张牌，以便能灵活地应对局势发展。不过，这个论点很难找到足够的论据支撑。1876年10月，沙皇公开访问柏林，当他明确问及如果俄国与奥匈帝国因为近东危机开战，德国将采取何种行动时，俾斯麦还是一样坦率地概述了以他的立场可以设想出的所有方案。对俄方的问题，俾斯麦做了，并把它原原本本地写在了回忆录中，十分出人意料。对于俄方问题充满外交辞令的迂回冗长回答，他破例将其要点完全精确地写入了回忆录中。他如此回答考虑的不仅是对外说辞，还有对他三皇政策内部动机的顾及："我这样回答的意义在于，我们的第一诉求是保持与两大王朝的友好关系，这种在相互斗争中赢得的友谊，远不如在对彼此发动的革命中失去的多。如果我们不可能在俄国和奥地利之间做出痛苦的选择，那么即使我们能够承受我们的朋友在战场上相互斯杀，不论谁输谁赢，我们也不能接受他们中的一个遭受重创，乃至被击溃而导致其独立的、在欧洲有话语权的大国地位受到威胁。"[30]

1877 年 1 月，又一次尝试和平解决近东危机的君士坦丁堡国际会议失败之后，俾斯麦首先相应地采取观望态度，看奥匈帝国和俄国是否有可能结成统一战线。实际上，双方在 3 月就达成了一致。维也纳方面同意圣彼得堡向奥斯曼帝国开战。为此哈布斯堡皇朝开出的条件是由其占领波斯尼亚和黑塞哥维那。此外，不能在巴尔干地区建立大俄国主义的附庸国，以免对奥匈帝国境内的斯拉夫族群形成吸引力。满足了这些条件，维也纳方面便同意在俄土战争爆发时慷慨地保持中立。于是俾斯麦也代表德意志帝国向沙俄做出了同样的允诺。

很快，俄国便向土耳其宣战了。双方在战争中损失惨重，各自都有约十万人战死。战争爆发的头几个月，土耳其苏丹的军队还能将俄军的攻势阻挡在保加利亚境内。然后，土军的防线便崩溃了。1878 年初，俄国人畅通无阻地开进了君士坦丁堡。对此英国政府警告沙俄称，如果俄国占领连接黑海与地中海的博斯普鲁斯与达达尼尔海峡，英国将参与到战争中去，并站在土耳其一方。英国的舰队已经抵近达达尼尔海峡，马上要向君士坦丁堡开进。英俄两军陷入了直接对垒。欧洲正被卷入一场大规模战争的漩涡之中。

1878 年 3 月初，在君士坦丁堡西郊的圣斯特凡诺（San Stefano），获胜的俄国人强迫奥斯曼帝国签下了和平条约。这对缓和局势并无裨益，因为这一条约旨在将保加利亚打造成为俄国延伸至地中海的一个大型附庸国。这违背了沙皇俄国与奥匈帝国早前的协定。英国对此也不能接受，因为沙皇俄国有可能会借此切断不列颠群岛与印度之间，途经地中海东部和苏伊士运河的最短航路。然而圣彼得堡方面并没有做好与英国人和奥地利人发生军事冲突的准备。因此俄国最终违心地同意召开一次国际会议，对《圣斯特凡诺条约》进行修订。

根据奥地利外交部长安德拉什的建议，会议在柏林召开。此举一方面使欧洲的重心明显发生偏移。在欧洲发生的一场大规模战争——克里米亚战争结束后，1856 年选择在巴黎签订和平条约，因为经过这场战争，法国成了欧洲大陆上新兴霸权国家。在这期间，德意志帝国取代了法国，成为欧洲的统治者。另一方面，由于巴黎银行在奥斯曼帝国有着大笔生意，法国无法以中立身份居间调停，德国便成了唯一没有卷入巴尔干冲突的欧洲大国。

1876 年初此次危机尚处于萌发阶段时，俾斯麦就曾尝试进行秘密调停。他曾在圣彼得堡、维也纳和伦敦分别建议，以牺牲奥斯曼帝国为代价实现各方利益的统一。奥地利应当取得波斯尼亚；俄国则应收回在克里米亚战争中失去的多瑙河三角洲；英国应在埃及这个向土耳其苏丹朝贡的总督区中获得自由通行的权利，以确保其对苏伊士运河的控制。然而不仅是英国，其他各方对此的反应也相当冷淡。安德拉什甚至还希望此时要避免让土耳其遭受这样的损失，这些损失只会是奥斯曼帝国覆灭的开始。俄国首相戈尔恰科夫同样拒绝了俾斯麦的提议，因为对占领泛斯拉夫地区的预期并不能使俄国满意。

但是当戈尔恰科夫 1876 年 8 月单方面建议列强召开公开会议时，俾斯麦首先就否决了。他倾向于通过秘密外交方式进行私下调停。自从经历了德法战争危机以来，凡是涉及公开层面的问题，他都表现得像只惊弓之鸟。此外，一场欧洲列强公开讨论巴尔干局势的会议，并不能将法国排除在外。俾斯麦害怕这会给德国、奥地利和俄国的"三皇协定"带来威胁，并危及三方势力联合的局面，这是他出于内政外交原因最为关注的，远胜于其他任何问题。鉴于哈布斯堡皇朝和沙皇俄国在"近东问题"上的不同利益诉求，俾斯麦相信双方的关系会因为会议的召开而破裂。如此一来便会为法俄关系亲近大开方便之门，从而对德国形成威胁。俾斯麦怀疑，除去他主动提议的个人风格之外，戈尔恰科夫的主要目的在于："作为与俄国亲密关系宣传者的法国，将提高俄国提要求的资格以及戈尔恰科夫的个人身段；因与俄国利益诉求不同而受到影响的英国将试图拉拢奥地利；这样对于久洛·安德拉什来说，想要抵住这种关系所造成的重压是一件非常困难的事。"[31]

那么在 1878 年，当这场为解决近东危机的国际会议再次被提议在德国召开时，为什么俾斯麦最终还是接受了？ 1877 年 5 月，法国总统麦克马洪辞职。在当年年底举行的法国国民议会选举中，共和党人取得了压倒性胜利。因此，法国更不可能出现王朝复辟，结成俄法联盟的可能性也微乎其微。

此外由于健康原因，俾斯麦 1877 年 4 月被威廉一世批准无限期"休假"，在这段漫长无尽头的时间里，他有了在公务之外进行沉思的空闲。正当欧洲其他国家沉浸于对俄土军队相互厮杀的关注中时，俾斯麦却在世界的避风港中获得了充分的思考时间。他将从 1870/1871 年，特别是从德法战争危机以来发生的事件中所取得的种种经验在脑海里重新过了一遍。在巴特基辛根疗养期间，俾斯麦将这些思考的成果第一次以文字的形式呈现了出来，负责记录的是他的长子赫伯特。

这就是著名的《基辛根口谕》(*Kissinger Diktat*)。它经常被视为俾斯麦外交思想不折不扣的关键性文件，是他整个首相生涯的外交政策纲领。实际却并非如此。《基辛根口谕》最终形成于俾斯麦接任北德意志邦联首相整整 10 年之后，亦即德意志帝国成立 6 年半之后。1871 年以后，俾斯麦领导下的帝国对外关系主要以"三皇政策"为导向。这一政策在 1875 年后明显遭遇了危机，他不得不考虑其他政策，或者在此基础上加以补充。《基辛根口谕》中总结的内容正是他的新考虑。

其中俾斯麦以 1877 年夏欧洲国际关系的时势为出发点，在对其进行的非常具体的考虑以及对德国在俄国和巴尔干地区内部局势并无利益纠葛的确定中，加入了更具有普遍性的思想。口谕的正文也完全自发地从一处细节开始："如果英国人对埃及有所企图，那么我希望我们，在不太引人注意的情况下，能鼓励他们一下：……如果英国和俄国一个拿到埃及，另一个拿到黑海，并在这个基础上团结一致，那么双方将可能在很长一段时间内对维持这种现状表示满意。而如果他们想要再次通过加入反对我们的联盟，依赖对抗获取更大的利益，即使不考虑英国国内的重重阻碍，也根本无从实现。"

以英俄关系为例，俾斯麦一开始简要描述了自己的基本思想，然后用接下来两段话对其进行解释和具体详细的说明。浮现在他脑海中的画面"并不是得到某一个国家，而是一个政治全局。在这个全局中，除了法国之外的所有大国都需要我们，它们会通过各自之间的关系防止针对我们的联盟出现的可能"。对于德意志帝国来说，"以欧洲西部大国为基础再加上奥地利"的联盟确如噩梦一般，而更可怕的则是"俄国 – 奥地利 – 法国三方结盟；后述三国联盟中两方的亲密关系又可能随时给予第三方向我们施加重压的机会"。因此对于德国政治来说，就有必要维护英国和俄国之间关于土耳其海峡的争端以及俄国与奥地利在巴尔干地区的矛盾，并"在埃及和地中海局势问题上离间英国和与我们永久为敌的法国"。从这点上看，俾斯麦认为"近东危机至少会产生值得我们期望的中期结果"。[32]

虽然在 1878 年初，对于是否要通过在柏林主办和平会议的方式主动招来这一他所期望的危机结果，俾斯麦也还有些犹豫。他认为，作为会议东道主不能真正左右局势，且最终会因此毁掉一切的风险很大。他同样一如既往地害怕公开会谈会带来无法估量的影响。因此他建议安德拉什，将奥匈帝国和俄国之间存在争议的问题放在"三方秘密会谈"（Geheim-Conferenzen *á trois*）中解决，即在三皇协议国层面上秘密商定。[33] 维也纳自然不会得到什么结果，因为英俄两国的矛盾不会消失。然而在 1878 年 5 月，英国和俄国仍然通过双边会谈在一些重要问题上达成了一致，过了几天，沙俄也和哈布斯堡皇朝达成了基本共识，最终俾斯麦不得不做好在柏林召开会议并亲自主持的准备。

　　会议于 1878 年 6 月 13 日召开，持续一个月的这次会议为俾斯麦在公众面前树立了极大的威望。在德意志帝国内部他首先得到了好处：会议召开期间正值帝国议会换届选举，选举的结果使得 1878/1879 年保守主义转型在内政方面得以实现。正如俾斯麦事先在帝国议会行事所留下的印象一样，他能够兼顾考虑所有参与方利益的"真诚的中间人"名声使他有所获益。实际上，除了做了冤大头的奥斯曼帝国以外，参加柏林会议的国家没有一个空手而归。俄国取得了奥斯曼帝国在高加索地区的领土，并收回了 1856 年克里米亚战争之后割让给罗马尼亚的多瑙河三角洲北部区域。作为赔偿，罗马尼亚获得了多瑙河三角洲，并实现了形式上的独立。塞尔维亚和黑山也从奥斯曼帝国获得土地，扩大了自己的疆域。奥匈帝国占领了波斯尼亚和黑塞哥维那，英国取得了塞浦路斯，法国私底下也谈妥了对突尼斯的占领问题。尽管名义上还是奥斯曼帝国的侯国并对其有朝贡义务，保加利亚依然获得了独立，但是它不能进入地中海，疆土面积实际上也比 4 个月前俄国强迫土耳其签订的《圣斯特凡诺条约》中规定的要小。

/ 301

　　因此在沙皇俄国看来，柏林会议并没有取得什么出彩的成果。对德俄关系来说更算得上是一次惨败。会议结束之后，圣彼得堡方面所有重要政治组织和人员都感到义愤填膺。泛斯拉夫主义者和俄国军队感到自己通过浴血奋战最终取得的对土战争的胜利是场骗局。为此戈尔恰科夫也满腹抱怨，因为俾斯麦在柏林抢了他的风头。沙皇亚历山大是德皇威廉一世的外甥，自以为与德国关系亲近，这次对德意志帝国和它的首相也大为光火。一夜之间，俾斯麦在俄国成了最招人怨恨的人。

不过这并不让他感到困扰。柏林会议表面上取得的成功已经让他如沐春风。实际上，柏林会议对近东危机的协商只是在表面上完成了调停工作。而且在柏林达成的各项协议必须首先在巴尔干当地经过一个旷日持久的过程才能得以落实。这一过程一直持续到了19世纪80年代早期，并为此地新的骚乱播下种子，进而使其成为欧洲的"火药桶"。不过这对于俾斯麦来说却恰到好处：柏林会议之后，他将下一步的方针政策交代给外交部国务秘书，"如果这能让东边的烂摊子继续维持下去，使其他大国结盟的希望破灭，令我们自身的和平得到保障的话，这将是我们治国才能的一次凯旋"[34]。这正好与1877年《基辛根口谕》中记录的俾斯麦关于挑起其他列强的相互斗争，"通过它们各自之间的关系防止针对我们的联盟出现的可能"的新的基本思想不谋而合。

在基辛根新政策框架下，俾斯麦在很大程度上停止了到目前为止对俄关系的维护。他此间还反复声称，沙皇俄国的国内局势，特别是它对泛斯拉夫地区施加的影响总归会让柏林和圣彼得堡方面的长期合作变得不可能。虽然他忽略了一件事，那就是对德俄关系产生负面影响的绝不仅仅是俄国的国内局势。德意志帝国的内政起到的作用甚至更坏。而且俾斯麦通过对他有利的1879年帝国内部保守主义转型甚至主动地发挥了消极作用，因为保守主义转型的核心是向保护性关税的过渡。从那以后，德俄关系的负担越来越重。

19世纪70年代末以来，逐步实行保护性关税是一种国际通行的现象。除了当时领先世界的工业国家英国以外，所有欧洲大国包括美国都经历了这一过程。事实上，俄国也从1877年起上调了自己的关税额度。沙皇俄国此举的首要目的，是保护其尚处于襁褓之中的金属加工和机械制造行业。相比之下，德国的工业发展速度要快很多，本可以对此忽略不计，何况德国工业并不依赖俄国的销售市场。如果德意志帝国能像英国一样坚持自由贸易，那么作为欧洲大陆上最重要的商品产地和销售市场，它甚至有可能遏制住利用关税封锁市场的国际趋势，并反其道而行之。

然而事实却并不是这样。取而代之的是，在农业利益集团的压力下，1879年德国开始实行关税制度，且在接下来的10年内不断提高税额。俄国关税对德意志帝国工业的影响相对要小，德国的农业关税对俄国整体经济的打击则深入腠理。粮食出口占俄国出口总量的9成以上，这笔收入为俄国发展自己的工业提供了急需的资金。然而这一填补俄国工业化空缺的经济来源却因为德国的关税壁垒而枯竭了。俄国对德国市场有所依赖，因此其农产品出口额在相当长的一段时间内并没有减少。但从中获得的利润却急剧减少，这才是关键所在。

因此，圣彼得堡方面对俾斯麦政策的怒火再一次升级。德俄关系的温度降到了冰点以下。1879年8月，沙皇亚历山大二世给他的舅舅——德皇威廉一世写了那封所谓打耳光的信，信中他对德意志帝国尤其是俾斯麦的政策进行了大肆指责。看到德国、俄国与奥匈帝国的三皇联盟因此而瓦解，英国首相迪斯雷利感到幸灾乐祸。他回应说，欧洲其他国家所期望的正在发生："要结束并永久防止这三个大帝国联盟的局面（to break up, and permanently prevent, the alliance of the three great empires）。"[35] 虽然英国人对事态发展的持续性还是高兴的太早了，但是实际上，1873年达成的《三皇协定》在1879年间甚至连一张纸的价值都不如了。

因为，不仅是俄国，奥匈帝国也准备寻求新的结盟伙伴了。在柏林会议各项决议进入实施阶段后，哈布斯堡皇朝就和英国展开了合作。甚至连奥地利与法国结盟的可能性也露出了端倪。时任哈布斯堡皇朝外交部部长的安德拉什，同时也是哈布斯堡皇朝与德国亲密关系的担保人，宣布辞职。与此同时，圣彼得堡方面派出的外交官也在巴黎试探与法国——这个

/ 303

/ 第十章 欧洲的中心（1871～1890年） /

德意志帝国"死敌"结盟的可能性。1879 年春，俄军在波兰的集结和演习让德军总参谋部深感不安，以至于毛奇不得不全面调整军事计划的优先级：本打算与法国重新开辟战场的德军转而要第一时间做好与俄军交战的准备。

稍稍迟疑过后，柏林的政界高层最终也转变了战略。俾斯麦在柏林会议上首次实践"基辛根外交政策思考"后才刚刚一年，就已经开始重新修改了。这也是出于迫切的需要，因为在柏林会议期间及会后推行的政策所带来的结果已严重威胁了德意志帝国的安全。

在实施基辛根策略的过程中，俾斯麦首先从德奥关系入手，努力将各国关系中的碎片重新黏合起来。就像德俄关系由于关税税额问题相互疏远一样，德奥关系也表明这一时期俾斯麦在外交政策上的考虑与国内政治条件是多么密不可分。为了维持国内保守势力的统治，俾斯麦在 1879 年推行摇摆政策。在这一政策下，民族自由党和中央党与保守党的伙伴关系若即若离，两者都希望同奥匈帝国保持紧密的伙伴关系。俾斯麦自 1875 年起就对这样的伙伴关系斟酌再三，同时他也第一次开始考虑四年后在国内实施保守主义转型。"这种同盟是以一种与时俱进的新形式重建德意志邦联，"俾斯麦在普鲁士政府办公厅、议员当中和威廉一世面前鼓吹道，"除了虚无主义者和社会主义者之外，各方都会对此表示欢迎"。此外，奥地利也是欧洲列强之中力量最为弱小的，因此更有合作的意愿，而且德奥两国之间并不存在大矛盾或不愉快。[36]

1879 年 10 月初，德国和哈布斯堡皇朝结成两国同盟。直至第一次世界大战结束，奥匈帝国解体，这一同盟共存续了近 40 年。双方约定，如果一方遭受俄国的军事打击，另一方将向其提供军事援助。该约定同样适用于受俄国支持的国家发动进攻的情况。这样一来，当法国单方面向德国发动战争时，两国同盟关系并不能保障奥地利对德国的援助。虽然俾斯麦认为，在这种情况下德国也并不需要维也纳方面的帮助。

在签署两国同盟条约之前，俾斯麦必须先克服威廉一世的强烈反对，因为这项针对俄国的密约与他的想法相去甚远。俾斯麦最终还是说服了他这位倔强的君主，依据主要是"俄国依然随时能够再次加入，成为现有两个德意志国家同盟中的第三方"，"三皇联盟"仍然是"理想的政治目标"。[37] 在签订条约之前，俾斯麦还对一名俄国外交官表示，德奥同盟只是"第一幕戏"。戏的"第二幕"可能就是重建三皇联盟了。[38] 晚些时候，他又声称恢复这种同盟关系已经成了他真正的目标。纵然对此并没有直接证据证实，而且一点儿也不确凿。1879 年 8 月底以来，俾斯麦再三表示德奥同盟对于其他列强来说既是压力也是将更多大国吸引过来与其结合的一种力量。诚然，这话与其说是说给俄国听的，倒不如说更想让英国听到。就像他每次都会保留各种选择的可能性，并静候事态的进一步发展一样。

1880 年英国下议院选举中，在迪斯雷利领导的保守党被以格莱斯顿为首的自由党击败时，他才开始采取行动。俾斯麦一直十分厌恶格莱斯顿推行的，以道德和民主原则为基础的外交政策。现在格莱斯顿成了英国新任首相，又致力于与圣彼得堡方面建立联系，这更让俾斯麦忍无可忍。因此俾斯麦开始非常坚决地鼓吹重建三皇同盟的相关政策。

因此他在俄国敲开了方便之门。1878/1879 年，俄国在与法结盟的外交试探中碰了钉子。从此之后，俄法两国为削弱德国而相互接近的可能性更加遥不可及了。一方面，俾斯麦聪明地通过支持法国占领突尼斯缓和了德法关系。另一方面，当法国共和党人在 1879 年的上议院选举中攻下保皇党的最后堡垒时，沙皇宫廷对法国王朝复辟的全部希望最终破灭了。但实际上圣彼得堡方面对实行共和制的法国一直都不信任，而且也不信任推行自由主义的格莱斯顿。俾斯麦想到这点后向俄国发出警告，称英国"巴麦尊当年反君主政体的大陆政策将重新上演"，这和"格莱斯顿激励性的革命政策如出一辙"。这次警告奏效了。[37]1881 年 3 月，沙皇亚历山大二世遇刺身亡，他的儿子亚历山大三世（Alexander III）继位之后，试图重建俄国与其保守主义老盟友的关系。此外，为了扩大本国工业发展，俄国急需信贷投资，而德国有充足的资本可向其提供。

因此，1881 年 6 月，由奥匈帝国、俄国和德意志帝国组成的三皇同盟终于得以重建。这次的同盟与三个保守主义帝国实际上随着柏林会议召开而结束的关系相比，至少在形式上更加紧密了。1873 年由三国政府通过相互磋商而达成的同盟协议，现如今则变成了一纸正式合约。签约三方约定，遇有第四国侵略其中一方，则另两方应保证相互保持中立。德意志帝国自成立以来第一次获得了某种程度的安全感，在面临法国进攻的时候不必害怕会陷入两线作战的局面。

也是因为通过他的努力为新的三皇同盟铺平了道路，俾斯麦便为"德国的地位从未有如此之荣耀"而欢呼雀跃。[40] 缔结条约过后，他在一封写给巴伐利亚国王的信中提道："因为近东问题而可能给德国带来的战争威胁，至此算是暂时解除了。德国也暂时不必陷入向谁靠拢的痛苦选择中了，而奥地利和俄国之间的对抗"也暂时"不会有什么危害了"。但主要还是因为他实现了一个愿望，那就是按照神圣同盟模式建立起来的三皇保守主义同盟将长期有必要相互焊接在一起，以在内政方面抵御住从西方吹来的民主共和主义之风："包括意大利在内的所有西欧国家机构的不稳定性都促使他们更加紧密地联合在一起，维持相互间的和平并一道阻挡共同面临的威胁。当我认为两个君主制国家间的团结比多瑙河沿岸国家间的竞争更重要的时候，我会特别指望维也纳与圣彼得堡团结起来。"[41]

1881 年夏，奥地利驻德大使对俾斯麦的表态的理解是："并不存在什么外交问题，有的只是内政和社会问题。"[42] 在三皇同盟这个看上去更加安全的避风港中，保守主义君主制政体仿佛可以让它们的国家之船在社会改革欲来的风暴中平稳航行了。直至 1884 年，当时的俾斯麦已年近七旬，因此他将自己日渐衰退的力量集中于处理内政问题上——首先引入医疗和意外事故保险制度，以对社会民主党釜底抽薪。这些年他曾一度认为，倒是对外交政策上的思虑"从未让他夜不能寐"[43]。

　　1882 年，在将意大利扩充进已有的德奥两国同盟成为第三盟友的问题上，如果存在这样的情况，俾斯麦首要考虑的也是内政方面的利益：作为盟友，他希望意大利政府能够平衡德国与教皇的关系，以借此约束中央党的行为。除此之外，他对条约谈判的细节并不怎么关心。因此准备前往柏林的意大利谈判代表被他支到了维也纳。因为对他来说，同意大利结盟的战略意义不外乎在于确保南方的盟友奥地利的安全，这和一年之后德国加入哈布斯堡皇朝与罗马尼亚的同盟关系，以保障北方盟友安全的战略意义异曲同工。自 1866 年普奥战争以来，俾斯麦对意大利的军事实力便少有信任；一旦德法开战，他也不敢保证意大利的支援能起多大作用。不过，他的心思在于，通过与两个保守主义同盟国结合的方式强化意大利的君主体制，并遏制住法国共和主义对当地的影响。

　　越来越多的事实表明，欧洲君主制国家间的团结政策已经岌岌可危。俾斯麦对重建德国－奥匈帝国－俄国三皇同盟不切实际的期待并没有成为现实。1883 年，他失望地注意到，1879 年以来在德奥边境后方的俄国军队并未转移开他们虎视眈眈的目光。他认为沙皇俄国甚至还增强了自己的军备。虽然同俄国马上开战的可能性并不大，"但是事实仍然是，之前由法国扮演的欧洲和平破坏者的角色，现在已由俄国接手了"[44]。

　　对于三个帝国之间持久的矛盾和对立，俾斯麦自己自然脱不了干系。他最终还是没有在德国向保护性关税制度过渡时顾及俄国的利益。仅靠不断呼吁构建共同的保守主义思想信念，以及号召用君主制统治秩序抵御共和制和民主制挑战的做法，不再能够组建起三皇联盟。俾斯麦所推崇的秘密外交手段也越来越被证明是不合时宜的。甚至是实行专制统治的沙皇俄国，为了实现雄心勃勃的目标，即通过大力推进工业化追赶上与其他欧洲大国的差距，也必须至少调动起国内经济精英的积极性，并赢得他们的支持。而且鉴于由实施保护性关税政策而造成的德俄贸易损失，俄国政府及其经济界精英都很难对德意志帝国和它的宰相好言好语了。

在他因此一直不被理解期间，当其他国家政府，特别是俄国政府用内政因素来影响外交政策时，他同样也这么做。保护性关税对德国农业发展至关重要，俾斯麦在这个问题上是毫不妥协的。但是在 1884 年，为了促使俄国延长有效期原本只有三年的三皇同盟条约，俾斯麦在谈判前就向俄方承诺，如果俄国努力推动此项事宜，德国银行将对其国债发放提供支持。就这样，为了"抵挡住民主的进步和无政府的威胁"，"三个皇帝之间的亲密关系"被延长到了 1887 年。正如俾斯麦希望的那样，条约的延长对"在罗曼语族国家和英国不断兴起的共和制潮流下维持住君主制政体"也是一种保障。[45]

三皇同盟形成于那个已经退出历史舞台、成立于 19 世纪初的"神圣同盟"基础上，其意识形态目标与延长三皇联盟所产生的经济、政治交易之间显得格格不入。至少在俄国看来，由德意志帝国宰相号召的君主国间的团结也只是扮演了次要角色。沙皇俄国表面上在 1884 年同意延长三皇联盟的有效期，背地里却恨得牙痒痒。关键在于，和 1881 年面临的局面一样，圣彼得堡方面仍旧没有选择的余地。因为俄国政府无论如何都需要由俾斯麦联系的贷款，而不论是英国还是法国的资本市场都无法提供足够的信贷额度。随着俄国和英国在中亚地区摩擦不断，两者的关系比任何时候都更紧张。由于威廉一世年事已高，王储又明显倾向于与英国结盟，沙皇害怕德意志帝国会进行皇位更迭，并不愿因此截断同柏林方面的联系。因此当法国对俄国的示好继续不予理睬，甚至和德国在殖民政策的合作上越走越近时，沙皇也愈发地坐立不安。

长期以来，俾斯麦支持为德意志帝国取得殖民地的原因在史学界一直都是个引发激烈争论的题目。无可争议的其实只有一点，那就是他对建立德意志殖民帝国的事业心，尽管效果不错，却只是个短暂的插曲。他只不过在 1884 年 4 月至 1885 年春夏期间主动致力于为德国争取殖民地事宜。在此前后，他都没有表现出相关兴趣。不仅如此，按照当时政治正确的说法，他还坚决拒绝德国拥有海外"属地"。

1870/1871 年普法战争即将结束之时，面对在缔结和约时要求法国让渡一些海外领地给德国的提议，俾斯麦嗤之以鼻，他说他"根本不想要什么殖民地"。他认为对于德意志帝国来说，殖民地是一种不必要的奢侈："殖民主义对于我们来说，恰如波兰那些连衬衣都穿不起的贵族家中的丝制貂皮大衣一样。"要在战争中保护自己的殖民领地，最终要靠一支强大的海军舰队。他认为，暴露在欧洲中部的德国容易四方受敌，必须建立一支强大的陆军，而再建立一支优良的海军可能会让德国不堪重负。直至 19 世纪 80 年代早期，这一论调被俾斯麦一再重复。1881 年春，他甚至直截了当地声称："只要我还是帝国宰相，我们就不搞殖民政策。"[46]

然而到了 1884 年 4 月，这一切突然变成了俾斯麦一下子就抛在脑后的昨日呓语。他一天天地转向了殖民主义——尽管这一过程仅持续了一整年。4 月 24 日，他将今天纳米比亚所在的地区收入了德国的"保护"之下。1884 年 7 月初，德意志的旗帜在多哥升起，没过几天又轮到了喀麦隆。1885 年 2 月，德意志的"安全通行证"落在了今天东非的坦桑尼亚一带，5 月，新几内亚也被占领——这是德国在非洲大陆之外唯一一块大型殖民地，也是德意志帝国取得的最后一块成规模的殖民地。俾斯麦帝国宰相生涯结束很久之后，德国才于 1898/1899 年占领了太平洋的几座岛屿以及中国的城市青岛。1911 年，随着喀麦隆领地的拓展，德国又获得了一小块非洲丛林。

/ 310

俾斯麦对殖民政策突然间 180 度转变的原因何在？对于自己的动机，俾斯麦几乎是缄口不言，于是引发了各种可能性的猜测。有一份关键性文件可以解释他的动机，有说服力又颇为隐晦。1885 年 1 月，他告诉德国驻英国大使，哪个欧洲国家在海外取得哪块殖民地，"这本身对于我们来说是完全没差别的"，但是"像新几内亚这样不起眼的小角落或者西非这样的地方，可能客观上也同样完全没有价值"，对德意志帝国政府"当下"的意义却最为重大。"从内政的角度考虑"，"殖民地问题甚至事关我们的生死存亡……德国当前的社会舆论如此重视殖民地政策问题，以至于政府在国内的地位高低主要要依赖这项政策的成败"[47]。

这意味着什么呢？经常有一种观点认为，俾斯麦之所以向殖民政策转变，是对经济利益集团压力屈服的结果，或者说是为了借此转移德国内政面临的经济和社会问题。在 19 世纪 70 年代，一批协会和联合会就已经接连成立，对德国争取海外殖民地极尽宣传。最终在 1882 年，德国殖民地协会正式成立。协会成立后，其成员数量急剧增加，成员除了中小型企业主、商会成员、大工业家以及像俾斯麦理财顾问布莱希罗德一样的银行家之外，还有一些保守党和民族自由党政客参与其中。总有一些人表露出一种期望，那就是希望德国对非洲的"殖民地化"会成为"规避社会民主主义风险"的避雷针。[48] 不管怎样，人们还是普遍希望对殖民地的获取能对成立殖民地协会时疲乏和不景气的经济形势有所振奋。在 1885 年 1 月和 3 月发表的帝国议会讲话中，俾斯麦也公开对这一看法表示赞成，称德国争取殖民地的首要目的是"为我们的工业赢得新的销售市场"[49]。

当然，要说这表达了他真实的想法，又是非常不可信的——特别是他内心同时认为，德国在得到经济上"毫无价值"的殖民地土地时，殖民政策的真正意义也就达到了。19 世纪 70 年代甚嚣尘上的殖民主义宣传攻势对他完全不起作用。当这种煽动随着 1882 年底殖民地协会的成立在质上达到了一个新的高度，加之经济增长率又明显下降时，他也没有为之所动。1883 年，在一名热衷于殖民地事务的外交部官员的推动下，俾斯麦终于同意为"保护"在西南非德国商人的利益做点什么了。但是经典的是，他居然去找伦敦方面，质问英国是不是不愿意接手这件事。

"就像从前一样"，他根本就不想搞"任何跟航海搭边的项目，特别是与英国在南非现有的利益搅在一起"。[50] 尽管英国政府几乎完全无视了俾斯麦这次以及进一步的质问，德国方面在插手的过程中还是非常小心翼翼。对因为任何一项殖民地项目冒与英国发生哪怕一丁点儿不愉快的风险，俾斯麦显然没有兴趣。

然而到了 1884 年 4 月，他又始料未及地改变了立场。俾斯麦突然在非洲大展手脚，事先也不知会英国人一声。当伦敦方面对此进行抱怨时，他还指示德国驻英国大使一改先前谨慎的态度，转而用进攻性的方式进行对峙：英国人"利己主义的幼稚行为是对我们民族情感的伤害"。他说，在柏林，人们"迫切地想要知道，为什么英国大张旗鼓行使的殖民地权利，到了我们这里就行不通了"。[51] 俾斯麦的儿子赫伯特当时在德国驻英使馆担任参赞，他甚至愤怒地威胁英国外交大臣，称否则将向英国证明，"这会让我们何等的不快"。[52]

/ 312

究竟发生了什么，让俾斯麦突然间和英国寻求对立？此时的德皇威廉一世已经 87 岁高龄，很快就要进行皇位更替了。王储腓特烈与自由党政客保持着紧密联系。从民族自由党分裂出来的左翼党派首领爱德华·拉斯克于不久前逝世，1884 年 3 月，进步党左翼自由主义势力与这股力量进行了合并。合并后的左翼自由党团在帝国议会占据了超过 1/4 的席位，成了最强党团。它督促引入帝国政府部门责任制，并探求进一步与民族自由党联合的可能性。当年 10 月将要举行帝国议会换届选举。俾斯麦担心选举后将形成针对自己的自由派议会多数。而且在他 4 月中旬同王储就威廉一世死后一段时期的安排进行商议时，腓特烈认为，至少普鲁士要让自由党人领导的内阁来领导。于是俾斯麦显露出了对此的恐惧，他认为德国将"走上歧途并很快掉入共和政体的深渊"[53]。

这段心路历程可以最有说服力地解释清楚，为什么在俾斯麦对殖民地明确表示没有兴趣后不久便毫无防备地在殖民地政策上挑起与英国的矛盾。当俾斯麦突然宣称"殖民地问题关乎生死存亡，并攸关政府在国内的地位"时，他显然指的是他自己的地位和政治存在可能会因为未来议会中自由党多数与新君主结成同盟而备受威胁。腓特烈加冕的日子越来越近了。因而有必要在王储和自由党人之间钉进一块楔子。不论是王储还是他所钟爱的自由党派，都对英国有着强烈的好感。当被俾斯麦厌恶的自由党人格莱斯顿上台执政后，这种好感就更加突显。那么想要在德意志帝国和大不列颠之间制造对立，最简单的方法就是从殖民地政策方面入手。这样一来，作为帝国政策官方代表的王储，也就是未来的君主，就会被亲英的自由党人疏远。俾斯麦视推动建立议会制的左翼自由党人为最大威胁，但至少他们对殖民主义持极鲜明的批判态度，必将加剧这种疏远。

此外，德国在 1884 年夏获得了第一块非洲"属地"，这真正地引起了国内公众对殖民主义的狂热情绪。10 月，当帝国议会选举鏖战正酣时，俾斯麦召开了柏林西非会议，以期同欧洲列强在非洲殖民地争端上实现和解。俾斯麦在普鲁士国务部任职的小儿子威廉向外交部一名同事透露，他父亲主要是想"利用刚果问题为内政服务"[54]。在与俾斯麦侧近的人士印象当中，他并不是真正支持殖民政策，而是认为这对他的选举非常有利。最后账单开出来了：左翼自由党人输掉了选举。现在就算是王储想认真计划一次反保守主义的政策转变，他至少也已经丧失了议会这个基础。1885 年春夏之际，腓特烈允诺俾斯麦，在威廉一世去世之后，由他继续出任帝国宰相和普鲁士首相。而且他接受俾斯麦开出的条件，不再谋求建立"议会制政府"。[55] 借此俾斯麦在殖民政策方面的行动目标已经达成，他便停止进一步的动作了。

这样看来，殖民主义这个短暂的插曲还是被俾斯麦主要用来实现内政上的企图。而他能够在内政目标上利用殖民地政策，有赖于当时特定的外交政治环境，主要是 1884 年春三皇同盟协定有效期延长之后，德国同俄国和奥地利的关系中已不存在什么尖锐的矛盾。由于在中亚殖民地问题上的对立，英国与沙皇俄国结下了梁子。1881 年，法国取得了突尼斯，第二年英国又占领了埃及，让这两个西欧大国之间的积怨陡然加深。俾斯麦不动声色又精明地在英法对峙局面上添了把柴。反正最晚自 1880 年开始，他就鼓励法国推行积极的殖民主义政策，以转移其在阿尔萨斯 - 洛林问题上的注意力。世界各国对殖民地的争夺造成了一种局面，即在其中德意志帝国同样也能分得一杯羹，而无须担心因此导致的欧洲方面令人不快的反弹。针对英国明显占压倒性优势的海军舰队，俾斯麦可以破例同法国进行合作。有一阵子德法结盟事宜甚至被提上议事日程，当然这在任何时候都只不过是纯粹的空话而已。

/ 314

这种不寻常的外交政治局势只持续了很短的时间。它消失的时间和俾斯麦通过殖民地政策达成内政目标的时间大体一致。1885 年春，由于在殖民地问题上的失败，曾经与俾斯麦紧密合作过的法国茹费理政府倒台了。茹费理的继任不仅同德意志帝国为敌，还是个坚定的复仇主义者。德法关系的破冰进程便在 1885 年夏戛然而止。与此同时，英国自由党的分崩离析预示了格莱斯顿的下台和保守党人的重新掌权。对此俾斯麦开始期望"让辉格党和托利党这两股当年拥护君主制的力量联合起来，通过同所有共和党人和无政府主义者进行良性斗争，防止或者说遏制英国国家机构即将发生的崩塌"[56]。他并不主动阻止英国局势的进一步发展，并企图与英国未来执政的保守党人建立良好关系，这也导致他中断了德国对殖民地的争夺。

这对于俾斯麦来说并不困难。正如他在 1889 年描述的那样，他本来就从未让这个"殖民地把戏"进入到内政层面。一年前，他对一名想要鼓动他在撒哈拉以南非洲重展殖民事业的非洲问题学者说，这样做的风险太大了："您手中的非洲地图虽然十分漂亮，但是我的非洲地图却在欧洲。这里是俄国、那里是法国，我们则夹在中间。这才是我眼中的非洲地图。"[57]

1885 年秋开始，德意志帝国位居欧洲中心的处境让俾斯麦越来越头疼。因为一场新的巴尔干危机的爆发最终摧毁了俾斯麦外交政策构想的基础。三个保守主义帝国结成的同盟本应维持互相之间的内外均势，然而却陷入了无可挽回的分崩离析。俾斯麦一贯奉行的政策已变成一片废墟。在任职的最后几年中，他在外交政策方面越来越像是被一张矛盾之网紧紧缠住。

如果说 10 年前的战火是从波斯尼亚和黑塞哥维那燃起，那么这次的火星则来自保加利亚。1878 年柏林会议之后，保加利亚便沦为黑森 – 达姆施塔特王室一名王子的侯国，这名王子与沙皇宫廷有亲戚关系。在列强们看来，保加利亚不过是俄国的附庸罢了。俾斯麦也认为，"保加利亚这个侯国的主人，充其量不过是俄国派去的总督而已"[58]。然而对此的估计却失算了。保加利亚人同他们年轻的王侯一样有着自己的主意。1885 年，他们强迫俄国的"顾问们"返回了圣彼得堡。

与之相邻、被列强视作奥匈帝国附庸的塞尔维亚王国，利用这一形势也打起了自己的小算盘：塞尔维亚军队向保加利亚发兵。保加利亚人却在没有俄国支持的情况下击退了入侵者。于是列强们匆忙采取行动，以使局面重新得到控制。奥匈帝国威胁保加利亚将向其开战，差一点就将这个不听话的塞尔维亚附庸国军队从全军覆没的境地中拯救出来。俄国则在保加利亚首都索菲亚策动了一场宫廷政变。黑森 – 达姆施塔特的王子被废黜，几天之后又在一场暴动中复辟，又一周后再次被迫退位。

每一天都变得更加不明朗的形势加剧了维也纳和圣彼得堡之间业已存在的互不信任。沙皇宫廷方面怀疑塞尔维亚入侵保加利亚的幕后推手实际上是奥匈帝国。他们认为，就连保加利亚首都索菲亚的反俄气氛也是哈布斯堡间谍煽动的。而维也纳方面则害怕塞尔维亚被保加利亚击溃之后，俄国将充分利用由此形成的新局面，改变巴尔干地区的权力结构，使其朝着对自己有利的方向发展。

俾斯麦试图从中调停，却徒劳无功。1886/1887 年，看起来俄国与奥匈帝国仿佛仍有随时开战的紧迫性。双方都希望得到德国的支持。一方若不败坏另一方，就无法让俾斯麦伸出援手。昔日，俾斯麦曾认为他站在奥地利人"和俄国人中间，就好比是站在两条咬人的恶狗中间，只要将他们的颈圈松开，双方定会撕咬成一团"[59]。他最终避免了双方的公开敌对行为。然而作为他外交战略基石的三皇政策，如今已失去了生命力。一切试图让它起死回生的尝试都失败了。1887 年春，有关三皇同盟条约有效期再一次延长的事宜，几个月前就已经不再被考虑了。

俾斯麦以他特有的冷静开始寻求其他出路。对于他来说，与法国和解以获得西线的安宁，并解除德国东西两面作战的危险并不现实。他曾向威廉一世说，他多年以来都试图"将法国人的民族自豪感从阿尔萨斯转移到别的地方去"。最终，随着德国殖民政策插曲的终结，这种期望在 1885 年也终于化为了泡影。"鉴于法国所有政党对阿尔萨斯 – 洛林地区的渴求非但没有减弱，反而有愈演愈烈之势"，我们不得不"将把法国政策从反德倾向转移到他处的尝试视为失败"[60]。1886/1887 年法国战争部长乔治·布朗热（Georges Boulanger）在任期间曾推行的极端复仇主义路线，以及之后大批群众对"布朗热主义"的支持和拥护，都佐证了俾斯麦的这一看法。

有时，俾斯麦看起来反而更相信与在法国日渐消失的威胁中将保持中立的英国能够成为德国的新盟友。而且在英国自由党陷入分裂，格莱斯顿辞去首相职务并让位于保守党人索尔兹伯里侯爵（Lord Salisbury）之后，与英国开展一段十分坦诚的关系的想法愈发强烈。然而这种期望很快又烟消云散了。1886 年秋，俾斯麦和他时任外交部国务秘书的长子赫伯特就已经愈发觉得，保守党人领导下的"英国人"也可能过于"不可靠和民主化"，以至于不能考虑将其看作德意志帝国的盟友。此外他们还认为，英国只不过想要让德国成为实现自己目的的"陆上保卫者"。俾斯麦不无讽刺地表示，在英国看来，就算德国是"英国的天然盟友，英国也不是德国的"。[61]

俾斯麦至少还单方面地进行了尝试，那就是将英国人推到法国或者俄国的对立面上，并没有认真地考虑结果。但是这两个潜在的伙伴国家谁都没兴趣为对方去火中取栗。最终，英国通过其立足于岛国的光荣孤立政策（*Splendid Isolation*），取得了比身居欧洲大陆中心的德意志帝国更好的地缘政治地位。1889 年，作为帝国宰相的俾斯麦最后一次向伦敦方面发起外交攻势，建议与其达成正式的军事同盟。此时从他写给索尔兹伯里侯爵的附函中就能明显看出，他对英国接受这一提议并不抱什么希望。加上提议结成公开形式同盟关系这件事完全不符合他一贯的作风和经验，英国议会一定不会表示同意，在这种情况下，这一提议无疑成了一种空谈。或许俾斯麦也只是想向新继位的威廉二世皇帝和他的顾问团证明，德英结盟并无可能性，尽管他对此结果早就心中有数。

威廉二世和其军队考虑更多的是让在中欧的德国处在被威胁的处境中，这样德国潜在的霸权地位就可以通过采取军事行动变为现实。特别是毛奇的继任者，总参谋长阿尔弗雷德·冯·瓦德西（Alfred Graf von Waldersee），19 世纪 80 年代末他一再主张要在沙皇俄国工业没怎么发展起来、军事实力因此较弱的情况下对其发动进攻。但是在俾斯麦看来，对俄国发动这样的先发制人的战争，甚至说对法国开战，抑或同时与奥匈帝国和意大利结成反俄法同盟，只是"最后的手段"（*ultima ratio*）。原则上看，他并不怎么惧怕战争，对他来说战争只不过是当其他所有道路都走不通时所保留的最后可能性。"在任何情况下战争都不是我们想要的"，俾斯麦一再着重强调这一点。[62]

他尤其想要尽可能避免德意志帝国向俄国开战。因为俾斯麦曾警告奥地利方面的盟友，称沙皇俄国是"打不垮"的。与它作战不会真正取胜。在这个当时已 73 岁的老首相道出的论据中也显露出一种只有年长者才会有的认识，那就是意识到他在 1871 年与法国签订和约时所犯的一个严重错误："这个由俄罗斯民族组成的坚不可摧的帝国，因其恶劣的气候、大片的荒原和不高的需求而变得强大，如同它仅需要一条保护性边境线就可以形成优势一样，一旦落败则有可能永远成为对我们有复仇需求的天敌，就像是如今在我们西边的法国一样。这或将导致未来出现一种持续性的紧张局面，在俄国向我们或奥地利发起进攻时，这会迫使我们承担相应的责任。但当我不愿意承担这种责任时，就相当于我们自愿接受了这种敌对。"[63]

　　不管用什么方式只要能够阻止，俾斯麦就根本不想发动一场会牵扯所有大国的战争。与许多同时代的政治家们相比，他已经意识到"一场席卷整个欧洲的大战"不会带来真正的赢家。这样的战争更多地会"带来一场全面的灾祸：他想要如他所愿地全身而退，这样做可能会让所有参战方遭受严重损失"[64]。然而俾斯麦又颇富远见地看到，这样一场战争有可能颠覆并消除他成长中的那个传统世界，以及由此形成的，他在国内为之坚守的保守主义社会秩序。他在 1887 年说道："如今决定性的争端可能不再存在于俄国人、德国人、意大利人和法国人之间，而更多地存在于革命和君主政体之间"，"一场战争，不论胜败，都将在不止一个国家内激起革命浪潮"。[65]

　　对于俾斯麦来说，对外和对内政策一直都紧密相连。就像存在于 19 世纪上半叶的神圣同盟时代一样，对他而言，现在的国际关系比以往任何时候都是保全国内保守主义社会结构的重要手段。因此，在三皇同盟解散之后，他自己仍打算牢牢抓住同俄国和奥匈帝国这两个保守势力的紧密关系。所以，在沙皇俄国和哈布斯堡皇朝在巴尔干问题上无法克服的矛盾最终冲破三皇政策的共同堡垒后，他仍试图至少使用权宜之计将两国间的碎片重新黏合起来。

　　德国同奥匈帝国于 1879 年就已经结成了无限期两国同盟。而之后俾斯麦经过长时间的艰苦谈判于 1887 年同俄国政府达成的所谓《再保险条约》则与其形成了鲜明对照。和同样秘密结成的两国同盟一样，这个有效期仅三年的《再保险条约》的主体也是一种意义上的军事同盟：当第三国对缔约一方发动攻击，也就是奥匈帝国进攻俄国，或者法国进攻德国时，缔约的另一方须保持善意的中立。这同时意味着：如果俄国或者德国反过来成为进攻一方，此约定则失去约束力。因此，光是展现出敌意就会带来不可估量的风险。像德奥两国同盟一样，德俄《再保险条约》也符合俾斯麦的预期，即尽可能避免德国为了维持现有的国际国内秩序而陷入战争纠葛。

不过，这仅限于这个秘密条约的主体内容。在一项"绝密"的附加议定书中，德方向俄国承诺，此外还将在沙皇企图"把控帝国统治权"并"接管保卫俄国黑海通行权任务"的情况下向其提供援助。[66] 虽然这一表述并不清晰，但多少鼓舞了俄国占领包括君士坦丁堡在内的土耳其海峡的野心。但这和俾斯麦维护现状的和平政策就毫不相干了，甚至可以说是背道而驰。土耳其海峡是欧洲最为重要的要塞，对于过去俄国多次想要控制此地的企图，英国、奥地利、意大利甚至法国的反应都非常敏感。其中一次还成了 1853 年克里米亚战争的导火索。俄国接下来在 1878 年对土耳其海峡采取的行动使整个欧洲陷入了长达数个月的高度紧张，沙皇的军队和整个英国舰队全副武装地进入对峙状态。

如果俾斯麦现在允诺对沙皇俄国占领君士坦丁堡和土耳其海峡提供支援，那么这与他想要避免列强之间发生军事冲突的目标就相违背了。而且更加矛盾的是，在与俄国进行《再保险条约》谈判的同时，俾斯麦还暗中鼓励英国、奥匈帝国和意大利在地中海就共同利益取得一致。因为在此共识基础上于 1887 年成立的近东三国同盟，其目的之一正好是保卫土耳其海峡免受俄国侵扰。俾斯麦敦促伦敦、维也纳和罗马，甚至还不断向它们强调，让奥斯曼帝国参与进来对实现这一目标有重大意义。而且他不仅推动了近东三国联盟的缔结，还通过与奥匈帝国和意大利签订条约，让德国在某种程度上成了这个联盟协议的隐蔽参与者。

俾斯麦将这一自相矛盾的政策与在《基辛根口谕》中设想的战略，即与现在的三皇政策双边版本联系在了一起。这一政策还导致其他大国在彼此之间的矛盾和对抗中各出其招，以至于会妨碍他们"通过相互之间的关系形成针对我们的同盟"。这种"基辛根式"的政策俾斯麦在

1878/1879 年的柏林会议及其后一年就实践过，但在当时被认为过于冒险而被摒弃。其中潜藏的风险即便是现在也相当巨大。一面是俄国，另一面是奥匈帝国和英国，两方面都指望着德国予以支持。如果他们因此在土耳其海峡问题上的利益问题上各不相让，那么德意志帝国有可能很快就要陷入不得不选边站队的处境。这个帝国和它的宰相就有可能不得不落得个里外不是人。抑或缔约方都相信德国会成为其后盾，甚至不打算提前知会柏林一声就直接开战，这样一来俾斯麦原本想要避免的战争就会发生了。

然而即便如此，俾斯麦在 19 世纪 80 年代末推行的自相矛盾的条约政策还是经常被认为是一项天才构想。实际上俾斯麦坚信，在土耳其海峡问题上永远不会产生对抗。他认为，这一矛盾政策的意义也在于可以在任何时候避免德意志帝国承担《再保险条约》中规定的相关义务。德国并未加入近东三国联盟，其他条约起到的主要是防御性作用。而且带有防御性质的条约无疑有助于维持现状。

虽然这些论据值得再三考虑，但也不能过分解读。"绝密"的《再保险条约》附加条款中具有决定意义的章节尽管表达得含糊不清，但也完全不适于促使俄国采取防御性政策。此外，19 世纪 70 年代和 19 世纪 80 年代早期签订的一系列防御性条约并没能阻止 1875 年和 1885 年两次近东危机的发生。这两次危机都是由当时包括俾斯麦在内的"政治家们"所引发的，按照研究欧洲大国早期政治家及其作为的历史学家的阐述，其中大多数甚至鲜有露面。随后导致巴尔干地区危机的火花，直至 1914 年第一次世界大战的导火索，也都是由当地不为人知的人物所引发的。

和他后来的那些"粉丝"不太一样，俾斯麦本来就不确信自己在 19 世纪 80 年代末签订的一系列条约能够真正避免一场战争的发生。而且他的出发点一定是认为德国在这种情况下不能只扮演一个被动的角色。俾斯麦的女婿在 1886 年 9 月曾记录道，宰相当时已经就"奥地利、英国和土耳其是否有可能与俄国开战，以及在此情况下我们是应该静观其变还是要和法国人私下里（entre nous）拉紧裤腰带"进行了讨论。[67]一年之后，在君士坦丁堡商议近东三国同盟成立事宜时，俾斯麦让德国驻土耳其大使传话称："我们与法国迟早会有一战，也许就在几年之内，这是可以预见的，也是不可避免的。"为了在一场俄奥预期会爆发的军事冲突中使法国陷入"瘫痪"，"我们就有必要在战事开始时从我方向法国发动进攻，这样一来，奥地利、意大利，可能还有英国和巴尔干国家联合对俄的东方战争就能和在西欧的德法大战同时进行"。[68]

1887年底，俾斯麦仍继续编织着这幅图景：如果德国进攻法国并取得胜利，那么德意志帝国紧接着就可以投入东部战场的战斗。[69]1888年，俾斯麦甚至一度具体地考虑过这场欧洲大战必须如何谋划，才能尽可能地降低德国遭受的损失，至少也要尽量保持与奥匈帝国的亲密盟友关系不受损害。而俄国控制土耳其海峡的野心正是达到这一目的的着手点，为此俾斯麦在《再保险条约》中做出了德国将提供支持的承诺。"我想奥地利对外政策的任务可能是，"他说，"将俄国人引入土耳其这个死胡同，如果他们提前嗅到了英国人的火药味，那就将枪炮上膛。"[70]

在这条"土耳其死胡同"面前，沙皇俄国退缩了。圣彼得堡方面认为俄国还没有强大到足以展开行动。俄国的主要政客们并不愿意承担俾斯麦已经考虑到的战争风险。1890年初，他们甚至在柏林提议，在延长《再保险条约》有效期的同时废除关于土耳其海峡的附加条款。然而尽管俾斯麦就此对新继位的威廉二世皇帝进行了催促，这一条约却并未能延长，反而促使威廉解除了他的帝国宰相职务。这显然与老首相和年轻的皇帝在内政方面的基本分歧有关，而与外交问题并无多大牵连。

《再保险条约》未再延长，并不是导致第一次世界大战不可避免的原因，或者说也只算是个长期诱因。此时距第一次世界大战爆发还有24年——这比俾斯麦对德意志帝国外交政策产生决定性影响所经历的20

年时间还要长。就像是托马斯·尼佩岱有理由强调的那样，未来仍一如往常地存在变数。不过人们仍然可以提出疑问，即俾斯麦这20年来的外交政策究竟带来了什么长期性的重要结果？

殖民地政策和关税政策这两个问题尤其引人注目，但是不符合逻辑的是，俾斯麦对它们却没有特别感兴趣，而基本上"仅仅"利用它们来为内政服务。德国1884/1885年短暂的殖民主义插曲有着深远的影响。殖民地不仅提前为德国提供了任由其幻想成为世界强国和实行种族灭绝的可能性，还成了德国1898年以来建立一支大型海军舰队的重要理由。这支舰队的存在大大恶化了德国和英国之间的关系。这也成为英国1914年参加第一次世界大战并最终与德国为敌的原因之一。

事情发展的趋势并非不可避免。俾斯麦始终认为毫无意义并拒绝建立的海军舰队，在他1898年去世时才开始建立。尽管如此，他对争夺殖民地的决定对海军舰队的建立还是起到了助推作用。如果1884/1885年俾斯麦并没有主动推行殖民地政策，那么德国可能根本就拿不到什么值得一提的海外领地。如此一来，建设海军舰队便失去了一个重要的动因。

1879年开始实施的高保护性关税政策更是造成了深远影响。与殖民地政策一样，关税政策也是以服务内政为出发点。对于俾斯麦来说，实施关税政策的主要目的是稳固农业的地位：农业是保守主义在政治和社会层面的支柱，也是在他看来牵制工业化所产生不良影响的工具，符合他的贵族同僚们的物质利益——简而言之，农业是保持传统结构的核心所在。1879年，向保护性关税政策的逐步过渡已经极大地拖累了柏林会议之后本已十分紧张的德俄关系。1885年，德国专门针对谷物征收的关税进一步提高时，更是在圣彼得堡引起了很深的愤恨。俄国政府在1887年之所以愿意签订《再保险条约》，是因为它迫切需要贷款来发展本国工业，而俾斯麦至少暂时迎合了这一需求。但是当德国在条约签订后再次将关税税额提高一倍，并且帝国银行在俾斯麦的指示下不再接受俄国有价证券作为抵押时，沙皇俄国从1888年起便开始将目光逐渐转

列奥·冯·卡普里维，1890 年

向法国资本市场。随着俄国和法国之间经济交往的不断深入，两国之间的政治纽带也逐渐加强。而在柏林拒绝俾斯麦延长《再保险条约》的建议之前，他的外贸政策就已经开始让德俄关系变得疏远了。

这种同沙皇俄国的疏远使得德国政策的回旋空间在接下来直至第一次世界大战前的几十年中变得非常狭窄。这也绝不是无法避免的。但是，虽然俾斯麦在殖民地政策上有所后退，也没有推动海军舰队的建立，在财政问题上也一再表现出妥协的诚意，他对关税政策的立场却不可动摇。因为这项以保护农业为名的政策，触及了俾斯麦保守政策中无法放弃的一个领域。

列奥·冯·卡普里维（Leo von Caprivi）作为继任帝国宰相，走上了与俾斯麦完全相反的执政道路。卡普里维自 1890 年起就致力于降低关税税额。同时他还有意识地改善德国与俄国的关系。1894 年，卡普里维同样由于德意志帝国内部农业利益集团的抗议而倒台。退而不休的俾斯麦在他弗里德里希斯鲁的庄园中也对抗议行动给予了强烈支持。于是，卡普里维之后的历届帝国宰相又重新回到了俾斯麦当初推行的高保护性关税政策轨道上。卡普里维关税改革的失败加深了德意志帝国与沙皇俄国之间的裂痕，并促成了 1894 年俄法两国同盟的缔结。虽然起初完全不确定这个同盟能持续多长时间。但是这是继 1879 年德奥两国同盟以来第二个欧洲大国间的强强联合，它一直存续到第一次世界大战爆发，并描画出了 1914 年战争前线的大致轮廓。

比起在对外政策领域持续拒绝考虑高保护性关税政策产生的后果，也许没有什么地方更能彰显俾斯麦的弱点了。由保守主义内部动机驱使的关税政策对德国与其他国家关系会造成的主要影响，以及在日渐紧密的经济交往和日益政治化、现代化的大众社会中，这些后果不断提升的重要性，都被他系统性地排斥了。1887 年 11 月，在准备威廉一世与沙皇会见时，俾斯麦向他的君主阐明意见的口气几乎是执拗的：关税税额仅 "关乎内政问题，即各个政府必须按照自己的需求进行调整。各国在关税和其他事务上的差异历来存在，60 年或 70 年以来，都没有妨碍国与国之间政治和个人的亲密关系"。[71] 这是一种典型的表现，俾斯麦不能或者说不愿意清楚地认识到，这些问题所触及的不单单是君主或者政府首脑之间的私人关系，此外它们还关乎不同社会和国民经济之间极为广泛且在政治上愈发变得重要的相互联系。从关税政策本身的目标出发，它并不算是保守。这一政策同样也与它们从 19 世纪初的传统世界，即神圣同盟时代所获得的方法论越来越紧密相连。

/ 326

这样看来，在某种程度上，俾斯麦在关税问题上的坚定立场也完全展露了他的政策底线。而且它还鲜明地反映出另外一个中心矛盾。在外交政策方面，俾斯麦一直将德国、俄国和奥地利这三个保守主义帝国的结盟作为自己的理想，这一目标同他保守主义的对内政策紧密配合。然而正是他这项为了稳固农业而推行的高保护性关税政策，也就是1879年以来保守主义内政的核心，在对外关系上越来越成为三皇政策的沉重负担。鉴于直至俾斯麦辞去宰相职务时德国主要还是农业国家这一事实，可以说他的对内政策完全是切合时宜的。相较之下，在这个欧洲国家间经济和社会交往不断发展的时代，他的对外政策则显得越来越不合时宜了。

/ 327

一切皆有尽头。但俾斯麦的宰相生涯显然是太长了。直至威廉一世1888 年逝世，俾斯麦已十几次递交辞呈，请求结束其德意志帝国宰相的任职。这个老皇帝却始终不予批准。每每俾斯麦请辞，威廉一世总是摆出一副他特有的谦虚姿态，说俾斯麦比他自己对于德国还要重要。[1] 而与他同名的长孙威廉二世却不这样想。即便如此，威廉二世继位之后，俾斯麦还是继续以辞职相要挟来表达自己对君主的抗议，这在老皇帝在位时原本就是家常便饭。然而 1890 年 3 月，威廉二世却将矛头转向了依旧全心理政的俾斯麦，并强迫他递交辞呈。

既然皇帝换了，俾斯麦的离开本也顺理成章，这个理由大家都普遍接受，当然也是说得通的。俾斯麦最重要的权力基础是他与威廉一世之间的相互信任，而这种关系在他与威廉二世身上显然并不存在。而且从1888 年夏新皇登基到俾斯麦被解职，两人在这 21 个月中也没能培养出像俾斯麦与威廉一世那样数十年来不断深入的亲密关系。

人们往往可以看出两个主要导致他们彼此对立的因素：首先，威廉二世自继位之初就试图独立治国，这显然同俾斯麦对手握德国内政与外交大权的追求和习惯相冲突。其次，皇帝身边其他幕僚所结成的秘密顾问团也渴望新皇帝削弱帝国宰相的权力，唯此他们才有机会上位得权。这个圈子中并不乏名流，比如新任总参谋长瓦德西和威廉二世的密友菲利普·奥伊伦堡伯爵（Graf Philipp zu Eulenburg），后者的同性恋身份在后来引发了德意志帝国最大的丑闻之一。瓦德西和奥伊伦堡目标明确地想要老首相倒台。俾斯麦据说也因此陷入了一场绝望的自我保卫战之中，不得不通过操纵内政使自己仍处于不可或缺的地位。

/ 328

这样做无可厚非，但看上去也并不是完全正确。俾斯麦一面近乎绝望地想方设法巩固自己的地位，却为何在威廉二世继位到他被解职这段时间里，把其中的 2/3 都消耗在瓦尔岑和弗里德里希斯鲁的庄园中，而不是更靠近皇帝的柏林？这让人费解。1888 年 6 月中旬，也就是威廉二世继位 3 个半月时，俾斯麦就返回了自己的庄园并在那里度过了整个下半年。他在 1889 年 1 ~ 6 月回到柏林居住，接下来 7 个半月却又远离首都，其间仅短暂返回两次。

从这一点就完全看不出他有多迫不及待地想要证明自己仍旧不可或缺。所以最近还有人论证，俾斯麦是有意识地在回避威廉二世，以减少同他发生摩擦的可能性。但如果皇帝周围那些试图把俾斯麦赶下台的奸党确实威胁到了他的安全，这会是俾斯麦的一项应对策略吗？当然不是。

事实上 1888 年时俾斯麦也并未明显地改变这个习惯。从新皇帝继位前的几年起，他大部分时间便不在柏林，而是在他的庄园度过。他通过电传和信使来治理朝政，并越来越多地将工作交给自己的两个儿子和女婿完成。1888 年是德国所谓"三帝之年"，而在这一年中，威廉一世、腓特烈三世和威廉二世三个皇帝的先后执政都未对俾斯麦产生任何影响，也没有人对俾斯麦这位老首相产生过什么怀疑，他的行为更像是在"照章办事"（*business as usual*）。

俾斯麦的这种轻松姿态也表明，他对威廉二世侧近人士对他影响的估计并没有后来一些历史学家所说的那么严重。在这个问题上，俾斯麦的判断显然是对的。即使威廉二世后来与他分道扬镳，但当他遇到人事问题时，至少还是会征求俾斯麦的意见，而不是去找瓦德西和奥伊伦堡。俾斯麦辞职后，秘密顾问团里再也找不出能像他那样堪当大任的继任者了。比起他们，威廉二世宁愿任命列奥·冯·卡普里维为新宰相——这也是俾斯麦推荐过的人选。

像俾斯麦这样以批判眼光看待自己同僚的人，能帮助威廉二世做出评判未尝不是件好事。相比于具有自由主义思想的腓特烈三世，俾斯麦在 1882 年就意识到，威廉二世保守的政治理念与和他同名的祖父威廉一世更为接近。他为此感到欣喜，还从年轻的王子身上看到了很多优点："精力充沛、处事果断，丝毫不为议会的代理人——那帮侍卫军军官所动……没准他还能成为我们正缺的'青铜石'（*rocher de bronze*）一样的人物（'青铜石'象征皇权巩固的君王，出自腓特烈·威廉一世皇帝所言——译者注）。"[2]1888年威廉二世登基前一天，对于他给予的将"按照他祖父的理念执政"的允诺，俾斯麦感到满意。[3]

　　国外观察员在1888年夏的记录中称，老宰相和新皇帝达到了同心同德的程度。对于这种状态是否能持久，显然俾斯麦照旧表示怀疑。不管怎样，俾斯麦的夫人还是对其中一个儿子说道："你亲爱的爸爸"一定需要"应对已经出现的棘手事情的力量"，因为她担心新皇帝会因为"锋芒毕露和他内心极度的年轻"而恣意妄为。俾斯麦则向他一位在普鲁士政府任职的同僚颇为自信地说："以我在这块土地上辅佐过四位皇帝的经验，必须要顺应这位年轻皇帝的心意。"[4]

　　威廉二世向来具有的独力治理朝政的野心，让他和俾斯麦之间假设的裂痕从一开始就有了不可回避的依据。将这一威廉二世亲口所言的核心证据散布开来的，是霍亨索伦王朝的宫廷传教士和因其粗暴的反犹太主义者身份而名声败坏的阿道夫·施托克（Adolf Stoecker）。根据施托克的说法，威廉二世在继位后两个月左右曾说："我先给老家伙（俾斯麦）6个月的喘息时间，然后就开始独力理政。"[5]

/ 330

　　当时是1888年8月。可6个月后俾斯麦依然大权在握，而且又坚持了一年多的时间。至于威廉二世之前要"独力理政"的狠话，更像是他根据周围人的不同性格，为吓唬抑或取悦而言，永远不可能变成现实。威廉二世显然还称不上是个路线明确的掌舵人，他太容易受到自身性格因素的干扰。他常常翻手为云覆手为雨，顷刻之间就会全盘推翻自己的想法。所以他在说施托克散布的那些"狠话"之前，想法也曾完全相反："接下来这几年里我们当然迫切需要俾斯麦公爵"，在此之后皇帝才能逐渐接手他的一些工作。[6]

　　对于威廉二世这样一些或其他类似的说法也不能完全当真，毕竟他的性格反复无常。而他这种墙头草、随风倒的特点和对政治片面又时有时无的兴趣，导致他的表态对寻获俾斯麦被解职的深层次原因并无帮助。只能从各方在此问题上的行为，特别是威廉二世和俾斯麦两人的互动中管中窥豹了。

实际上，起初两人之间的关系并不紧张，无论如何都不如俾斯麦与威廉一世那样剑拔弩张，对此威廉二世的父亲从没有向他提起过。就像1889年初夏，两人对于如何处理鲁尔区矿工罢工产生了意见分歧，但很快就得到了调解。直到1890年，两人之间的罅隙才真正出现。分歧在几个星期之内便急剧激化，并导致了俾斯麦的下台，这是威廉二世的冲动之举，倒也符合他的风格。当然，1890年2月举行的帝国议会选举导致社会和政治局势发生的突然根本性改变，也影响了这一决定。通过这次选举，俾斯麦一直推行的，通过表面上对不断变化的议会多数让步来维护既有保守体制的政策，想要再取得成功已经越来越难。

外交问题显然不是俾斯麦下台最主要的原因。瓦德西支持对俄展开防御性战争，而俾斯麦对此态度谨慎，威廉二世在两人之间摇摆不定，不过最终还是俾斯麦达到了自己的目的。两人在同俄国签订《再保险条约》问题上的不同意见直到争论结束才最终成为皇帝拿来迫使俾斯麦辞职的借口。相反，内政方面的问题才是决定性的。

具体来说，主要就是如何应对日渐强大的社会民主党这个"红色帝国敌人"。1889年，俾斯麦最后一次在帝国议会就通过老年人及残疾人保障法案发表演说。通过社会改革来瓦解社会主义，这种政治手段不止在一方面让他的政治生涯走到尽头。社会民主党在19世纪80年代帝国议会历次选举中持续赢得胜利，更标志着社会改革的失败。所以俾斯麦不得不先把社会福利改革带来的好处放在一边，继续策划对抗社会民主党的其他方案，并把压迫的鞭子抽得更响。他建议将在1890年春失效的《反社会党人非常法》的期限不仅要无限期延长，还应修订得更为严苛。无论对于中央党还是对于民族自由党来说，这显然都太过分了。取而代之，威廉二世和议会多数派都认为，有必要在社会福利改革领域，特别是保护工人利益方面进行一轮新的努力。针对这一点，俾斯麦在形势恶化到不可收拾之前，不得不对"动用暴力手段"和解散议会两种办法的利弊进行权衡：社会民主党人和帝国议会的问题"只能用流血来解决，就像统一德国时那样"。他在 1889 年底、1890 年初时呈给威廉二世的一封信中写道："我认为当前内部斗争比外部战争更为迫在眉睫，然而我已经不像 1862 年时那么精力充沛了，对此我感到十分遗憾。"[7]

/ 332

之后在 1890 年 2 月举行的议会选举中，反对党斩获了绝对多数席位。社会民主党人和左翼自由党人加在一起，已明显占据了超过 1/4 的议席。同时中央党议会代表的数量也有所增加，同样超过了 1/4。而 1887 年起得到俾斯麦支持的保守党和民族自由党席位则回落至只有 1/3。

保守党和民主自由党组成的多数派遭遇失利，仿佛不是什么越不过的坎。毕竟 1887 年之前这种多数还并不存在，至于当前的政府回到像过去那样以中央党为中心，其他党派轮流与之组成执政多数的局面，也完全在意料之中。另外"反对派"也不是一条心：不论是中央党和各左翼党派之间，还是社会民主党和左翼自由党之间都还存在着显著的分歧。不过相比上一次的选举，社会民主党的选民数量和得票比例都翻了一倍，这给宰相、皇帝和他身边的人都敲响了警钟。虽然工业城市在选区分配时处于劣势地位，导致社会民主党在整个议会中没能获得相应的影响力，但它实际上已成为德意志帝国中实力最强的党派。

这对于帝国所有的领导者来说，都不啻一声振聋发聩的惊雷。1890年 2 月的选举结果仿佛让一切在一夜之间变得清晰：政府完全没能赢得新兴城市选民阶层的支持。在呈爆炸式增长的工业城市中，人们普遍拥护的那个党恰恰是当前政治、经济和社会秩序所面临的最大敌人。而事实上，这个党的大部分代表还都以革命者自居。这不是个好兆头。毕竟德意志帝国从农业国向工业国转型的趋势愈发明晰且无可阻挡，在接下来的几十年中，农业将不再是为德国提供大多数就业岗位的经济领域。不过这并不是社会民主党进一步发展的主要原因，反而是俾斯麦带领德国统治者们实施的经济和社会政策将城市选民推向了社会民主党一边。至于如何在未来避免迄今为止所犯下的错误，政府中没人能给出建设性意见，关键是连俾斯麦也无能为力。

俾斯麦的政策一直倾向于保护贵族地主阶级和乡村农业生产者的利益。这对于当时农业仍旧占主要地位的德国社会来说，是恰当而且完全符合时代要求的。但对于德国当前向工业社会的过渡来说，俾斯麦仍以农业部门利益为导向的政策就变得不合时宜了。从这个角度看，社会民主党在议会选举中取得的压倒性胜利便是一个明显的警示信号。因为社会民主党正是凭着对税收制度的批评才赢得了选举。由于食品价格不断提高，1888 年和 1889 年连续两年的歉收更使其雪上加霜，这种批评的声音在迅速壮大的城市消费者群体中尤为高涨。

俾斯麦并未采取任何方式去回应迅速增长的消费者人群的利益诉求，他只会拿老一套方案去解决新问题。鉴于在议会选举中令人震惊的溃败，他在 2 月底向威廉二世提交了一份"渐进计划"。这个"渐进计划"是针对前几年帝国领导层施政的失败之处逐项提出的应对措施。宰相和皇帝首先要在社会政治领域推行新的措施来削弱社会民主党的实力，然后打算像 1887 年那样推行重整帝国军队的改革，通过激发民族热情来加强保守党和民族自由党的实力。最终是要让议会通过更为严苛的升级版《反社会党人非常法》。

帝国议会曾于 1890 年 1 月否决过这部压迫性法案，如果它再次拒绝予以通过，俾斯麦将解散议会，甚至在必要时还会多次为之。如果重新选举还是无法组成"顺从统治"的议会多数，则不排除对选举权也实施限制，甚至完全废除议会，基本上退回到专制统治的状态。这种想法也并不新鲜。19 世纪 80 年代，俾斯麦就一再想要实施类似的"政变"。不过一些人认为，这次他已经准备好把之前纯粹的想法和并不实际的威胁坐实到议会议员们的身上。

在 1862 年最为紧张的冲突局势中曾经把俾斯麦吓倒的，显然成了他 1890 年的一个现实选择，那就是采取"暴力惩罚"制度来应对议会制度，就像他在给皇帝的新年贺信中说的那样。这件事并没有停留在口头上。自 1 月起，一个由他的得力助手——长子赫伯特领导的小组开始在普鲁士国务部中筹备帝国重组事宜，并计划将其改为不设议会的诸侯联盟。2 月底他在对议会开战一事上把威廉二世争取到了自己一边。宰相和皇帝坚定一致，做好了"斗争"准备，口号是"决不投降！"（No surrender!）3 月初，俾斯麦通知他在普鲁士国务部的同事，为了王权向议会和"社会革命"开战。3 月 12 日他让战争部长以皇帝的名义起草了戒严令。[8]

然而其间威廉二世继续了他的一贯风格，再次打了退堂鼓。考虑到事态的严重性，他破例地转而去用一段时间了解情况。从中他发现政党此时大都完全支持自己的两方面核心关切，即更多地保护工人利益并适当加强军队力量。甚至包括保守党人在内的所有人都反对实施更为严厉的《反社会党人非常法》，因为一旦实施，将必然导致议会的解散。在这种情况下发动政变显然是极大的冒险。因此几天之后，威廉二世又否决了先前被俾斯麦说服，共同与其对抗议会的方案，并指示俾斯麦撤销修订《反社会党人非常法》的计划。俾斯麦表面上服从，但实际上还是做着对抗议会的事情。

威廉二世也不再掩饰自己对俾斯麦恰如其分的判断——他在自欺欺人。俾斯麦背着皇帝偷偷会见中央党领袖温特霍斯特一事更加深了这种印象。此外，几天前俾斯麦还按照 1852 年普鲁士颁布的内阁条令，禁止普鲁士各内阁大臣在他未参与的情况下面见皇帝。年轻的威廉二世本就自命不凡，这下更是被俾斯麦惹怒了。3 月 15 日早晨，他在刚提出要见俾斯麦后的极短时间内就出现在了威廉大街的首相府内。俾斯麦上午很少起床，这时却必须在上午 9 点——他本应在梦乡的时间起来迎接皇帝，甚至可能连早饭都来不及吃。身佩军刀的威廉二世大步流星地来到俾斯麦身边，宣布废除 1852 年的内阁条令，并禁止他就此再与各党首领碰头。他还告诉俾斯麦，自己要亲自接手就军队事务草案与议员们的谈判。

随后，睡眼惺忪且明显情绪不佳的俾斯麦最终犯了一个足以终结他政治生涯的错误。在他们商议外交问题时俾斯麦提到了一份报告，而这份报告中包含了俄国沙皇贬低威廉二世的语句。不管是他没经过大脑随口一说，还是有意与皇帝针锋相对，威廉二世自然马上就要求阅看这份报告的内容。当被俾斯麦拒绝后，他又亲自从文件夹中找到报告，当看到沙皇——他的远房表哥说自己是"没被教育好的年轻人"时，威廉二世气得脸色煞白，并要求俾斯麦两天之后把辞呈送到他面前，随后便拂袖而去。俾斯麦起初是拒绝的。然而在 1890 年 3 月 18 日傍晚，他最后除了顺从也别无他法。

通过罢免俾斯麦，威廉二世阻止了德意志帝国极有可能发生的一场政变。随后，年轻的皇帝又犯了自我否定的毛病，再次产生了发动政变的想法，只不过他显然几经踌躇，却从没将这个想法付诸实践。相比之下，1890 年时的俾斯麦对此的态度却极为坚定。如果威廉二世当时没有打退堂鼓，也没罢免俾斯麦的宰相职务，反而让他去剥夺议会的所有或大多数权力，结果会是怎样呢？

如果议会被全面废除，1890 年时的德国就会成为一个专制国家。而在当时的欧洲，只有俄国才是这样。尽管沙皇亚历山大二世在克里米亚战争后推行改革，在俄国设立了地区性民选代表组织，但几十年来沙皇俄国仍旧没有全国性的议会。由于缺乏发泄政治不满的途径，沙皇俄国越来越像一口压力锅，这个沙皇领导下的警察国家的"铁盖"下面，隆隆声愈发激烈。[9]

沙皇俄国对内并没有符合民主标准的执政合法性，因此政府便试图用外交的成功加以弥补，并将日渐激化的国内矛盾引向国外。沙皇以此为目的制定了激进的对外政策，并使得俄国疏远了同所有邻国之间的关系。在西面，通过武装干涉巴尔干地区，俄国破坏了同奥匈帝国和德国之间原本密切的关系。俄国在中亚地区的殖民主义扩张与英国从印度向北推进的殖民野心短兵相接，又导致本来就受土耳其海峡争端所累的英俄关系雪上加霜。而在中国进行的军事行动最终挑起了1904/1905年的日俄战争。战争中俄国高估了自己的实力，其惨败让它不得不又把目光转回到内政上。高压锅沸溢了，这个警察国家的"铁盖"炸开了锅，革命爆发了。

1905/1906年，俄国政府花了很大力气才重新控制住了局势，其手段既有血腥镇压，同时又有对民主时代精神的部分妥协。圣彼得堡也第一次有了"杜马"这个通过选举产生的议会组织。不过杜马的权力十分有限。人们的选举权受到限制，大概跟普鲁士下议院的情况差不多。1907年，杜马的职权再次被削弱，选举权也进一步遭到束缚。俄国此时拥有了自己的宪法，如果1890年俾斯麦没有完全废除议会，而是实行大幅削弱议会权力的改革的话，德意志帝国的情况应该与当时的俄国相差无几。

当然，两国在经济发展和政治体制方面有一些重大差异。但考虑到在德国建立专制制度或者形式上的立宪制政体并长时间维持的可能性，上述差异可以相互抵消。

德意志帝国的工业化进程继续发展，作为潜在反对力量的工人运动因此变得更加声势浩大。但从这个角度看，德国的组织架构比俄国更好也更为强大。在德意志帝国，政府官僚体制高效运转且每个角落里仿佛都站着一名留着胡子的"守卫"。因此帝国的国家机器有能力将任何暴动都扼杀在襁褓之中。

在这方面，沙皇在俄国的手腕反而不如众所周知的那样厉害。就好比一丁点黄油抹在一大片面包上一样，俄国的行政和警察机关人员配备得太少，以至于在控制这个巨大国家的人民时会显得捉襟见肘。同时，有明确反动意向的工人运动在这样一个工业化发展水平低下的国家中也成长缓慢。因而在沙皇统治下的俄国，由于官僚机构欠缺所造成的隐患至少在和平时期显得并不严重。俄国在一战前的几十年中常常发生暴动，与其说它们是反对政府，不如说是更多地将矛头指向这个多民族国家中的其他族群。随着时间的推移，沙皇政府也学会了利用民族之间的矛盾，把本该对准自己的锋芒转向国内其他的替罪羊。

最典型的例子就是从 19 世纪 80 年代开始甚嚣尘上并震动俄国朝野的反犹大屠杀。[10]1881 ~ 1884 年间，先是在几百个俄国城市和村庄中有犹太商店和私宅窗户被砸，然后人们焚烧犹太教堂，强奸犹太妇女，犹太男人和孩子被殴打、枪杀、绞死。据估计，这场反犹骚乱导致约 100 人死亡，受伤者人数则数倍于此。数以万计的犹太人逃往西欧国家和美国。

尽管很多暴徒将自己的行为理解为对沙皇亚历山大二世遇刺的回击，但这场骚乱却并非由沙皇俄国政府授意而为。之所以人们会有俄国政府支持反犹骚乱的印象，是因为骚乱之初警察明显的不作为和纵容行为。而其中或多或少，又有沙皇宫廷和俄国政府本身就有的公开反犹情绪的缘故。而它们同时也担心，若要出手干预可能会导致民怨沸腾，并将矛头对准沙俄政权。

当沙皇及其政府在 1905/1906 年革命期间输掉日俄战争并陷入绝境时，它有意利用了 1903 年就已发端的反犹骚乱，并将犹太人变成了自己的替罪羊。此外，犹太族群与反政府的自由派人士和社会主义者联系密切，也让他们难以逃脱干系。反犹主义被保守和反革命力量当成了毫无顾忌的武器。截至 1906 年就有 3000 名犹太人成了这项政策的牺牲品。在由 1917 年革命所引起的俄国内战中，所谓"白军"——反革命的保皇派又掀起了血腥的反犹运动。对于犹太遇难者的数量至今尚存争议，但无论如何也有好几万人。

不过这还无法跟后来纳粹德国发动的，针对整个欧洲犹太人的大屠杀相提并论。尽管当时德国也有反犹主义存在，但没人能预料到后来形势会发展到那种地步。德国的反犹主义正是 19 世纪 70 年代末俾斯麦担任帝国宰相时形成的。这个德国反犹主义的始作俑者当时就上呈了一份有 25 万人签名的请愿书，要求废除犹太人自德意志帝国成立以来就享有的同等国民待遇。1881 年德国的波美拉尼亚和西普鲁士爆发了反犹屠杀的浪潮，这明显是受到了俄国的影响。但不同于俄国，德国的国家机器对此的反应很明确：警察与军队马上介入反犹骚乱，此举意在避免再次发生新一轮屠杀——虽然 1891 年在下莱茵地区，以及 1900 年在东普鲁士还是发生了反犹的血腥事件，但这有效防止了德国出现类似俄国的反犹暴力的升级。此外，与俄国大相径庭的是，德国在一战之前并没有人死于反犹骚乱。[11]

不少参加了 1881 年波美拉尼亚和西普鲁士反犹骚乱的人都认为，他们的罪行是遵从了宰相俾斯麦的意思，其中就包含了所谓"反犹请愿"所起的作用。然而俾斯麦并不明确支持这次"反犹请愿"，也没有为反犹骚乱提供任何便利。

这样看来，俾斯麦绝对不是德国犹太族群的敌人。不过和很多保守党人一样，他的确宣传了很多关于犹太人广为人知的偏见和旧思想，这从他 1847 年在普鲁士议会发表的第一次演讲中就可以看出，而且他的这种思想从未改变过。就连对自己的犹太人银行顾问他也会开轻蔑的玩笑。在他的主导下，成千上万为了躲避大屠杀从沙皇俄国逃来避难的俄国籍犹太人在德国边界又被驱逐回俄国。

对于 19 世纪 80 年代初的"反犹请愿"以及相伴的反犹宣传，尽管俾斯麦没有公开表示支持，但是他也没有表示反对。他向他的一位密友、自由保守党人卢修斯·冯·巴尔豪森明确解释了其中的原因。他说，尽管"反犹骚乱"是"不合适"的，但反犹运动本身也是对发起犹太解放运动的进步党旗麾下左翼自由党律师们的反击——因此"鉴于他们对抗进步党的勇敢行为，他才没有继续加以制止"。[12] 只要他把矛头对准他公开承认的内政敌人，即坚定的自由党人，那么他鼓动反犹的行为就可以解释得通了。

俾斯麦的反犹情绪有非常实用主义的一面——这是他与大多数保守党人都具有的文化符号，从中他们彼此认同政治上的右倾，但偶尔也要服从保守党的核心利益。当反犹分子对犹太人的"金融资本"下手时，俾斯麦就不理解了。因为正如普鲁士内政部长普特卡默1880年所说："犹太人对金钱利益的追逐更容易维持我们国家机构的运行，而后者是不可或缺的。而那些媒体和议会中的犹太无产者们，他们本身一无所有，却与反对派有着千丝万缕的联系。"——对于他们，反犹分子才应该更好地予以打击，而不是让他们与现行体制的敌人们合伙搞事情。[13]

"犹太政治改革派"以及与之联系紧密的社会民主党和反对派的自由党是俾斯麦真正的敌人，他对这些人既没有过多的尊重，也不特别地虔敬。他在议会的强大对手，即帝国议会及普鲁士议会议员爱德华·拉斯克就被他称为"愚蠢的犹太小子"。[14] 当拉斯克于1884年去世时，俾斯麦禁止他在普鲁士政府部门的同事出席葬礼，于是有人在俾斯麦家里嘲笑帝国议会就像是一家"犹太死人的旅店"。[15]

为什么俾斯麦如此抵触犹太人，却还是认为反犹骚乱不恰当，也不积极投身其中呢？这其中还有一个很现实的原因。他在1866～1879年担任帝国宰相时把持着议会多数，这个多数派的核心是民族自由党，其政见之一是寻求犹太人的平等国民待遇，这一点与左翼自由的进步党一样。从1879年起，他通过主导保守党与民族自由党（有一段时间是中央党）的合作获得了议会多数席位，中央党的领袖温特霍斯特也是一位反犹主义的公开反对者。由于必须团结议会的联盟伙伴，俾斯麦与德国的反犹运动公开保持着距离。

废除议会制或者削弱议会权力，以给新的专制主义蒙上一块遮羞布也并没有压倒他在议会中实现团结的想法。传统的保守党人与新兴的反犹运动之间的合作因此也并没有变得顺理成章。反犹是年轻的威廉二世思想中的重要一环，这一点他的传记作家约翰·洛尔（John Röhl）可以印证。俾斯麦也很容易接受反犹的观点。但如果议会形势不需要将反犹主义作为对付自由党人的工具，首先出于实用主义考虑，他便不会主张反犹。

另一方面，俾斯麦对反犹运动潜在的社会革命特征的不信任，以及对反犹情绪高涨下公共秩序的担忧也使他与反犹运动保持着距离。在俄国也有类似的情况，俄国统治者在世界观方面与反犹主义相去不远，他们也在犹豫是否应出于政治目的对国内的反犹情绪加以利用。然而随着时间的推移，俄国人在这方面的顾虑逐渐退去，政府和沙皇的支持者自己就开始为反犹骚乱煽风点火。对于一个因漠视大多数民众利益而走投无路的保守主义独裁政权来说，为了对抗他们的政敌——自由党人和社会主义者而煽风点火，并且直接向其同伙犹太人开刀，这是很自然的事情。当公众要表达对政治的愤怒，除了走上街头已别无他法时，最终也就谈不上什么"公共秩序"的概念了。

如果德意志帝国的领导层像俾斯麦 1890 年所计划的那样，按照俄国的道路将国内政治体系进行倒退式整顿，那么柏林或许就要步圣彼得堡的后尘了。正如亚历山大三世在 19 世纪 80 年代针对犹太人解放运动而审核通过的歧视性法律，反犹骚乱也是一样。德国下莱茵地区和东普鲁士分别在 1891 年和 1900 年发生反犹大屠杀时，如果德国政府也像俄国那样反应，那么德国的犹太人可能就会越来越不信任国家对他们的保护。同时，警察和军队犹豫不决的干预就会助长反犹分子更加猖狂的暴行，就像 1881 年在波美拉尼亚呈现的那样。

在俄国，国家强力部门的不作为加速了犹太人自救和抵抗组织的成立，其结果是暴力活动的扩大化。这种骚乱肇始于 1905/1906 年间，在 1917 年演变为内战，在沙皇俄国保守势力的影响下，犹太人被压迫的感觉被放大了，直至发展成一种病态。民间自发和官方支持的反犹运动相辅相成，"自下而上"和"自上而下"地彼此相互促进。

近年来人们在研究纳粹德国史时也发现了相似的情况。在纳粹德国时期，正是民间反犹情绪和官方反犹政策的相互作用才导致了最后的结果。与纳粹德国的极端相比，专制的德意志帝国显然在这方面落后了不少。假如俾斯麦领导下的保守党精英照顾了议会制捍卫者的诉求，在1890年赋予了犹太人平等的国民地位，那之后"犹太问题的最终解决办法"可能就不会以疯狂的战争方式来实现。在这个问题上，无论是年轻的皇帝还是年长的宰相都不够聪明。但是像俄国那样走到内战边缘的情况在德国倒不可能出现，因为俾斯麦在1890年就已经看到这种形势，显然他是有所考虑的。但像沙皇俄国那样导致成百上千死难者的大屠杀倒是有可能在德国重演。

不过事情也许会向完全不同的方向发展。以俄国为例，独裁的统治意志绝不仅仅止于将社会矛盾的矛头对准犹太人这样的替罪羊。同样伴随着的，还有极为严重并随时可能发生的外交风险。与君主立宪制国家相比，通过暴力获得统治合法性的德意志帝国政府可能会对通过内政手段取得对外声望更为感兴趣。因此德国参与国际事务的意愿，也许会随着威廉二世的上台而变得更加强烈。俾斯麦最初的外交政策方针是一切以德国的"富足"和欧洲的和平为目标，但这一政策从19世纪80年代中起就因为内政的原因变得越来越千疮百孔。如果他发动政变成功并继续担任宰相，没有被国内的犹太问题困扰，在外交政策上也敢于冒更大的风险——直至引发一场"大规模欧洲战争"……这样的假设看起来完全不是没可能。

被解除宰相职务并不意味着俾斯麦个人历史的终结。这位年近 75
岁的前帝国宰相仍有 8 年的时光要度过。在这 8 年当中，他的周遭让他
感到烦躁不安。在这 8 年当中，他几乎蔑视一切事物和每一个与当时作
为宰相的他有过瓜葛的人：那些貌似多余的政党和它们想象中无能的领
袖、为了争夺皇位趋炎附势和阿谀奉承之人、没骨气的"高贵庄园仆
役"、"没有得宠的"侯爵们，当然还有威廉二世，这个"愚蠢的年轻
人"。[1] 俾斯麦的夫人约翰娜，他 40 多年以来始终驶向秘密港湾的锚泊
和忠实的附和者，对他这番仇恨言论也表示赞同。但视其为偶像的长子
赫伯特却抱怨说，他的父亲那些年只是为了清算历史旧账而活。

甚至一位俾斯麦最亲近和最忠实的同僚也这么认为。洛塔尔·布赫
尔（Lothar Bucher），在德国外交部担任了 20 年的演说顾问，和他的
前任上司一样，他的内心也愤懑不平，想要通过帮助俾斯麦撰写回忆录
将这些情绪发泄出来。然而俾斯麦口述的记忆片断相互之间并没有什么
联系，它们就像是恰好闪过了他的脑海。不仅如此，在俾斯麦位于弗里
德里希斯鲁家中的客厅，布赫尔有时还要握着削尖的铅笔无所事事地
坐在那儿达半个小时之久，而他的老上司则躺在沙发上，失去了口述的
兴趣，开始读起了报纸。让这位同僚大失所望的是，他原本乐意成为这
本至少努力保持客观的历史原始资料集的推手，俾斯麦却一点儿也不注
重回忆录的真实性："他的记忆并不准确，他关注的重点在于我们完成
的还不够多，"布赫尔抱怨道，"不仅如此，他还开始有意地歪曲，换句
话说就是故意曲解清楚确凿的事实和事件经过。"[2]1892 年洛塔尔·布赫
尔去世之时，俾斯麦回忆录的编辑工作仍未完成。

《思考与回忆》最终能以简单易读的风格成为畅销作品，主要归功
于俾斯麦的长子赫伯特在他去世后的诸多努力以及起决定作用的改编工
作，或者说正是因为这本回忆录完全不值得作为历史资料进行学科研

/ 344

究，它才能如此受人欢迎。当然，这样的"生产加工"也完全违背了创作者的初衷。俾斯麦撰写回忆录并不是为了让人们认识他，更不是为了给自己的一生做总结。这本回忆录更像是延续他政策的另一种手段。由于他"德意志帝国命运直接塑造者"的身份被剥夺，因此他转而尝试用大众传播的方式施加影响力。

因为失去了官方通讯渠道，昔日的帝国宰相在去职后迅速地与报界，尤其是外交部新闻处建立了联系，这样做也是出于同样的目的。身在乡下庄园的俾斯麦不断地向编辑们供稿，发表他对时政的评论。《汉堡信息报》是他主要的政治传声筒。俾斯麦向其主编提供优惠的私人贷款，亲自与其签订合同，且从不主动催款。

在那家他担任帝国宰相期间责令停业的报纸上，他像仍有影响力的政界元老（elder statesman）一样发表个人的政治见解。为了捍卫时下保守党建立的国家秩序，他不遗余力地推行特别法和激进措施。首先，俾斯麦不断地为暴力迫害社会民主党人的行为进行辩护。他将社会民主党人同寄生虫和疾病传播者相提并论，这在对人的藐视方面无人能及。"他们是田地里的老鼠，应当被消灭干净"，他曾在 1893 年对一名记者失言道。一年后他在此基础上又强调说，一个社会里总是存在一些个体，"他们具有公共危害性，也就是传染性。国家秩序的捍卫者有义务竭力消除这种传染病患；必要时要通过切断其传染源头的手段来实现"。他对发动政变不断地呼吁最终在 1897 年的声明中达到了顶峰："动用警力就可以解决的这一社会问题，现在不得不施以军事手段了。"[3]

在被解除宰相职务之后，俾斯麦对新兴的、工业化的德国也更加不理解了。他始终将农业视为社会的支柱，甚至是国家的命脉所在。"农村是民族之所在"，他坚定地宣称：一个城市化的德意志帝国没有未来，"因为铺路石和砖墙上长不出什么东西来"。[4] 为了保护城市消费者和出口工业利益，俾斯麦的继任者卡普里维主张废除高额保护性关税政策，他的贸易政策被俾斯麦从农业利益角度在媒体上强烈反对。他甚至还短恰好当俾斯麦已经考虑要以议会权力为跳板寻求一条新仕途时，他有了剥夺议会权力和清理首相府的计划。1891 年，在一次帝国议会的补选中，他终于获得了民族自由党地方组织候选人的提名。俾斯麦不顾儿子赫伯特的明确反对接受了这一提名。当然，他提出的前提条件是既不必亲自参加竞选也无须真正履行职权。虽然在选举中没有获得压倒性的胜利，他在第二年仍抱着这种儿戏的想法，即"尽可能以反对党领袖的身份"重返柏林，在那里对当权政府进行抨击。然而这不过是纸上谈兵罢了。[5]和普鲁士上议院的议席一样，帝国议会的席位也不那么地让他感到满意。而且对于这个当时已经 77 岁高龄的老人来说，再经受一遍基层的政治工作终归是太辛苦了。

他当然不会放弃这种"虚假的政治游戏"，他儿子也这样批评他。在过去的几十年中，政治越来越成为他唯一的生活内容。在去职后的几个星期里，他进行了一番思索，认为人的激情就像是池塘里的鳟鱼："一条吃掉另一条，直到只剩下一条肥硕又年老的为止。随着时间的推移，我对政治的激情正如这鳟鱼一样吞掉了我对其他一切事物的热情。"[6]而失去这最后的激情，即公职带给他的政治布局的可能性，让他备受打击。即使家庭，尤其妻子约翰娜第一时间给予了他支持，这种冲击仍然是巨大的。

40 年前，俾斯麦曾在信中向夫人告白，没有她他活不下去。如今他又向一名来访者强调说："她如果先走一步，我也不愿独活。"[7]约翰娜于 1894 年逝世。作为丈夫的俾斯麦走进太平间时，"泣不成声，悲伤得完全不能自己"，他的长子如此形容道。[8]随后这名鳏夫写信给他的妹妹说："在回顾我这 47 年的婚姻生活时，陪伴我左右的是约翰娜、是与她的耳鬓厮磨、是她喜欢的日常琐碎以及对她笃定的感激之情。如今我什么都没有了，只留下虚无和空洞……现在，我心中的炭火也渐渐暗淡下去了，倘若上帝还愿意让我苟活的话，希望它不要彻底地熄灭，但过去三周所带来的荒芜感已经让我心如死灰。"[9]

空虚之感总有尽头，他壁炉里的炭火也只会慢慢熄灭。"我在平静中继续艰难过活，每天都给自己穿衣解带"，在度过了半年平和时光之后，他向次子威廉简单地描述道。他现在越来越频繁地抱怨身体上的各种毛病——面部神经痛、坐骨神经痛和哮喘。他觉得没有一种治疗方法能长期见效："这期间我能安静地坐在房间里，治疗起了作用，但不长久，医生们也束手无策。"[10] 他坚定地认为，在他这个年龄，"拥有健康的身体是最幸运的事，随着失眠和不适感的日益加重，我的健康状况正在急剧下滑"。[11] 事实上，自从约翰娜去世以后，俾斯麦的身体不仅明显地一天不如一天，他的精神状态也日渐崩塌。

1896 年，俾斯麦在《汉堡信息报》上公开了当时还处于保密状态的 1887 年德俄《再保险条约》内容。此举对德意志帝国在国际关系方面造成了巨大伤害。这位生事者的动机简直让人感到惊讶。是什么原因让俾斯麦非走这一步不可呢？甚至连他的子女也猜不透这个问题的答案。但是他们注意到，父亲开始在他的回忆录里将《再保险条约》、三皇同盟和其他由他亲自议定的外交条约相互混淆，这可是老年痴呆症的明显征兆。

俾斯麦在 1893 年还骑过马，在那之后再也没有骑过了。1895 年，他带着他的狗进行了最后一次长距离散步。之后他就没有怎么出过弗里德里希斯鲁乡下的家门。最多也就是坐着马车出门，在萨克森瓦德对着他钟爱的树们说会儿话。哮喘病发作得越来越频繁，肺水肿折磨着他，他的一只脚在痛苦中慢慢地坏死。在没有卧床的大多数时间里他都只能坐在轮椅上。他的子女和他们的配偶照料着他。1898 年 7 月 30 日傍晚，他的长媳听见了他最后一次祷告："主啊，请让我与我的约翰娜再次相见。"离午夜还有一小时，奥托·冯·俾斯麦就已经停止了呼吸。

俾斯麦的历史并没有随着他宰相职务的解除而结束。甚至于在他过世之后，他的故事仍在继续。俾斯麦传奇人物的形象依然是鲜活的。近年来，这种历史编纂中文化研究的转变使得关于他传奇故事的著作变得相当畅销。尚存争议的是，那些用图片和人物描写塑造出来的俾斯麦形象加在一起，是否要比这个历史人物本身更有影响力。在俾斯麦1890年离职后的那些年，事实可能确实如此。

对于个人崇拜来说，纪念碑和纪念像是可见的，并在材质上得以保留最为长久的证明。[12] 最早的俾斯麦纪念塔在19世纪60年代末就已经出现了。1877年，第一座俾斯麦立式雕像在巴特基辛根建成，那里是当时作为帝国宰相的俾斯麦每年都会前往休养的地方。这一雕塑和1879年在科隆树立的俾斯麦塑像一样，它们的存在更容易被认为是为了吸引游客，虽然两者实际上都是出于历史政治的目的被竖立。坐落于天主教城市科隆的俾斯麦雕像，它的建设资金来源于信奉新教的市民捐助，他们主要想借此向"文化战争"公开致敬。只不过在俾斯麦被解除帝国宰相职务后的19世纪90年代，一股修建俾斯麦雕像的真正热潮才开始兴起。

在这个帝国前宰相还在弗里德里斯鲁饱受身体和精神折磨的时候，将他按照气宇轩昂、目光长远的民族英雄形象打造的纪念品生意就已经开始市场化了。19世纪90年代中期，俾斯麦半身塑像开始大规模生产，成了之后在数以万计市民家中的餐具柜和钢琴上的装饰品。画家弗朗茨·冯·伦巴赫（Franz von Lenbach）创作的老年俾斯麦画像曾被多次复制，在这幅画像中，俾斯麦像一个阅历丰富的政治家那样抬起双眼越过观看者望向远方，眼神里充满了对未来的不祥预感。原作是一张照片，没有什么能比将这张照片同伦巴赫的画作对照着看更能清楚地看出神话和现实的天壤之别了：因为这张照片上的老人面容枯槁，眼神痛苦地盯着镜头。

公众对俾斯麦的崇拜情绪在1866年经历了一次飞跃，在之后的几年时间里，主要在信仰新教的市民阶层当中，这种情绪进一步地高涨。当然，作为帝国宰相，他实行的诸如"文化战争"、反社会党人非常法、保守主义转型和高关税保护政策也使得他的受欢迎程度打了一些折扣。只有当他不再以宰相的身份为德意志帝国的政策承担责任的时候，他才能真正称得上是德意志民族统一的功臣。昔日帝国宰相的德累斯顿、维也纳和慕尼黑之行在 1892 年演变成了一次名副其实的凯旋。就像如今的明星一样，俾斯麦所到之处都受到了欢呼和拥戴。数以千计的人寻求与他目光相接，他们用音乐表达对他的欢迎和敬意，向他讨要亲笔签名，想要与他握手或者亲吻他的手背。在偶尔访问柏林和在基辛根休养期间，只要他出现在公共场合，同样热情的欢呼场面就随处可见。

当他回到家乡时，自然也有一些人在那里等着他。那些尖叫不已的俾斯麦粉丝们并不都是头脑发昏，笼罩在他们集体狂热之下的是对过往的回忆。1895 年，在这个老宰相 80 岁寿辰之际，帝国议会的社会民主党人、左翼自由党人和中央党议会多数代表拒绝以议会名义向他发去贺信。德国民间的"俾斯麦忠诚"派便以公开抗议的方式予以反击。迫于舆论压力，威廉二世甚至也前往弗里德里斯鲁象征性地探望被他罢免的俾斯麦，此前为了重塑威信，他曾争取至少在表面上与俾斯麦达成和解。他并不是唯一一个前去当面道贺的人。俾斯麦在他 80 岁寿辰当天接待了超过 50 批来访者，其中大多批次都由几百名祝贺者组成。为了将这些人按时送往弗里德里斯鲁，多达 35 辆铁路专列被投入使用。为了将上千份礼物包裹和上万封贺电及时投递，邮局也是加班加点。还有将近 50 万封信函和明信片被寄到了俾斯麦曾经的官邸。

在俾斯麦 80 岁寿辰当日踏破他门槛的，不仅有一直同他关系最为密切的保守党贵族和农业拥趸，前去祝贺的大多数人还来自市民阶层——包括大学生、所有德国大学的校长、帝国议会和邦议会的民族自由党议员以及由 12 名城市议员组成的贺团。在 1895 年前去祝寿的、曾被俾斯麦授予名誉公民称号的众多乡镇居民足有 450 多人。地方代表机构也向他表达了敬意和祝贺，这些机构主要按照由人口普查确定的选举权制度选举成立，进而被提升的市民阶层在其中占有主导地位。

没有什么能像死亡那样促使人原谅和忘记。俾斯麦去世之后，德国市民阶层中的大部分人已经完全不记得，1866 年以前，市民阶层的议会代表们曾被昔日的宰相极尽可能地针锋相对，1879 年以后又一再被打败和忽视。1898 年以后，用于纪念俾斯麦的建筑物一年更比一年多地在德意志帝国平地而起。然而，由俾斯麦纪念塔和纪念碑（像）造就的德国记忆图景分布得并不均衡。相比于大城市和工业中心，在俾斯麦的家乡波美拉尼亚和其他他认为的"真正的"德国乡村，这样的记忆图景要黯淡得多。当然，产业工人们也不会为这个"反社会党人非常法"之父修建什么纪念碑。更多的是市民阶层的民族自由党人，他们愿意借助这些纪念建筑来表达对这个"帝国缔造者"和"文化斗士"的敬意。

此外，民族自由党派的市民阶层还可以将对俾斯麦的纪念为己所用。俾斯麦神话成了他们在有关政治回忆争论上的有力武器。分歧主要在于对帝国性质的不同理解，其中对两个人物在德意志建国史上发挥作用的争论更是进入了白热化。当雄心勃勃的市民阶层精英将俾斯麦塑造成为"帝国缔造者"和民族英雄时，宫廷保皇派则试图将威廉一世置于帝国建立神话的中心。与他同名的皇孙既不怕花钱，也不吝出力地通过举行声势浩大的周年庆典和树立宏伟纪念碑的方式，寻求将其祖父"伟大的威廉"这一形象稳固在德意志民族的集体回忆里。

然而即便君主制统治者在这场争论中既消耗了有用的国家资源，又花费了霍亨索伦王朝的大量钱财，他们还是失败了。相比之下，俾斯麦的纪念活动则拥有更多的人气，俾斯麦纪念碑的数量也比竖立的威廉纪念碑要多得多。在 1914 年前的德国，对俾斯麦的个人崇拜取得了全线胜利。这样的结果又是一个极大的悖论。俾斯麦将他的一生都奉献给了巩固君主保守制度和传统乡村普鲁士的事业。而今围绕他进行的个人崇拜却成了新兴工业德国自由主义代表手上，用来质疑普鲁士君主制历史合法性的有力工具。在霍亨索伦王朝被推翻之前，正是由于俾斯麦纪念建筑的经久性，才使得他维护君主制度半途而废的努力显得更加徒劳。

1918 年爆发的革命运动标志着由俾斯麦参与创建的德意志帝国时代的终结。但是它并不意味着俾斯麦神话已经结束。它依然延续着，只是起到的作用有所不同罢了。之前它被当作反抗君主制的工具，之后又被用来抵制魏玛共和国。[13] 与俾斯麦个人崇拜更容易保持距离的保守党势力在后来得到了壮大。而以前支持俾斯麦的民族自由党人由于对新共和国的革命成果感到失望，他们的市民代表在其中也没能取得应得的地位，便加入了日渐强大的共和制反对派阵营。在市民阶层编纂的主流历史中、在俾斯麦纪念活动中、在政治集会上、在竞选活动和右翼媒体上，这个昔日的帝国宰相被作为一个臆想中更美好时代的代表加以颂扬——这样的时代只有在相同历史机遇下被尽力诋毁的现代民主"制度"被战胜时，才有可能重现。

人们对俾斯麦的纪念导致了德国 1918 ~ 1933 年第一次民主尝试的失败。俾斯麦神话主要是传统右翼党派反对魏玛共和国的武器。虽然纳粹党成员也对其加以利用，但他们与神话的融合显然是有限的。从俾斯麦到希特勒延续性的杜撰被证明是极其困难的。在对待反犹问题上，务实的前帝国宰相并没有同这个狂热的反犹"领袖"站在同一条战线上。希特勒提出的"大德意志"目标和称霸世界的计划同俾斯麦推行的"饱和态"（Saturiertheit）政策也是截然相反的。这一点在 1938/1939 年纳粹德国对修订的《凡尔赛条约》逾越时就已经明显地表现了出来。最晚至 1941 年，再也没人能忽视纳粹德国的野心。作为历史参照点的俾斯麦也在纳粹的政治鼓吹和大肆宣传中逐渐淡出了。与此同时，保守党人越来越需要这个已经去世的前宰相作为他们对抗希特勒的合法对象。

这就是为什么随着 1871 年建立的德意志帝国的灭亡，俾斯麦神话在 1945 年依然得以延续的原因之一。对这个老宰相的个人崇拜再一次地发生了质变。[14] 其中，俾斯麦形象的转变部分地发生在 1933 年前的德国西部和新成立的魏玛共和国。他不再作为反民主和反共和制领袖受人敬仰，而是转而成为社会保险的倡议者被人歌颂。通过建设社会福利国家来促进社会和谐——这是一剂良方。政治和新闻传播领域的极端保守主义思想的代表，以及研究俾斯麦的历史学家都是这么认为的。在两次世界大战和战后时期社会剧烈动荡之后，它更是被认定为俾斯麦留给德国的真正遗产，并对德国的战后重建指明了方向。

从 20 世纪 50 年代西德民众的反映上看，对俾斯麦个人崇拜的重新诠释显然迎合了大众的需求。在两次灾难性的世界大战、危机四伏的战争期间和 1945 年开始的荒年过后，这位首任帝国宰相在德国人民心目中变成了"美好旧时代"的化身。在哪个"德国伟人"为国家做出更大贡献这个问题上，战后第一个 10 年的民意调查显示，大多数被调查者总是提到俾斯麦的名字。还不仅如此。1945 年是德意志帝国时代结束的里程碑。从那时起，统一的德意志民族国家便不复存在。在大众的想象中，是俾斯麦立下了民族统一的汗马功劳。于是乎也可以想象，他在这方面来说的确是现代人学习的榜样。因此，从完全实际的需求出发，俾斯麦这个"帝国缔造者"像"德国社会保险的创造者"一样成了大众关注的焦点。历史不会重演。不过相比只言片语的暗示，《俾斯麦塑造德意志的奋斗》（*Bismarcks Ringen um Deutschlands Gestaltung*）一书也许更多地对德国重新统一的政策做了推论，正如它的书名指明的时代背景一样。[15]

当然，德国快速重新统一的希望并不只是在时间上遥遥无期。在这两个主要出于应急原因而成立的德意志国家之中，至少联邦共和国一方很快拥有了再次统一的自我意识。随着"经济奇迹"带来的空前繁荣，重回"美好旧时代"的需求也有所消退。与回到过去寻找天堂投影相比，西德人已经渐渐在当时充斥着广告和消费品的花花世界中找到了天堂。20 世纪 50 年代末，时任总理阿登纳（Adenauer）在民意调查中超过俾斯麦，成为德国民众心目中对德国贡献最大的政治家。

在接下来的 10 年之中，通过民意调查显示出的俾斯麦受欢迎程度继续下滑。诚然这并不表示公众对他失去了兴趣，而可能只是对他的评价发生了变化。最晚从俾斯麦去世开始，这个德意志首任帝国宰相的公众形象都是正面的。而他当时主要来自左翼自由党、社会民主党，包括天主教阵营的对手对他的批判，在与他们"同仇敌忾"的批评家口中，经过了几十年也几乎成不了什么气候。1933 年以后，在纳粹主义重新定义的俾斯麦负面形象的影响下，这些批评家的言论才在德意志民主共和国（DDR）国家秩序的建立过程中占了上风。在老的联邦共和国，对俾斯麦批判性的观点从 20 世纪 60 年代开始也成为社会主流。

因此可以说，俾斯麦被纳入了妨害民族主义传统的谱系之中，这一谱系或多或少地直接指向了纳粹主义。现在我们不禁要追问，对这样一个人物正面形象的定位究竟能对当今社会起到什么作用？与这个首任帝国宰相所象征的保守主义和民族主义传统尽可能地划清界限看上去难道不更适宜吗？或者，民族国家可以与之相反地被看作是现代化的成果吗？

20 世纪七八十年代，史学界和历史爱好者们对这几个问题进行了讨论，在这场围绕俾斯麦展开的历史政治辩论中，对于老联邦共和国未来走向的意见分歧也还是存在。应该将注意力集中在国内民主结构政策的制定上吗？或者，仍应该把与另一个德意志国家的重新统一作为首要目标吗？1990 年以后，这样深层次的辩论显然变得无关紧要了。尽管如此，之后仍有不少对俾斯麦的研究工作将这种讨论放在了重要位置，当时看起来是特别的过时。现在，虽然争论的声音还是不休不止，不过说来说去也没什么实质性内容。

于是乎，俾斯麦的故事便没有了终点。俾斯麦神话经历了不同的发展阶段和多次质变。在这个过程中，每个阶段的俾斯麦形象同"真正的"俾斯麦之间都存在着一种明显的紧张关系。这个帝国首任宰相在每个时期看起来都不同，为他打造的形象也是千变万化。如果不联系现在，历史研究工作就没有成果可言。但是弓在什么时候会被拉满呢？从今天的视角出发，又该对俾斯麦和他的时代提出哪些问题呢？

俾斯麦同他不仅在政治上合作紧密，随着时间的推移，他们彼此也结下了越来越深厚的友情。最后还包括普鲁士首相府、外交部和帝国宰相府他一大批同事对他的崇拜。

1875 年，帝国宰相府的克里斯托夫·冯·蒂德曼（Christoph von Tiedemann）与同样敬佩和欣赏俾斯麦的历史学家海因里希·冯·西贝尔（Heinrich von Sybel）在俾斯麦府邸做客，待了整整一夜。在丰盛的酒宴过后，作为主人的俾斯麦向他们主动提出，在内急的时候可以使用他卧室里的夜壶。在俾斯麦的回忆录中，蒂德曼这样描述道："我们走进他的卧室，在一张大床下发现了那东西，它简直是硕大无朋。当我们站在墙边方便时，西贝尔非常由衷地说：'这个男人真是什么都大，连排泄物也不例外！'"[1] 今天的历史学家当然不会用一个人排泄物的多少来衡量他是否"伟大"。不少人更是干脆将"历史伟人"这一概念拒之千里。尽管如此，今天对俾斯麦形象的树立往往也还是脱离不了英雄化或妖魔化的趋势，即非"伟大"即"邪恶"。

拙著对此的阐述则另辟蹊径。因为同报告文学和伦理学不同，批判性的历史编纂另有其研究任务。对一个人物进行神话式的拔高，或者在道德上对其进行谴责，如同认定责任和赔偿一样，并不是这个领域着重关注的内容。它的任务更多的是去理解——但不一定就是已经理解了。它的最终目的不是对过去进行象征性的清理，而是从过去总结出经验供现在和将来借鉴。

那么，俾斯麦到底是谁？从性格角度来说，他个性复杂，有棱有角，既让人颇生好感，又不招人喜欢。总之，他绝不是芸芸众生之一。虽然长期把他同完美的泰坦神相提并论的简单做法历来不那么受人欢迎，但把他描述成无恶不作的阴险小人这种夸张的老一套，同样也遭到了冷遇。脾气暴躁的易怒者和温柔体贴的丈夫，国王忠诚的朋友和冷酷无情的个人主义者——这些都是俾斯麦本人。那么哪一种人格才贯穿了他人生的始终呢？

作为政治家的俾斯麦也是多面且难以捉摸的。在大多数情况下，他的政治手腕实现了他的目标。他运用的策略技巧往往值得大书特书。和少数其他专业人士一样，他可以在变化中游刃有余。他能够根据情况飞快地转变战略。在政策路线方面，他像变色龙一样随意但克制的变换能力被如今不少人认为是缺乏原则。一些历史学家也这样指责他。但是在俾斯麦所有的这些多面性中，一定不会出现的一面正是没有原则。

俾斯麦以其突出的政治实用主义而著称。但是他追求的目标是向外界证明自己；如果由此就将他视为一个为了实现个人利益而玩弄权术的人，那么就会对他真实的动机产生误解。作为一个奉行实用主义的普鲁士保守党人，捍卫普鲁士的权益、尽可能地加强自己的权力和扩大自己的影响力始终是俾斯麦的政治动机。于他而言，普鲁士主要代表着普鲁士贵族。虽然自己是市民阶层与贵族阶级"联姻"的产物，但他的血液里早就流淌着父辈祖先的贵族传统。对俾斯麦来说，贵族的旧世界才是真正的普鲁士，那里有着大片大片的庄园，也是他一辈子都觉得最舒适的地方。而对于另一个沉浸在柏林社交聚会和自由党人改革理念启蒙的普鲁士，他则怀着深深的蔑视。他总认为柏林是一个面目可憎的魔鬼，而工业化则可能是一场逃不掉的灾难。在俾斯麦的眼中，农业经济、贵族统治及作为其庇护和利益代表的普鲁士王权是构成普鲁士的三大要素。不论是用和平手段，还是施以暴力，哪怕是必须两肋插刀，他也要捍卫它们的地位和价值。

在俾斯麦时代的普鲁士，这种目标明确、在手段上灵活务实的保守主义是罕见的。这正是俾斯麦走上辉煌职业道路的根本原因。在其他保守党人拒绝对自由主义和民族主义时代精神做出任何妥协的时候，俾斯麦却有意在由他不断掀起的"时代潮流"中乘风破浪。通过勉强克服某些急流，他最终再次引领着这艘古老的普鲁士贵族之船在传统河流中更长久地扬帆。他因此遇上的一些意外，正如潮流本身一样，它们也同样使他受益。然而在类似的河流中，发生沉船也是完全有可能的，就像法国保守党那样。

当然，俾斯麦的实用保守主义也不是独一无二的，至今常被视为他最大功绩的"帝国缔造"也不是。德意志帝国的建立不仅是一个漫长的过程，事实上还有欧洲许多活动家的共同参与。在当时欧洲大陆的其他地方，一些民族国家先后兴起。此外，其他欧洲国家也涌现出了一些实用保守主义的代表，例如英国的迪斯雷利和索尔兹伯里。将俾斯麦的出现视为一个非常独特的现象，这种做法显然特别吸引眼球，不过事实却并非如此。他的影响力完全是在与同时代其他欧洲政治家的对比中体现出来的。

因此，在他影响下普鲁士和德国的发展也是在与 19 世纪其他欧洲国家的比较下突显出来的。从表面上看，19 世纪和俾斯麦代表的贵族 - 农业保守主义一样，与现如今的时代相距甚远。然而通过进一步观察，又能发现两个时代存在着一些令人惊讶的相似之处。在拙著的最后一章应予以指明。

1871 年，德国作为民族国家实现了统一。1990 年，德国完成了再次统一。两次统一的共同点主要体现在了真实的历史进程上。不过，围绕这两次统一而编织的神话故事也有相似的地方。

在过去很长一段时间内，俾斯麦曾被视为"帝国缔造者"，现如今仍被普遍这样认为。相应地，赫尔穆特·科尔（Helmut Kohl）也被称为"统一总理"。然而这两个标签式的称呼都没有考虑到，德意志帝国建立和两德统一都经历了极其复杂的历史过程。虽然俾斯麦和科尔发挥的作用比较大，但是实际上两人只是作为众多历史人物中的一员参与其中罢了。不仅如此，在神化的手段下，两个总理对目标的执着追求被夸大了。和 1989/1990 年的大多数人一样，德意志联邦共和国的赫尔穆特·科尔也对德意志民主共和国和东方阵营的突然垮台感到意外。他和俾斯麦一样，始终将德国统一视为选择之一。然而，他们各自政策坚定不移追求的唯一目标，并没有给他们这个选项。因为这样的政策也总是将

/ 360

个人的强权政治、保守主义的强权政治，以及一个联邦德国的强权政治放在了首位。

1871 年德意志帝国的建立甚至也称不上是独立发生的民族统一事件。其他欧洲人在它的实现过程中也做出了巨大贡献——不管是主动参与，还是放任自流。在这一方面，1871 年德意志帝国建立和 1990 年德国重新统一也同样存在共性。在这两次统一过程中，都有一个盎格鲁 - 撒克逊世界强国对其表示友好。此外，两次统一时的东部欧洲大国——俄国都在忙着处理其他事务，尤其是本国国内的事务。两大重要的欧洲大国——1871 年的法国和奥地利，1990 年的法国和英国——尽管它们在起初都更倾向于反对德国统一，但也并没有能力予以阻止，反而对此做出了一些让步。1871 年后的奥地利和 1990 年后的法国也是一样，由于地理位置同新兴的德意志民族国家相毗邻，它们很快便从疑神疑鬼的邻居转变成了亲密无间的朋友。

从另一方面来看，德意志帝国的建立和德国的重新统一也不是只会在德国发生的特殊历史事件。它们更多地是在整个欧洲的民族国家建立过程中扮演了自己的角色。经过总共 11 个新兴国家的建立，欧洲大陆的面貌在 19 世纪发生了根本变化。这些新兴国家中超过一半是在 19 世纪六七十年代建立的。从时间顺序和地理位置上看，德意志帝国的建立都处于中心，它还是当时最大的新兴民族国家，但绝不是唯一一个。发生于 20 世纪 90 年代初的德国重新统一也是欧洲历史发展进程中的重要一环：东方阵营以及它的个别成员国分崩离析之后，12 个新兴民族国家再次同时涌现。

因此，即便我们想把俾斯麦的一生当作是一个"帝国缔造者"的一生来看待，也不得不将它理解为是"欧洲的一生"。作为帝国宰相，他在 1871 年后推行的外交政策尤其是"欧洲的"。因为当时的俾斯麦除了实行欧洲政策外，几乎也没有别的办法。这样的政策也为 1990 年德国重新统一后的路线制定提供了许多借鉴。

不过这仅限于俾斯麦偶尔被记功的"和平政策"。说他从来都不是一个战争的推动者，这话没错。用他身着军装、头戴尖角头盔的画像来说明普鲁士的军国主义已经是非常过时的老一套了。青年俾斯麦可能最喜欢逃避的就是服兵役。上了年纪之后他之所以会穿军装上衣，只不过是因为与普通西装相比，军装的衣领更能护住脖子，防止着凉。在骑马巡视过1866年遍布尸首的克尼格雷茨战场后，他就已经开始反感肆意挑起战争的行为。当然，维护和平也不是他奉行的政治准则。他并不畏惧推行经过风险评估后可能引发战争的政策。

而德国在1990年后实施的政策实际上正是以俾斯麦的"饱和态政策"为样板的。以帝国首任宰相为榜样，重新统一后的德国同样坚决拒绝任何扩张领土的行为。在德国的两次统一过程中，实行这样的政策都有利于消除邻国对德国——这个欧洲中部新兴的政治经济强国的恐慌情绪。因为1871年的德国就扮演了这样一个角色。在这方面1990年的德国也一样。由于放弃了侵略性的强权政治，这个欧洲中心的新巨人让整个国际社会都松了口气。这样的做法在日后进一步地起到了缓和国际矛盾的作用——1871年和1990年以后的德国都热衷于参与相互联系越来越紧密的世界政治和经济活动，甚至也都成了主导者。

不过长远来看，过度参与世界经济有时也会加重国际政治关系的负担。当德国成为欧洲大陆最重要的商品交换集散地之后，它的邻国们也要利用地理优势获利。从多方面看来，德意志帝国自1879年开始实行的高关税保护政策都是有问题的。它破坏了德国与其他欧洲国家的关系，其中首先便是依赖向德国出口农产品的俄国。它还妨碍了最终让所有欧洲国家都受益的经济分工。它甚至还阻碍了德国工业的进一步发展。而实行合理的经济政策则不会产生以上的影响。俾斯麦推行这一政策的主要动机，更多的是为了通过关税保护让保守党的支持者们为德国农业效力，并借此巩固其群众基础。

从中也能清楚地看到，当时的局势和现如今的形势有一些共同之处。俾斯麦及其农业上的盟友贯彻关税保护政策，是出于内政的需要。他们推动的是一种民族利己主义经济政策，在农业进口贸易中，这一政策保证了对德国农业的单方面保护。在与欧洲邻国的关系问题上，它也让德意志帝国陷入了不利局面。而现在德意志联邦共和国推行的，也是单方面促进德国出口的民族利己主义经济政策。在薪酬和就业改革、能源过渡计划融资和众多其他领域里，德国出口贸易的发展首先是以牺牲消费者和国内市场为代价的。尽管就业岗位数量因此增加了，但是国内社会不平等的问题也因此显著增多了，主要还导致了巨大的对外贸易顺差。德国因此在欧洲失去了朋友，在俾斯麦推行的高关税保护政策下，德意志帝国也面临类似的局面。

当然，我们不能将德国的两次统一相提并论。当今德国是一个高度发达的工业国家。虽然在俾斯麦担任宰相期间，德意志帝国也经历了工业的飞速发展，然而当时的德国社会仍然还是以农业生产为主。大多数人直接或间接地还是要靠农业吃饭。保护性关税的征收使这一多数群体远离了农产品市场日益加剧的国际竞争，最晚从 19 世纪 70 年代开始，这样的竞争导致了农产品价格的下滑。这在经济上是一把双刃剑，在政治上也绝对合乎情理——我们今天对核心出口工业的优惠政策也是如此。

在俾斯麦担任宰相期间，德意志帝国的农业特征往往被忽略了。在这种情况下，他在前工业化时代对拥有地产贵族阶级的政治偏向，以及他的农业保守主义思想必然显得不合时宜。结果导致德意志帝国的形象因为俾斯麦这个"现代化的绊脚石"而被固化了。在对这种形象的想象中，工业化必定会和自由化、议会化和民主化产生冲突。换而言之，它会导致经济和政治发展的不同步。因此，俾斯麦被认为是延迟和阻碍现代议会民主制度和自由社会的罪魁祸首。

从多方面来看，这种形象定位都是有问题的。它往往模糊了无价值和有价值使用"现代"这一概念的界线。但问题主要在于，它最根本的出发点就是错误的。因为即便德国的经济发展取得了丰硕的成果，然而直到俾斯麦去职宰相之时，德意志帝国仍没有变成工业国家。尽管在1879年、1885年和1887年，帝国议会多数都给他增收关税的提案投了赞成票，但也没必要为了确定他推行的农业保守政策是否代表了大多数德国人的愿望，而割裂他的政治理念。在这一点上，自由党人本来就毫无胜算。现代民族主义在1890年以前就引入了德国，直到1914年却连议会多数都没有赢得。由此可以肯定，作为保守主义政治家的俾斯麦并不是一个为了在他的时代取得成功而操纵时局的小人或者天才。

在今天看来，政治现代化、社会自由化和民主化又出现了新问题。"阿拉伯之春"运动唤醒了人们对从马拉喀什席卷到雅加达的民主和自由浪潮之希望。但是希望一再变成了失望。在大多数阿拉伯国家，自由和民主的社会发展一时间陷入停滞，最多也是以蜗牛的速度缓慢向前推进。有时更是反其道而行之。欧洲人对此是完全不能理解的。因此他们偶尔会提出这样的问题，即出于宗教和文化原因，伊斯兰国家是否有能力按照西方模式实现现代化。

这一问题主要体现了提问者对历史的遗忘。在北非和中东的人口大国，"阿拉伯之春"的花朵根本还没有萌发就已经大范围地凋谢了。尽管它们正是因为工业化的活力而出众，但也还是非常受农业的影响。在埃及，农业人口几乎是工业人口的两倍。在阿尔及利亚、伊拉克和也门，从事农业生产的人同样比从事工业生产的人要多，叙利亚和突尼斯的比例相对要小一些。在经济发展方面，这些国家达到了德国和其他欧洲国家在19世纪末20世纪初的发展水平。当时的德意志帝国正不断在自由化和民主化道路上摸索，和现在的阿拉伯国家一样，这种推进也陷入了长期的停滞。

在俾斯麦担任宰相期间，德国农业部门的强势推动了保守势力对社会和政治现代化的反向运动，这与今天阿拉伯国家的情况非常相似。这种反向运动至少有两种表现形式。首先，在传统农村组织中，保守主义简直有着天然的基础。与此同时，文化上的反现代化与保护农业的经济利益结合了起来。从统计学的角度来看，即使农业已经失去了统治地位，但是考虑到飞速发展的工业化让人们在现实中走进了、心理上却还没有走进工业社会，那么农业仍然会在其他多个方面继续产生影响。

其次，在今天北非和中东的许多国家，自由主义势力陷入了进退两难的境地，这也与俾斯麦时代自由党人所面临的情况相似。在现如今社会高度工业化的欧洲，自由主义主要是经济上的意识形态。而在德意志帝国完全不同的环境下，自由党主要是社会和政治改革运动的代表。和已经建立稳固地位的保守党势力不同，为了实现社会和政治的自由化，他们依赖的是尽可能广泛的群众基础。然而除去宗教信仰上的不同，德意志帝国的城市和农村在经济利益上的矛盾也恰好成了自由党人的阻碍。因为在这样的对立和矛盾中，自由主义运动被分裂和削弱了，就好比他们亲手将武器递给了保守党对手一样。除此之外，身处工业化急速发展的社会中，他们的心理定位问题也发挥了一些作用。因而这种农业社会向工业社会的快速过渡阶段并没有给政治现代化、自由化和民主化提供最理想的条件。俾斯麦担任宰相时期的德意志帝国就处于这样的阶段，而今天许多阿拉伯国家也处在这样一个阶段。

这种现象在 1871 年建立的德意志帝国中存在了 40 多年。总的来说，只要经济有所发展，大多数民众就会对由俾斯麦拟定基本纲领性的、处在专制统治框架下的宪法感到满意。对于俾斯麦体系的政治反对派来说，不管他们多想也变得越来越强大，到头来也还是一只纸老虎。不过，一战的爆发改变了这一局面。它让德意志帝国深深地陷入了执政合法性危机。由于战争的爆发，城乡矛盾被进一步激化。贫富差异的裂缝越来越大。不仅如此，社会整体的物质财富水平也第一次大幅度地下降。电梯没有继续逐层上升，而是突然下坠。战争令德意志帝国迅速丧失了信用。

在德意志帝国首任宰相逝世 20 年之后，他所建立的体系最终没能守住最后一道防线，彻底被暴力推翻了。如果说人们仍然一如既往地欣赏俾斯麦以及俾斯麦时代的魅力，也是因为这种魅力在多方面与他死后的历史和结果息息相关。从那时起，对俾斯麦的研究就已经在德国超出了对历史探究的需要。俾斯麦以及那个常常由他代言的时代意义绝不仅限于德意志民族历史范畴内。它更像是全欧洲的一项遗产，甚至对于全世界都举足轻重。同所有的历史一样，走入历史的俾斯麦和他的时代深深地影响着我们的现在和未来。

注　释

In den Anmerkungen werden zwei Abkürzungen verwendet:

GW　Otto von Bismarck, Die gesammelten Werke, 15 Bände, Berlin 1924–1933
NFA　Otto von Bismarck, Gesammelte Werke: Neue Friedrichsruher Ausgabe, Paderborn 2004 ff.

第一章
几个问题

1　Wehler, Kaiserreich, S. 36.
2　Große Politik, II S. 87 f.
3　Tiedemann, Erinnerungen, II S. 33.

第二章
一位贵族大地主（1815 ~ 1849 年）

1　Zitiert nach Sempell, Briefstellen, S. 610 (24. 2. 1847).
2　Eulenburg, Aus 50 Jahren, S. 73.
3　Hedwig von Bismarck, Erinnerungen, S. 28–31.
4　Sempell, Briefstellen, S. 611.
5　Hedwig von Bismarck, Erinnerungen, S. 29 f.
6　Keudell, Fürst, S. 160 f.; Lucius, Bismarck-Erinnerungen, S. 137 f.
7　Zitiert nach Engelberg, Bismarck, I S. 105.
8　Brief vom 25. 1. 1838, zitiert nach Engelberg, Bismarck, I S. 146.
9　NFA IV S. 5 f.
10　Marcks, Bismarcks Jugend, S. 89 f.
11　Zitiert nach Gall, Bismarck, S. 34.
12　An Gustav Scharlach 14. 11. und an Bernhard von Bismarck Ende Dezember 1833, GW XIV S. 2–4.
13　An Bernhard von Bismarck 10. 8. 1836, zitiert nach Engelberg, Bismarck, I S. 134 f.

14 An Gustav Scharlach 18. 6. 1835, GW XIV, S. 6.
15 Briefe vom 30. 9. 1836 und März 1837, zitiert nach Engelberg, Bismarck, I S. 136 und 142.
16 Vgl. ebd., S. 144–147, und Pflanze, Bismarck, I S. 59–61.
17 Zitiert nach Engelberg, Bismarck, I S. 146.
18 Ferdinand an Bernhard von Bismarck 19. 7. 1838, zitiert nach Marcks, Bismarcks Jugend, S. 153 f.
19 Abschrift im Brief an den Vater 29. 9. 1838, GW XIV S. 14–16.
20 An Scharlach 7. 4. 1834, GW XIV S. 4.
21 An den Vater 1. 10. und an Oskar von Arnim 31. 10. 1843, GW XIV S. 22 f.
22 An Scharlach 9. 1. 1845, GW XIV S. 31.
23 Ebd.
24 An Scharlach 4. 8. 1844, GW XIV S. 26.
25 13. 2. 1847, GW XIV S. 58.
26 Vgl. Schieder, Religion; McLeod, Religion.
27 Keyserling, Aus den Tagebuchblättern, S. 33.
28 An Bernhard 31. 1. 1847, GW XIV S. 50.
29 An die Schwester Malwine 18. 11. 1846, GW XIV S. 45.
30 Circa 21. 12. 1846, GW XIV S. 48.
31 3. 7. 1851, GW XIV S. 230.
32 So das Urteil von Johannas Freundin Marie von Thadden 1845, zitiert nach Engelberg, Bismarck, I S. 199.
33 Hedwig von Bismarck, Erinnerungen, S. 140.
34 An Johanna 4. 1. 1851, GW XIV S. 187. Zu den sexuellen Bedürfnissen siehe den Brief vom Juli 1851 an Hans von Kleist-Retzow, den Bismarck nach Lektüre zu verbrennen bat (Pflanze, Bismarck, I S. 64 f.).
35 An Johanna 28. 4. 1847, GW XIV S. 84.
36 GW XIV S. 15.
37 8. 1. 1847, zitiert bei Engelberg, Bismarck, I S. 227.
38 Ebd.; Bismarck an Johanna 4. und 11. sowie an Gerlach 26. 3. 1847, GW XIV S. 73, 77, 82; Marcks, Bismarcks Jugend, S. 387 f.
39 Gall, Bismarck, S. 45.
40 29. 9. 1838, GW XIV S. 15.
41 4. 3. 1847, GW XIV S. 74.
42 24. 10. 1849, GW X S. 56 und 58.
43 NFA IV S. 14.
44 An Johanna 8. und 18. 5. 1847, GW XIV S. 84 und 86.
45 17. 5. 1847, GW X S. 3 f.
46 18. 5. 1847, GW XIV S. 89.
47 Briefe vom 21. 5. und 8. 6. 1847, GW XIV S. 89 und 94.
48 22. 6. 1847, GW XIV S. 96.
49 GW X S. 4–6.
50 An Johanna 30. 5. 1847, GW XIV S. 93.
51 Rede vom 15. 6. 1847, GW X S. 8–12.
52 Vgl. Albrecht, Antiliberalismus.

53 An Johanna 15. 6. 1847 und Rede vom selben Tag, GW XIV S. 95 und X S. 9.

54 Otto an Bernhard von Bismarck 10. 9. 1847, GW XIV S. 99.

55 An die Schwester Malwine 24. 10. 1847, GW XIV S. 99 f.; Marcks, Bismarcks Jugend, S. 453.

56 Bismarck an die Redaktion der Magdeburgischen Zeitung 30. 3. 1848, GW XIV S. 103; NFA IV S. 17–23.

57 Augusta an Wilhelm 27. 9. 1862, zitiert nach Zechlin, Bismarck, S. 254; und vgl. NFA IV S. 18.

58 Rede vom 2. 4. 1848, GW X S. 16, Leserbrief an die Magdeburgische Zeitung 30. 3. 1848, GW XIV S. 103.

59 An Johanna 28. 5. 1847, GW XIV S. 91.

60 An Johanna 2. 4. 1848; vgl. an den Bruder 28. 3. und undatiert (Ende März), an Redaktion der Magdeburger Zeitung 30. 3., an Johanna 3. 4. und Wortmeldungen im Landtag am 4. und 5. 4.: GW XIV 102–104 und X S. 17 f.

61 10. 4. 1848, GW X S. 19.

62 Rundschreiben vom 17. 7. 1847 und an Wagener 5. 7. 1848, GW XIV S. 98 und 109; vgl. Engelberg, Bismarck, I S. 296.

63 An General von Prittwitz 9. 5. und an den Bruder 12. 11. 1848, GW XIV S. 107 und 118; vgl. NFA IV S. 17.

64 An den Bruder 9. 12. und an Johanna 17. 11. 1848, GW XIV S. 120 f.

65 An den Bruder 10. 2. 1849, GW XIV S. 124.

66 Rede vom 21. 4. 1849, GW X S. 27–32.

67 An Johanna 16. 9. 1849, GW XIV S. 143.

第三章
革命道路：一个民主的欧洲？

1 Vgl. Elvert, Constantin Frantz; Malettke, Anmerkungen.

2 Sperber, Eine alte Revolution in neuer Zeit, S. 29 (mit Bezug auf Hans Medick).

3 NFA IV S. 18; an General von Prittwitz 9. 5. und an den Bruder 19. 4. 1848, GW XIV S. 107 und 105.

4 An Johanna 3. 4. und an den Bruder 19. 4., ebd. 104 f.

5 Fahrmeir, Revolutionen, S. 253.

6 Wehler, Gesellschaftsgeschichte, II S. 693–695.

7 Fahrmeir, Revolutionen, S. 253.

8 Engels, Lage, S. 280.

9 An die Redaktion der Magdeburgischen Zeitung 20. 4. 1848, GW XIV S. 106.

10 Eine Zusammenfassung dieser mittlerweile schon klassisch zu nennenden Interpretation durch einen ihrer führenden Vertreter bietet etwa Langewiesche, Europa, S. 110–112.

11 Vgl. Sperber, European Revolutions.

第四章
普鲁士、德意志邦联和欧洲（1850 ~ 1862 年）

1　Marx/Engels, Manifest der kommunistischen Partei, S. 15.
2　An den Bruder 10. 2. 1849, GW XIV S. 124.
3　21. 4. 1849, GW X S. 31 f.
4　2. 3. 1849, GW XIV S. 125.
5　An Wagener 7. 11. und an Johanna 16., 22. und 24. 11. 1850, GW XIV S. 180–183.
6　Rede vom 3. 12. 1850, GW X S. 101–110.
7　Engelberg, Bismarck, I S. 367.
8　An Johanna 28. 4. 1851, vgl. ähnlich auch am 1., 3. und 14. 5., GW XIV S. 206–208 und 211.
9　An Johanna 14. 5. 1851, GW XIV S. 212.
10　An Johanna 18. 5. und an Hermann Wagener 5. 6. 1851, GW XIV S. 213 und 217.
11　Friedrich Wilhelm an den österreichischen Kaiser Franz Joseph 5. 6. 1852, zitiert nach Gall, Bismarck, S. 149.
12　21. 7. 1852, GW I S. 207.
13　An Ministerpräsident Otto Theodor von Manteuffel 28. 2. 1855, GW II S. 23.
14　An Leopold von Gerlach 22. 6. 1851, GW XIV S. 221.
15　Zitiert nach Gall, Bismarck, S. 135.
16　An Johanna 25. 4. 1851, GW XIV S. 205.
17　An Otto Theodor von Manteuffel 14. 3. 1858, GW II S. 297 f.
18　An Leopold von Gerlach 19./20. 12. 1853, GW XIV S. 334.
19　An Alexander von Schleinitz 12. 5. 1859, GW III S. 38.
20　28. 6. 1851, GW XIV S. 228.
21　Vgl. dazu und zum Folgenden Baumgart, Konzert, S. 217–237; Sked, Fall; Rumpler, Österreichische Geschichte.
22　Vgl. auch die revisionistische Lesart von «Olmütz» bei Hewitson, Nationalism, S. 67–71.
23　An Otto Theodor von Manteuffel 6./7. 4. 1852, GW I S. 155.
24　Vgl. Sandiford, Great Britain; und allgemein Hoppen, Mid-Victorian Generation, S. 153–166; Baumgart, Konzert, S. 92, 167–183; Hewitson, Nationalism, S. 72–75; Mosse, Powers; Müller, Britain.
25　An Leopold von Gerlach 8. 4. 1856, GW XIV S. 440.
26　Ebd. S. 439.
27　Denkschrift September 1853, GW I S. 375, und vgl. Bericht 8. 7. 1862, GW III S. 384–386.
28　Vgl. (auch zum Folgenden) Baumgart, Konzert, S. 183–202; Seton-Watson, Russian Empire.
29　An Otto Theodor von Manteuffel 15. 2. 1854, GW I S. 427.
30　15. 6. 1853, GW I S. 355.
31　19./20. 12. 1853, GW XIV S. 334.
32　An Leopold von Gerlach 18. 10. 1854, GW XIV S. 369 f.
33　An Leopold von Gerlach 2./4. 5. 1860, GW XIV S. 550.

34 An Leopold von Gerlach 26. 8. und 19. 5. 1854, GW XIV S. 367 und 357.

35 An Leopold von Gerlach 21. 12. 1854, GW XIV S. 375.

36 Zitiert nach Gall, Bismarck, S. 135.

37 Zitiert nach Engelberg, Bismarck, I S. 428.

38 Vgl. allgemein: Willms, Napoleon III; Baumgart, Konzert, S. 202–217; Geuss, Bismarck und Napoleon.

39 NFA IV S. 114 f.; vgl. auch schon Bismarck an Schleinitz 9. 2. 1860, GW III S. 69.

40 An Leopold von Gerlach 27. 1. 1853, GW XIV S. 290.

41 An Bernhard von Bismarck 10. 10. 1855, GW XIV S. 418.

42 6. 5. 1857, zitiert nach Gall, Bismarck, S. 172.

43 An Leopold von Gerlach 30. 5. 1857, GW XIV S. 470–474.

44 Auflistung der wichtigsten Literatur zur Kontroverse bei Pflanze, Bismarck, I S. 811 f., und Wehler, Gesellschaftsgeschichte, III S. 1372 f.

45 An den Frankfurter Stadtrat Gaertner 9. 9. und an Leopold von Gerlach 15. 9. 1855, GW XIV S. 414 f.

46 22. 6. 1851, GW XIV S. 223.

47 GW I S. 375.

48 Vgl. Biefang, Bürgertum; Jansen, Einheit.

49 2. 5. 1857, GW XIV S. 467.

50 2. 7. 1861, GW XIV S. 571.

51 An Alexander von Below-Hohendorf 18. 9. 1861, GW XIV S. 578.

52 Denkschrift über die deutsche Frage Juli 1861, GW III S. 268, und vgl. Pflanze, Bismarck, I S. 160.

53 An Alexander von Below-Hohendorf 3. 4. 1858 und an Albrecht von Bernstorff 28. 6. 1862, GW XIV S. 487 und III S. 383.

54 An seine Schwester Malwine 1. 5. 1859, GW XIV S. 516.

55 GW VII S. 37 f. und vgl. Gall, Bismarck, S. 192.

56 Zitiert nach Gall, Bismarck, S. 187.

57 An Wilhelms Adjutanten Gustav von Alvensleben 5. 5. 1859, GW XIV S. 517 und Pflanze, Bismarck, I S. 143.

58 An Alvensleben 17. 6. 1859, GW XIV S. 527.

59 8. 5. 1859, GW XIV S. 519.

60 4. 4. 1859, GW XIV S. 511.

61 15. 2. und 2./4. 5. 1860, GW XIV S. 545 und 549.

62 2. 7. 1861, GW XIV S. 571 f.

63 17. 1. und 7. 3. 1862, GW XIV S. 581 f.

64 12. 5. 1860, GW XIV S. 553.

65 2. 7. 1861, GW XIV S. 572 f.

66 Zitiert nach Gall, Bismarck, S. 209.

67 Ebd., S. 225.

68 An Johanna 23. 5. und an Roon 2. 6. 1862, GW XIV S. 587 und 590.

69 Bericht an König Wilhelm 7. 6. 1862, GW III S. 367.

70 Bismarck an Roon 8. 6. 1862, GW XIV S. 592. Dem amtierenden preußischen Außenminister Graf Bernstorff teilte Bismarck diese Aussagen Napoleons dagegen nicht mit.

71 Bericht an König Wilhelm 8. 7. 1862, GW III S. 385 f.
72 Ansprache an Studenten 1. 4. 1895, GW XIII S. 558, vgl. ähnlich schon Bismarck an die Schwiegermutter 5. 2. 1852, GW XIV S. 249.
73 An Johanna 14. 9. 1862, GW XIV S. 620.
74 NFA IV S. 158.

第五章
英国道路：一个自由党内阁？

1 Gall, Bismarck, S. 247.
2 Wehler, Kaiserreich, S. 31 f.; Wehler, Gesellschaftsgeschichte, III S. 263 f.
3 Nipperdey, Deutsche Geschichte 1800–1866, S. 749 und 762.
4 Wehler, Gesellschaftsgeschichte, III S. 263.
5 Blackbourn/Eley, Mythen; vgl. Frie, Kaiserreich, S. 108–117.
6 Vgl. zum Folgenden Hoppit, Land; Langford, People, besonders S. 677–725.
7 Gash, Aristocracy; Bentley, Politics.
8 Gagel, Wahlrechtsfrage, insbesondere S. 25 f.
9 Nonn, Populismus.
10 Zitiert nach Gall, Bismarck, S. 257.
11 Biefang, Bürgertum, S. 435.
12 Clark, Schlafwandler; Ferguson, Krieg; Keegan, Weltkrieg.
13 Kieseritzky, Liberalismus; Freeden, New Liberalism; Ritter, Sozialstaat.
14 Zitiert nach Gall, Bismarck, S. 254.
15 Eyck, Bismarck; Holborn, Geschichte; Ziekursch, Geschichte.
16 Vgl. zum Folgenden Kollander, Frederick III; Müller, 99-Tage-Kaiser.
17 Vgl. Jansen, Einheit, S. 465 und 566.

第六章
从普鲁士"矛盾大臣"到德意志帝国宰相（1862 ~ 1871 年）

1 Vitzthum, St. Petersburg und London, II S. 158 f.
2 Zitiert nach Gall, Bismarck, S. 230.
3 An Johanna 20. 7. 1864, GW XIV S. 672.
4 Kohl, Reden II S. 30.
5 NFA IV S. 170–173.
6 15. 10. 1862, GW VII S. 65.
7 Erlass an den preußischen Bundestagsgesandten 19. 1. 1863, GW IV S. 39 f.
8 Anlage zum Immediatschreiben an König Wilhelm 25. 12. 1862, GW IV S. 31.
9 Randbemerkung auf dem Bericht des preußischen Gesandten beim Bundestag 1. 8. 1863, zitiert nach Kaernbach, Bismarcks Konzepte, S. 165.
10 Erlass an den preußischen Gesandten in St. Petersburg 17. 4. 1866, GW V S. 457.
11 Diktat vom 21. 9. 1865: Keudell, Fürst, S. 228.
12 An Bernstorff 21. 11. 1862, GW XIV S. 628.

13 Rede im Abgeordnetenhaus 27. 1. 1863, GW X S. 154.

14 Randbemerkung auf Bericht Bernstorffs vom 5. 1. 1863, zitiert nach Kaernbach, Bismarcks Konzepte, S. 159 f.

15 24. 12. 1863, GW XIV, S. 658–660.

16 Nach dem Bericht des österreichischen Gesandten Karolyi über ein Gespräch mit Bismarck am 4. 12. 1862, GW VII S. 70 f.

17 An Otto Theodor von Manteuffel 2. 7. 1857, GW II S. 239 f.

18 Keudell, Fürst, S. 141.

19 An die Schwester 27. 6. 1864, GW XIV S. 669.

20 Monypenny/Buckle, Disraeli, S. 82.

21 20. 8. 1864, GW XIV S. 675.

22 An die Staatsminister von Bodelschwingh und von Itzenplitz 27. 8. 1864, GW IV S. 544 f.

23 An Kronprinz Friedrich 14. 11. 1864, GW V S. 4.

24 8. 9. 1864, GW IV S. 554.

25 An Karl Friedrich von Savigny 24. 3., an Moritz von Blanckenburg 18. 7., an Hermann von Thile 23. 10. 1865, GW XIV S. 692 f., 700, 707.

26 3. 7. 1865, GW XIV S. 697.

27 Immediatbericht an König Wilhelm 11. 10. 1865, GW V S. 309.

28 Erlass an den Gesandten in Wien 26. 1. 1866, GW V S. 367.

29 Quellen zur deutschen Politik Österreichs V S. 233.

30 An Robert von der Goltz 30. 3. 1866, GW V S. 429.

31 Vgl. zur komplizierten Quellenlage, die in dieser Hinsicht manches einseitige Fehlurteil provoziert hat: Pflanze, Bismarck, I S. 835 Anm. 2.

32 Kaiser Friedrich III., Tagebücher 1848–1866, S. 545 f. (26. 3. 1866).

33 Zitiert nach Gall, Bismarck, S. 357.

34 7. 5. 1866, GW V S. 490 f.

35 Votum vom 30. 4. 1866, GW V S. 475.

36 Zitiert nach Rumpler, Österreichische Geschichte, S. 399.

37 2. 7. 1866, GW XIV S. 716.

38 9. 7. 1866, GW XIV S. 717.

39 Und zwar schon am 9. 3. 1867 gegenüber dem Nationalliberalen Bennigsen: Oncken, Bennigsen, II S. 31.

40 Zu Botschafter Benedetti laut Bismarcks Brief an Robert von der Goltz 8. 8. 1866, GW VI S. 110.

41 An von der Goltz 15. 7. 1866, GW VI S. 55.

42 An den Sondergesandten nach Sankt Petersburg 31. 7. 1866, GW VI S. 93.

43 16. 7. 1866, GW XIV S. 718.

44 An Robert von der Goltz in Paris 8. 8. 1866, GW VI S. 113.

45 An Robert von der Goltz 30. 3. 1866, GW V S. 429.

46 Rede im Preußischen Abgeordnetenhaus 17. 8. 1866, GW X S. 274, vgl. ebd. 278 f., 284.

47 1. 8. 1866, GW XIV S. 719.

48 7. 8. 1866, GW VII S. 153.

49 An seinen Stellvertreter im Außenministerium 9. 8. 1866, GW VI S. 44.

50 14. 12. 1868, GW VII S. 277.

51 An den Gesandten in München Freiherr von Werthern 26. 2. 1869, GW VIb S. 2.

52 An Kinkel 21. 7. 1869, GW XIV S. 751 f.

53 Oncken, Bennigsen, II S. 36.

54 An den Gesandten in Den Haag 3. 4. 1867, GW VI S. 332.

55 Keudell, Fürst, S. 360 (24. 4. 1867), und vgl. Poschinger, Fürst Bismarck, III S. 285.

56 Friesen, Erinnerungen, III S. 106 f.

57 Bismarck an Finanzminister von der Heydt 27. 9. 1868, an das Außenministerium 3. 10. 1868 und Heinrich Abeken am Tag darauf, GW VIa S. 412.

58 Immediatbericht an König Wilhelm 9. 3. 1870, GW VIb S. 271 f.

59 Bismarck an Auswärtiges Amt 8. 7. 1870, GW VIb S. 344 f.; vgl. Mosse, European Powers, S. 304 f. und 382–388.

60 Keudell, Fürst, S. 429.

61 9. 7. 1870, GW VIb S. 348, und vgl. ebd. 347, 349, 352 f., 360.

62 Vgl. Wetzel, Duell; Kolb, Kriegsausbruch.

63 An Johanna 7., 14. und 18. 8. 1870, GW XIV S. 782–785.

64 Zu seinem Pressereferenten Moritz Busch 4. 9. 1870, zitiert nach GW VII S. 337.

65 Wilhelm I. an seine Frau und Bismarcks Erlass an den Gesandten in St. Petersburg 6. 9. 1870, GW VIb S. 478; vgl. auch bereits ebd. S. 460 (25. 8.).

66 Erlass an den Gesandten in St. Petersburg 25. 8. 1870, GW VIb S. 457.

67 Keudell, Fürst, S. 457 (6. 9. 1870).

68 Immediatberichte an König Wilhelm 17. 8. und 14. 12. 1870, GW VIb S. 450 f. und 633–637.

69 Monypenny/Buckle, Disraeli, S. 473.

70 Hoppen, Generation, S. 231–236 und 602 f.; Alter, Weltmacht; Hildebrand, No intervention; Hildebrand, Britische Europapolitik; Mosse, European Powers.

71 Mosse, European Powers; Beyrau, Russische Interessenzonen.

72 Bridge, Sadowa to Sarajevo; Lutz, Außenpolitische Tendenzen; Lutz, Österreich-Ungarn; Potthoff, Politik Beusts.

73 Vgl. nur Rusconi, Cavour und Bismarck, S. 129–132.

74 Vgl. etwa die Belege bei Engelberg, Bismarck, I S. 619 f., und Gall, Bismarck, S. 381.

第七章
奥地利道路：一个长期稳定的德意志邦联？

1 Müller, Deutscher Bund; Angelow, Der deutsche Bund; Flöter, Beust.

2 Frie, Kaiserreich, S. 21–31; Schieder, Nationalstaat.

3 Taylor, Habsburg; Seton-Watson, Making; Bridge, Sadowa to Sarajevo; Komlos, Habsburg; Sked, Fall.

4 Wehler, Deutsche Gesellschaftsgeschichte, III S. 331 f.

5 Nipperdey, Deutsche Geschichte 1800–1866, S. 790 f., 709.

6 So Hobsbawm, Nationen; Wehler, Nationalismus.

7 Wandruszka, Welt, S. XIV und XI; vgl. Kann, Nationalitätenproblem.

第八章
民族国家的建立和改造（1866 ~ 1890 年）

1　Keudell, Fürst, S. 326.
2　Keudell, Fürst, S. 326 f. und 334.
3　27. 8. 1869, GW XIV S. 755.
4　21. 11. 1873, GW XIV S. 857.
5　Briefe Kaiser Wilhelms, S. 38.
6　24. 12. 1872, GW XIV S. 845 f.
7　Lucius, Bismarck-Erinnerungen, S. 12, und vgl. etwa GW VIII S. 37, 70, 84.
8　Lucius, Bismarck-Erinnerungen, S. 21; Hohenlohe-Schillingsfürst, Denkwür-
　　digkeiten, II S. 212; GW XIV S. 821.
9　An Roon 13. 12. 1872 und an Alexander von Below-Hohendorf 1. 12. 1877,
　　GW XIV S. 844 und 890.
10　Bismarck an Wilhelm I. 9. 5. 1872, GW VIc S. 19.
11　Lucius, Bismarck-Erinnerungen, S. 85.
12　GW VIII S. 489.
13　Zitiert nach Pflanze, Bismarck, I S. 549.
14　GW VIII S. 38.
15　An einen Redakteur des Hamburger Fremdenblatts 7. 9. 1874, GW XIV S. 863.
16　GW VIa S. 349, vgl. auch VIb S. 141 f., 643, 672.
17　An Leopold von Gerlach 20. 1. 1854, GW XIV S. 340.
18　An den Gesandten im Vatikan 12. 4. 1868, GW VIa S. 348, und 8. 12. 1866,
　　GW VI S. 185.
19　An den preußischen Gesandten in München 17. 4. 1871, NFA III/1 S. 56 f.
20　Ebd.
21　An Frankenberg 19. 6. 1871, NFA III/1 S. 137.
22　An Bernhard von Bülow Ende Juli 1874, GW XIV S. 861.
23　Poschinger, Fürst Bismarck, II S. 184 f. und GW VIII S. 61; vgl. ebd. auch S. 47,
　　GW XIV S. 845 und 857, NFA III/1 S. 284 und 307.
24　Rede im preußischen Abgeordnetenhaus 28. 1. 1866, GW XIII S. 158.
25　30. 1. 1872, GW XI S. 227.
26　An Rudolf Delbrück 3. 6. und an Brassier/Rom 16. 2. 1872, NFA III/1 S. 356 und
　　284.
27　13. 12. 1872 und 20. 11. 1873, NFA III/1 S. 410 und 600.
28　Tiedemann, Aus sieben Jahrzehnten, II S. 15; Lucius, Bismarck-Erinnerungen,
　　S. 40.
29　Hohenlohe-Schillingsfürst, Denkwürdigkeiten, II S. 153 (26. 3. 1875).
30　Lucius, Bismarck-Erinnerungen, S. 57 f. (29. und 25. 11. 1874).
31　An Wilhelm I. 27. 7. und an Zar Alexander II. 30. 7. 1874, NFA III/2 S. 165 und
　　168 f.
32　An den Gesandten in Sankt Petersburg 28. 2. 1874, NFA III/2 S. 122; Gespräch
　　mit dem französischen Botschafter 13. 1. 1874, GW VIII S. 94 f.
33　An den Gesandten in Brüssel 30. 12. 1873, NFA III/1 S. 614.

34 Immediatbericht mit Randbemerkungen Wilhelms 12. 5. 1875, NFA III/2 S. 383.

35 An Bülow 14. 6. 1877, NFA III/3 S. 149, und vgl. ebd. 170–173, 313.

36 NFA III/2 S. 434 (15. 10. 1875).

37 Herbert von Bismarck an Philipp zu Eulenburg 28. 4. 1881, in: Eulenburg-Herte-feld, Aus fünfzig Jahren, S. 92.

38 Herbert von Bismarck im Auftrag seines Vaters an Bülow 6. 1. 1878, NFA III/3 S. 333.

39 An Innenminister Eulenburg 7. 2. 1872, NFA III/1 S. 276.

40 An Tauffkirchen/Rom 30. 6. 1871, NFA III/1 S. 161.

41 17. 2. 1872, NFA III/1 S. 284 f.

42 An Brassier/Rom 16. 2. 1872, NFA III/1 S. 284.

43 Lucius, Bismarck-Erinnerungen, S. 40 (18. 2. 1874).

44 An den Gesandten in Wien 7. 6. 1871, NFA III/1 S. 118.

45 GW VIII S. 24 f. (5. 1. 1872).

46 An Handelsminister Itzenplitz 17. 11. 1871, NFA III/1 S. 230.

47 An den Bruder Bernhard 23. 7. 1871, GW XIV S. 821.

48 Vgl. Barkin, Controversy; Wengenroth, Technischer Fortschritt.

49 GW VIII S. 54.

50 Vgl. Hunt, Peasants.

51 An Graf von der Schulenburg 12. 3. 1872, GW XIV S. 830.

52 13. 12. 1872, GW XIV S. 844 f.; vgl. auch ebd. S. 857 und GW VIII S. 61, 115 f., 157.

53 Friesen, Erinnerungen, III S. 286 (19. 4. 1874).

54 Lucius, Bismarck-Erinnerungen, S. 78 (31. 10. 1875).

55 Lucius, Bismarck-Erinnerungen, S. 77; vgl. auch GW VIII S. 111, 145 f., 172 f., 178, 182, 198 f.

56 Hohenlohe-Schillingsfürst, Denkwürdigkeiten, S. 212; vgl. auch Lucius, Bis-marck-Erinnerungen, S. 84; GW VIII S. 139 und 171; Gall, Bismarck, S. 530–534 und 539 f.

57 Mittnacht, Erinnerungen, S. 58 (22. 8. 1875).

58 Poschinger, Fürst Bismarck, I S. 86–88.

59 Zitiert nach Pflanze, Bismarck, II S. 52.

60 Mittnacht, Erinnerungen, S. 58 f. (22. 8. 1875).

61 Poschinger, Fürst Bismarck, II S. 208 f.

62 Lucius, Bismarck-Erinnerungen, S. 99 (12. 1. 1877).

63 An Hofmann 17. 11. 1876, NFA III/3 S. 654 (und vgl. bereits an denselben 27. 10., ebd. S. 633); Poschinger, Fürst Bismarck, II 209 (Mitte Juli 1876).

64 Tiedemann, Aus sieben Jahrzehnten, II S. 233 (26. 2. 1878); vgl. auch NFA III/3 S. 450 f.

65 Mittnacht, Erinnerungen, S. 63.

66 An Bülow 11. und 14. 5. 1878, NFA III/3 S. 464.

67 Tiedemann, Aus sieben Jahrzehnten, II S. 268.

68 Bülow über Anweisung Bismarcks an Solms 19. 6. 1878, NFA III/3 S. 512; vgl. GW VIII S. 269.

69 GW XI S. 270 (14. 5. 1872).

70 Mittnacht, Erinnerungen (Neue Folge), S. 13 (11. 8. 1878).

71 Tiedemann, Aus sieben Jahrzehnten, II S. 326 (11. 1. 1879); vgl. auch GW VIII S. 294 f. und Pflanze, Bismarck, II S. 199.

72 An sämtliche deutschen Regierungen 2. 7. 1878, NFA III/3 S. 516 f.

73 Poschinger, Fürst Bismarck, III S. 315.

74 Lucius, Bismarck-Erinnerungen, S. 150 f.

75 Hohenlohe-Schillingsfürst, Denkwürdigkeiten, S. 270.

76 Rosenberg, Große Depression, S. 189.

77 Reichstagsrede vom 26. 3. 1886, GW XIII S. 132.

78 Bismarck an das Preußische Staatsministerium 15. 10. 1880, NFA III/4 S. 520.

79 Zitiert nach Pflanze, Bismarck, II S. 409.

80 An Handelsminister Itzenplitz 17. 11. 1871, NFA III/1 S. 230.

81 An die preußischen Gesandten bei den deutschen Höfen 13. 3. 1879, NFA III/4 S. 67.

82 GW VIc S. 230.

83 Friesen, Erinnerungen, III S. 11 f. (Januar 1867), und vgl. schon Bismarcks ähnlich formulierten Erlass an den preußischen Gesandten in Sankt Petersburg 17. 4. 1866, GW V S. 457.

84 GW VIII S. 268–270 (Mitte August 1878).

85 An Tiedemann 22. 11. 1879, GW VIc S. 165.

86 31. 7. 1881, NFA III/4 S. 715.

87 An Schlözer/Rom 17. 2. 1882, NFA III/5 S. 49.

88 Oncken, Bennigsen, II S. 483, und vgl. GW VIII S. 410, 425, 433, 437, 514.

89 Poschinger, Fürst Bismarck, II S. 316 (Februar 1879) und vgl. Oncken, Bennigsen, II S. 382.

90 GW VIII S. 497 (14. 12. 1883).

91 10. 1. 1885, NFA III/6 S. 433.

第九章
法国—意大利道路：一次反保守主义转型

1 GW VIII S. 474 (5. 7. 1883).

第十章
欧洲的中心（1871 ~ 1890 年）

1 An Roon 13. 12. 1872, GW XIV S. 845 und Lucius, Bismarck-Erinnerungen, S. 90 (25. 9. 1876).

2 GW VIII S. 187 (8. 12. 1876); an Andrássy 2. 12. 1873, NFA III/1 S. 608; Spitzemberg, Tagebuch, S. 164 (1. 4. 1877), vgl. auch Hohenlohe-Schillingsfürst, Denkwürdigkeiten, II S. 202, und an Gortschakow 20. 11. 1872, NFA III/1 S. 396 f.

3 An Marie von Bismarck 23. 6. 1872, GW XIV S. 834.

4 An den Gesandten in Wien 23. 7. und 24. 11. 1870, GW VIb S. 417 und 596; vgl.

ebd. S. 457, 690, VIII S. 469 f., 475, 480, 567; NFA III/1 S. 173–175; Engelberg, Bismarck, II S. 90.

5 An den preußischen Gesandten in Wien 7. 6., 20. 10. und an Itzenplitz 17. 11. 1871 (Zitat), NFA III/1 S. 118, 216, 231.

6 Beust, Aus drei Vierteljahrhunderten, II S. 485 f.

7 NFA III/1 S. 198 (4. 9. 1871).

8 29. 10. 1871, zitiert nach Engelberg, Bismarck, II S. 91.

9 Große Politik I S. 198.

10 Bismarck an Wilhelm 12. 8. 1872, NFA III/1 S. 373 f.

11 Zitiert nach Pflanze, Bismarck, I S. 772.

12 Große Politik I S. 206 f., und vgl. ebd. S. 201–206.

13 GW VIII S. 107 (gegenüber dem ungarischen Schriftsteller Maurus Jókai 27. 2. 1874).

14 An Harry von Arnim 20. 12. und vgl. schon an Wilhelm I. 5. 12. 1872, NFA III/1 S. 406 f. und 413–415.

15 An die Botschafter in Sankt Petersburg 30. 1. und in Paris 1. 6. 1873, NFA III/1 S. 450 und 538, und vgl. schon an den Gesandten in London 8. 3. 1872, ebd. S. 305.

16 GW VIII S. 46.

17 GW VIII S. 45; vgl. schon GW VIa S. 526, VIb S. 13 und 416 f., und Lucius, Bismarck-Erinnerungen, S. 27.

18 An die Gesandten in London und in Sankt Petersburg 30. 1. 1873, NFA III/1 S. 450–452; vgl. auch Beust, Aus drei Vierteljahrhunderten, II S. 486; GW XIV S. 888.

19 GW VIII S. 87.

20 An den Gesandten in Wien 4. 6. 1873, Große Politik I S. 189.

21 An den Gesandten in Sankt Petersburg 28. 2. 1874, NFA III/1 S. 119 f.

22 Hohenlohe-Schillingsfürst, Denkwürdigkeiten, II S. 152.

23 Lucius, Bismarck-Erinnerungen, S. 72.

24 Odo Russell an Richard Lyons 14. 3. 1873, zitiert nach Urbach, Bismarck's Favourite Englishman, S. 208.

25 13. 8. 1875, NFA III/2 S. 415.

26 An Ludwig II. von Bayern 2. 6. 1876, NFA III/2 S. 540.

27 An den deutschen Botschafter in London 6. 7. und an Ludwig II. von Bayern 5. 7. 1876, NFA III/2 S. 551–553.

28 An Bernhard Ernst von Bülow 11. 8. 1875, ebd. S. 413.

29 14. 10. 1876, ebd. S. 606 f.

30 NFA IV S. 343.

31 An Bernhard Ernst von Bülow 14. 8. 1876, NFA III/2 S. 564.

32 NFA III/3 S. 152 f. (15. 6. 1877).

33 Zitiert nach Engelberg, Bismarck, I S. 246 (25. 1. 1878).

34 Herbert von Bismarck an Bernhard Ernst von Bülow 2. 11. 78, NFA III/3 S. 581.

35 Monypenny/Buckle, Life of Benjamin Disraeli, S. 1239.

36 Lucius, Bismarck-Erinnerungen, S. 176; vgl. GW VIII S. 237–239 und 328–330, NFA III/4 S. 140–144 und 147–156.

37 An Wilhelm I. 31. 8. und 5. 9. 1879, NFA III/4 S. 151 und 165.

38 Zitiert nach Pflanze, Bismarck, II S. 338 f., vgl. auch an Ludwig II. 10. 9. und an Andrássy 29. 9. 1879, NFA III/4 S. 181 und 213.

39 An den Botschafter in Sankt Petersburg 7. 4. 1880, NFA III/4 S. 391 f.

40 GW VIII S. 390 (13. 12. 1880).

41 An Ludwig II. 31. 7. 1881, NFA III/4 S. 713 f.

42 Zitiert nach Canis, Bismarcks Außenpolitik, S. 186 (27. 8. 1881).

43 Zitiert nach Engelberg, Bismarck, II S. 351.

44 An Ludwig II. 22. 8. 1883, NFA III/5 S. 504.

45 An Wilhelm I. 16. 11. 1883 und an Ludwig II. 6. 6. 1885, NFA III/5 S. 596 und III/6 S. 612.

46 Busch, Tagebuchblätter, II S. 157 (9. 2. 1871); Poschinger, Fürst Bismarck, III S. 54 (Frühjahr 1881); und vgl. GW VII S. 382; Hohenlohe-Schillingsfürst, Denkwürdigkeiten, II S. 291; Pflanze, Bismarck, II S. 371 f.; Engelberg, Bismarck, II S. 364.

47 25. 1. 1885, NFA III/6 S. 462.

48 So Hermann zu Hohenlohe-Langenburg, einer der Gründungsväter des Deutschen Kolonialvereins, an seinen freikonservativen Parteifreund Carl Ferdinand Stumm 29. 9. 1882, zitiert nach Engelberg, Bismarck, II S. 369.

49 GW XII S. 562 (10. 1. 1885).

50 Zitiert nach Pflanze, Bismarck, II S. 378.

51 1. 6. 1884, NFA III/6 S. 203 f.

52 Zitiert nach Engelberg, Bismarck, II S. 376.

53 Tagebucheintragung Friedrich von Holsteins 14. 4. 1884 (Rich, Papiere Holsteins, II S. 121 f.).

54 Rich, Papiere Holsteins, III S. 316.

55 NFA IV S. 395, bestätigt u. a. durch Rich, Papiere Holsteins, II S. 235 (Tagebuch 11. 8. 1885); vgl. Riehl, Tanz, und Baumgart, Bismarck und der deutsche Kolonialerwerb.

56 An Ludwig II. 1. 7. 1885, NFA III/6 S. 632.

57 Pflanze, Bismarck, II S. 394; GW VIII S. 646.

58 An den Gesandten in Wien 23. 6. 1884, NFA III/6 S. 230.

59 Lucius, Bismarck-Erinnerungen, S. 259 (13. 12. 1886).

60 Immediatbericht 20. 10. 1885, NFA III/6 S. 742.

61 Herbert von Bismarck an Rantzau 24. 9. 1886 (Bussmann, Staatssekretär, S. 379) und Randbemerkung Bismarcks auf Bericht Hatzfelds vom selben Tag, zitiert nach Canis, Bismarcks Außenpolitik, S. 291.

62 An den Botschafter in Wien 15. 12. 1887, Große Politik VI S. 28; und vgl. auch 27. 12. 1887, ebd. S. 68.

63 An den Botschafter in Wien 3. 5. 1888, NFA III/8 S. 124 f.

64 Herbert von Bismarck an den Botschafter in Wien 30. 6. 1887 (mit ausdrücklichem Bezug auf die Ansicht seines Vaters), Große Politik V S. 260.

65 Exposé für Wilhelm I. 10. 11. 1887, Große Politik V S. 320 f. (im Original französisch).

66 Vertragstext vom 18. 6. 1887, Große Politik V S. 254 f.

67 Kuno von Rantzau an Herbert von Bismarck 23. 9. 1886: Bussmann, Staatssekretär, S. 376.

68 Herbert von Bismarck an Radowitz 26. 10. 1887, zitiert nach Canis, Bismarcks Außenpolitik, S. 322.

69 An den Botschafter in Wien 15. und 27. 12. 1887, Große Politik VI S. 27 und 68.

70 Randbemerkung auf einem Bericht des deutschen Botschafters in London Januar 1888, zitiert nach Gall, Bismarck, S. 634 f.

71 Große Politik V S. 320.

第十一章

俾斯麦去职：防止走上俄国道路

1 Schweinitz, Denkwürdigkeiten, II S. 79 (27. 10. 1879).

2 Busch, Tagebuchblätter, III S. 88 f.

3 Lucius, Bismarck-Erinnerungen, S. 465.

4 Johanna an Wilhelm von Bismarck 15. 6. 1888 (Johanna von Bismarcks Briefe, S. 76) und Otto von Bismarck an Adolf von Scholz 2. 8. 1888 (GW XIV S. 987).

5 Frank, Hofprediger, S. 318.

6 Lucius, Bismarck-Erinnerungen, S. 413 (Dezember 1887); ähnlich auch laut Holstein-Tagebuch vom 4. 2. 1888 (Rich, Papiere Holsteins, II S. 408–410).

7 Spitzemberg, Tagebuch, S. 166 (7. 12. 1889); an Wilhelm II. 29. 12. 1889, NFA III/8 S. 601.

8 Vgl. Zechlin, Staatsstreichpläne, S. 32–35, 38–41; Pflanze, Bismarck, II S. 608 f.; Eulenburg, Privatkorrespondenz, I S. 495.

9 Vgl. dazu und zum Folgenden: Geyer, Imperialismus; Haumann, Geschichte; Hildermeier, Russische Revolution; Schramm, Handbuch; Seton-Watson, Russian Empire.

10 Vgl. Löwe, Antisemitismus; Klier/Lambroza, Pogroms; Klier, Russians; Dekel-Chen, Anti-Jewish violence.

11 Hoffmann, Kultur und Gewalt; Kölling, Blutige Illusionen; Nonn, Zwischenfall; Nonn, Stadt.

12 Lucius, Bismarck-Erinnerungen, S. 217 (26. 11. 1881).

13 NFA III/4, S. 526 (16. 10. 1880).

14 Foerster, Falk, S. 485 (10. 3. 1878).

15 Spitzemberg, Tagebuch, S. 205 (15. 3. 1884).

第十二章

并未结束：最后的时光和身后遗产

1 GW IX S. 85, 92; Hank, Kanzler ohne Amt, S. 623.

2 Busch, Tagebuchblätter, III S. 330.

3 GW IX S. 355 und 481; Hank, Kanzler, S. 549.

4 GW IX S. 90.

5 GW IX S. 218 (Interview mit der «Neuen Freien Presse» 23. 6. 1892).

6 Zitate nach Hank, Kanzler ohne Amt, S. 14, und Gall, Bismarck, S. 709.

7 GW IX S. 150.
8 Zitiert nach Engelberg, Bismarck, II S. 639.
9 GW XIV S. 1017 (19. 12. 1894).
10 30. 7. 1895, GW XIV S. 1021.
11 An den Schwager Oskar von Arnim-Kröchlendorff 16. 6. 1895, GW XIV S. 1020.
12 Vgl. zum Folgenden: McGuire, Bismarck; Gräfe, Bismarck-Mythos; Hedinger, Bismarck-Denkmäler; Machtan, Bismarck; Raasch, Gesellschaft; Seele/Kloss, Bismarck-Türme.
13 Vgl. Gerwarth, Bismarck-Mythos; Machtan, Bismarck; Raasch, Gesellschaft.
14 Gall, Bismarck-Problem; Hallmann, Revision; Raasch, Gesellschaft; Schridde, Bismarckbild; Wolfrum, Geschichtspolitik, S. 258–267; auch: Brinks, DDR-Geschichtswissenschaft.
15 Becker, Ringen.

第十三章
几个回答

1 Tiedemann, Erinnerungen, II S. 15.

Afflerbach, Holger: Das Deutsche Reich, Bismarcks Allianzpolitik und die europäische Friedenssicherung vor 1914, Friedrichsruh 1998.

Afflerbach, Holger: Der Dreibund: Europäische Großmacht- und Allianzpolitik vor dem Ersten Weltkrieg, Wien 2002.

Albrecht, Henning: Antiliberalismus und Antisemitismus: Hermann Wagener und die preußischen Sozialkonservativen 1855–1873, Paderborn 2010.

Alter, Peter: Weltmacht auf Distanz: Britische Außenpolitik 1860–1870, in: Kolb (Hg.), Europa vor dem Krieg von 1870, S. 77–92.

Althammer, Beate: Das Bismarckreich 1871–1890, Paderborn 2009.

Amery, Carl: An den Feuern der Leyermark, München 1979.

Angelow, Jürgen: Von Wien nach Königgrätz: Die Sicherheitspolitik des Deutschen Bundes im europäischen Gleichgewicht (1815–1866), München 1996.

Angelow, Jürgen: Bismarck und der Zweibund 1879–1890, Friedrichsruh 1998.

Angelow, Jürgen: Der deutsche Bund, Darmstadt 2003.

Aretin, Karl Otmar von (Hg.): Bismarcks Außenpolitik und der Berliner Kongress, Wiesbaden 1978.

Barclay, David: Frederick William IV and the Prussian Monarchy 1840–1861, Oxford 1995.

Barkin, Kenneth: The Controversy over German Industrialization 1890–1902, Chicago 1970.

Baumgart, Winfried: Europäisches Konzert und nationale Bewegung: Internationale Beziehungen 1830–1878 (Handbuch der Geschichte der internationalen Beziehungen 6), Paderborn 1999.

Baumgart, Winfried: Bismarck und der deutsche Krieg 1866 im Licht der Edition von Band 7 der «Auswärtigen Politik Preußens», in: Historische Mitteilungen der Ranke-Gesellschaft 20 (2007), S. 93–115.

Baumgart, Winfried (Hg.): Bismarck und der deutsche Kolonialerwerb 1883–1885, Berlin 2011.

Becker, Josef: Bismarcks spanische «Diversion» 1870 und der preußisch-deutsche Reichsgründungskrieg: Quellen zur Vor- und Nachgeschichte der Hohenzollern-Kandidatur für den Thron in Madrid 1866–1932, 3 Bände, Paderborn 2003–2007.

Becker, Otto: Bismarcks Ringen um Deutschlands Gestaltung, Heidelberg 1958.

Bentley, Michael: Politics without Democracy: Great Britain 1815–1914. Perception and Preoccupation in British Government, London 1985.

Berghahn, Volker R.: Das Kaiserreich 1871–1914: Industriegesellschaft, bürgerliche Kultur und autoritärer Staat (Handbuch der deutschen Geschichte 16), Stuttgart 2003.

Beust, Friedrich Ferdinand: Aus drei Vierteljahrhunderten: Erinnerungen und Aufzeichnungen, Band 2 (1866–1885), Stuttgart 1887.

Beyrau, Dietrich: Russische Interessenzonen und europäisches Gleichgewicht 1860–1870, in: Kolb (Hg.), Europa vor dem Krieg von 1870, S. 65–76.

Biefang, Andreas: Politisches Bürgertum in Deutschland 1857–1868: Nationale Organisationen und Eliten, Düsseldorf 1994.

Biefang, Andreas: Die andere Seite der Macht: Reichstag und Öffentlichkeit im «System Bismarck» 1871–1890, Düsseldorf 2009.

Bismarck, Hedwig von: Erinnerungen aus dem Leben einer 95jährigen, 5. Aufl., Halle 1910.

Bismarck, Otto von: Die gesammelten Werke, 15 Bände, Berlin 1924–1933 (GW).

Bismarck, Otto von: Gesammelte Werke: Neue Friedrichsruher Ausgabe, Paderborn 2004 ff. (NFA).

Blackbourn, David/Eley, Geoff: Mythen deutscher Geschichtsschreibung, Frankfurt am Main 1980.

Blasius, Dirk: Friedrich Wilhelm IV., Göttingen 1992.

Böhme, Helmut (Hg.): Probleme der Reichsgründungszeit 1848–1879, Köln 1968.

Borutta, Manuel: Antikatholizismus: Deutschland und Italien im Zeitalter der europäischen Kulturkämpfe, Göttingen 2011.

Bridge, Roy: From Sadowa to Sarajevo: The Foreign Policy of Austria-Hungary 1866–1914, London 1972.

Briefe Kaiser Wilhelms I. an Bismarck, Leipzig 1913.

Brinks, Jan Herman: Die DDR-Geschichtswissenschaft auf dem Weg zur deutschen Einheit: Luther, Friedrich II. und Bismarck als Paradigmen politischen Wandels, Frankfurt am Main 1992.

Busch, Moritz: Tagebuchblätter, 3 Bände, Leipzig 1899.

Bussmann, Walter (Hg.): Staatssekretär Graf Herbert von Bismarck: Aus seiner politischen Privatkorrespondenz, Göttingen 1964.

Canis, Konrad: Bismarcks Außenpolitik 1870 bis 1890: Aufstieg und Gefährdung, Paderborn 2004.

Clark, Christopher: Die Schlafwandler: Wie Europa in den Ersten Weltkrieg zog, München 2013.

Clark, Christopher/Kaiser, Wolfram (Hg.): Kulturkampf in Europa im 19. Jahrhundert, Leipzig 2003.

Craig, Gordon A.: Königgrätz, Wien 1996.

Deininger, Helga: Frankreich – Russland – Deutschland 1871–1891: Die Interdependenz von Außenpolitik, Wirtschaftsinteressen und Kulturbeziehungen im Vorfeld des russisch-französischen Bündnisses, München 1983.

Dekel-Chen, Jonathan (Hg.): Anti-Jewish violence: Rethinking the pogrom in East European history, Bloomington 2005.

Diószegi, István: Bismarck und Andrassy: Ungarn in der deutschen Machtpolitik in der 2. Hälfte des 19. Jahrhunderts, Wien 1999.

Dotterweich, Volker: Heinrich von Sybel: Geschichtswissenschaft in politischer Absicht, Göttingen 1978.

Dülffer, Jost (Hg.): Otto von Bismarck: Person – Politik – Mythos, Berlin 1993.

Elvert, Jürgen: Constantin Frantz (1817–1891), in: Heinz Duchhardt (Hg.), Europa-Historiker: Ein biographisches Handbuch, Band 1, Göttingen 2006, S. 153–178.

Elzer, Herbert: Bismarcks Bündnispolitik von 1887: Erfolg und Grenzen einer europäischen Friedensordnung, Frankfurt am Main 1991.

Embree, Michael: Bismarck's First War: The Campaign of Schleswig and Jutland 1864, Solihull 2007.

Engelberg, Ernst: Bismarck, 2 Bände, Berlin 1985 und 1990.

Engels, Friedrich: Die Lage der arbeitenden Klasse in England (1845), in: Karl Marx/Friedrich Engels, Historisch-kritische Gesamtausgabe I/4, Berlin 1932.

Epkenhans, Michael (Hg.): Otto von Bismarck und die Wirtschaft, Paderborn 2013.

Eulenburg und Hertefeld, Philipp zu: Aus 50 Jahren: Erinnerungen, Tagebücher und Briefe aus dem Nachlaß des Fürsten Philipp zu Eulenburg-Hertefeld, Berlin 1923.

Eulenburg und Hertefeld, Philipp zu: Politische Korrespondenz, hg. v. John C. G. Röhl, 3 Bände, Boppard 1976–1983.

Eyck, Erich: Bismarck und das Deutsche Reich (1955), München 1994.

Fahrmeir, Andreas: Revolutionen und Reformen: Europa 1789–1850, München 2010.

Femers, Jörg: Deutsch-britische Optionen: Untersuchungen zur internationalen Politik in der späten Bismarck-Ära (1879–1890), Trier 2006.

Ferguson, Niall: Der falsche Krieg: Der Erste Weltkrieg und das 20. Jahrhundert, Stuttgart 1999.

Fisch, Jörg: Europa zwischen Wachstum und Gleichheit 1850–1914 (Handbuch der Geschichte Europas 8), Stuttgart 2002.

Fitzpatrick, Matthew: Liberal imperialism in Germany: Expansionism and nationalism, 1848–1884, New York 2008.

Flöter, Jonas: Beust und die Reform des Deutschen Bundes: Sächsisch-mittelstaatliche Koalitionspolitik im Kontext der deutschen Frage, Köln 2001.

Foerster, Erich: Adalbert Falk, Gotha 1927.

Förster, Stig (Hg.): Bismarck, Europe, and Africa: The Berlin Africa Conference 1884/85 and the Onset of Partition, Oxford 1988.

Frank, Walter: Hofprediger Adolf Stoecker und die christlich-soziale Bewegung, Berlin 1928.

Freeden, Michael: The new liberalism: An ideology of social reform, Oxford 1978.

Freytag, Nils: Zum Stand der Bismarck-Forschung, in: ders./Dominik Petzoldt (Hg.), Das «lange» 19. Jahrhundert, München 2007, S. 145–164.

Frie, Ewald: Das Deutsche Kaiserreich, Darmstadt 2004.

Friesen, Richard von: Erinnerungen aus meinem Leben, Band III, Dresden 1910.

Gall, Lothar (Hg.): Das Bismarck-Problem in der Geschichtsschreibung nach 1945, Köln 1971.

Gall, Lothar: Bismarck: Der weiße Revolutionär, Frankfurt am Main 1980.

Gall, Lothar (Hg.): Bismarck und die Parteien, Paderborn 2001.

Gall, Lothar (Hg.): Bismarck und Wilhelm II.: Repräsentanten eines Epochenwechsels? Paderborn 2003.

Gall, Lothar (Hg.): Regierung, Parlament und Öffentlichkeit im Zeitalter Bismarcks, Paderborn 2003.

Gash, Norman: Aristocracy and people: Britain 1815–1865, London 1979.

Gerhardt, Johannes: Der Erste Vereinigte Landtag in Preußen von 1847, Berlin 2007.

Geuss, Herbert: Bismarck und Napoleon III.: Ein Beitrag zur Geschichte der preußisch-deutschen Beziehungen 1851–1871, Köln 1959.

Geyer, Dietrich: Der russische Imperialismus: Studien über den Zusammenhang von innerer und auswärtiger Politik 1860–1914, Göttingen 1977.

Goschler, Constantin: Rudolph Virchow: Mediziner – Anthropologe – Politiker, Köln 2002.

Gräfe, Thomas: Der Bismarck-Mythos in der politischen Kultur des Wilhelminischen Kaiserreichs, München 2002.

Groepper, Horst: Bismarcks Sturz und die Preisgabe des Rückversicherungsvertrags, Paderborn 2008.

Gross, Michael B.: The war against Catholicism: Liberalism and the anti-Catholic imagination in nineteenth-century Germany, Ann Arbor 2005.

Die Große Politik der europäischen Kabinette 1871–1914: Sammlung der diplomatischen Akten des Auswärtigen Amtes, 40 Bände, Berlin 1922–1927.

Haffer, Dominik: Europa in den Augen Bismarcks, Paderborn 2010.

Hahn, Hans-Werner/Berding, Helmut: Reformen, Restauration und Revolution 1806–1849 (Handbuch der deutschen Geschichte 14), Stuttgart 2010.

Halder, Winfried: Innenpolitik im Kaiserreich 1871–1914, Darmstadt 2003.

Hallmann, Hans (Hg.): Revision des Bismarck-Bildes: Die Diskussion der deutschen Fachhistoriker 1945–1955, Darmstadt 1972.

Hank, Manfred: Kanzler ohne Amt: Fürst Bismarck nach seiner Entlassung 1890–1898, München 1977.

Haumann, Heiko: Geschichte Rußlands, München 1996.

Hedinger, Hans-Walter: Bismarck-Denkmäler und Bismarck-Verehrung, in: Ekkehard Mai/Stephan Waetzoldt (Hg.): Kunstverwaltung, Bau- und Denkmal-Politik im Kaiserreich, Berlin 1981, S. 277–314.

Heidenreich, Jörg/Kraus, Hans-Christof/Kroll, Frank-Lothar (Hg.): Bismarck und die Deutschen, Berlin 2005.

Heinen, Armin: Umstrittene Moderne: Die Liberalen und der preußisch-deutsche Kulturkampf, in: Geschichte und Gesellschaft 29 (2003), S. 138–156.

Herbst, Ludolf: Die erste Internationale als Problem der deutschen Politik in der Reichsgründungszeit, Göttingen 1975.

Hewitson, Mark: Nationalism in Germany 1848–1866: Revolutionary Nation, London 2010.

Hildebrand, Klaus: Die britische Europapolitik zwischen imperialem Mandat und innerer Reform 1856–1878, Opladen 1993.

Hildebrand, Klaus: No intervention: Die Pax Britannica und Preußen 1865/66–1869/70, München 1997.

Hildebrand, Klaus: Bismarck und Russland: Aspekte der deutsch-russischen Beziehungen 1871–1890, Friedrichsruh 2003.

Hildebrand, Klaus (Hg.): Otto von Bismarck im Spiegel Europas, Paderborn 2006.

Hildermeier, Manfred: Die Russische Revolution 1905–1921, Frankfurt am Main 1989.

Hillgruber, Andreas: Bismarcks Außenpolitik, 3. Aufl., München 1993.

Hobsbawm, Eric: Nationen und Nationalismus, Frankfurt am Main 1992.

Hoffmann, Christhard: Politische Kultur und Gewalt gegen Minderheiten: Die antisemitischen Ausschreitungen in Pommern und Westpreußen 1881, in: Jahrbuch für Antisemitismusforschung 3 (1994), S. 94–120.

Hohenlohe-Schillingsfürst, Chlodwig von: Denkwürdigkeiten, hg. v. Ludwig Curtius, 2 Bände, Stuttgart 1907.

Holborn, Hajo: Deutsche Geschichte in der Neuzeit, Band III: Das Zeitalter des Imperialismus, München 1971.

Hoppen, K. Theodore: The Mid-Victorian Generation 1846–1886, Oxford 1998.

Hoppit, Julian: A land of liberty? England 1689–1727, Oxford 2000.

Hunt, James: Peasants, Grain Tariffs and Meat Quotas: German Protectionism Reexamined, in: Central European History 7 (1974), S. 311–331.

Janorschke, Johannes: Bismarck, Europa und die «Krieg-in-Sicht»-Krise von 1875, Paderborn 2010.

Jansen, Christian: Einheit, Macht und Freiheit: Die Paulskirchenlinke und die deutsche Politik in der nachrevolutionären Epoche 1849–1867, Düsseldorf 2000.

Jansen, Christian: Gründerzeit und Nationsbildung 1849–1871, Paderborn 2011.

Jansen, Christian/Borggräfe, Henning: Nation – Nationalität – Nationalismus, Frankfurt am Main 2007.

Johanna von Bismarcks Briefe an ihren Sohn Wilhelm und ihre Schwägerin Malwine von Arnim-Kröchlendorff geb. von Bismarck, hg. v. Wolfgang Windelband, Berlin 1924.

Kaernbach, Andreas: Bismarcks Konzepte zur Reform des Deutschen Bundes, Göttingen 1991.

Kaiser Friedrich III.: Tagebücher von 1848 bis 1866, hg. v. Heinrich Otto Meisner, Leipzig 1929.

Kaiser Friedrich III.: Tagebücher 1866–1888, hg. v. Winfried Baumgart, Paderborn 2012.

Kann, Robert A.: Das Nationalitätenproblem der Habsburgermonarchie: Geschichte und Ideengehalt der nationalen Bestrebungen vom Vormärz bis zur Auflösung des Reiches im Jahre 1918, 2 Bände, 2. Aufl., Graz 1964.

Keegan, John: Der Erste Weltkrieg: Eine europäische Tragödie, Reinbek 2001.

Kestler, Stefan: Betrachtungen zur kaiserlich deutschen Russlandpolitik, Hamburg 2002.

Keudell, Robert von: Fürst und Fürstin Bismarck: Erinnerungen von 1846 bis 1872, Berlin 1901.

Keyserling, Alexander: Aus den Tagebuchblättern des Grafen Alexander Keyserling, Stuttgart 1894.

Kieseritzky, Wolther von: Liberalismus und Sozialstaat: Liberale Politik in Deutschland zwischen Machtstaat und Arbeiterbewegung (1878–1893), Köln 2002.

Kissinger, Henry A.: Der weiße Revolutionär: Reflexionen über Bismarck, in: Gall (Hg.), Bismarck-Problem, S. 392–428.

Klier, John D./Lambroza, Shlomo (Hg.): Pogroms: Anti-Jewish Violence in Modern Russian History, Cambridge 1992.

Klier, John D.: Russians, Jews and the Pogroms of 1881/82, Cambridge 2011.

Kocka, Jürgen: Das lange 19. Jahrhundert: Arbeit, Nation und Gesellschaft (Handbuch der deutschen Geschichte 13), Stuttgart 2001.

Kölling, Bernd: Blutige Illusionen: Ritualmorddiskurse und Antisemitismus im niederrheinischen Xanten am Ende des 19. Jahrhunderts, in: Wolfgang Neugebauer/Ralf Pröve (Hg.), Agrarische Verfassung und politische Struktur, Berlin 1998, S. 349–382.

Kohl, Horst (Hg.): Die politischen Reden des Fürsten Bismarck 1847–1897: Historisch-kritische Gesamtausgabe, 14 Bände, Stuttgart 1892–1905.

Kolb, Eberhard: Der Kriegsausbruch 1870: Politische Entscheidungsprozesse und Verantwortlichkeiten in der Julikrise 1870, Göttingen 1970.

Kolb, Eberhard: Der Weg aus dem Krieg: Bismarcks Politik im Krieg und die Friedensanbahnung 1870/71, München 1989.

Kolb, Eberhard (Hg.): Europa vor dem Krieg von 1870: Mächtekonstellation, Konfliktfelder, Kriegsausbruch, Göttingen 1987.

Kolb, Eberhard: Bismarck, München 2009.

Kollander, Patricia: Frederick III: Germany's liberal emperor, Westport 1995.

Komlos, John: The Habsburg Monarchy as a Customs Union, Guildford 1983.

Koselleck, Reinhart: Preußen zwischen Reform und Revolution: Allgemeines Landrecht, Verwaltung und soziale Bewegung von 1791 bis 1848, 2. Aufl., Stuttgart 1975.

Kott, Sandrine: Bismarck, Paris 2003.

Kraus, Hans-Christof: Ernst Ludwig von Gerlach, 2 Bände, Göttingen 1994.

Kraus, Hans-Christof: Bismarck und die preußischen Konservativen, Friedrichsruh 2000.

Kumpf-Korffes, Sigrid: Bismarcks «Draht nach Russland»: Zum Problem der sozioökonomischen Hintergründe der deutsch-russischen Entfremdung im Zeitraum 1878–1891, Berlin (Ost) 1983.

Lademacher, Horst: Geschichte der Niederlande: Politik – Verfassung – Wirtschaft, Darmstadt 1983.

Langewiesche, Dieter: Europa zwischen Restauration und Revolution 1815–1849, 3. Aufl., München 1992.

Langford, Paul: A polite and commercial people: England 1727–1783, Oxford 1989.

Lappenküper, Ulrich: Die Mission Radowitz: Untersuchungen zur Russlandpolitik Otto von Bismarcks (1871–1875), Göttingen 1990.

Lappenküper, Ulrich: «Ausgleich mit Frankreich»? Bismarck und die deutsche Kolonialpolitik, in: Historische Mitteilungen der Ranke-Gesellschaft 24 (2011), S. 177–205.

Lenger, Friedrich: Industrielle Revolution und Nationalstaatsgründung: 1849–1870er Jahre (Handbuch der deutschen Geschichte 15), Stuttgart 2003.

Lill, Rudolf: Italiens Außenpolitik 1866–1871, in: Kolb (Hg.), Europa vor dem Krieg von 1870, S. 93–102.

Lill, Rudolf (Hg.): Der Kulturkampf in Italien und den deutschsprachigen Ländern, Berlin 1993.

Lipgens, Walter: Bismarck, die öffentliche Meinung und die Annexion von Elsaß und Lothringen 1870, in: Historische Zeitschrift 206 (1964), S. 31–112.

Löwe, Heinz-Dietrich: Antisemitismus und reaktionäre Utopie: Russischer Konservatismus im Kampf gegen den Wandel von Staat und Gesellschaft 1890–1917, Hamburg 1978.

Lucius von Ballhausen, Robert: Bismarck-Erinnerungen, Stuttgart 1920.

Lutz, Heinrich: Außenpolitische Tendenzen der Habsburger Monarchie von 1866 bis 1870: «Wiedereintritt in Deutschland» und Konsolidierung als europäische Macht im Bündnis mit Frankreich, in: Kolb (Hg.), Europa vor dem Krieg von 1870, S. 1–17.

Lutz, Heinrich: Österreich-Ungarn und die Gründung des Deutschen Reiches: Europäische Entscheidungen 1867–1871, Frankfurt am Main 1979.

Machtan, Lothar (Hg.): Bismarck und der deutsche Nationalmythos, Bremen 1994.

Malettke, Klaus: Anmerkungen zu Victor Hugos Vision von den «grands Etats-Unis d'Europe», in: Gabriele Clemens (Hg.), Nation und Europa, Stuttgart 2001, S. 51–59.

Marcks, Erich: Bismarcks Jugend: 1815–1848, 4. Aufl., Stuttgart 1909.

Marx, Karl/Engels, Friedrich: Das Manifest der kommunistischen Partei (1848), Essen 1998.

Mayer, Arno: Adelsmacht und Bürgertum: Die Krise der europäischen Gesellschaft 1848–1914, München 1988.

McGuire, Michael C. Q.: Bismarck in Walhalla: The cult of Bismarck and the politics of national identity in Imperial Germany 1890–1915, Ann Arbor 1993.

McLeod, Hugh: Religion and the People of Western Europe 1789–1989, 2. Aufl., Oxford 1997.

Melville, Ralph/Schröder, Hans-Jürgen (Hg.), Der Berliner Kongress von 1878, Wiesbaden 1982.

Mittnacht, Hermann von: Erinnerungen an Bismarck, Stuttgart 1904.

Mittnacht, Hermann von: Erinnerungen an Bismarck: Neue Folge (1877–1889), Stuttgart 1905.

Monypenny, William Flavelle/Buckle, George Earle: The Life of Benjamin Disraeli, Band II: 1860–1881, London 1929.

Mosse, W. E.: The European Powers and the German Question 1848–1871, Cambridge 1958.

Müller, Frank Lorenz: Britain and the German Question: Perceptions of Nationalism and Political Reform 1830–1863, Houndmills 2002.

Müller, Frank Lorenz: Der 99-Tage-Kaiser: Friedrich III. von Preußen – Prinz, Monarch, Mythos, Berlin 2013.

Müller, Jürgen: Deutscher Bund und deutsche Nation 1848–1866, Göttingen 2005.

Müller, Jürgen: Der deutsche Bund 1815–1866, München 2006.

Neuheiser, Jörg: Krone, Kirche und Verfassung: Konservatismus in den englischen Unterschichten 1815–1867, Göttingen 2010.

Nipperdey, Thomas: Deutsche Geschichte 1800–1866: Bürgerwelt und starker Staat, München 1983.

Nipperdey, Thomas: Deutsche Geschichte 1866–1918. Band I: Arbeitswelt und Bürgergeist, München 1990.

Nipperdey, Thomas: Deutsche Geschichte 1866–1918. Band II: Machtstaat vor der Demokratie, München 1992.

Nonn, Christoph: Populismus und Demokratisierung: Die Wahlrechtspolitik der deutschen liberalen Parteien 1900–1914, in: Jahrbuch zur Liberalismusforschung 8 (1996), S. 141–156.

Nonn, Christoph: Zwischenfall in Konitz: Antisemitismus und Nationalismus im preußischen Osten um 1900, in: Historische Zeitschrift 266 (1998), S. 387–418.

Nonn, Christoph: Eine Stadt sucht einen Mörder: Gerücht, Gewalt und Antisemitismus im Kaiserreich, Göttingen 2002.

Oncken, Hermann: Rudolf von Bennigsen: Ein deutscher liberaler Politiker, 2 Bände, Stuttgart 1910.

Paul, Ina Ulrike: Mencken, Anastasius Ludwig, in: Neue Deutsche Biographie 17 (1994), S. 35–37.

Pflanze, Otto (Hg.): Innenpolitische Probleme des Bismarck-Reiches, München 1983.

Pflanze, Otto: Bismarck: Der Reichsgründer, München 1997.

Pflanze, Otto: Bismarck: Der Reichskanzler, München 1998.

Poschinger, Heinrich von: Fürst Bismarck und die Parlamentarier, 3 Bände, Breslau 1884–1886.

Potthoff, Heinrich: Die deutsche Politik Beusts von seiner Berufung zum österreichischen Außenminister Oktober 1866 bis zum Ausbruch des deutsch-französischen Krieges 1870/71, Bonn 1968.

Quellen zur deutschen Politik Österreichs 1859–1866, Hg. Heinrich Ritter von Srbik, 5 Bände, München/Berlin 1934–1938.

Quinault, Roland/Swift, Roger/Clayton Windscheffel, Ruth: William Gladstone: New Studies and Perspectives, Farnham 2012.

Raasch, Markus (Hg.): Die deutsche Gesellschaft und der konservative Heroe: Der Bismarckmythos im Wandel der Zeit, Aachen 2010.

Radewahn, Wilfried: Europäische Fragen und Konfliktzonen im Kalkül der französischen Außenpolitik vor dem Krieg von 1870, in: Kolb (Hg.), Europa vor dem Krieg von 1870, S. 33–64.

Rich, Norman u. a. (Hg.): Die geheimen Papiere Friedrich von Holsteins, 4 Bände, Göttingen 1956–1963.

Riehl, Axel: Der «Tanz um den Äquator»: Bismarcks antienglische Kolonialpolitik und die Erwartung des Thronwechsels in Deutschland 1883 bis 1885, Berlin 1993.

Ritter, Gerhard A.: Der Sozialstaat: Entstehung und Entwicklung im internationalen Vergleich, 3. Aufl., München 2010.

Ritter, Gerhard A.: Bismarck und die Entstehung der deutschen Sozialversicherung, Pforzheim 1998.

Rödder, Andreas: Die radikale Herausforderung: Politische Kultur der englischen Konservativen zwischen ländlicher Tradition und industrieller Moderne (1842–1868), München 2002.

Röhl, John C. G.: Wilhelm II., 3 Bände, München 1993–2008.

Rose, Andreas: Deutsche Außenpolitik in der Ära Bismarck (1862–1890), Darmstadt 2013.

Rosenberg, Hans: Große Depression und Bismarckzeit, Berlin 1967.

Rumpler, Helmut/Niederkorn, J. P. (Hg.): Der «Zweibund» 1879, Wien 1996.

Rumpler, Helmut: Österreichische Geschichte 1804–1914, Wien 1997.

Rusconi, Gian Enrico: Cavour und Bismarck, München 2013.

Sandiford, Keith A.: Great Britain and the Schleswig-Holstein question 1848–1864: A study in diplomacy, politics, and public opinion, Toronto 1975.

Scherer, Friedrich: Adler und Halbmond: Bismarck und der Orient 1878–1890, Paderborn 2001.

Schieder, Wolfgang (Hg.): Religion und Gesellschaft im 19. Jahrhundert, Stuttgart 1993.

Schieder, Theodor: Nationalstaat und Nationalitätenproblem, in: Zeitschrift für Ostforschung 1 (1952), S. 161–181.

Schmid, Michael: Der «eiserne Kanzler» und die Generäle: Deutsche Rüstungspolitik in der Ära Bismarck (1871–1890), Paderborn 2003.

Schmidt, Rainer: Otto von Bismarck (1815–1898): Realpolitik und Revolution, Stuttgart 2004.

Schmidt, Rainer: Die «Doktorfrage» aus Livadia, in: Historische Zeitschrift 279 (2004), S. 335–385.

Scholtyseck, Joachim: Alliierter oder Vasall: Italien und Deutschland in der Zeit des Kulturkampfes und der «Krieg in Sicht»-Krise 1875, Köln 1994.

Schramm, Gottfried (Hg.): Handbuch der Geschichte Rußlands, Bd. 3: 1856–1945, Stuttgart 1983–1992.

Schridde, Rudolf: Zum Bismarckbild im Geschichtsunterricht: Eine historisch-didaktische Analyse deutscher Schulgeschichtsbücher, Ratingen 1974.

Schwarzmüller, Theo: Otto von Bismarck, München 1998.

Schweinitz, Hans Lothar von: Denkwürdigkeiten, 2 Bände, Berlin 1927.

Seele, Sieglinde/Kloss, Günter: Bismarck-Türme und Bismarck-Säulen: Eine Bestandsaufnahme, Petersberg 1997.

Sempell, Charlotte: Unbekannte Briefstellen Bismarcks, in: Historische Zeitschrift 207 (1968), S. 609–616.

Seton-Watson, Hugh: The Russian Empire 1801–1917, Oxford 1967.

Seton-Watson, Hugh/Seton-Watson, Christopher: The Making of a new Europe: R. W. Seton-Watson and the last years of Austria-Hungary, London 1981.

Sked, Alan: Der Fall des Hauses Habsburg, Berlin 1993.

Sperber, Jonathan: The European Revolutions 1848–1851, Cambridge 1994.

Sperber, Jonathan: Eine alte Revolution in neuer Zeit: 1848/49 in europäischer Perspektive, in: Christian Jansen/Thomas Mergel (Hg.), Die Revolutionen von 1848/49, Göttingen 1998, S. 14–36.

Spitzemberg, Hildegard von: Das Tagebuch der Baronin Spitzemberg: Aufzeichnungen aus der Hofgesellschaft des Hohenzollernreiches, hg. v. Rudolf Vierhaus, Göttingen 1960.

Steinberg, Jonathan: Bismarck: Magier der Macht, München 2012.

Stone, James: The war scare of 1875: Bismarck and Europe in the mid-1870s, Stuttgart 2010.

Taylor, A.J.P.: The Habsburg Monarchy, London 1948.

Tiedemann, Christoph von: Aus sieben Jahrzehnten: Erinnerungen, Band 2: Sechs Jahre Chef der Reichskanzlei unter dem Fürsten Bismarck, Leipzig 1909.

Ullmann, Hans-Peter: Politik im Kaiserreich, München 1999.

Urbach, Karina: Bismarck's Favourite Englishman: Lord Odo Russell's Mission to Berlin, London 1999.

Vitzthum von Eckstädt, Friedrich Graf von: St. Petersburg und London in den Jahren 1852–1864, 2 Bände, Stuttgart 1886.

Vries, Jan de: The Industrious Revolution: Consumer Behaviour and the Household Economy 1650 to the Present, Cambridge 2008.

Walter, Dierk: Preußische Heeresreformen 1807–1870: Militärische Innovation und der Mythos der ‹Roonschen Reform›, Paderborn 2003.

Wandruszka, Adam: «In der heutigen Welt eine Anomalie», in: ders. (Hg.), Die Habsburgermonarchie 1848–1918, Bd. 6/1, Wien 1989, S. XI–XVI.

Wehler, Hans-Ulrich: Bismarck und der Imperialismus, Köln 1969.

Wehler, Hans-Ulrich: Das deutsche Kaiserreich 1871–1918, Göttingen 1973.

Wehler, Hans-Ulrich: Deutsche Gesellschaftsgeschichte, 5 Bände, München 1987–2008.

Wehler, Hans-Ulrich: Nationalismus, München 2001.

Weichlein, Siegfried: Nationalbewegungen und Nationalismus in Europa, Darmstadt 2006.

Weiss, Otto: Staat, Regierung und Parlament im Norddeutschen Bund und im Kaiserreich im Urteil der Italiener 1866–1914, in: Quellen und Forschungen aus italienischen Archiven und Bibliotheken 66 (1986), S. 310–377.

Wengenroth, Ulrich: Technischer Fortschritt, Deindustrialisierung und Konsum, in: Technikgeschichte 64 (1997), S. 1–18.

Wetzel, David: Duell der Giganten: Bismarck, Napoleon III. und die Ursachen des Deutsch-Französischen Krieges 1870/71, Paderborn 2005.

Willms, Johannes: Bismarck – Dämon der Deutschen: Anmerkungen zu einer Legende, München 1997.

Willms, Johannes: Napoleon III., München 2008.

Zechlin, Egmont: Staatsstreichpläne Bismarcks und Wilhelms II. 1890–1894, Stuttgart 1929.

Zechlin, Egmont: Bismarck und die Grundlegung der deutschen Grossmacht, Stuttgart 1930.

Ziekursch, Johannes: Politische Geschichte des neuen deutschen Kaiserreiches, 3 Bände, Frankfurt am Main 1925–1930.

谢 辞

在撰写这部传记的过程中，先前诸多史学同行的成果惠我良多。对于那些 20 世纪 20 ~ 30 年代初发行俾斯麦"合集"的编者们，我只能以追思来代替对他们的感谢了。而其他如——赖纳·贝内迪克（Rainer Benedick）、米夏埃尔·伊普肯汉斯（Michael Epkenhans）、安德里亚·霍普（Andrea Hopp）和乌尔里希·拉彭居帕（Ulrich Lappenküper）——这些"新弗里德里斯鲁版"传记的作者——他们真是幸运得多。每位在俾斯麦和他的一百年问题上给我诸多启发的著作者们，不论在世与否，他们的名字都列在了拙著的参考文献目录中。

一些同侪与拙著的出版有更直接的关系。塞巴斯蒂安·乌尔里希（Sebastian Ullrich）给予我中肯的建议，有他在，我感到踏实和放松。在拙著的扩展论点上，我在杜塞尔多夫的学生们给了我非常积极和精彩的反馈。西蒙·沃尔特（Simon Walter）和维拉·施皮茨（Vera Spitz）向我提供参考图书和图片资料作为补充。西蒙·沃尔特还完成了索引的编辑工作。吉多·蒂迈尔（Guido Thiemeyer）通读并给每一章节做了注释。丹尼尔·达曼（Daniel Dammann）、扬·尼科·基施鲍姆（Jan Niko Kirschbaum）和安德里亚·克兰普（Andrea Kramp）帮助进行了校对阅读。卡罗拉·萨姆洛夫斯基（Carola Samlowsky）费尽周折帮我搜集原始图片，并耐心地与我就难懂部分进行探讨。特蕾莎·洛维 - 巴纳斯（Teresa Löwe-Bahners）敬业、审慎并非常敏锐地完成了文字校对工作。对以上各位致以诚挚的谢意。

俾斯麦的成功离不开身后支持他的那个女人。而作为他的传记作者，支持我的更是不止一个。安妮·弗里德里希（Anne Friedrich）常待在我的办公室，并会在关键时刻敦促我喝杯茶放松一下。当我从案头工作中抽身进入厨房时，尤莉亚（Julia）和露西娅（Lucia）对我的厨艺有时叹气，有时又兴奋得手舞足蹈。不管怎样，总归还是表示了宽容。对待我的"中年危机"（*midlife crisis*），埃尔克（Elke）泰然自若。尽管费莉希蒂（Felicity）时不时地觉得自己几乎已经和俾斯麦差不多了，却始终有效地完成她的工作。

　　按照传统，俾斯麦的传记作者们会将作品献给自己的妻子。而对传统进行审视和追问也是编纂历史的目的，因此我要将拙著献给世界上所有曾经和正在为研究俾斯麦而备受煎熬的人们。

克里斯托弗·诺恩

萨尔堡，2014 年 8 月 [448]

人名索引

（此部分页码为原书页码，即本书页边码）

图书在版编目(CIP)数据

俾斯麦：一个普鲁士人和他的世纪 /（德）克里斯
托弗·诺恩著；陈晓莉译. -- 北京：社会科学文献出
版社，2018.8（2021.12重印）
ISBN 978-7-5201-2517-8

Ⅰ.①俾… Ⅱ.①克… ②陈… Ⅲ.①俾斯麦（
Bismarck, Otto 1815-1898）- 传记 Ⅳ.①K835.167=43

中国版本图书馆CIP数据核字（2018）第059801号

俾斯麦：一个普鲁士人和他的世纪

著　　者 / 〔德〕克里斯托弗·诺恩（Christoph Nonn）
译　　者 / 陈晓莉

出 版 人 / 王利民
项目统筹 / 段其刚
责任编辑 / 黄　丹　周方茹
责任印制 / 王京美

出　　版 / 社会科学文献出版社·联合出版中心（010）59367151
　　　　　　地址：北京市北三环中路甲29号院华龙大厦　邮编：100029
　　　　　　网址：www.ssap.com.cn
发　　行 / 市场营销中心（010）59367081　59367083
印　　装 / 北京盛通印刷股份有限公司

规　　格 / 开　本：787mm×1092mm　1/16
　　　　　　印　张：24.25　插　页：1.5　字　数：328千字
版　　次 / 2018年8月第1版　2021年12月第3次印刷
书　　号 / ISBN 978-7-5201-2517-8
著作权合同
登 记 号 / 图字01-2016-0703号
定　　价 / 69.00元